[최신 교수·학습 이론 및 방법]

최정임 · 이지은 · 장선영 공저

TEACHING AND LEARNING THEORIES FOR INSTRUCTION

저자들이 이 책의 집필을 기획한 것은 벌써 수년 전의 일이었다. 교수 · 학습 이론은 "어떻게 가르칠 것인가?"에 대해 고민하는 모든 교육 실천가가 가장 관심을 가지는 분야 중 하나일 것이다. 21세기에는 전통적인 강의식 방법 이외에도 다양한 교수 · 학습 방법이 등장하였다. 이러한 방법들은 유행처럼 빠르게 나타나고 지나가서 이들을 따라잡는 것이 벅차게 느껴진다. 하지만 그 실천 방법들은 각자 우연히 발생한 것이 아니라 나름의 이론적 근거를 가지고 있기 때문에 그 뿌리를 이해하는 것이 중요하다. 이에 대학에서 학부생과 대학원생을 가르치는 저자들은 학생들에게 다양한 실천 방법의 근간이 되는 교수 · 학습 이론을 소개하기 위한 교재를 찾고자 하였다.

그러나 다양한 교수 · 학습 이론 및 방법을 아우르는 적절한 교재를 찾기는 쉽지 않았다. 어떤 서적들은 주로 심리학에 기반한 학습 이론에 초점을 맞춰서 실천을 위한 시사점을 얻기가 어려웠고, 어떤 문헌들은 최신의 변화를 설명하는 이론들이 충분히 포함되어 있지 않았기 때문이다. 이에 저자들은 새로운 이론과 실천을 반영하는 교재의 필요성을 느끼게 되었고, 이 책의 집필을 기획하게 되었다. 그러나 방대한 교수 · 학습 이론을 체계적으로 정리하는 것은 쉽지 않았다. 저자들이 그 이론들을 충분히 이해하기에 역량이 부족하기도 하였고, 다양한 이론의 경향을 파악하는 데 생각보다 많은 시간과 노력이 요구되었다. 우여곡절 끝에 3년이라는 시간이 지나서야 마침내 원고를 탈고하게 되었다.

저자들은 한 가지 학습 이론이 모든 수업의 문제를 해결할 수는 없다고 믿는다. 또한 어떤 이론도 모든 것을 설명할 수는 없다고 믿는다. 교육의 목적과 맥락, 상황에 따라 가장 적합한 이론이 있고, 하나의 이론은 다른 이론을 기초로 하여 발전하는 것이라 생각한다. 교육 실천가들은 어떤 교수·학습 이론이 어떤 상황과 어떤 문제해결에 가장 적합한지를 판단할 수 있어야 하고, 이를 위해서는 여러 이론과 실천 방법에 익숙해져야 한다고 생각한다. 이에 저자들은 다음에 초점을 두어 이 책을 집필하고자 하였다.

첫째, 다양한 교수·학습 이론을 다루되 각 이론의 연계성을 파악하고, 유사한 이론적 기반을 둔 이론들을 유목화하여 제시하였다. 예를 들면, 교수·학습 이론의 큰 틀로 행동주의, 인지주의, 구성주의, 동기 이론을 유목화하고 각 이론에 근거한 교수 이론을 함께 제시하였다.

둘째, 이러한 이론들이 어떻게 실천과 관련되는지를 제시하고자 하였다. 우리는 교수·학습 이론에 대한 이해는 최적의 실천 방법을 찾기 위한 출발점이라는 관점에서 이론과 실천을 연계하려고 노력하였다. 이를 위해 교수·학습 이론을 다루더라도 각 이론이 주는 교육적 시사점을 정리하여 이론을 실천할 수 있는 방안을 모색하였고, 각 이론마다 구체적인 실천 사례도 제시하였다. 또한 전체 구성을 제1부 교수·학습 이론, 제2부 교수·학습 방법으로 나누어 이론에 근거한 구체적인 실천 방법을 함께 제시하고자 하였다.

셋째, 교수·학습 이론 및 교수·학습 모형에서 가급적 최신의 연구들을 반영하되 이론적 기반을 명확히 이해할 수 있도록 구성하였다. 최신의 교수·

학습 이론 및 모형은 독립적으로 발생한 것이 아니라 기존의 이론을 근간으로 발전한 것이므로 이론과 실천의 연계성을 제시하고자 하였다. 따라서 각 교수·학습 이론 및 모형을 소개할 때 이론적 배경 및 다른 모형과의 연계성을 비교함으로써 그 이론의 기반 및 개념을 명확히 이해할 수 있도록 구성하였다.

이러한 특성으로 인해 수업에서 이 책의 교수·학습 이론과 교수·학습 방법을 모두 다루어도 무관하지만 수업의 목표나 독자의 관심사에 따라 이론과 방법을 선택해서 다루어도 무방하다. 또한 차례 순서와 달리 독자가 관심 있는 교수·학습 방법을 먼저 읽고 관련된 이론을 읽어도 무방하다. 다만, 교수·학습 방법을 다룬 후에는 그 근거가 되는 교수·학습 이론을 읽어 볼 것을 권장한다. 교수·학습 방법의 기반이 되는 교수 이론을 읽는다면 교수·학습 방법을 보다 심층적으로 이해할 수 있기 때문이다.

아직 많은 면에서 부족하지만 이 책이 학부생 및 대학원생들에게 교수·학습 이론 및 방법을 이해하는 데 기초가 되는 교재가 될 수 있길 바라면서 조심스럽게 초판을 출간하고자 한다. 또한 이 책이 학교 및 평생교육 현장에서 학생들을 가르치는 교육 실천가들에게도 실천 방법을 설계하고 계획하는 데 유용한 지침서가 될 수 있길 바란다. 오랜 준비 기간에도 불구하고 기다려 주시고 이 책의 출판을 맡아 주신 학지사 김진환 사장님과 편집부 여러분의 노고에 감사드린다.

저자 일동

C O N T E N T S

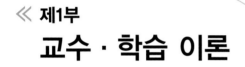

≪ **제1부**
교수 · 학습 이론

제1장

교수 · 학습 이론의 이해

　　교육의 목적을 달성하기 위하여 다양한 영역들이 존재하지만 이 중에서도 가르치고 배우는 행위인 교수 · 학습은 학교 교육의 핵심이라고 할 수 있다. 교수 · 학습 이론에 대한 관심은 어떻게 하면 학습자들을 잘 가르칠 수 있는지에 대한 고민에서 시작된다. 잘 가르치는 방법을 알기 위해서는 우선 학습이 무엇이며 교수가 무엇인지에 대해 명확히 이해하고, 이들이 어떤 관계에 있는지를 점검해 볼 필요가 있다. 이에 이 장에서는 교수 · 학습의 개념과 특징을 알아보고, 이들 개념과 이론의 관계를 살펴봄으로써 향후 교수 · 학습 이론을 이해하기 위한 기초를 마련하고자 한다.

1. 교수 · 학습의 정의

1) 학습의 개념

교수 · 학습의 개념을 이해하기 위해서는 먼저 학습의 개념을 살펴볼 필요가 있다. 왜냐하면 교수의 대상은 학습이고, 학습을 촉진하기 위한 방법이 교수이기 때문이다. 선행연구에서 공통적으로 제시되는 학습의 특징은 다음과 같다(Driscoll, 2005; Schunk, 2016).

첫째, 학습은 변화를 수반한다. 학습이 이루어졌다는 것은 학습자가 학습이 일어나기 전에는 할 수 없었던 행동을 할 수 있게 됨을 의미한다. 우리는 학습을 직접 관찰하는 것이 아니라 그것으로 인해 나타난 행동의 결과물로 학습 여부를 판단한다. 즉, 학습자가 무언가를 다르게 행동하면 학습이 일어났다고 볼 수 있는 것이다. 학습이 이루어진 증거는 학습자가 ① 새로운 행동을 완벽하게 수행할 수 있는 경우, ② 기존 행동의 빈도가 변화하는 경우, ③ 기존 행동의 속도가 변화하는 경우, ④ 기존 행동의 강도가 변화하는 경우, ⑤ 기존 행동의 복잡성이 변화하는 경우, ⑥ 특정 자극에 대해 상이하게 반응하는 경우에서 찾을 수 있다(권낙원, 김동엽, 2009). 또한 이러한 행동의 변화는 그러한 행동을 하기 위한 역량의 변화를 수반하므로 학습은 행동 또는 행동을 위한 역량의 변화로 볼 수 있다.

둘째, 이러한 행동은 일시적 · 단기적으로 나타나는 행동이 아니라 비교적 지속적으로 나타나는 행동의 변화를 의미한다. 알파벳을 익힌 후 영어 책을 읽을 수 있거나 운전면허를 딴 후 지속적으로 운전을 할 수 있는 것 등이 학습으로 인한 행동의 예가 될 수 있다. 그러나 약이나 술, 피로와 같은 요인에 의해 촉발되는 일시적인 행동의 변화는 학습의 범위에서 제외된다. 왜냐하면 그러한 변화는 원인이 사라졌을 때 행동이 원래 상태로 되돌아오기 때문이다.

셋째, 학습은 경험을 통해 발생한다. 이것은 자연적 성숙에 의해 결정되는 행동의 변화는 제외된다는 것을 의미한다. 많은 행동의 변화 중에는 인간이 생물학적으로 성장하면서 자연스럽게 나타나는 것들이 있다. 예를 들면, 아이가 자라면서 기고 서고 걷게 되는 것 등의 행동은 모든 인간이 성장하면서 자연스럽게 나타나는 것이다. 이러한 행동은 유전적인 요소에 의해 결정되는 것이므로 학습의 범주에 넣지 않는다.

이들을 요약해 보면, 학습은 '일반적으로 경험과 연습에 의해 발생하는 지속적인 행동이나 인지의 변화'로 정의할 수 있다. 다시 말해, 학습자가 이전에는 할 수 없었던 새로운 행동을 할 수 있게 되었을 때 우리는 학습이 일어났다고 말할 수 있다. 또한 행동에는 눈으로 관찰할 수 있는(가시적, 외현적) 행동뿐만 아니라 눈으로 관찰할 수 없는(비가시적, 내현적) 인지적인 행동도 포함된다.

2) 교수의 개념

교수와 학습은 밀접한 관련성을 갖는다. 학습자의 입장에서는 학습이 중심이 되지만, 교수자의 입장에서는 교수가 중심이 되기 때문이다. 교수는 학습을 촉진하기 위한 방법이며, 이를 위해 개인의 환경을 계획적으로 관리하는 과정을 의미한다(Corey, 1971). 즉, 교수란 학습자로 하여금 학습이 일어날 수 있도록 하기 위해 도움을 주는 모든 의도적이고 계획적인 활동이라 정의할 수 있다. 이러한 활동은 교수자가 수업 시간에 가르치는 활동뿐만 아니라 그것을 준비 · 실행 · 평가하는 모든 활동을 포함한다(Dick, Carey, & Carey, 2009; Gagné, Briggs, & Wager, 1992).

교수는 학습을 도와주기 위한 활동이지만 교수와 학습에는 다음과 같은 차이점이 존재한다(권낙원, 김동엽, 2009; 변영계, 2005).

첫째, 교수에는 일정한 목표가 있으나 학습에는 목표가 없을 수도 있다. 즉, 교수는 의도적이고 계획적인 활동이지만 학습은 계획이나 의도가 없는 경우에도 가능하다. 예를 들면, 교수자는 특정 학습자의 학습을 유도하기 위해 사전에 학습자나 수업 내용 등을 분석하고 수업 목표를 계획한다. 그러나 TV를 보면서 춤이나 노래를 따라하는 것과 같이 학습은 계획이 없이도 발생할 수 있다.

둘째, 교수와 학습이 인과관계를 형성한다고 볼 때, 교수는 독립변수이고 학습은 종속변수가 된다. 즉, 교수는 능동적이고 적극적인 작용이며, 학습은 그 결과로 나타나는 일련의 종속적인 변화이다.

셋째, 교수는 일의적이지만 학습은 다의적이다. 교수자가 하나의 교재로 공통된 내용을 가르치더라도 학습자들이 그것을 이해하고 해석하는 방식은 다양할 수 있다는 것이다. 따라서 교수자가 특정한 목표를 설정하고 교수 활동을 할지라도 학습자에 따라 그 효과가 달라질 수 있다. 이것은 지식과 정보가 처리되는 상황적인 맥락에 따라 다양한 의미 구성이 이루어질 수 있음을 시사한다.

넷째, 교수에 대한 연구는 실제 교육이 이루어지는 교실의 현상에 관심이 있으나, 학습에 대한 연구는 기본적으로 연구실이나 실험실의 실험 상황에 더 관심이 있다. 교실에서 가장 중요한 일은 학습자들을 일정한 목표에 도달하게 하는 것이지만, 실험실에서 가장 중요한 일은 어떤 과정을 통해서 학습이 이루어지는지를 알아내는 것이다.

다섯째, 교수는 처방적(prescriptive)이지만 학습은 기술적(descriptive)이다. 처방적이라는 의미는 의사가 환자의 아픈 원인을 찾아서 그에 맞는 치료를 하는 것처럼 어떤 목적을 달성하기 위하여 어떻게 해야 하는지 구체적인 방법을 제시하는 것을 의미한다. 반면, 기술적이란 어떤 현상이 일어나는 과정과 결과를 있는 그대로 나타내는 것이다. 따라서 학습은 생명체에게 나타나는 학습의 과정과 결과를 있는 그대로 기술하는 것이지만, 교수는 그 학습을 촉진하기 위한 구체적인 방법들을 선택하고 제공하는 활동이다.

교수는 영어로 teaching 또는 instruction으로 표현된다. 어떤 경우에는 teaching을 수업, instruction을 교수로, 또 어떤 경우에는 teaching을 교수, instruction을 수업으로 번역하는 경우가 있지만, 이 책에서는 두 용어를 동일하게 가르치는 활동, 즉 교수로 사용하고자 한다.[1] 그러나 교수와 수업의 의미에는 차이가 있다. 라이겔루스(Reigeluth, 1983)에 따르면, 교수는 수업에 비해 포괄적이다. 교수는 포괄적인 의미에서 가르치는 활동이며 설계, 개발, 실행, 관리, 평가의 과정이 포함되는 것으로 본다. 이에 비해 수업은 교수자가 교실에서 가르치는 활동, 즉 적용과 실행에 초점을 둔다. 가르치는 활동은 학교에서만 발생하는 것이 아니라 가정이나 직장, 사회 어디에서든 발생할 수 있다. 그러나 수업은 주로 학교 교육 또는 교실이라는 한정된 공간에서 발생하는 활동을 의미하며, 따라서 수업은 포괄적인 교수 활동의 일부분으로 볼 수 있다.

한편, 교수와 학습의 관계는 이상적으로는 두 가지가 일치하는 것이라고 할 수 있으나 실제로는 괴리가 나타나는 경우가 많다. 교수와 학습의 관계는 [그림 1-1]과 같이 도식화할 수 있다(권낙연, 김동엽, 2009).

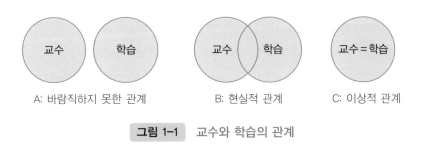

A: 바람직하지 못한 관계   B: 현실적 관계   C: 이상적 관계

그림 1-1 교수와 학습의 관계

[그림 1-1]에서 A는 교수와 학습이 완전히 분리되어 접점이 없는 경우를 말한다. 이는 교수자가 계획하고 의도한 대로 학습이 전혀 이루어지지 못하고, 학습자의 측면에서도 학습자들의 요구가 전혀 반영되지 못한 수업이 이루어지는 상태를 의미한다. B는 부분적으로 교수자의 의도대로 학습이 이루어지고 있는 상태를 보여 준다. 현실 상황에서는 여러 가지 변수로 인해 교수자가

---

1) teaching은 주로 교수자에 의해 촉진되는 학습 경험을 일컫지만, instruction은 사람뿐만 아니라 다양한 매체를 통해 촉진되는 모든 경험을 일컫는다(Smith & Ragan, 2004).

사전에 계획한 의도대로 학습이 발생하지 않는 경우가 생길 수 있으므로 가장 현실적인 상태를 보여 준다고 할 수 있다. C는 교수와 학습이 완벽히 일치되는 상태를 나타내고 있다. 이는 가장 효과적으로 학습이 이루어지는 상태이며, 현실적으로는 구현되기 어렵지만 모든 교수자가 추구하는 이상적인 상태라고 할 수 있다.

2. 교수·학습 이론의 정의

1) 이론의 개념

학습 이론을 다루기 전에 먼저 이론이 무엇인지 생각해 볼 필요가 있다. 이론이란 "일련의 사건을 설명, 예측 또는 통제할 수 있게 해주는 일련의 정돈된 진술"(Hoover & Donovan, 1995; Smith & Ragan, 2004), 또는 "구조적으로 또는 기능적으로 서로 유사성과 관련성이 높은 두 개 이상의 법칙이나 원리가 체계적으로 통합된 것"(변영계, 2005; Tuckman & Monetti, 2011)을 의미한다.

이론은 현상이나 사실들 간의 관계를 논리적이고 검증 가능한 방법으로 설명함으로써 현상을 이해하고 예측할 수 있게 도와준다. 또한 이론은 지협적이거나 국지적인 현상이 아니라 보다 넓은 영역의 현상을 기술하고, 이해하며, 예언하고, 통제하는 데 사용된다는 점에서 종합적이며, 보편적인 특징을 갖는다. 이로 인해 이론은 한 현상을 이해하고 설명하는 데 효율적이며, 연구와 교육을 위한 유용한 준거틀(framework)이 될 수 있다(Schunk, 2016).

이론의 기능을 구체적으로 정리하면 다음과 같다(Hoover & Donovan, 1995; Tuckman & Monetti, 2011).

첫째, 이론은 포괄적이므로 각 이론은 많은 사실과 원리를 포함할 수 있다.

둘째, 이론은 매우 광범위하기 때문에 사실이나 원리에 비해 그 수가 적고, 따라서 학습에 효율적이다.

셋째, 이론은 사색적이고 탐구적이므로 다양한 상황에서 무엇이 발생하고, 왜 그것이 발생했으며, 그것이 발생했을 때 어떻게 대처해야 하는지를 설명하는 데 사용할 수 있다.

그러므로 이론에 대한 학습은 단순히 사실들을 학습하는 것보다 정보를 더 잘 조직하고, 더 쉽게 사용할 수 있게 해 주며, 복잡한 활동에 대한 해석을 검증할 수 있는 구조를 제공한다는 점에서 매우 유용하다.

2) 학습 이론의 개념

앞에서 살펴본 이론의 개념에 기초할 때, 학습 이론이란 "학습에 관한 일련의 법칙 또는 원리" "학습에 관한 일련의 법칙과 원리가 체계적으로 통합되어 있는 것"(Driscoll, 2005; Shunk, 2016)을 의미한다. 학습 이론은 학습이 일어나는 과정을 설명하고 예측하기 위한 이론이지만, 한편으로 교수적 처방을 위한 기초 지식을 제공하기도 한다. 학습 이론의 유용성은 다음과 같다(권낙원, 김동엽, 2009; Shunk, 2016).

- 학습 이론은 검증 가능한 원리들로 구성되기 때문에 연구 수행을 위한 이론적 토대가 된다. 학습 이론은 학습과 관련된 현상을 연구할 때 연구 문제를 선정하고, 가설을 설정하고, 자료 수집을 위한 방향을 안내하는 역할을 한다.
- 학습과 관련된 구체적인 현상과 정보들을 조직하기 위한 이론적 틀을 제공한다. 학습 이론은 독립적인 다양한 현상 간의 관계를 분석하고 일반화할 수 있는 틀을 제공함으로써 학습과 관련된 문제를 이해하고, 해결 방안을 찾는 데 도움을 준다.
- 외견상 단순하게 보이는 현상들의 복잡성과 미묘함을 드러내 준다. 예를 들면, 교수자의 칭찬과 벌은 일상적인 교육 활동으로 보이지만, 학습 이론은 칭찬과 벌이 학습자의 행동에 어떠한 영향을 주는지, 그로 인해 칭

찬과 벌을 효과적으로 활용하는 방법은 무엇인지를 파악할 수 있게 해준다.

- 학습에 대한 기존의 지식과 경험, 이해를 재구성할 수 있는 틀을 제공한다. 학습 현상이나 문제에 대한 체계적인 연구 결과들은 우리가 가지고 있는 이해를 점검하고, 오해를 교정할 수 있는 준거를 제공한다. 이론이 없는 경험은 종종 시간 낭비와 시행착오를 유발할 수 있으며, 때로는 유해한 환경을 만들어 낼 수 있다.

- 교수설계를 위한 이론적 기초를 제공한다. 학습에 대한 이해 없이는 효과적인 교수활동이나 교수설계가 이루어질 수 없다. 교수와 학습은 서로 상호작용하며 연구될 때 가장 효과적인 결과를 도출할 수 있다.

- 교실 수업의 과정과 성과를 평가하기 위한 기준을 제공한다. 예를 들면, 학습자들의 자기주도성을 높이고 학습 동기를 높이기 위한 수업을 운영하고자 할 때, 구성주의 이론에 근거하여 수업 과정과 방법을 평가할 수 있다.

- 교수 · 학습의 문제점을 진단하는 데 도움이 된다. 학습 이론은 학습에 문제를 겪는 학습자의 원인을 진단하기 위한 준거를 제공하기 때문에 문제해결 방안을 도출하는 데 도움을 줄 수 있다. 예를 들면, 열심히 노력하는데도 학업성취도가 낮은 학습자들의 문제를 해결하고자 할 때 학습 이론에 기초해서 학습 환경의 적절성을 점검하고, 시간 활용이나 학습 전략, 동기 수준 등을 점검할 수 있다.

3) 교수 이론의 개념

교수 이론이란 '가르치는 활동에 관한 일련의 법칙 또는 원리가 체계적으로 통합되어 있는 것'을 말한다. 학습 이론이 행동 변화의 원리와 법칙을 객관적으로 기술하는 데 목적을 두고 있다면, 교수 이론은 학습의 문제점을 찾아내고 보다 효과적인 학습의 기법과 전략을 처방하는 데 목적을 둔다. 교수 이론의 본질은 의도하는 학습목표를 가장 효과적으로 성취할 수 있는 조건을 확인할 수 있는 방법에 있다고 보았다. 가네와 딕(1983)은 교수 이론은 학습 이론에 의해 생성된 지식을 바탕으로 학습의 유지 및 전이를 최적화할 교수의 조건을 시도한다는 점에서 처방적이라고 할 수 있다(Gagné & Dick, 1983).

  기술적인 이론들은 '~이면, ~이다'라는 서술적 구조를 갖지만, 처방적 이론은 '~을 하기 위하여, ~을 수행하라'는 규범적인 진술로 이루어진다. 예를 들면, "동기가 유발되고, 덧셈, 곱셈, 나눗셈 등의 학습 요소가 회상된다면 학습자는 평균값을 계산할 수 있다."라는 문장은 기술적이지만, "평균값을 계산할 수 있게 하기 위해서는 동기 유발을 위한 자극을 제시하고, 계산 규칙에 대한 시범을 보이며, 예제와 연습문제를 제시해야 한다."라는 문장은 처방적인 성격을 지닌다(Driscoll, 2000). 처방적 지식은 기술적 지식이나 이론이 축적되면 개발되기 쉽지만 기술적 지식이 많아진다고 해서 자동적으로 개발되는 것은 아니다. 이러한 지식들이 이론으로 분류되기 위해서는 최소한 가르치는 데 사용되는 절차와 향상된 수행이라는 행동의 결과 사이의 인과 관계에 대해 합리적인 설명을 제공해야 한다(Gagné & Dick, 1983).

  앞서 제시한 예시에서 학습 이론과 교수 이론의 관계는 [그림 1-2]와 같이 도식화할 수 있다(권낙원, 김동엽, 2006).

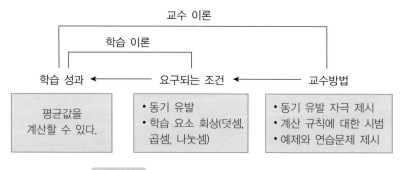

그림 1-2 학습 이론과 교수 이론의 관계

교수 방법에 관한 이론은 궁극적으로 처방적이어야 한다. 병에 걸려 병원을 방문한 환자에게 의사가 준비된 의학적 처방을 내리듯이, 교육에서도 이러한 처방적 지식이 필요하다. 학습의 과정과 조건을 기술하는 학습 이론은 학습의 과정을 촉진하기 위한 시사점을 제공하기는 하지만 처방적 지식을 도출하기에는 충분하지 않다. 왜냐하면 많은 학습 이론이 구체적인 교수·학습 상황이 아닌 실험실에서 이루어진 연구에 의존하고 있으므로 실제 수업 상황에 적용하는 데는 어려움이 있기 때문이다. 학습 이론은 동물을 포함하는 생물체의 학습 현상을 보편적인 원리로 설명하고 있지만 모든 인간이 똑같은 조건으로 똑같은 교수·학습 상황에 노출되지는 않는다. 학습자는 각기 다른 문화적 배경과 사전 학습 정도를 가지고 학습 상황에 직면하게 된다. 따라서 효과적인 처방이 제시되기 위해서는 주어진 교수 상황과 조건에 대한 최적의 처방을 제공해야 한다. 이러한 구체적인 방법과 전략을 모색하고자 하는 노력이 교수 이론이다(박성익, 임정훈, 1993; 임철일, 1996; Reigeluth, 1983).

교수 이론의 핵심적인 특징은 다음과 같다.

첫째, 교수 이론은 처방적(prescriptive)이다. 교수 이론은 단순히 학습 과정을 기술한 것이 아니라 학습과제를 어떻게 하면 학습자가 가장 잘 배울 수 있을 것인가에 관심을 갖는 이론이다. 따라서 주어진 교수 상황에 가장 적절한 최적의 전략과 방법을 제공하고자 한다.

둘째, 교수 이론은 규범적(normative)이다. 학습자가 어느 정도까지 학습해야 하며(학습의 준거), 어떤 조건에서 학습해야 하는지(학습의 조건)를 제시한다.

셋째, 교수 이론은 방법론적(methodological)이다. 교수 이론은 학습 환경을 조작하는 방법에 관한 것이다. 교수 활동이란 학습자가 학습목표를 달성할 수 있도록 학습자의 내적·외적 환경을 의도적이고 체계적으로 조작해 가는 과정이다. 그러므로 교수 이론은 조작의 대상이 되는 내적·외적 환경이 무엇이며, 그것들을 어떻게 조작할 수 있을 것인지 구체적인 방법과 전략을 제시해 주는 것이다.

지금까지 살펴본 학습 이론과 교수 이론의 차이점을 간략히 요약하면 〈표 1-1〉과 같다.

표 1-1 학습 이론과 교수 이론의 차이점

	학습 이론	교수 이론
관심의 초점	기초이론 수립	교육 실제의 개선
이론 성립 상황	실험실	교실 상황
이론의 성격	기술적	처방적

이러한 차이점에도 불구하고 교수 이론과 학습 이론은 분리될 수 없다. 일반적으로 교수 이론과 학습 이론을 동시에 다루는 이유는 학습과 교수, 즉 학습자의 학습과 가르치는 내용 및 방법이 유기적으로 연관되어 있기 때문이다. 학습의 원리와 과정에 대한 이해는 효과적인 교수 처방을 제공하는 데 기초적인 지식을 제공한다. 더욱이 수업은 '교수'와 '학습'이 함께 이루어지는 활동이므로 교수와 학습을 따로 떼어서 생각하기 어렵다.

3) 유사 개념

교수 · 학습 이론을 논의할 때 혼동을 주는 다양한 개념들이 존재한다. 여기에서는 교수 · 학습 이론과 함께 사용되는 몇 가지 유사 개념을 살펴보고자 한다.

(1) 교수 방법

교수 방법은 교수 · 학습 목표를 달성하기 위해 선정된 학습 내용을 학습자에게 효과적으로 제시하도록 적절하게 선정된 일련의 활동이나 수단을 말한다(이준, 이성흠, 2008; 조규락, 김선연, 2006). 교수 방법은 맥락에 따라 수업 방법, 교수 모형, 수업 전략, 교수 기법 등의 다양한 용어로 사용된다(노혜란 외, 2012; 이준, 이성흠, 2008; Joyce, Weil, & Clhoun, 2004).

교수 방법의 분류는 무엇을(교육내용), 누가(교육의 주체), 어떻게(의사소통 형태), 어디서(학습환경) 등의 준거에 따라 구분할 수 있다(한정선 외, 2008). 이를 준거별로 구분하여 살펴보면 다음과 같다.

- '누가'에 따른 분류: 교수자 주도형, 학습자 주도형
- '무엇을'에 따른 분류: 지식, 문제해결
- '어떻게'에 따른 분류: 강의형, 개인교수형, 실험형, 토론형, 자율학습형
- '어디서'에 따른 분류: 대집단, 소집단

일반적인 교수 방법의 종류로는 강의, 시범, 팀티칭, 실험, 게임, 사례연구, 현장실습, 역할극, 협동학습, 토의법, 개별화 학습 등을 들 수 있다.

(2) 교수 전략

교수 전략은 교수 방법과 구별되어 사용된다. 교수 방법은 교수·학습 체제의 전체적인 운영 방식이나 큰 틀을 의미하고, 교수 전략은 이러한 교수 방법을 달성하기 위한 구체적인 활동을 의미한다. 즉, 강의식 수업이나 토의식 수업이 교수 방법에 상응하는 것이라면, 암기법, 노트법, 주의집중을 통한 동기유발법 등은 교수 전략이라고 할 수 있다. 결국 교수 전략은 교수 방법의 하위 개념으로 볼 수 있다(Reigeluth, 1983).

(3) 교수 모형

모형은 어느 정도의 구조와 순서로 제시된 현실의 표현을 의미한다. 모형은 일반적으로 현실에 대한 관점을 이상화하고 단순화한다(Richey, Klein, & Tracey, 2010). 교수 모형은 교수 이론의 하위 체제로서 복잡한 교수·학습 과정을 몇 가지 변인들 간의 관계로 간결하고 구체적으로 표현하는 것이다. 이로 인해 교수 모형은 교수자들의 이해를 돕고 새로운 교수 이론이 체계화될 수 있는 근거를 제공한다(권낙원 외, 2009). 대표적인 교수 모형으로는 딕

(Dick)과 캐리(Carey)의 모형, 켈러(Keller)의 ARCS 모형 등을 들 수 있다.

3. 교수 · 학습 이론의 유형

　역사적으로 교수 이론과 학습 이론은 독립적으로 발전해 왔다. 이 원인 중
의 하나는 이 분야들이 전통적으로 다른 관심을 가진 사람들에 의해 주도되었
기 때문이다(Shunk, 2016). 학습이 어떻게 발생하는지에 대해 관심을 갖는 학
습 이론은 주로 심리학자들에 의해 연구되었으며, 가르치는 방법에 대해 관심
을 갖는 교수 이론은 교육학자들에 의해 발전되어 왔다. 그러나 초기 동물 실
험을 중심으로 하는 학습 이론의 연구가 인간의 인지적 활동을 도와주는 학습
환경에 관심을 갖게 되면서 학습 이론과 교수 이론은 공통의 관심 영역을 갖
게 되었고, 이후 교수와 학습은 상호작용하며 발전하게 되었다.

　이에 교수 · 학습 이론의 유형은 학습 이론의 추이와 밀접한 관련을 갖는
다. 학습 이론의 유형은 크게 연합주의 계열의 이론들과 비연합주의 계열
의 이론들로 구분할 수 있다(권낙원, 김동엽, 2009; Driscoll, 2005; Schunk, 2016;
Tuckman & Monetti, 2011).

　연합주의 학습 이론은 학습을 자극과 반응의 연합을 통한 행동의 변화라고
설명하는 전통적인 경험론에 기초한 것으로 행동주의 이론이 여기에 속한다
(제2장 참조). 비연합주의 학습 이론은 인간의 행동을 하위 요소들로 나눌 수
없는 하나의 통합된 전체로 보며, 학습을 가시적인 행동의 변화가 아니라 학
습자의 인지 구조의 변환으로 설명하는 것으로 인지주의 이론이 이에 속한다
(제3장 참조).

　최근 관심을 받고 있는 구성주의 이론은 기존의 행동주의와 인지주의적 관
점들을 객관주의적 패러다임으로 규정하며, 지식과 학습의 본질은 고정적이
고 불변적인 것이 아니라 개인이 의미를 구성하는 역동적이고 적응적인 과정
이라고 설명하는 인식론적 접근이다(제4장 참조). 이러한 학습의 본질과 특성

을 설명하는 학습 이론들은 학습을 촉진하기 위한 교수의 원리와 전략을 탐구하는 데 기반이 되며, 교수 이론의 발전을 위한 중요한 토대를 형성하였다. 그 결과 학습 이론과 교수 이론은 깊은 상호 관련성을 가지게 되었다.

이 책에서는 교수·학습과 관련된 다양한 이론과 원리들을 다룰 것이다. 모든 이론이 인간 행동의 모든 측면을 완벽하게 설명할 수 있는 것은 아니다. 오히려 일부 이론은 특정한 행동을 예측하고 설명하는 데 더 적합하다. 따라서 이 책은 이론과 원리뿐만 아니라 교수·학습의 다양한 측면을 다루면서 이러한 개념이 실제 교수·학습 현장에 어떻게 적용될 수 있는지 모형과 사례를 통해 탐구해 보고자 한다. 이를 통해 교수자, 교수, 강사, 교육 행정가 등 다양한 분야의 교육 전문가가 필요로 하는 기본 지식을 제공하고, 실제 교수·학습 상황에서 이들 지식을 활용할 수 있는 아이디어를 제시하고자 한다.

이를 위해 이 책은 제1부 교수·학습 이론, 제2부 교수·학습 방법의 2개 영역으로 구성되었다. 제1부에서는 먼저 제1장에서 교수·학습 이론의 개념및 특징을 소개하여 교수·학습 이론을 이해하기 위한 기초를 제공하고, 다양한 교수·학습 이론을 제2장 행동주의 이론, 제3장 인지주의 이론, 제4장 구성주의 이론, 제5장 동기 이론(1), 제6장 동기 이론(2)로 구분하여 제시한다. 제2부에서는 각 교수·학습 이론에 기반한 대표적인 교수·학습 방법과 사례를 제시하여 교수·학습 이론을 실천할 수 있는 방법을 모색함과 동시에 현재 가장 널리 활용되는 교수·학습 방법에 대한 이해를 도모하고자 한다. 각 장은 행동주의, 인지주의, 구성주의와 같은 교수·학습 이론의 유형에 따른 순서로 구성되었다. 예를 들면, 제7장 개별화 수업과 제8장 직접교수법은 행동주의 학습 이론의 영향을 받은 교수 방법들이고, 제9장 설명식 수업, 제10장 탐구학습은 인지주의의 영향을 받은 교수 방법이라 할 수 있다. 나머지 제11장 협동학습, 제12장 문제중심학습, 제13장 프로젝트기반학습, 제14장 디자인 싱킹 수업, 제15장 토의·토론 수업은 주로 구성주의의 영향을 받은 교수·학습 방법으로 분류될 수 있다. 이 책의 구성을 도식화하면 [그림 1-3]과 같다.

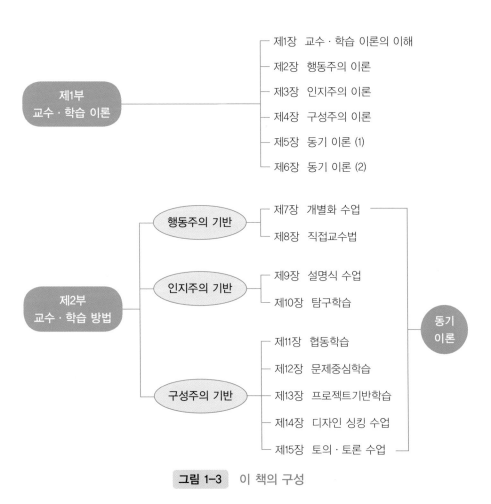

제1부
교수 · 학습 이론

제1장　교수 · 학습 이론의 이해
제2장　행동주의 이론
제3장　인지주의 이론
제4장　구성주의 이론
제5장　동기 이론 (1)
제6장　동기 이론 (2)

제2부
교수 · 학습 방법

행동주의 기반
제7장　개별화 수업
제8장　직접교수법

인지주의 기반
제9장　설명식 수업
제10장　탐구학습

구성주의 기반
제11장　협동학습
제12장　문제중심학습
제13장　프로젝트기반학습
제14장　디자인 싱킹 수업
제15장　토의 · 토론 수업

동기
이론

그림 1-3　이 책의 구성

> 🔍 **생각해 볼 문제**
>
> 1. 학습과 학습에 포함될 수 없는 행동의 사례를 제시해 보시오.
>
> 2. 교수와 학습의 차이점을 논의해 보시오.
>
> 3. 교수 이론과 학습 이론의 의미와 유용성을 논의해 보시오.

📖 참고문헌

권낙원, 김동엽(2009). 교수 · 학습 이론의 이해. 문음사.

노혜란, 박선희, 최미나(2012). 교육방법 및 교육공학(2판). 교육과학사.

박성익, 임정훈(1993). 교수설계의 이론과 모형(역). 교육과학사.

변영계(1984). 학습지도. 배영사.

변영계(2005). 교수 · 학습 이론의 이해(2판). 학지사.

변영계 외(2014). 교육방법 및 교육공학(2판). 학지사.

양용칠(2014). 수업의 조건. 교육과학사.

이준, 이성흠(2008). 교육방법 및 교육공학. 교육과학사.

임철일(1996). 교수공학적 교수설계이론의 특성과 가능성. 교육공학연구, 12(1), 155-168.

전성연(2001). 교수 · 학습의 이론적 탐색. 원미사.

조규락, 김선연(2006). 교육방법 및 교육공학: 교육공학의 3차원적 이해. 학지사.

한정선 외(2008). 미래사회를 위한 교육방법 및 교육공학. 교육과학사.

Corey, S. M. (1971). *The nature of instruction*. Prentice-Hall.

Dick, W., Carey, L., & Carey, J. O. (2009). *The systematic design of instruction columbus*. Merrill Books.

Driscoll, M. P. (2000). *Psychology of learning for instruction* (2nd ed.). Needham Heights, Allyn & Bacon.

Driscoll, M. P. (2005). *Psychology of learning for instruction* (3rd ed.). 양용칠 역. 수업설계를 위한 학습심리학. 교육과학사.

Gagné, R. M., Briggs, L. J., & Wager, W. W. (1992). *Principles of instructional design* (4th ed.). Harcourt Brace Jovanovich.

Hamilton, R., & Ghatala, E. (1994). *Learning and instruction.* McGraw-Hill.

Hilgard, E. R., & Bower, G. H. (1966). *Theories of learning* (3rd ed.). Appleton-Century-Crofts.

Hoover, K. R., & Donovan, T. (1995). *The elements of social scientific thinking* (6th ed.). Thompson/Wadsworth.

Joyce, B., Weil, M., & Calhoun, E. (2004). *Models of teaching* (7th ed.). Allyn and Bacon. 박인우, 강영하, 임병노, 최명숙, 이상수, 최정임, 조규락 역. 교수모형(7판). 아카데미프레스.

Reigeluth, C. M. (1983). *Instructional design theories and models: An overview of their current status.* Lawrence Erlbaum.

Richey, R. C., Klein, J. D., & Tracey, M. W. (2010). *The instructional design knowledge base: Theory, research, and practice.* Routledge.

Schunk, D. H. (2016). *Learning theories: An educational perspective* (7th ed.). 노석준 외 역. 학습 이론: 교육적 관점. 아카데미프레스.

Smith, P. L., & Ragan, T. J. (2004). *Instructional design* (3rd ed.). John Wiley & Sons.

Tuckman, B. W., & Monetti, D. M. (2011). *Educational psychology.* Wadsworth.

제 2 장

행동주의 이론

일반적으로 학습이란 "경험이나 관찰의 결과로 유기체에게 일어나는 비교적 영속적인 행동의 변화"(Sternberg & Williams, 2010)로 정의된다. 이러한 학습을 통한 행동의 변화는 유전인자의 발현에 의해 나타나는 생물학적 성숙과는 다르다. 행동주의는 학습의 과정을 이해하기 위해 내적인 정신 과정보다는 관찰 가능한 행동의 변화에 관심을 갖는다. 행동주의는 학습을 통제하기 위한 요소가 학습자의 외부에 있다고 가정하고 환경을 통제함으로써 행동을 변화시키려고 시도하였다. 행동주의는 학습이 이루어지는 과정을 이해하기 위해 특정한 행동과 그 행동을 일으키는 상황 간의 관계, 그 행동이 초래하는 결과에 관심을 갖는다.

학습에 대한 행동주의 이론의 근본적인 원리는 자극과 반응의 연합이다. '자극(Stimulus)'이란 시각, 청각, 촉각 등을 통해 환경으로부터 학습자에게 제시되는 모든 것을 의미한다. '반응(Response)'이란 자극으로 인해 유발되는 행동을 의미한다. 행동주의는 학습이 이와 같은 자극과 반응의 연합으로 이루

어진다고 가정하기 때문에 행동주의 이론을 연합이론(association theory) 또는
S-R 이론이라고도 한다. 행동주의 이론은 1960년대 이후 인지심리학이 등장
하기 전까지 교육 현장에 큰 영향을 미쳤다. 행동주의자들의 연구는 인간보다
는 동물을 대상으로 이루어졌기 때문에 이 연구 결과를 인간에게 적용하기 어
렵다는 반론이 있으나 아직까지도 행동주의의 원리는 학습자들의 행동을 지
도하는 데 유용하게 사용되고 있다. 주요 행동주의 이론으로는 고전적 조건
화, 조작적 조건화, 사회학습 이론을 들 수 있다.

1. 고전적 조건화 이론

고전적 조건화(classical conditioning)는 학습 또는 행동의 변화를 조건화로
설명하는 행동주의 초기의 이론이다(Woolfolk, 1993). '조건화(conditioning)'란
자극과 반응이 연관성을 갖도록 유도하는 것을 의미한다. 인간과 동물은 고전
적 조건화 과정을 통해서 이전에는 그들에게 아무런 효과가 없었거나 매우 다
른 효과를 주었던 자극에 대해 자동적으로 반응하는 것을 배울 수 있다. 그 학
습된 반응에는 두려움이나 기쁨과 같은 정서적인 반응이나 근육의 긴장과 같
은 생리적인 반응이 포함된다. 고전적 조건화는 1920년대에 러시아의 생리학
자인 파블로프(Pavlov)에 의해 발견되었다(Woolfolk, 1993).

1) 파블로프의 실험

파블로프는 개의 소화에 대한 연구를 하고 있던 중, 개가 먹이의 냄새를 맡
았을 때만이 아니라 먹이를 주기 위해 걸어가는 연구원의 발자국 소리를 듣
고도 침을 흘리는 것을 발견하였다. 연구원의 발자국 소리를 듣고 침을 흘
리는 현상은 자연스러운 것이 아니므로 개가 침을 흘리는 현상을 통해 학습
의 원리를 이해하고자 하였다. 파블로프는 개의 침이 밖에 부착된 유리관으

로 흘러나오게 하여 분비되는 침의 양을 측정하는 실험을 하였다. 처음에 개
는 먹이를 보면 자동적으로 침을 흘렸다. 이 자극(먹이)과 반응(침 흘리기)은
본능에 의한 자동적이고 반사적인 것이므로 파블로프는 먹이는 무조건 자극
(Unconditioned Stimulus: UCS)이고, 먹이로 인해 침을 흘리는 현상은 무조건
반응(Unconditioned Response: UCR)이라고 명명하였다.

　이후 파블로프는 개에게 먹이를 주기 전에 종소리를 들려주었다. 종소리를
처음 들려주었을 때에는 개는 침을 흘리지 않았다. 이때 종소리는 어떤 반응
도 유도하지 않는 중립 자극(neutral stimulus)이 된다. 그러나 먹이를 주기 전
에 소리를 반복해서 들려준 결과 개는 먹이 없이 종소리만 들어도 침을 흘리
기 시작했다. 먹이와 소리의 결합은 개가 소리 자극과 침의 반응을 조건화(연
합)하도록 유도한 것이다. 따라서 소리는 조건자극(Conditioned Stimulus: CS)
이 되고, 소리에 대해 침을 흘리는 것은 조건반응(Conditioned Response: CR)이
된다. 결국 조건화 이후에 종소리는 그것 자체만으로도 침을 흘리는 행동을
유발하게 된 것이고, 개는 종소리가 들리면 먹이를 준다는 것을 학습하게 된
것이다. 학습에 대한 이러한 접근을 고전적 조건화 또는 파블로프식 조건화라
고 부른다.

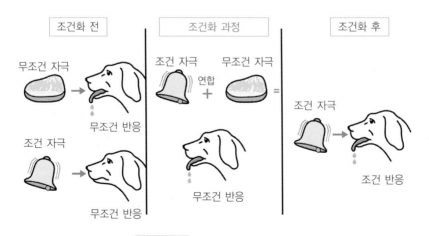

그림 2-1　고전적 조건화 과정

파블로프의 실험은 학습이 자극과 반응의 연결로 발생한다는 것을 증명하고 있다. 그러나 고전적 조건화 이론은 자극과 연결된 본능적인 반사적 행동만을 다루었다는 점에서 학습의 다양한 결과를 설명하지 못하는 한계가 있다. 하지만 학습은 매우 체계적이고 과학적인 방법으로 외부의 자극이나 사건에 의해 유도될 수 있고, 그 결과는 예측 가능하며, 학습이 일어나는 환경의 속성을 변화시킴으로써 학습의 양과 가능성을 변화시킬 수 있음을 보여 주었다는 점에서 큰 의의가 있다.

2) 주요 개념

파블로프의 실험은 고전적 조건화에서 중요한 세 가지 과정을 확인하였다.

(1) 일반화

개는 특정한 소리를 듣고 침을 흘리는 것을 학습한 후에 더 높거나 더 낮은 톤의 소리에도 반응했다. 이러한 과정을 일반화(generalization)라고 한다. 이것은 침을 흘리는 조건화된 반응이 유사한 상황으로 확산될 수 있음을 의미한다.

(2) 변별

파블로프는 오직 하나의 소리에만 먹이를 제공함으로써 개가 다른 소리가 아니라 동일한 소리에만 반응을 하도록 가르칠 수 있었다. 이와 같이 유사한 자극에 대해 다르게 반응하는 것을 변별(discrimination)이라고 한다.

(3) 소거

조건화된 자극(특정한 소리)이 계속 제공되지만 무조건 자극(먹이)이 따라오지 않을 때 조건화된 반응(침을 흘림)은 점점 줄어들고 결국 사라지게 된다. 이렇게 조건화된 반응이 사라지는 현상을 소거(extinction)라고 한다.

3) 교육에의 시사점

고전적 조건화는 본능을 유도하는 자극과 행동이 결합되어야 한다는 제한점이 있지만 교사들에게 의미있는 시사점을 준다. 다양한 상황에 대한 우리의 정서적 반응은 고전적 조건화를 통해 학습된 것일 수 있다. 예를 들면, 학생들이 특정한 교사나 친구를 보았을 때 불안한 반응을 보이는 것은 그로 인해 이전에 경험한 불쾌한 감정 때문일 수 있다. 고전적 조건화 이론은 교실에서 부정적인 정서 반응이 나타나지 않도록 교사가 주의를 기울여야 하며, 학습을 긍정적인 정서와 연결시키려는 노력이 필요함을 시사한다. 긍정적 정서도 조건화를 통해 학생들이 공부에 흥미를 느끼고, 교실에 대한 편안함을 느끼도록 유도할 수 있기 때문이다. 따라서 교사는 학생들의 부정적 정서에 영향을 줄 수 있는 학교폭력, 왕따와 같은 문제들이 발생하지 않도록 노력해야 하며, 학생들이 편안하고 자유로운 분위기에서 학급의 친구들과 긍정적인 정서를 공유함으로써 학습에 대해 긍정적인 감정을 가질 수 있도록 노력해야 한다.

또한 시험불안이나 발표에 대한 불안감 등도 고전적 조건화의 사례가 된다. 시험에서 실패를 경험했거나 좋지 않은 시험 결과로 인해 심하게 벌을 받은 경험이 있는 학습자는 시험이라는 말만 들어도 불안감을 느끼게 된다. 이는 중립 자극인 시험(CS)이라는 단어가 실패(UCS)에 의해 유도된 불안감(UCR)이라는 무조건 반응과 결합하여 조건화된 상태(CR)라 할 수 있다.

이러한 시험불안 증세를 완화시키기 위해서는 긍정적인 정서적 경험을 하도록 유도할 필요가 있는데, 수업 시간에 퀴즈나 간단한 모의 시험 등을 여러 번 경험하게 함으로써 불안감을 낮추거나 교사가 시험 결과에 대해 칭찬하고 격려함으로써 학생의 시험 불안을 완화시킬 수 있다.

2. 조작적 조건화 이론

고전적 조건화 이론은 두려움이나 타액 분비와 같이 자극에 반응하는 수동적인 행동에만 초점을 맞추고 있다는 점에서 다양한 인간의 행동을 설명하는 데는 한세가 있다. 인간의 많은 행동은 자발적이고, 의도적으로도 발생한다. 이러한 자발적인 행동을 조작적 행동(operants)이라고 하는데, 조작적 행동을 통제하고 조절하기 위한 이론이 '조작적 조건화(operant conditioning)'이다. 고전적 조건화 이론은 자극을 조작함으로써 행동을 통제하려는 시도이지만, 조작적 조건화는 행동에 대해 주어지는 결과를 변형(조작)함으로써 행동을 통제하려는 시도이다. 조작적 조건화 이론의 발달에 중요한 역할을 한 사람으로 손다이크(Thorndike)와 스키너(Skinner)를 들 수 있다.

1) 손다이크의 시행착오설

손다이크는 빗장 문이 설치되어 있는 나무로 만든 상자 안에 굶주린 고양이를 넣고 고양이가 상자를 빠져나오는 방법을 학습할 수 있는지를 실험하였다. 상자 바깥에 있는 먹이를 얻기 위해서 고양이는 빗장을 열어야 했다. 상자 밖으로 나오는 방법을 모르는 고양이는 몸부림을 치다가 우연히 빗장을 건드리게 되었고, 문이 열리면서 상자 밖으로 나와 먹이를 먹을 수 있었다. 몇 번의 과정을 반복한 후에 고양이는 드디어 상자에서 바로 빠져나오는 방법을 알게 되었다.

손다이크는 이 실험 결과를 시행착오(trial and error)에 의한 '효과의 법칙(law of effect)'이라고 설명하였다. 이것은 어떤 상황에서 만족스러운 결과를 주는 행동은 반복된다는 것이다. 빗장을 여는 행동은 만족(먹이를 얻음)을 가져왔기 때문에 고양이는 다시 상자 안에 갇혔을 때 그 행동을 반복하였다. 이를 통해 손다이크는 학습은 시행착오의 과정을 통해 특정한 자극과 반응이 결합됨으로써 발생하는 것이고, 그것이 만족스러운 결과(쾌감)를 수반했을 때는 그 결합의 강도가 증가하고, 불쾌한 결과를 수반했을 때는 그 결합의 강도가 감소한다고 설명하였다.

손다이크는 파블로프의 이론을 좀 더 발전시켜 자극반응 연합으로서의 학습은 시행착오적인 반응의 반복만으로는 불가능하고 반드시 보상이 주어져야 한다고 주장함으로써 조작적 조건화의 토대를 닦았다.

2) 스키너의 조작적 조건화 이론

고전적 조건화는 이미 존재하는 행동이 새로운 자극과 어떻게 연결되는지는 설명하지만 새로운 행동이 어떻게 습득되는지를 설명하는 데는 한계가 있다. 인간의 많은 행동은 이전의 자극에 반응한 결과라기보다는 처음에는 자발적으로 발현하는 조작적(operant) 성격을 갖는다. 스키너의 이론은 강화 이론(reinforcement theory)이라고도 불리는데, 이는 조작적 행동은 그 행동이 일어난 이후에 제공되는 강화물(reinforcer)의 유무에 따라 증가 또는 감소된다고 설명하기 때문이다.

스키너는 지렛대를 누르면 먹이가 나오는 상자 속에 쥐를 넣어 실험을 했는데, 이를 스키너 상자라고 한다. 스키너 상자 안의 쥐는 우연히 지렛대를 눌렀을 때 먹이가 나오는 것을 경험하고 그 이후로 계속 지렛대를 누르는 행동을 보였다. 즉, 지렛대를 누르는 행동(조작)이 그 결과로 제공된 먹이(강화물)에 의해서 학습되고 증가된 것이다. 조작적 조건화는 이와 같이 유기체가 먼저 어떤 행동을 하면 이를 강화하여 그러한 행동의 빈도가 높아지도록 하는 것을 말한다. 스키너는 긍정적 결과가 뒤따르는 행동은 행동의 발생 가능성과 빈도가 증가하며, 부정적인 결과가 뒤따르는 행동은 그 행동이 소멸됨을 발견하였다.

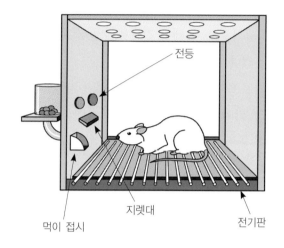

전등

지렛대

먹이 접시

전기판

그림 2-2   스키너 상자

3) 주요 개념

조작적 조건화 이론에 따르면, 어떤 행동이 반복될 것인지는 그 행동 이후에 따르는 결과에 의해 결정된다. 즉, 행동의 원인은 그것에 따르는 결과이지 그 전에 선행하는 자동화되거나 학습된 자극이 아닌 것이다. 조작적 조건화와 관련된 주요 요소들은 다음과 같다.

(1) 강화

강화(reinforcement)란 행동의 발생 빈도를 증가시키는 것을 말한다. 행동을 강화하기 위해 사용되는 결과물을 강화물(reinforcer)이라고 한다. 강화물이 주어지는 행동은 다음에 반복될 가능성이 높다. 즉, 어떤 행동이 계속 지속되거나 증가할 때는 그 행동 이후에 따르는 강화물이 그 행동을 강화하고 있다고 볼 수 있다. 어떤 행동의 결과가 강화를 하는지의 여부는 상황에 대한 개인의 생각이나 개인이 부여하는 의미에 따라 달라질 수 있다. 예를 들면, 잘못된 행동을 해서 계속 교장실로 불려 가는 학습자의 경우 학습자가 교장실로 불려

가는 동안 수업에 참여하지 않아도 되는 것을 좋아한다면 교장실로 불려 가는 그 결과가 잘못된 행동을 강화하는 것일 수 있다.

강화에는 정적 강화와 부적 강화의 두 가지 유형이 있다. 정적 강화(positive reinforcement)는 어떤 행동에 대해 만족스러운 결과를 제공함으로써 의도한 행동의 빈도를 증가시키는 것을 말한다. 동물 실험에서 먹이를 주거나 아동의 행동에 칭찬하는 것이 그 사례이다. 주의할 점은 정적 강화는 강화를 받는 행동이 교사가 원하는 행동이 아닐 때도 발생할 수 있다는 것이다. 예를 들면, 틀린 대답에 대해 친구들이 폭소를 터뜨리는 경우와 같이 의도치 않게 부적절한 행동에 대해 정적 강화가 발생하는 경우가 종종 있다.

부적 강화(negative reinforcement)는 싫어하는 자극을 제거함으로써 의도한 행동의 빈도와 강도를 증가시키는 것을 말한다. 여기에서 '부적'이라는 말은 나쁘다는 뜻이 아니라 제거한다는 것을 의미한다. 예를 들면, 스키너 상자의 쥐가 지렛대를 누르면 전기 쇼크나 강한 빛을 피할 수 있게 되는 것은 부적 강화에 해당한다. 학습자들이 특정 행동을 했을 때 그들이 싫어하는 경험이나 꾸중을 없애 준다면 그것은 부적 강화가 된다.

(2) 벌

종종 부적 강화는 벌(punishment)과 혼동되기도 한다. 강화는 그것이 정적이든 부적이든 항상 행동을 증가시킨다. 반면에 벌은 행동을 감소시키거나 억제하기 위한 것이다. 그러나 벌은 행동을 변화시키는 데 있어서 바람직한 방법이 아니다. 왜냐하면 벌을 받은 사람은 바람직하지 않은 행동을 그만두는 것이 아니라 오히려 벌에 대해 저항감을 가질 수 있기 때문이다. 따라서 벌을 받았을 때 일시적으로는 그 행동이 자제될 수 있지만 후에 다른 상황에서 재현될 수도 있고, 더욱이 벌을 주는 사람에 대해 학습자의 반항적이거나 폭력적인 행동으로 발전할 수도 있다.

강화 이론에 따르면, 강화를 효과적으로 사용할 경우 벌이 필요 없게 된다. 바람직하지 않은 행동을 소멸시키기 위한 가장 효과적인 방법은 벌을 주는 것이 아니라 강화를 주지 않거나(즉, 무시하는 것), 부적 강화(바람직한 행동을 하면 벌을 피할 수 있게 하는 방법)를 사용하는 것이다. 하지만 벌이 효과적으로 사용될 수 있는 경우도 있다. 바람직하지 못한 행동이 너무 자주 발생해서 강화를 하기가 어려운 경우나 문제 행동이 너무 강해서 누군가가 다칠 위험이 있는 경우이다.

강화와 마찬가지로 벌에도 정적 처벌과 부적 처벌의 두 가지 유형이 있다. 정적 처벌(수여성 벌)은 꾸중이나 경멸, 체벌과 같이 혐오적이고 부정적인 보상을 주는 경우이다. 부적 처벌(제거성 벌)은 바람직하지 못한 행동의 대가로 자신의 권리를 포기하거나 댓가를 치르게 하는 것이다. 예를 들면, 수업 시간에 떠들면 쉬는 시간에 밖에 나가서 놀지 못하고 교실에 혼자 남아 있게 하거나, 지각하면 벌금을 내게 하는 경우이다. 귀가 시간을 어겼을 때 게임을 하지 못하게 하는 경우도 이에 해당된다. 학습자들의 동기 유발을 위해서는 정적 강화가 벌보다 훨씬 좋은 도구이며, 벌을 사용해야 하는 경우라면 부적 처벌이 정적 처벌보다 더 효과적인 방법이다.

표 2-1   강화와 벌의 관계

자극의 가감 \ 자극의 종류	유쾌 자극	불쾌 자극
가해지는 경우(+)	정적 강화	정적 처벌
제거되는 경우(−)	부적 처벌	부적 강화

(3) 강화계획

강화를 제공하는 시기와 방법은 다양할 수 있다. 새로운 행동을 배울 때 모든 행동에 대해 강화가 주어지는 것은 연속적 강화계획(continuous reinforcement schedule)이라고 한다. 새로운 행동이 완전히 습득되었을 때는 매번 강화가 주어지지 않고 간헐적으로 강화가 주어져도 그 행동이 유지될 것이다. 이를 간헐적 강화계획(intermittent reinforcement schedule)이라고 한다.

간헐적 강화계획에는 두 가지의 기본 유형이 있다. 강화물이 제시되는 시간 간격과 빈도에 따라 간격계획과 비율계획으로 나뉜다. 이 두 가지 계획은 고정(fixed)되거나 변동(variable)될 수 있다. 고정계획에서는 학습자가 강화계획을 예측할 수 있고, 변동 계획에서는 강화 계획을 예측할 수 없다.

고정간격 강화계획(fixed interval schedule)은 일정한 시간 간격을 기준으로 강화가 제시되는 것을 의미한다. 중간시험, 기말시험과 같이 정기적으로 시험을 치르는 것, 매달 일정한 날에 월급을 주는 것이 그 예가 될 수 있다. 고정간격 강화는 강화가 되는 시기를 예측할 수 있기 때문에 강화가 되는 시점이 다가옴에 따라 더욱 급속히 반응하고, 강화가 주어진 직후 바로 쉬는 경향이 있다.

변동간격 강화계획(variable interval schedules)은 강화가 제시되는 시기를 예측할 수 없도록 강화가 주어지는 시기를 변화시키는 것이다. 수시로 보는 쪽지시험이나 퀴즈가 이 경우에 해당한다. 이러한 강화는 예측이 어렵기 때문에 학습자들의 행동의 빈도를 증가시키고 꾸준한 반응을 유지할 수 있지만 높은 불안감을 초래하기 때문에 신중히 시행되어야 한다.

고정비율 강화계획(fixed ratio schedules)은 정해진 반응 횟수에 따라 강화를 제시하는 것을 말한다. 예를 들면, 토큰 10개를 모았을 때 상을 주거나 일정 수의 책을 읽은 학습자에게 상을 주는 경우, 단어 20개를 외우면 10분의 휴식을 주는 경우가 이에 해당된다. 이 경우도 강화의 시기를 예측할 수 있기 때문에 강화가 주어진 직후에는 휴식을 갖는 경향이 있다.

변동비율 강화계획(variable ratio schedules)은 강화가 주어지는 비율이 고정되지 않기 때문에 언제 강화가 주어질지 예측하기 어렵다. 따라서 행동의 빈도가 가장 오래 유지되는 경향이 있다. 예를 들면, 도박장의 슬롯 머신에서 돈을 따는 경우는 규칙적이지 않기 때문에 언젠가는 그 기회가 주어질 것이라는 희망으로 사람들은 계속 돈을 넣게 되는 것이다.

학교 현장에서 교사가 의도한 행동을 유발하고 지속시키기 위해서 계속 강화를 제공할 수는 없다. 따라서 교사는 강화계획의 속성을 잘 활용할 필요가 있다. 즉, 강화의 빈도를 줄이고 간격을 증가시켜 점차적으로 학습자 스스로 행동을 유지하도록 도와주어야 한다. 일반적으로 간격보다는 비율이 빠른 반응을 유발하고, 행동이 더 지속되게 하는 경향이 있다.

표 2-2   간헐적 강화계획

	간격 강화계획	비율 강화계획
고정	고정간격 강화계획	고정비율 강화계획
변동	변동간격 강화계획	변동비율 강화계획

(4) 선행자극의 통제

조작적 조건화에서 선행자극(antecedents, 행동 이전에 발생하는 사태)은 어떤 행동이 정적 강화를 받을지 부적 강화를 받을지에 대한 정보를 제공한다. 이러한 선행자극은 행동에 대한 결과물을 변별하도록 유도함으로써 원하는 반응을 유발하는 것이기 때문에 이러한 신호를 변별자극(Discriminative Stimulus: DS)이라고도 한다. 교수자는 임의로 조작적 반응이 유발될 때까지 기다리기보다는 변별자극을 제시함으로써 원하는 행동이 발생할 수 있는 가능성을 증가시킬 수 있다. 이를 위한 방법은 단서와 암시를 활용하는 것이다.

단서(cueing)는 어떤 특정한 행동이 발생하기 직전에 선행자극을 제공하는 행동이다. 교수자가 학습자들에게 무엇을 언제 하라고 이야기를 해 주고 그 행동이 일어났을 때 적절한 피드백을 제공하는 것이다. 예를 들면, 학습자들이 질문을 하기 전에 "질문을 할 때는 손을 들어 주세요."라는 단서를 주고 손을 든 학습자에게 질문을 할 기회를 주는 것이다. 이 경우 질문을 할 때 학습자들의 무질서함을 방지할 수 있다.

암시(prompting)는 첫 번째 단서가 주어진 이후에 추가적인 단서를 제공하는 것을 말한다. 예를 들면, 행동에 대한 체크리스트나 사례 등을 제공함으로써 단서가 된 행동을 잊지 않도록 도와줄 수 있다. 단서나 암시를 사용할 때는 두 가지 원칙을 고려해야 한다. 첫째, 암시를 제공하기 전에 단서가 되길 원하는 환경적 자극이 먼저 발생하게 함으로써 학습자들이 암시가 아닌 단서에 반응하는 것을 배우게 하는 것이다. 즉, 교수자가 다른 도움을 주기 전에 학습자들은 그 도움이 없이 과제를 수행하려고 노력해야 한다는 것이다. 교수자가 처음부터 암시를 주면 학습자들은 스스로의 노력 없이 암시에만 의지하려 할 것이다. 둘째, 암시는 학습자들이 계속적인 도움이 없이 학습을 할 수 있도록 가능한 한 빨리 감소시키거나 철회해야 한다. 학습자들의 학습 속도에 따라 단서나 도움을 점진적으로 감소하는 것이 좋다.

(5) 행동 수정

행동 수정이란 목표하는 행동을 선택하고 변별이 되는 자극과 강화를 사용하여 행동을 증가시키거나 감소시키는 것을 말한다. 학교에서 조작적 조건화를 적용하는 경우는 대부분 학습자들의 행동을 변화시키기 위한 경우이다. 예를 들면, 열심히 공부하거나 숙제를 제때 제출하게 하는 등 학습자들의 바람직한 행동은 증가시키고, 수업시간에 떠들거나 공격적인 바람직하지 못한 행동은 감소시키려 하는 것이다.

행동 수정의 단계는 다음과 같다.

① 원하는 행동을 설정한다.
② 언제 어떤 행동을 해야 하는지, 하지 않아야 하는지에 대한 정확한 피드백을 제공한다.
③ 목표 행동이 아닌 것은 무시한다.
④ 원하는 행동이 일어났을 때 강화를 제공한다.

새롭고 복잡한 행동을 가르치기 위해서는 연쇄나 조형과 같은 방법이 사용될 수 있다.

연쇄(chaining)는 한 번에 학습하기 힘든 복잡한 반응을 형성하기 위해 단순한 행동들을 순서적으로 연결시키는 방법을 말한다. 일반적으로 교실에서 사용할 수 있는 방법은 연쇄의 각 단계에 대해 단서를 주고 그 단서를 점차 줄여 가는 것이다. 예를 들면, 학습자들이 과학 실험 준비를 하도록 하기 위해 다음 과 같은 세 가지의 단계를 사용할 수 있다.

① "과학 책을 꺼내세요. …… 잘했어요. 모두 책을 꺼냈네요."
② "이제 조용히 실험실로 가세요. …… 좋아요."
③ "자, 모두 자리에 앉아서 실험 준비를 합시다. …… 실험 준비기 된 것 같네요. 잘했어요."

조형(shaping)은 목표로 하는 반응을 학습자가 수행하기에 매우 복잡하거나 그 반응을 촉진할 수 있는 방법이 없을 때 사용할 수 있는 방법으로 점진적 접근법(successive approximations)이라고도 한다. 조형은 완전한 행동을 기다리기보다는 점진적으로 강화를 하는 것이다. 조형을 사용하려면 교수자는 학습자가 완성하기를 기대하는 최종의 복잡한 행동을 많은 작은 단계로 나누어야 한다.

스키너는 비둘기가 한 바퀴를 도는 행동을 유발하기 위해 조형의 방법을 사용하였다. 즉, 비둘기가 몸을 약간 돌릴 때 먹이를 주고 그 행동이 계속 유발된 후에는 더 큰 각도로 몸을 돌릴 때에만 먹이를 주었다. 이러한 과정을 거쳐 결국은 비둘기가 완전히 제자리에서 한 바퀴를 돌았을 때 먹이를 주었다. 스키너는 조형을 사용하여 비둘기가 복잡한 행동을 할 수 있도록 유도한 것이다.

조형을 하기 위해서는 두 가지의 규칙을 고려해야 한다. 첫째, 변별 강화를 제공해야 한다. 즉, 반드시 기준에 도달하는 행동에 대해서만 강화를 주고 다른 유사한 행동에 대해서는 강화를 주지 말아야 한다. 둘째, 강화를 위한 기준을 변화시켜야 한다. 즉, 목표 행동을 위한 방향으로 강화를 위한 기준을 점진적으로 변화시켜야 하는 것이다. 이러한 연쇄와 조형을 이용해서 교수자는 처음에 유사한 행동들을 강화하기 시작해서 결국 정확하게 원하는 행동을 유발할 수 있다.

4) 교육에의 시사점

　스키너의 강화 이론은 교실에서 가장 널리 적용되고 있는 원리 중 하나이
다. 강화 이론은 행동에 따르는 결과물을 조절함으로써 바람직한 행동을 유도
하고, 바람직하지 않은 행동을 감소시킬 수 있음을 보여 준다. 효과적인 학급
운영을 위해서는 다음과 같은 강화 이론의 원리를 적용할 수 있다(Woolfolk,
2015).

(1) 명확한 규칙을 제시한다

　효과적인 학급운영을 위한 첫번째 원칙은 강화를 위한 근거가 되는 규칙을
명시하는 것이다. 규칙은 단서나 암시의 기능을 한다. 따라서 학습자들이 잘
못한 행동을 자꾸 지적하기보다는 학습자들이 지켜야 하는 규칙을 미리 제시
하고, 좋은 행동에 대해선 지속적으로 강화를 제공하는 것이 바람직한 행동을
유발할 수 있다. 이때 규칙은 변별 자극이 된다. 학습자들이 규칙을 잘 지키게
되면, 더 이상 규칙을 반복해서 제시할 필요가 없다.

(2) 바람직한 행동에 대해서는 칭찬한다

　가급적 강화를 사용하고 벌의 사용을 자제한다. 바람직한 행동을 유도하기
위해서는 칭찬이나 상과 같은 강화물을 사용하는 것이 벌을 사용하는 것보다
더 효과적이다. 더욱이 칭찬과 같은 강화는 긍정적인 정서를 유발하지만 벌은
수치심이나 반발과 같은 부작용을 유발할 수 있으므로 의도치 않은 역효과가
나타날 수 있다. 따라서 벌은 신중하게 사용하는 것이 바람직하다.

(3) 바람직하지 못한 행동은 무시한다

　강화의 기본 원리는 바람직한 행동에 대해 반응을 하는 것이다. 따라서 바
람직하지 않은 행동에 대해서는 무시해야 한다. 같은 행동에 대해 반복적으로
무시를 하면 그 행동은 소멸된다. 벌을 주게 되면 바람직하지 않은 행동에 대

해 반응하는 것이기 때문에 오히려 바람직하지 않은 행동을 증가시키는 부작용이 발생할 수 있다. 따라서 바람직하지 않은 행동에 대해 벌을 주기보다는 무시를 하고 바람직한 행동이 나타났을 때 강화를 주어야 한다.

(4) 벌을 주기 전에는 미리 경고한다

왜 벌을 받는지 이해가 안 되는 경우에는 벌에 대해 부작용이 생기기 쉽다. 예를 들면, 모든 친구가 다 함께 떠들었는데 혼자 벌을 받게 되거나, 갑자기 교사가 심하게 화를 내는 경우 학습자들은 반발감을 갖게 될 수 있다. 따라서 이러한 부작용을 줄이기 위해서도 변별 자극을 활용할 수 있다. 즉, 학기 초나 수업 전에 미리 학급 규칙을 알려 주고, 그 규칙을 어겼을 경우 벌이 주어질 수 있음을 경고하는 것이다.

(5) 벌을 사용해야 하는 경우는 부적 처벌을 사용한다

부득이하게 벌을 사용해야 하는 경우는 정적 처벌보다는 부적 처벌을 사용하는 것이 더 바람직하다. 즉, 수업시간에 떠든 학습자에게 화를 내거나 체벌을 하기보다는 쉬는 시간을 줄이거나 좋아하는 활동에 참여하지 못하게 하는 것이다.

(6) 지나친 외적 강화는 내적 동기를 떨어뜨릴 수 있으므로 주의한다

스키너의 강화 이론은 칭찬, 스티커나 토큰, 상과 같은 외적 강화를 강조한다. 그러나 이러한 외적 강화를 지나치게 사용할 경우 오히려 내적 동기를 감소시키는 부작용이 있을 수 있다. 즉, 칭찬이나 상을 위해 행동하는 학습자는 더 이상 외적 강화물이 주어지지 않으면 행동을 하지 않을 수 있다. 따라서 초기에 행동을 유발하기 위해서는 강화물을 사용하고 시간이 지나면 강화물을 줄여 나가는 것이 자발적 행동을 유도할 수 있다.

3. 사회학습 이론

고전적 조건화와 조작적 조건화 이론은 인간 행동의 많은 부분을 설명해 주지만 여전히 다양하고 복잡한 사회적 상황에서 일어나는 인간의 행동을 모두 설명하는 데는 한계가 있다. 조건화 이론에서는 직접적인 자극과 강화에 의해서만 학습이 일어난다고 하였으나, 직접적인 강화나 벌이 없이 다른 사람의 행동을 관찰하고 모방하는 것으로도 새로운 행동이 습득되기도 한다. 이와 같이 다른 사람들의 행동과 그 행동의 결과를 관찰하는 것만으로도 학습이 이루어진다는 관점이 사회학습 이론(social learning theory)이다(Bandura, 1986). 사회학습 이론은 환경이 인간 행동에 일방적으로 영향을 미친다는 전통적 행동주의 이론을 비판하며 개인을 둘러싸고 있는 환경과 행동의 상호작용을 강조한다.

사회학습 이론은 이후에 사회인지이론(social cognitive theory)으로 발전하는데, 이는 학습이 발생하는 과정에서 직접적으로 관찰할 수 없는 학습자의 기대, 생각, 믿음 등 인지적 속성의 역할도 주목하기 때문이다. 사회학습 이론의 대표적인 사례가 반두라(Bandura)의 사회인지이론이다. 반두라는 인간과 환경의 상호작용을 상호 결정론(reciprocal determinism)이라 불렀다. 사회학습은 다른 사람을 관찰함으로써 학습이 발생하기 때문에 관찰학습 혹은 대리학습이라 불리기도 한다.

반두라는 학습에 대한 전통적 행동주의의 관점은 학습에 대한 사회적 영향의 중요성을 간과하고 있다고 생각하였다. 그는 지식의 습득(학습)과 그 지식에 기초한 관찰 가능한 행동을 구분하였다. 비록 우리 눈에는 보이지 않을지라도(행동으로 나타나지 않을지라도) 학습이 발생할 수 있다고 가정하였다. 예를 들면, 어떤 학습자가 시험을 위해 충분히 학습을 했지만 시험에 대한 불안으로 인해서 시험에서는 좋지 않은 결과를 보일 수 있다는 것이다.

1) 반두라의 실험

반두라(1965)는 유명한 보보 인형 실험을 통해 관찰학습의 효과를 보여 주었다. 반두라는 실험에 참여한 세 집단의 아동들에게 각기 다른 내용의 비디오를 보여 주었다. 먼저 공통적으로 성인이 보보 인형을 때리고 발로 차는 등 매우 공격적인 행동을 하는 장면을 보여 준 후, 한 집단의 아동들에게는 모델이 공격적인 행동을 하고 난 후 보상을 받는 비디오를 보여 주었고, 다른 집단의 아동들에게는 공격적인 행동을 한 후 벌을 받는 비디오를 보여 주었다. 또 다른 집단(통제집단)의 아동들에게는 상도 벌도 받지 않는 비디오를 보여 주었다. 비디오를 본 후에 아동들에게 보보 인형을 가지고 놀게 한 결과, 공격행동 후에 보상을 받은 비디오를 본 아동들은 통제집단보다 더 공격적으로 행동한 반면, 공격행동 후 벌을 받는 비디오를 본 아동들은 통제집단보다 공격적인 행동이 적었다. 이는 아동들이 다른 사람의 행동을 관찰하는 것만으로도 학습이 이루어진 것임을 보여 준다. 반두라는 이러한 관찰을 통한 학습을 모델링(modeling)이라 명명하였다.

더 흥미로운 것은 아동들에게 영화 속 모델이 보여 준 행동을 모방하면 상을 주겠다고 약속을 했을 때, 세 집단의 아동들 모두 모델의 행동을 그대로 따라하였다. 이는 관찰로 인한 학습도 보상, 즉 강화가 주어졌을 때 그 효과가 더 높아짐을 의미한다. 이런 강화를 중시한다는 점에서 반두라의 실험은 행동주의로 분류된다.

그림 2-3   반두라의 보보 인형 실험

2) 주요 개념

관찰 학습을 위해서는 네 가지의 요소가 필수적으로 갖추어져야 한다.

(1) 주의집중

관찰을 통해 학습하기 위해서는 주의집중이 되어야 한다. 가르칠 때 교수자는 설명을 명료하게 하고, 중요한 요점을 강조함으로써 수업의 결정적 특징에 학습자들의 주의를 집중시켜야 한다. 교수자는 수업을 방해하는 요소들을 줄임과 동시에 자신의 설명에 귀를 기울이도록 해야 한다. 이를 위해 교수자는 수업을 열정적으로 진행하고 학습자들에게 다양한 학습 활동을 하도록 유도해야 한다.

(2) 파지

다른 사람의 행동을 모방하기 위해서는 그것을 기억할 수 있어야 한다. 학습자가 관찰한 행동을 분명하게 설명하고 깊이 이해할수록 그 행동을 더 잘 기억해서 행동으로 옮길 수 있다. 따라서 파지(retention)를 촉진하기 위해 교수자가 시범을 보여 준 행동을 학습자들이 말로 설명해 보도록 유도할 수 있다. 또한 정신적 리허설(행동의 모방을 상상하는 것)이나 실제 연습도 파지를 개선하는 방법이 될 수 있다.

(3) 행동의 재생

어떤 행동을 기억한다고 해도 그것을 자연스럽게 수행하지는 못할 수 있다. 따라서 모델의 행동을 재생(production)하기 위해서는 상당한 연습과 피드백이 필요하다. 이 단계에서 연습은 행동을 더 자연스럽게 만든다. 이 단계에서 자아효능감(self-efficacy)이 중요하고, 이는 행동을 위한 동기에 영향을 미친다. 자아효능감이란 자신이 할 수 있다는 믿음을 말한다. 높은 수준의 자아효능감은 과제를 수행하기 위해 더 많은 노력을 하게 되지만 자아효능감이 낮으면 쉽게 포기하고 과제를 회피하게 된다.

(4) 동기와 강화

관찰한 행동을 실천하려면 동기(motivation)가 유발되어야 한다. 동기를 유발하기 위해서는 그 행동을 해야 하는 필요성이나 이유를 설명해 주거나 강화(reinforcement)를 제공할 수 있다. 강화의 유형에는 바람직한 행동을 한 학습자에게 직접 보상을 주는 직접 강화와 타인이 강화받는 것을 관찰함으로써 보상을 받는 대리적 강화, 자신의 행동에 스스로 보상을 주는 자기 강화가 있다. 자기 강화는 학습자와 교수자에게 매우 중요하다. 학습자들은 외적 강화 때문이 아니라 스스로 강화하는 방법을 배워서 자기조절(self-rgulation) 능력을 갖추도록 하는 것이 중요하기 때문이다. 자기조절은 사고와 행동, 감정을 조절하여 학습자 스스로 학습에 대한 책임과 통제를 받아들이는 과정을 말한다(신명희 외, 2018).

3) 교육에의 시사점

사회학습 이론은 학교에서 다음과 같은 목표를 달성하는 데 도움이 된다.

(1) 새로운 행동의 습득

모델링은 새로운 행동을 가르치는 데 효과적이고 효율적인 방법이 될 수 있다. 모델링은 댄스, 스포츠, 공예와 같은 다양한 스킬을 가르치는 데 오랫동안 사용되어 왔다. 그러나 또한 학교에서 정신적 기술을 가르치거나 새로운 사고 방법을 가르치는 데도 사용될 수 있다. 교사는 발성법을 가르치는 것에서부터 학습에 대한 열정에 이르기까지 광범위한 행동을 위한 모델의 역할을 할 수 있다. 한편, 모델링은 모델이 학습자들과 같은 연령일 때 더 효과적이다.

(2) 이미 학습한 행동의 실천

학습자들이 이미 자신이 해야 할 행동이 무엇인지 알고 있지만 그 행동을 실천하거나 더 잘하려면 다른 사람의 시범이 필요한 경우가 있다. 예를 들면, 낯선 환경에서 적절한 인사법을 사용해야 할 때는 다른 사람의 행동을 관찰하게 된다. 학교에서 전학 온 친구에게 배려하는 행동을 유도하기 위해서는 교사가 먼저 시범을 보여야 할 수 있다.

(3) 행동의 강화/약화

교사는 바람직하지 못한 행동은 억제하고 바람직한 행동은 유도하는 역할 모델로서 시범을 보여야 한다. 만약 학습자들이 한 학습자가 교실의 규칙을 어기고도 무사히 도망치는 것을 목격했다면, 그들은 규칙을 어기는 것이 항상 바람직하지 않은 결과를 가져오는 것은 아니라는 것을 학습하게 될 수 있다. 만약 규칙을 위반한 사람이 인기 있는 학습자라면 모델링의 효과는 더 커지게 될 것이다. 이러한 현상을 파급 효과(ripple effect)라고 한다(Kounin & Gump, 1958). 이때 교사가 규칙을 어긴 학습자에 대해 적절한 벌을 준다면 규칙 위반에 대한 생각이 확산되는 것을 억제할 수 있다.

(4) 주의 환기

다른 사람을 관찰함으로써 우리는 행동에 대해서 배우는 것뿐만 아니라 그 행동에 포함되어 있는 목표도 관찰할 수 있다. 예를 들면, 유치원에서 오랫동안 잊힌 장난감을 한 아이가 가지고 재미있게 논다면 다른 아이들도 그 장난감을 갖고 싶어 할 수 있다. 이것은 그 특정한 장난감에 아이들의 주의가 집중되었기 때문에 발생하는 현상이다. 이와 같이 교사는 모델링을 통해서 학습자들이 집중하지 못한 중요한 부분에 대해 주의를 환기시키는 역할을 할 수 있다.

(5) 감정 유발

관찰학습을 통해서 사람들은 비행이나 운전과 같이 그전에 전혀 경험해 보지 못한 상황에 대한 감정적인 반응을 익힐 수 있다. 친구가 그네에서 떨어져 팔이 부러지는 것을 목격한 아이들은 그네에 대한 공포감을 갖게 될 것이다. 듣기나 읽기를 통해서도 관찰과 같은 효과를 가질 수 있다. 무섭기로 소문난 교사가 학급 담임이 되었다는 소식을 들었을 때 학습자들은 공포감을 갖게 될 것이다. 따라서 교사는 자신의 행동이 학습자들의 감정에 미치는 영향을 인지하고 바람직한 행동과 긍정적 감정을 유발할 수 있도록 행동해야 한다.

🔍 생각해 볼 문제

1. 실생활에서 발견할 수 있는 고전적 조건형성과 조작적 조건형성의 사례를 제시해 보시오.

2. 강화의 법칙을 이용하여 학습부진, 지각과 같은 학습자의 행동을 수정할 수 있는 방법을 논의해 보시오.

3. TV나 인터넷, 유튜브 등 대중매체가 학습자들에게 미치는 영향을 관찰학습의 입장에서 논의해 보시오.

📖 참고문헌

임규혁(1996). 교육심리학. 교육과학사.

신명희, 강소연, 김은경, 김정민, 노원경, 서은희, 송수지, 원영실, 임호용(2018). 교육심리학(4판). 학지사.

Bandura, A. (1965). Influence of models' reinforcement contingencies on the acquisition of imitative responses. *Journal of Personality and Social Psychology*, *1*, 580-595.

Bandura, A. (1986). Social foundations of thought and action.

Gredler, M. E. (2005). *Learning and instruction: Theory into practice* (5th ed.). 이경화, 최병연, 김정희 역. 교수학습의 이론과 실제. 아카데미프레스.

Kounin, J. S., & Gump, P. V. (1958). The ripple effect in discipline. *The Elementary School Journal*, *59*(3), 158-162.

Rocklin, T. (1987). Defining learning: Two classroom examples. *Teaching of Psycology*, *14*, 228-229.

Sternberg, R. J., & Williams, W. M. (2010). *Educational psychology* (2nd ed.). 김정섭 외 역. 스턴버그의 교육심리학. 시그마프레스.

Williams, C. (1963). A guide to programmed instruction. *The Teachers College Journal*, *37*(1), 12-13.

Woolfolk, A. (1993). *Educational psychology* (5th ed.). Allyn & Bacon.

Woolfolk, A. (2004). *Educational Psychology* (9th ed.). Allyn & Bacon.

Woolfolk, A. (2015). *Educational psychology* (13th ed.). Pearson Education.

제3장

인지주의 이론

인지주의는 인간을 능동적인 주체자로 보고 '학습'이 일어나는 현상을 학습자의 인지적인 측면에서 설명하고 있는 이론이다. 즉, 인지주의 이론은 개인이 지식을 습득하고 조직하고 적용할 때 관여하는 인지 과정을 설명하는 이론이다(Sawyer, 2006). 인지주의 이론은 자극과 반응 간의 연합을 강조하던 행동주의의 한계를 드러내고, 인간의 능동적인 인지 과정을 더 강조하며 발달하였다. 인지주의 이론은 1950년대 후반부터 1970년대 초에 걸쳐 활발하게 연구되었으며, 현재까지도 교육에 많은 영향을 미치고 있다.

인지주의자들은 인간의 행동이 아닌 인간의 인지 과정에 관심을 가지고, 인간이 정보를 받아들이고 해석하여 문제를 해결하는 과정을 밝히고자 하였다. 인지주의 이론은 초기에 등장한 형태주의 학습 이론과 통찰 이론, 그리고 후기에 등장한 정보처리 이론과 이중부호화 이론으로 구분된다.

1. 형태주의 이론

형태주의 이론은 인지주의 이론의 중요한 개념과 원리를 제시한 이론이다. 형태주의 이론을 지지하는 움직임은 20세기에 초 미국에서 행동주의 학습 이론이 사회 진반적으로 영향을 미치는 동안 독일의 심리학자들이 게슈탈트(Gestalt) 심리학을 주장하면서 일어났다. 독일어인 'Gestalt'는 형태(from), 모양(figure) 또는 배열(configuration)을 의미한다(Schunk, 2012). 그래서 형태주의 이론을 게슈탈트 심리학이라고도 한다(홍은숙 외, 2016). 형태주의 이론은 크게 베르트하이머(Wertheimer)의 게슈탈트 이론과 쾰러(Köhler)의 통찰 이론으로 구분된다(권낙원, 김동엽, 2006).

1) 베르트하이머의 게슈탈트 이론

형태주의 심리학은 독일의 심리학자인 베르트하이머가 실제 현상과 개인의 시각 간의 차이를 증명함으로써 시작되었다. 행동주의 이론이 '자극과 반응 간의 연합'이라는 관점에서 인간의 행동을 전체보다는 부분으로 보려고 했던 것과는 달리, 형태주의 심리학은 사물이나 사건이 부분이 아닌 전체로 보려고 한다(Köhler, 1947). 예를 들어, 여러 개의 작은 점들을 [그림 3-1]과 같이 배열하면 인간은 그것을 여러 개의 점으로 인지하기보다는 웃는 모습으로 인

그림 3-1 게슈탈트 지각

지한다. 게슈탈트 이론은 개인이 형태를 인식하는 방식을 다음과 같은 원리로 설명하고 있다(Schunk, 2012; Wertheimer, 1938).

① 전경-배경의 원리　　② 근접성의 원리

③ 유사성의 원리　　④ 폐쇄성의 원리

그림 3-2　형태원리의 예

첫째, 전경-배경의 원리이다. 전경-배경의 원리는 개인이 형태를 인식할 때 전면에 드러난 도형과 그 뒤에 있는 배경으로 조직화하여 인지한다는 원리이다. 전경은 개인이 초점을 두고 지각하려는 대상이며, 전경을 받쳐 주는 속성을 가진 것이 배경이다. 전경과 배경이 모호할 경우, 개인은 각각 다르게 형태를 인지할 수 있다. [그림 3-2]의 ①은 배경을 무엇으로 보느냐에 따라 여자의 옆모습으로 보이기도 하고, 할머니의 모습으로 인식되기도 한다.

둘째, 근접성의 원리이다. 근접성의 원리는 지각영역에 있는 요소들이 멀리 있는 것보다 가까이 있는 것을 함께 속하는 것으로 간주하는 원리이다. [그림 3-2]의 ②는 두 개의 선이 네 개의 세트로 구성되어 있는 것처럼 지각될 수 있다.

셋째, 유사성의 원리이다. 유사성의 원리는 지각 영역에 있는 요소들이 여러 개일 경우, 크기나 비슷한 모양 등 같은 종류에 있는 것들을 함께 속하는 것으로 간주하는 원리이다. [그림 3-2]의 ③에서 왼쪽은 네 번째 줄에 있는 검은 색의 원들이 하나의 그룹으로 인식될 수 있으며, ③의 오른쪽은 십자가 모양의 네모가 하나의 형태로 인식될 가능성이 높다.

넷째, 폐쇄성의 원리이다. 폐쇄성의 원리는 불완전한 모형이나 경험을 하나의 완전한 형태로 채워 하나의 의미 있는 요소로 인식하는 원리이다. [그림 3-2]의 ④는 삼각형 두 개가 서로 엇갈리게 겹쳐 있는 모습으로 인식된다.

2) 쾰러의 통찰 이론

쾰러는 형태주의 심리학을 발전시켜 '통찰'이라는 개념이 학습과 관련이 있음을 증명하였다(Köhler, 1924). 쾰러는 인간이 자극과 반응 간의 연합을 거치지 않고도 행동할 수 있음을 증명하기 위해 침팬지의 문제해결 능력을 검사하는 실험을 실시하였다. [그림 3-3]과 같이, 쾰러는 침팬지를 우리에 넣고 손이 닿을 수 없는 높이의 천장에 바나나를 매달아 두었으며, 우리 안에는 나무 상자들과 막대기들을 놓아 두었다. 그런 다음 시간이 흐르면서 침팬지가 천장에 매달려 있는 바나나를 어떻게 따는지를 관찰하였다. 처음에 침팬지는 바나나를 따기 위해 천장에 매달린 바나나를 향해 손을 뻗치거나 발돋움을 하였으나 바나나를 따는 데 실패하였다. 그 후 침팬지는 잠시 행동을 멈추고 주변에 있는 나무 상자를 쌓고 막대기를 손에 들고 나무 상자 위에 올라가서 바나나를 따는 데 성공하였다.[1]

---

1) 여러 침팬지 중 가장 영리한 술탄이라는 이름을 가진 침팬지는 막대기 두 개를 연결하여 바나나를 따는 데 성공하였다(홍은숙 외, 2016).

그림 3-3　쾰러의 침팬지 실험

이러한 실험 결과는 침팬지가 문제를 해결하기 위한 통찰의 결과로 학습이 이루어졌음을 함의한다. 침팬지가 천장에 매달린 바나나를 딸 수 있었던 것은 여러 번의 시행착오를 통해서가 아니라, 침팬지가 천장에 매달린 바나나, 막대기, 나무 상자 등을 목적 달성을 위한 연관성을 발견하여 하나의 큰 그림으로 인식하였기 때문이다. 즉, 침팬지가 바나나를 따기 위한 행동들은 기존의 경험에 의한 것이 아닌 인지적인 활동의 결과라 할 수 있다. 침팬지 실험은 인간이 특정한 문제를 해결할 때 부분을 보는 것이 아니라 여러 요소 간의 관계를 전체적인 맥락에서 보면서 통찰을 하고, 그 결과 학습이 일어난다는 점을 함의한다.

3) 교육에의 시사점

형태주의 심리학은 인간의 지각에 영향을 주는 요인들과 원리, 통찰의 개념을 소개하였다. 그러나 형태주의 심리학은 인간이 각각의 요인들을 '어떻게' 지각하는지에 대한 명확한 설명을 제공하지는 않는다(Shunk, 2012). 그러나 형태주의 이론은 인간의 지각을 설명하는 데 주로 적용되었지만, 교육에도 의미있는 시사점을 제공하고 있다.

첫째, 교수자는 구체적이고 실제적인 상황을 포함한 문제나 과제를 학습자에게 부여해야 한다(Wertheimer, 1945). 형태주의 이론에 따르면, 학습자가 단순한 지식을 기계적으로 암기할 경우 문제 상황에 직면했을 때 문제를 제대로 해결하기 어렵다. 그러나 학습자에게 문제 상황을 제공하게 되면 학습자는 문제 상황 전체와 문제 상황 속 부분적인 요소들을 인식하는 과정에서 통찰을 함으로써 학습의 이해를 촉진하게 된다(권낙원, 김동엽, 2006). 형태주의 이론에 따르면, 교수자는 학습자들이 직육면체의 부피를 구하는 공식을 알게 하기 위해 직육면체 모양의 우유팩에 담긴 우유의 부피를 구하는 상황을 제시하는 것이 바람직하다.

둘째, 교수자는 학습자들에게 전체를 인지하고 통찰할 수 있는 기회를 제공해야 한다(Gredler, 2006). 학습자에게 단순한 단계만 거치면 해결할 수 있는 진부한 문제를 제공한다면 학습자는 하나의 전략만 사용하여 문제를 해결하려는 성향이 높아질 가능성이 있다. 따라서 교수자는 학습자들에게 창의적인 해법을 요구하는 문제 등을 제공함으로써 학습자들이 어려움을 느끼도록 하고, 어려움을 극복하기 위해 힌트나 성찰 기회 등을 제공함으로써 학습자들에게 통찰을 유발해야 한다.

셋째, 교수자는 학습과제를 조직화하고 구조화해야 한다. 형태주의 이론에서 말하는 근접성의 원리와 유사성의 원리에 따르면 개인은 근접한 것끼리, 그리고 유사한 것끼리 연결 지어 전체를 인식하는 경향이 있다(권낙원, 김동엽, 2006). 따라서 교수자는 과제를 개발할 때 학습자가 과제를 쉽게 지각하고 기억할 수 있도록 과제 내용 중 관련성이 높은 것들끼리 묶어 하나의 단위로 재조직하는 것이 필요하다. 예를 들어, 과제를 제시할 때 내용지도(concept map) 등으로 자료를 조직하여 제시한다면 학습자는 보다 쉽게 과제를 지각할 가능성이 높다.

2. 정보처리 이론

1) 정보처리 이론

정보처리 이론(information processing theory)은 '인간이 정보를 어떻게 인지하는가?'에 대한 지식을 제공해 준다는 점에서 교육분야에 형태주의보다 더 많은 영향을 미쳤다. 정보처리 이론은 인간이 외부의 정보에 대해 어떻게 주의를 기울이고 정보를 받아들여 기억 속에 저장시키는지에 초점을 맞춘 이론이다(Mayer, 2012). 정보처리 이론가들은 인간이 자극을 수용하여 인출하는 데까지 일련의 단계를 거친다는 데 동의하고, 인간의 정보처리 단계를 컴퓨터의 정보처리 과정에 비유하여 접근하고자 하였다. 정보처리 이론은 크게 정보를 등록하는 감각등록기, 감각등록기를 통해 넘어온 정보를 처리하는 단기기억, 정보를 오래 기억하는 장기기억으로 구성되며, 이를 시각적으로 나타내면 [그림 3-4]와 같다(Akison & Shiffrin, 1968).

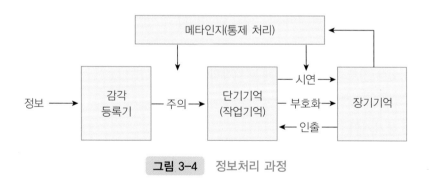

그림 3-4 정보처리 과정

(1) 정보처리 저장소의 특성

① 감각등록기
감각등록기란 인간이 외부 환경으로부터 정보를 최초로 수용하는 곳이다.

외부의 정보는 인간의 시각, 청각, 감각, 후각, 미각과 같은 감각을 통해 등록되는데, 정보가 등록되는 시간은 0.25초 정도로 매우 짧다(Mayer, 2012). 감각등록기에서 정보가 등록되면 등록된 정보에 대한 주의가 이루어지는데, 주의란 등록된 정보에 대해 의미를 부여하는 과정을 의미한다. 즉, 감각등록기를 통해 수많은 정보가 들어오면 주의를 통해 기억하고자 하는 정보의 일부는 단기기억으로 옮겨지고, 나머지는 소멸된다.

② 단기기억/작업기억

단기기억은 감각등록기를 통해 넘어온 정보를 1차적으로 저장시키는 곳이다. 정보를 임시적으로 짧은 기간 동안 저장하는 것을 단기기억(short-term memory)이라고 하고, 정보를 저장하고 조작하는 것을 작업기억(working memory)이라고 한다(Baddeley, 2012). 그러나 일반적으로 작업기억과 단기기억 모두 매우 짧은 시간에 작동하기 때문에 용어를 둘 중 하나로 선택하여 사용한다.

단기기억은 정보를 지속시킬 수 있는 시간이 한정되어 있다. 성인의 경우, 감각등록기를 통해 정보의 일부가 단기기억으로 넘어오면 약 20초 정도 정보가 저장된다. 또한 단기기억은 정보를 기억할 수 있는 용량이 제한되어 있는데, 약 7±2개의 정보를 수용할 수 있다(Miller, 1956). 즉, 단어, 글자, 숫자 등 의미 있는 정보의 단위 5~9개를 저장할 수 있다.

③ 장기기억

장기기억이란 무한대의 정보를 영구적으로 기억할 수 있는 곳이다. 장기기억에 저장되는 정보는 언어적 형태로 표상되고, 네트워크의 형태로 서로 연결되어 있다는 특징이 있다(Miller et al., 2014).

장기기억에서 정보가 언어의 형태로 표상되는 특성 때문에 정보가 저장되는 과정을 의미적 부호화(semantic encoding)라고 한다. 정보를 장기기억에 저장하기 위해서는 정보를 유의미하게 연결시켜서 의미망(semantic networks)으로 변형시키는 것이 중요하다. 여기서의 의미망이란 하나의 정보가 다른 정보와 연결되어 있어서 추후 개인이 특정한 정보를 인출할 때 연결된 정보가 단서 역할을 할 수 있는 네트워크를 의미한다(Delogu et al., 2009).

장기기억으로 넘어온 지식은 스키마(schema, 인지도식)[2] 형태로 저장된다. 스키마란 정보의 구조를 표상하는 커다란 네트워크이다(Anderson, 1990). 예를 들어, '학교'에 관한 스키마는 '학교 건물의 재료(벽돌, 대리석 등)' '학교의 기능(배움이 일어나는 곳)' '학교의 구성(교실, 교무실, 특별활동실 등)'으로 구성될 수 있다. 스키마는 위계를 가지고 있어서 상위의 개념인 '건물'로부터 하위 개념인 '교실'까지 연결된다.

장기기억에서 일어나는 의미망이나 스키마 모두 장기기억에 있는 정보들이 단편적으로 저장되어 있는 것이 아니라 서로 연결되어 있다는 공통점이 있다. 이러한 공통점을 통해 학습자가 정보를 단순히 수동적으로 받아들이는 것이 아니라 정보들을 유의미하게 연결시키는 능동적인 존재임을 알 수 있다.

(2) 정보처리 전략

① 단기기억/작업기억 촉진 전략

단기기억에 있는 기억을 활성화하기 위해서는 다음과 같은 전략이 필요하다(박성익 외, 2015).

첫째, 청킹(chunking)이다. 청킹이란 서로 연관있는 정보들을 덩어리로 묶어 정보의 단위를 크게 함으로써 단기기억의 용량을 늘리는 전략이다. 예를 들어, 외워야 할 정보의 목록이 '사과', '책', '연필', '바나나', '책상', '지우개', '딸기', '포도', '칠판', '의자' 등 10개라고 가정해 보자. 이때 과일에 해당되는 단어(사과, 바나나, 딸기, 포도)와 교실에 해당되는 단어(책, 연필, 책상, 지우개, 의자,

---

2) 스키마란 어떠한 방향으로 행위할 수 있는 잠재력, 즉 환경에 대한 개인의 반응을 결정하는 인지 구조를 말한다(권낙원, 김동엽, 1999). 또한 인간이 세계를 이해하고 반응하고 기능하기 위해 사용하는 지식이나 절차, 관계 등을 의미한다(박성익 외, 2015).

칠판)끼리 묶어서 외운다면 주어진 단어들을 모두 외울 수 있게 된다. 더 나아가 '과일'과 '교실'이라는 두 개의 정보 덩어리가 생겼기 때문에 더 많은 정보를 저장시킬 수 있다.

둘째, 유의미화(meaningfulness) 전략이다. 정보가 유의미할수록 단기기억에서의 기억은 더욱 활성화된다. 따라서 정보를 기억하고자 할 때 새로운 정보를 친숙한 정보와 연관시키는 것이 중요하다. 예를 들어, 분수에서 분모와 분자의 개념을 이해할 때 분모는 어미 모(母)의 개념을, 분자는 아들 자(子)의 개념을 쓴다는 점을 파악하고, 분수는 엄마가 아이를 업고 있다고 의미를 부여하면 내용을 단순히 인지하는 것보다 기억이 더 촉진된다.

셋째, 순서적 위치(serial position) 전략이다. 학습자가 여러 개의 정보를 습득할 때 처음 또는 마지막에 나오는 정보를 더 오래 기억할 수 있다. 그 이유는 처음과 끝에 나오는 정보가 다른 정보들의 간섭을 상대적으로 덜 받기 때문이다. 따라서 이해하기 어려운 정보 등을 처음 또는 마지막에 외우는 것이 효과적이다. 습득해야 할 정보 중 처음에 나온 내용을 기억하는 경향이 높은 현상을 '초두효과' 또는 '첫인상 효과'라고 하고, 습득해야 할 정보의 마지막 부분을 잘 기억하는 경향이 높은 현상을 '최신효과'라고 한다(Miller & Camipbell, 1959).

넷째, 분산된 연습 전략이다. 연습의 경우 한 번에 집중적으로 연습하기보다는 일정한 시간 간격을 두고 분산시켜 연습하는 것이 더 효과적이다.

다섯째, 시연(rehearsal) 전략이다. 시연이란 단기기억에 있는 정보를 지속적으로 반복하는 방법을 의미한다. 예를 들어, 친구의 집에서 나올 때 기억해야 할 전화번호 하나를 알게 되었다면 집에 오는 동안 반복적으로 전화번호를 외우는 것이 시연이다. 이렇게 주어진 정보를 시연할 경우 집에 도착해서도 전화번호를 기억할 수 있게 된다.

마지막으로, 기억술(mnemonic devices) 전략이다. 의미가 없는 정보를 기억하기 쉽도록 첫 자를 따서 외우거나 친근한 멜로디에 가사처럼 외우는 전략 등이 여기에 해당된다.

② 장기기억 촉진 전략

장기기억 저장소로 넘어온 정보를 오래 저장하기 위해서는 유의미한 학습
이 필요한데, 이를 위해서는 메타인지(metacognition)가 매우 중요하다. 메타
인지란 '개인 자신의 사고에 대한 인식'(Pressley & McComick, 1995), 또는 '자신
의 인지적 과정에 대한 인식'을 의미한다(Rhodes & Tauber, 2011). 메타인지 전
략에는 발췌, 정교화, 조직화, 인지적 감지력이 있다(박성익 외, 2015).

발췌는 해당 내용에서 중요한 내용을 추출하여 정보의 양을 줄이는 전략이
다. 정교화는 자신이 알고 있는 정보에 스스로 깨달은 내용이나 이해한 내용
을 추가함으로써 정보의 양을 늘리는 전략이다. 정교화 전략은 정보를 줄이지
않고 늘린다는 점에서 발췌와는 상반되는 개념이라 할 수 있다. 조직화는 정
보의 구조를 명확히 하는 전략을 의미한다. 예를 들어, 책의 목차는 책에 제시
된 방대한 양의 정보를 잘 구조화시킨 결과물이라 할 수 있다. 인지적 감지력
은 자신이 정보를 제대로 이해하고 있는지를 점검하고 추적하는 전략을 의미
한다. 예를 들어, 자신이 저장시키고자 하는 내용에 대해 스스로 질문하고 대
답해 보거나, 정보를 오래 기억하기 좋은 환경을 만드는 등의 전략 등이 여기
에 해당된다.

2) 이중부호화 이론

이중부호화 이론(dual coding theory)은 장기기억에 저장되는 정보가 언어적
형태와 비언어적 형태로 저장될 수 있음을 구체적으로 밝힌 이론이다. 이중부
호화 이론에 따르면 정보를 처리하고 저장할 때 언어적인 정보와 비언어적인
정보를 처리하는 두 가지 시스템이 존재하며, 각각의 시스템은 서로 연결되어
있다(Pavio, 1986). '교육'처럼 추상적인 물체나 실체가 없는 것들은 언어적인
형태로 저장된다. 한편, 소리, 행동 등은 모두 비언어적인 정보에 속한다. 예
를 들어, 물 흐르는 소리, 그림을 그리는 행동 등은 비언어적인 정보에 해당된
다(Clark & Paivio, 1991). '교실'과 같은 물체들은 언어적 정보와 비언어적 정보

에 모두 해당된다.

이중부호화 이론에서 말하는 두 개의 체계는 언어 정보 체계와 심상 (imagery) 정보 체계를 의미한다. 여기서 말하는 심상은 좋아하는 노래(청각 심상), 동물의 털 감촉(촉각 심상), 사과 파이 냄새(후각 심상) 등 매우 다양하다 (Driscoll, 2005). 작업기억은 언어 정보 체계와 심상 정보 체계를 가지고 있으며, 이 두 개의 체계는 각각 독립적으로 분리되어 있다. 즉, 이중부호화 과정은 감각등록기에 입력된 정보는 언어 정보와 비언어 정보(심상정보)가 각각 체계를 만들게 된다. 감각등록기를 통해 하나의 정보만 작업기억에 입력되는 경우보다 두 개의 감각을 통해 입력된 정보가 작업기억에서 더 잘 통합되기 때문에, 후자의 정보가 장기기억으로 더 쉽게 전이된다(박성익, 손지영, 2003). 이중부호화 이론에 따르면, 심상이 언어적 부호화를 촉진하며, 언어적 정보와 심상 정보가 통합되면 이 정보는 나중에 아주 작은 단서만으로도 정보가 활성화될 수 있다(Clark & Paivio, 1991). [그림 3-5]는 이중부호화 과정을 나타낸 그림이다(Mayer, Heiser, & Lonn, 2001).

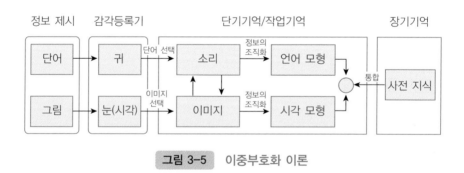

그림 3-5 이중부호화 이론

3) 교육에의 시사점

정보처리 이론에는 교실에서 적용될 수 있는 많은 시사점이 함의되어 있다. 교실에서 적용할 수 있는 시사점은 크게 학습자의 주의력을 유지시키고, 학습자의 자동화 수준을 향상시키며, 수업내용을 조직화하여 수업시간에 제공하는 점을 들 수 있다.

(1) 학습자의 주의집중 유지

교수자는 학습자의 주의를 집중시키기 위해서 학습자가 전략적으로 정보를 처리할 수 있도록 가르쳐야 한다. 학습자의 인지처리 과정은 주의집중으로부터 시작하기 때문이다(Mayer, 2012). 수업에서 교수자는 학습자들에게 과제를 제공하고, 과제의 중요한 아이디어, 사실, 개념, 일반화 등에 초점을 두고 정보를 탐색하게 하는 것이 좋다(Gamer, 1992).

또한 교수자는 학습자가 수업에 관련된 내용에 집중할 수 있는 계획을 세워야 한다. 학습자의 주의집중을 유도하기 위해서는 물리적 유형, 흥미적 유형, 감정적 유형, 강조적 유형을 적절하게 혼용하여 사용하는 전략이 필요하다(변영계, 2005). 주의집중을 위한 자극의 유형을 살펴보면 다음과 같다. 첫째, 물리적 유형의 전략은 교수자가 PPT 자료, 사진, 그림, 칠판, 실험 도구 등 물리적 도구를 사용하는 전략이다. 학습자들에게 친숙한 물리적 도구를 새로운 도구로 대체해 주는 것이 학습자의 주의를 집중시키는 데 효과적이다. 둘째, 흥미적 유형의 전략은 학습자의 호기심을 자극하여 주의 집중을 유발하는 방법을 의미한다. 셋째, 감정적 유형의 전략은 수업시간에 학습자의 이름을 부르는 등의 전략을 활용해 학습자의 주의를 집중시키는 전략이다. 넷째, 강조적 유형의 전략은 교수자가 강조를 하는 행동이나 말을 하는 전략이다. 예를 들어, "자, 지금부터 아주 중요한 부분을 설명할 거예요."라고 말함으로써 학습자의 주의집중을 유도할 수 있다.

(2) 학습자의 자동화 수준 향상

학습자가 단기기억 공간을 최대한 확보하게 하기 위해서 자동화 전략이 필요하다. 학습자가 특정 지식에 대해 자동성을 갖게 되면 단기기억의 공간을 많이 확보하게 되고, 확보된 공간에 더 고차원적인 정보를 처리할 수 있게 되기 때문이다(변영계, 2005).

단기기억 공간이 부족한 학습자들의 경우, 시나리오 형태로 된 문제를 제공할 때 문제 속에 제시된 특정 개념을 이해하는 데 단기기억 공간을 모두 활용하기 때문에 문제 전체의 맥락을 이해하지 못하는 경우가 발생한다. 학습자가 단기기억 공간을 확보하게 하기 위해서 교수자는 개념이나 원리 등을 자주 연습할 기회를 제공하여 학습자가 자동성을 습득하도록 도와야 한다.

(3) 조직화된 수업 내용 제공

교수자는 학습자들이 유의미한 의미망을 잘 생성할 수 있도록 구조화되고 조직화된 정보를 제공해야 한다. 특히 수업시간에 읽기 자료나 교재를 활용할 경우 교수자는 학습자들이 이해하기 쉽게 읽기자료를 재조직할 필요가 있다. 조직화된 정보를 학습자에게 제공하기 위해 교수자가 고려해야 할 전략은 다음과 같다.

첫째, 선행조직자(advanced organizer)를 사용하는 전략이다. 선행조직자란 학습자들로 하여금 새롭게 배우는 내용이 이전에 배운 내용과 연결될 수 있도록 제시되는 정보를 의미한다(Mayer, 1984). 선행조직자는 학습자들이 학습 자료를 읽을 때 자료의 내용을 보다 쉽게 이해하게 하는 데 촉진제의 역할을 한다. 예를 들어, 지도를 제시하고 세계 여러 나라를 설명한다면 지도가 선행조직자가 될 수 있다.

둘째, 텍스트를 구조화하여 제시함으로써 학습자의 이해를 촉진시키는 전략이다. 텍스트를 구조화할 때 신호 단어(signal word)를 제시하는 것이 중요하다. 여기서 신호 단어란 특별한 내용은 없지만 읽기 자료의 구조를 강조하는 단어를 의미하는데(Mayer, 1984), '문제점은' '중요한 점은' '안타깝게도' 등과 같은 표현을 의미한다.

셋째, 정보를 도식화하거나 정교화하는 전략이다. 도식화는 복잡한 정보의 구조를 트리맵 등의 형태로 제시하는 전략을 의미한다. 정교화는 비교적 간단한 정보에 의미를 추가하여 학습자의 학습을 촉진하는 전략을 의미한다. 이러한 전략을 통해 학습자는 많은 지식을 장기기억에 저장할 수 있게 된다.

(4) 정보처리 전략 적용

학습자가 정보처리 과정을 활성화하여 장기기억에 정보를 잘 저장시킬 수 있는 기회가 제공되어야 한다. 이를 위해서 교수자는 인지전략을 가르쳐주거나, 학습자들이 스스로 인지전략을 개발할 수 있도록 수업을 준비해야 한다. 학습자가 텍스트로 된 복잡한 정보의 의미를 구성하기 위해서 효과적인 전략으로는 요약하기(summarizing) 전략과 자문하기(self-questioning) 전략이 있다(Dole et al., 1991).

학습자는 '요약하기'를 통해 중요한 정보와 중요하지 않은 정보를 구별할 수 있으며, 학습내용에 포함된 단서와 맥락을 활용하여 학습자의 선행지식과 관련된 의미를 구성할 수 있다(Dole et al., 1991). 따라서 교수자는 학습자가 효과적으로 요약할 수 있도록 학습자로 하여금 가장 중요한 내용만 선택하고 자신의 언어로 내용을 정리할 수 있도록 안내해야 한다.

'자문하기'는 학습자가 질문을 직접 만들어 내는 것이다. 학습자는 학습내용에 대해 스스로 질문을 생성함으로써 수업내용에 대한 추론이 촉진되고, 질문에 대한 내용을 설명하고자 하는 동기가 유발된다(Pressley et al., 1992). 교수자는 학습자가 자문을 할 때 글에서 "왜?"라는 질문, 새로운 내용에 대한 예를 만들기 위한 질문 등을 생성하도록 유도하는 것이 바람직하다. 교수자는 '자문하기'의 중요성을 학습자에게 설명하고 자주 사용할 것을 권장하는 노력도 함께 해야 한다.

(5) 문제해결 수업 강조(탐구학습의 강조)

인지주의 이론은 학습자의 학습을 위한 인지 과정을 강조한다. 학습자의 인지 과정을 촉진하기 위해 교수자는 학습자에게 문제해결 기회를 제공하는 것이 좋다. 인지주의 관점에서 문제해결 수업은 메타인지 기술을 활용하여 주어진 문제를 해결하는 수업, 문제를 해결하기 위한 필요한 다양한 전략을 강조하는 수업을 의미한다(Gradler, 2006). 문제를 제공받은 학습자들은 스스로 문제를 해결하고 탐구하는 과정을 통해 지식을 습득하고 장기기억에 저장시킬 수 있다. 예를 들어, 수학 수업에서 문제를 해결한 학습자는 '수학을 하는 것'을 넘어 수학 문제를 해결하기 위해 다양한 전략을 적용하고, 이 과정에서 새로운 지식 구조를 개발하게 된다. 따라서 교수자는 일방적으로 수업내용을 제시하기 보다는 발견식, 탐구식, 문제해결 수업을 통해 학습자의 인지 과정을 촉진하는 것이 중요하다.

3. 가네의 교수설계 이론

행동주의에서 인지주의로 그 중심이 넘어가던 시기에 가네(Gagné)는 행동주의와 인지주의 원리를 모두 반영하여 수업에서 학습자의 학습과정이 제대로 일어나게 하기 위한 수업원리를 제시하였다. 그는 학습에서 일어나는 현상과 교수의 과정을 연결지음으로써 교수 · 학습의 이론과 실제를 모두 다룬 이론을 정립하고자 하였다.

가네는 학습자가 학습을 통해서 최종적으로 습득하게 되는 결과의 유형으로 5개의 학습영역을 제시하였다. 또한 그는 학습자의 학습을 촉진하기 위해 학습자의 내적 조건을 이해하고, 학습자의 내적 조건에 알맞은 외적 조건이 제공되어야 한다고 주장하였다. 여기서 학습자의 내적 조건은 학습과정(learning process)을 의미하는데, 가네는 학습자의 학습과정을 인지주의 이론에 기반하여 설명하였다. 가네가 말하는 외적 조건이란 학습 중에 일어나는 학습과정을 지원하는 수업사태(events of instruction)를 의미한다(Driscoll, 2005).

1) 학습영역

가네는 학습자가 학습의 결과로 습득하게 되는 능력이나 행동의 범주를 다섯 가지 영역으로 범주화하고자 하였다(변영계, 2005).

첫째, 언어 정보(verbal information)이다. 언어 정보란 학습자가 선언적 지식을 기억한 다음 구두로 말하거나 글로 진술하는 능력 또는 습득한 지식을 요약하거나 말하는 능력을 의미한다. 선언적 지식은 사실, 개념, 절차, 규칙에 대한 지식을 의미하는데(Gradler, 2006), "삼각형은 세 개의 선이 연결되어 있는 도형이다."라는 문장이 선언적 지식에 해당된다. 학습자가 수업시간에 제시된 단어를 글이나 말로 표현한 것은 언어 정보에 해당된다.

둘째, 지적 기능(intelligence skills)이다. 지적 기능이란 학습자가 특정 지식을 실제로 적용할 수 있는 능력을 의미한다. 학습자가 지적 기능을 습득하게 되면 기호나 상징 등을 사용하여 환경을 설명하고 반응할 수 있는 능력을 갖추게 된다. 예를 들어, 지적 기능을 갖춘 학습자는 주어진 환경에 따라 긍정문을 의문문으로 바꾸어 사용할 수 있다. 지적 기능은 덧셈을 학습자와 관련된 환경에서 적용한다는 점에서 단순히 '덧셈의 공식을 아는 것(언어 정보)'과 구별된다.

셋째, 인지 전략(cognitive strategies)이다. 인지 전략이란 학습자가 자신의 학습, 사고, 행동, 감정을 통제하기 위해 다양한 전략들을 활용하는 능력을 의미한다. 인지 전략을 갖춘 학습자는 자신이 경험하지 않았던 문제 상황에서 자신이 지닌 지식이나 기능을 적절하게 사용할 수 있다.

넷째, 운동 기능(motor skills)이다. 운동 기능이란 어떤 일을 수행하기 위해 근육을 활용해서 유연하고 정확하게 움직이는 능력을 의미한다. 운동 기능은 단순한 그림 그리기부터 자전거 타기와 같은 복잡한 수준의 능력까지 포함하며, 비교적 장기간 동안 반복적인 연습을 통해 학습된다.

다섯째, 태도(attitude)이다. 태도란 학습자가 사물, 사람 또는 여러 사건들을 선택하는 데 영향을 미치는 것을 의미한다. 즉, 태도는 생활에서 직면하는 다양한 대안들 중에 무엇을 선택하느냐와 관련된다.

이와 같은 다섯 가지 학습영역을 요약하면 〈표 3-1〉과 같다(변영계, 2005).

표 3-1 다섯 가지 학습영역

학습영역	학습된 능력	성취 행동	예
언어 정보	저장된 정보의 재생 (사실, 명칭, 강연)	어떤 식으로 정보를 진술하거나 전달하기	애국심의 정의를 의역하는 것
지적 기능	개인이 환경을 개념화하는 데 반응하도록 하는 정신적 조작	상징을 사용하여 환경과 상호작용하기	빨간색과 파란색을 구별하는 것, 삼각형의 면적을 계산하는 것
인지 전략	학습자의 사고와 학습을 지배하는 통제 과정	기억, 사고, 학습을 효율적으로 관리하기	기말 과제를 작성하기 위해 목록 카드를 개발하는 것
운동 기능	일련의 신체적 움직임을 수행하기 위한 능력 및 실행 계획	신체적 계열이나 행위 시범 보이기	구두끈을 묶거나 배영을 시범 보이는 것
태도	어떤 사람, 대상, 사건에 관해 긍정적이거나 부정적인 행위를 하려는 경향	어떤 대상, 사건, 사람에 대하여 가까이 하거나 멀리 하려는 개인적 행위 선택하기	록 콘서트에 가지 않고 대신 미술관 방문을 선택하는 것

출처: 변영계(2005), p. 105.

2) 학습과정

가네가 말하는 학습과정은 다음과 같다(변영계, 2015). 첫째, 자극 수용 단계이다. 정보가 감각등록기를 통해 들어오면 학습자는 정보를 수용하게 된다. 정보를 수용하기 위해서 학습자는 주의를 기울여야 하며, 감각등록기를 통해 들어온 정보들 중 학습자가 주의집중하지 않은 정보들은 사라지게 된다.

둘째, 기대감 형성 단계이다. 기대는 학습자에게 주어진 또는 스스로 정한 학습목표에 도달하기 위해 동기화된 상태를 의미한다. 학습자가 학습하려고 하는 내용에 대한 기대가 있을 경우 그 정보는 다음 정보처리에 영향을 미친다.

셋째, 작업기억으로 인출 단계이다. 학습자는 새로 학습한 것을 확인하기 위해서 학습한 내용을 장기기억으로부터 인출할 수 있어야 한다.

넷째, 선택적 지각 단계이다. 학습자에게 주어진 정보들이 수용되기 위해서는 학습자는 주어진 정보들에 주의를 기울여야 한다. 이때 학습자의 주의력은 학습자의 목표나 기대와 연관성이 높은 정보들을 중심으로 선택적으로 일어난다.

다섯째, 의미적 부호화 단계이다. 이 단계에서는 학습자에 의해 선택된 정보가 장기기억 저장소에 저장되기 위해 정보를 유의미하게 조직화된다. 즉, 추후에 학습자가 특정 상황에서 쉽게 인출하고 전이할 수 있도록 정보를 의미망(sementic networks)으로 변형시키거나 부호화하는 단계이다.

여섯째, 학습결과를 보여 주는 반응(탐색, 회상, 수행) 단계이다. 학습자가 장기기억에 저장된 정보를 사용하기 위해 정보를 찾고 회상하는 단계이다. 이때 교수자는 학습자에게 학습한 것을 적용하거나 수행하도록 요구한다.

일곱째, 학습결과에 대한 강화 단계이다. 학습자들이 장기기억에서의 정보를 활용하여 수행하였을 경우 수행에 대한 피드백이 제공되는 것은 매우 중요하다(Driscoll, 2005). 이 단계에서의 피드백은 학습자의 수행이 학습목표에 도달하였는지, 주어진 요건에 부합하였는지에 대한 내용으로, 수행에 대한 피드백은 강화의 역할을 한다(박성익 외, 2021).

여덟째, 인출 및 강화 단계이다. 피드백을 받은 학습자의 수행에 대해 정식으로 평가를 받는 단계이다.

아홉째, 인출 및 일반화의 단계이다. 인출 및 일반화를 통해 학습자는 습득한 것을 다른 상황에서 적용하는 단계이다.

3) 아홉 가지 수업 사태

효과적인 학습을 위해서는 학습의 과정이 촉진되기 위한 외적 조건, 즉 학습과정을 촉진하는 수업 사태가 제공되어야 한다(Driscoll, 2005; Gagné & Medsker, 1996). 학습자의 학습과정과 이를 지원하는 아홉 가지의 수업 사태를 요약하면 〈표 3-2〉와 같다.

표 3-2 학습과정과 아홉 가지 수업 사태

수업 단계	학습 단계	수업 사태
학습을 위한 준비	자극 수용	1. 주의 획득하기
	기대감 형성	2. 학습목표 제시하기
	작업기억으로 인출	3. 선수학습 회상 자극하기
획득과 수행	선택적 지각	4. 내용 제시하기
	의미적 부호화	5. 학습안내 제공하기
	학습결과를 보여 주는 반응(수행)	6. 수행 유도하기
	학습결과에 대한 강화	7. 피드백 제공하기
재생과 전이	인출 및 강화	8. 수행 평가하기
	인출 및 일반화	9. 파지와 전이 증진하기

사태 1 **주의 획득하기:** 학습자가 정보를 수용하도록 하기 위해 교수자는 학습자의 주의를 획득해야 한다. 예를 들어, 교수자가 "자! 수업을 시작합시다."라고 말하거나, "이 부분은 중요합니다."라고 말함으로써 학습자의 주의력을 획득시킬 수 있다.

사태 2 **학습목표 제시하기:** 교수자는 학습자가 수업을 마친 후 도달해야 할 '학습목표'를 제시한다. 학습목표 제시는 학습자로 하여금 수업에 대한 기대감을 형성하고, 학습자 스스로 학습목표를 달성하기 위해 노력하게 한다.

사태 3 **선수학습 회상 자극하기:** 교수자는 학습자가 학습해야 할 새로운 정보와 관련된 선수 지식을 회상시킨다. 일반적으로 교수자는 지난 수업 시간에 다룬 내용을 상기시킨다.

사태 4 **내용 제시하기:** 교수자가 학습자에게 학습내용을 제시하는 것이다. 이때 교수자는 학습자가 학습내용에 대해 선택적 지각을 잘할 수 있도록 새로운 정보의 특징을 제시해 주는 것이 필요하다. 예를 들어, 학습자의 지적 기능 습득을 위한 수업일 경우 교수자는 수업내용과 관련된 예를 제시해 주고, 운동 기능 습득을 위한 수업일 경우 교수자는 시범을 보여 줄 수 있다.

사태 5 **학습안내 제공하기**: 학습자가 수업시간에 다룬 내용을 장기기억에 잘 저장할 수 있도록 교수자가 도와주는 활동이다. 교수자는 단서, 질문, 조언 등을 제공함으로써 학습자가 수업시간에 수행해야 할 과제나 내용 습득에 도움을 줄 수 있다.

사태 6 **수행 유도하기**: 교수자는 학습자가 정확하게 학습을 했는지 확인하기 위해 학습자의 수행을 유도한다. 학습자의 수행을 유도하기 위해 교수자는 연습문제를 풀어보게 하거나, 배운 내용을 실습하게 할 수 있다.

사태 7 **피드백 제공하기**: 학습자가 제대로 수행했는지에 대해 교수자가 의견을 제시한다. 즉, '피드백 제공하기'는 학습자 수행이 정확했는지, 정확하지 않았다면 어떤 점이 개선되어야 하는지 등에 대해 교수자가 피드백을 제공하는 활동을 의미한다.

사태 8 **수행 평가하기**: 교수자는 학습자의 학습결과를 평가하고, 학습자의 수업목표 달성 여부를 확인한다. 이를 통해 교수자는 학습자가 다음 단계의 학습을 위한 준비가 되었는지 결정하게 된다.

사태 9 **파지 및 전이 증진하기**: 교수자는 학습자가 학습한 것을 오래 기억하고 유사한 상황에 적용할 수 있도록 돕는다. 교수자는 학습자의 파지 및 전이를 위해 학습한 내용을 복습할 기회를 제공하거나, 학습한 내용과 관련된 상황을 제시하고 적용하도록 유도할 수 있다.

>> 가네의 교수설계 이론을 적용한 수업 사례

　다음은 가네의 교수설계 이론을 적용한 수업 사례이다. 장 교수자는 학습자들이 이미 학습한 개념인 '주제'를 활용하여 글의 요지를 찾는 단원의 수업을 하기 위해 가네의 이론을 적용하여 수업을 준비하였다. 수업지도안은 〈표 3-3〉과 같이 개발되었다.

표 3-3   가네의 교수설계 이론을 적용한 수업지도안

수업 사태	교수매체	학급 활동
1. 주의 획득하기	교수자의 설명	교수자는 학습자들에게 좋아하는 TV쇼나 이야기의 이름을 질문한다.
2. 학습목표 제시하기	교수자의 설명	교수자는 학습자들에게 쇼의 이야기를 다시 말하지 않고 그 쇼가 무엇에 관한 것인지 말해 줄 방법을 아느냐고 누군가에게 질문을 한다. 교수자는 그들이 이야기의 요지를 찾는 방법을 배워서 친구에게 이야기에 대해 말해 줄 수 있을 것이라고 설명한다.
3. 선수학습 회상 자극하기	교수자의 설명	학습자에게 (어떤 사람이나 이야기에 대한) 주제라는 용어를 회상하도록 요청한다.
4. 내용 제시하기	교수자의 설명과 슬라이드	슬라이드: 주제 + 주제에 대한 특별한 것 = 요지 예: 『아기돼지 삼형제』 요지: 아기돼지 삼형제가 집을 지었고, 늑대가 벽돌집을 제외하고는 모두 날려 버렸다. 교수자는 이 문장이 왜 요지인지를 설명한다.
5. 학습안내 제공하기	슬라이드와 집단 토론	슬라이드: 세 문장으로 된 간단한 상황을 설정한다. 각 상황에서 하나는 요지이고 나머지는 구체적인 세부 내용이다. 교수자와 학습자들은 선택과 올바른 선택의 근거에 대해 논의한다.
	학습 게임	학습자들이 집단으로 나누어 '자연스러운 주제' 놀이를 한다(Bell & Welkert, 1985, pp. 78-83). 학습자들은 세 문장이 들어 있는 그림 게임 카드를 넘기면서 요지를 선택한다. 게임판의 말(token)은 쉬운 문제에 대한 답은 한 칸, 더 어려운 문제에 대한 답은 두 칸을 이동하는 데 사용된다.

수업 사태	교수매체	학급 활동
6. 수행 유도하기	인쇄물	학습자들에게 요지로 선택할 수 있는 몇 가지 예제가 간단히 제공된다. 예: 영화 〈E.T.〉 선택: 이 영화의 요지는 A. E.T.는 엘리엇의 자전거 손잡이에 앉았다. B. E.T.는 지구에 친구들이 있음에도 불구하고 지구를 떠나 집으로 가길 원했다. C. E.T.는 엘리엇 집의 인형 바구니에 숨었고 인형과 구분되지 않았다.
7. 피드백 제공하기	교수자의 설명과 집단 토론	학급은 답에 대해 논의한다. 이야기의 세부 사항이 진술되지 않도록 하면서 교수사태 5, 6, 7이 반복된다. 요지는 일반적 진술이다. 요지는 주제에 대해 뭔가 특별한 것을 설명하지 않는다. 예: 먹을 수 있는 풀을 설명하고, 밀, 쌀, 건초와 그것이 음식으로 활용될 수 있는 내용이 포함된 간단한 글을 제시한다. 선택: 이 이야기는 A. 풀을 먹는 방법에 관한 것이다. B. 풀이 자라는 방법에 관한 것이다. C. 풀의 활용에 관한 것이다. 　요지를 나타내는 문장을 선택하도록 하면서 교수 사태 5, 6, 7을 반복한다. 예: 나이테가 무엇이며 그것이 어떻게 생기는지, 나이테가 나무의 성장에 어떤 의미가 있는지를 설명하는 글을 제시한다. 선택: 이 이야기는 A. 점점 가까워지는 나이테에 관한 것이다. B. 비가 어떻게 나무를 성장시키는가에 관한 것이다. C 나이테가 나무에 대해 무엇을 말해 주는가에 관한 것이다.
8. 수행 평가하기	인쇄물	학습자들은 제시된 여러 개의 간단한 글을 읽고 요지(일반적인 것과 구체적인 것)를 선택한다.
9. 파지 및 전이 증진하기	집단 토론	학습자들은 교수사태 1에서 말한 TV 쇼와 이야기에 대해 말한다. 교수자는 각 이야기의 요지를 선택하는 방법을 소개하고, 학습자들은 토론 시간에 집단으로 요지를 결정한다.

출처: Gredler (2006), pp. 216-217.

생각해 볼 문제

1. 다음 상황에서 학습자들이 해당 내용을 장기기억에 잘 저장할 수 있도록 인지주의
   전략을 사용해서 수업지도안을 작성해 보시오.

> 한 학습자가 생물 교과서에서 다음과 같은 내용을 외우려고 노력하고 있다.
>   "동맥은 두껍고 탄력이 있으며 심장으로부터 산소가 풍부하게 들어 있는 혈액을
> 몸의 각 부분으로 보낸다. 정맥은 가늘고 덜 탄력적이며, 신체의 각 부분에서 이산
> 화탄소가 들어 있는 혈액을 심장으로 보낸다."
>
> 출처: Gredler (2006), pp. 216-217.

2. 인지주의와 행동주의를 비교한 후 공통점과 차이점을 각각 세 가지 이상 설명하
   시오.

참고문헌

권낙원, 김동엽(2006). 교수-학습 이론의 이해. 문음사.

박성익, 임철일, 이재경, 최정임(2015). 교육방법의 교육공학적 이해. 교육과학사.

박성익, 임철일, 이재경, 최정임, 조영환(2021). 교육공학과 수업. 교육과학사.

박성익, 손지영(2003). 멀티미디어 활용 학습에서 시각 · 청각 정보의 제시원리 탐색.
　　　서울대학교 사대논총, 67, 105-120.

변영계(2005). 교수-학습 이론의 이해. 학지사.

홍은숙 외(2016). 교육학에의 초대. 교육과학사.

Anderson, J. R. (1990). *Cognitive psychology and its implications* (3rd ed.).
　　　Freeman.

Baddeley, A. (2012). Working memory: Theories, models, and controversies.
　　　Annual Review of Psychology, 63, 1-29.

Clack, J. M., & Paivio, A. (1991). Dual coding theory and education. *Educational
　　　Psychology Review, 3*(3), 149-210.

Delogu, F., Raffone, A., & Belardinelli, M. O. (2009). Semantic encoding in working memory: Is there a (multi) modality effect?. *Memory, 17*(6), 655-663.

Dole, J. A., Duffy, G. G., Roehler, L. R., & Pearson, P. D. (1991). Moving from the old to the new: Research on reading comprehension instruction. *Review of Educational Research, 61*(2), 239-264.

Driscoll, M. P. (2005). *Psychology of learning for instruction* (3rd ed.). Pearson Allyn and Bacon.

Gagné, R. M., & Medsker, K. L. (1996). *The conditions of learning: Training applications*. Harcourt Brace.

Gammer, R. (1990). Children's use of strategies in reading. In D. Bjorklund (Ed.), *Children's startegies: Contemporary views of cognitive development* (pp. 245-268). Erlbaum.

Gredler, M. E. (2006). *Learning and instruction: Theory into practice*. Prentice Hall. 이경화, 최병연, 김정희 역. 교수-학습의 이론과 실제. 아카데미프레스. (원전은 2005년에 출판)

Köhler, W. (1924). *The mentality of apes*. Harcout, Brace.

Köhler, W. (1947). *Gestalt psychology: An introduction to new concepts in modern psychology*. Liveright.

Mayer, R. E. (1984). Aids to text comprehension. *Educational Psychologist, 19*, 30-42.

Mayer, R. E. (2012). Information processing. In K. R. Harris. S. Graham, & T. Urdan(Ed.), *APA handbook of educational psychology. Vol. 1: Theories, constructs, and critical issues* (pp. 85-99). American Psychological Association.

Mayer, R. E., Heiser, J., & Lonn, S. (2001). Cognitive constraints on multimedia learning: When presenting more material results in less understanding. *Journal of Educational Psychology, 93*(1), 187.

Miller, A. M., Vedder, L. C., Law, L. M., & Smith, D. M. (2014). Cues, context, and long-term memory: the role of the retrosplenial cortex in spatial cognition. *Frontiers in Human Neuroscience, 8*, 586.

Miller, G. A. (1956). The magical number seven, plus or minus two: Some limits on our capacity for processing information. *Psychological Review, 63*, 81-97.

Miller, N., & Campbell, D. T. (1959). Recency and Primacy in persuation as a function of the timing of speeches and measurements. *The Journal of Abnormal and Social Psychology, 59*(1), 1–9.

Paivio, A. (1986). *Mental representations: A dual coding approach.* Oxford University Press.

Pressley, M., & McCormick, C. (1995). *Advanced educational psychology for educators, researchers, and policy makers.* Harpercollins College Division.

Pressley, M., Wood, E., Woloshyn, V. E., Martin, V., King, A., & Menke, D. (1992). Encouraging mindful use of prior knowledge: Attempting to construct explanatory answers facilitates learning. *Educational Psychologist, 27*(1), 91–109.

Rhodes, M. G., & Tauber, S. K. (2011). The influence of delaying judgments of learning on metacognitive accuracy: a meta-analytic review. *Psychological Bulletin, 137*(1), 131–148.

Sawyer, R. K. (2006). The new science of learning. In R. K. Sawyer (Ed.), *The Cambridge handbook of the learning sciences* (pp. 1–18). Cambridge University Press.

Schunk, D. H. (2012). *Learning theories an educational perspective* (6th ed.). Pearson.

Wertheimer, M. (1938). Laws of organization in perceptual forms. In W. Ellis (Ed.), *A source of Gestalt psychology* (pp. 71–88). Harcourt Brace.

Wertheimer, M. (1945). *Productive thinking* (enlarged ed., 1982). University of Chicago Press.

제**4**장

구성주의 이론

 구성주의(constructivism)는 1980년대 이후 교육현장에서 새로운 패러다임으로 등장하였으나 본격적으로 논의된 것은 1990년 이후이다(Schunk, 2012). 구성주의를 바라보는 입장은 두 가지로 구분되는데 이를 살펴보면 다음과 같다(Hyslop-Margison & Strobel, 2008; O'Donnell, 2012; Schunk, 2012; Simpson, 2002). 먼저, 첫 번째 구성주의를 철학으로 바라보는 입장은 학습의 본질을 철학적으로 해석하려는 입장이다. 이 관점으로 보는 이유는 개인의 선험적 형식을 통한 지식 구성의 과정을 밝힌 칸트(Kant)의 구성설과 관련이 있다. 칸트는 인간의 정신 속에는 지식을 구성할 수 있는 선험적 경험이 존재한다고 주장하며 지식이 구성되는 인식론을 주장하였다. 칸트가 말하는 선험적 경험에서 '선험적'이라는 표현의 의미는 경험에 선행하는 것이며, 지식을 구성하는 인식의 형식이 선천적으로 개인에게 주어져 있음을 의미한다. 즉, 개인이 인식하는 모든 현상은 독립적으로 존재하는 것이 아닌 형식에 영향을 받는 인지적 구성물이라 할 수 있다. 예를 들어, 개인이 '천둥이 친다.'는 경험과 '비가 내린다.'는 경험이 있다면, '천둥이 치면 비가 내린다.'는 지식은 실재 존재하는 경험이 아니라 개인이 주체적으로 구성한 산물이라 할 수 있다(권낙원, 김동엽, 2006). 인식의 선험적 형식이라는 개념은 추후 스키마 이론, 피아제(Piaget)의 이론에 영향을 미쳤으며, 지식을 구성하는 관점에 대한 코페르니쿠스적 전환을 시도했다는 점에서 가치가 있다.

다음으로, 구성주의를 이론으로 바라보는 입장이다. 구성주의는 일반적인 수준이기는 하지만, 학습자 스스로 지식을 구성한다는 것이 무슨 의미인지 해석이 가능하다(Schunk, 2012). 즉, 구성주의가 학습에 관한 가설을 검증하고 예측할 수 있는 수준으로 제시하고 있기 때문에 구성주의를 이론으로 보는 입장이 존재한다.

1. 구성주의와 객관주의

구성주의를 설명할 때 주로 구성주의 입장과 대조되는 객관주의가 언급된다. 객관주의는 인간의 외부에 세계가 존재하며, 지식은 인간의 경험과는 무관하게 독립적으로 존재한다고 가정한다(Jonassen, 1999). 객관주의에서 정의하는 지식은 개인의 경험과는 무관하게 외부 세계에 존재하기 때문에 모든 개인이 동일한 수준으로 이해하는 것이 가능하다(박성익 외, 2015).

객관주의에 대한 구체적인 설명은 다음과 같다. 첫째, 객관주의에서 바라보는 '지식'에 대한 관점으로 인해 교육은 교수자가 지식을 학습자에게 전달하는 과정이며, 학습은 개인이 교수자가 전달하는 지식을 수동적으로 받아들여 이해하는 과정으로 바라본다. 둘째, 교육의 목적은 절대적으로 존재하는 지식을 학습자들이 이해하도록 하는 것이며, 교수자는 내용을 효과적으로 전달하기 위한 수업을 설계해야 한다. 셋째, 수업의 중심은 교수자이고, 학습자에게 진리를 전달하는 역할을 하게 되며, 교실에서 이루어지는 수업은 주로 강의식 수업이 된다. 넷째, 객관주의에서의 평가는 학습의 결과를 동일한 방법과 기준으로 평가할 수 있다고 본다. 구성주의가 적극적으로 논의되기 이전 학교 교육에 많은 영향을 끼쳤던 행동주의와 인지주의는 이러한 객관주의에 기반한다.

'절대적인 진리가 존재한다'는 객관주의의 기본 가정과는 달리 구성주의는 '지식의 실재는 개인과 별도로 존재하는 것이 아니라, 개인의 마음에 존재한다'고 가정한다. 그리고 지식의 실재는 개인은 자신을 둘러싼 상황과 경험에 근거하여 지식을 해석한 것으로 간주한다. 이러한 가정으로 인해 구성주의는 학습의 결과보다는 지식을 구성하는 방법에 더 관심을 둔다. 객관주의에서 지식은 고정적 · 불변적인 것이지만, 구성주의에서 지식과 학습의 본질은 역동적이며 적응적인 것이다(권낙원, 김동엽, 2006).

구성주의 교수 · 학습에 대한 가정을 구체적으로 살펴보면 다음과 같다. 첫째, 지식은 개인을 둘러싼 외부에 존재하는 것이 아니라, 개인이 자신의 경험에 의한 해석이며, 개인의 마음 속에 존재하는 것이다(박성익 외, 2015). 즉, 구성주의에서 바라보는 세계는 개인과 별도로 존재하는 것이 아니라, 개인의 해석에 의해 의미가 부여된 것이다. 둘째, 구성주의에서 인간은 지식을 스스로 구성하는 적극적인 주체자이다(Simpson, 2002). 따라서 학습자는 자신에게 주어진 상황 속에서 자신의 경험에 근거해서 능동적으로 지식을 구성해야 한다. 이처럼 구성주의에서는 개인이 지식을 능동적으로 구성하는 것을 강조하므로 수업의 중심은 교수자가 아닌 학습자가 된다. 셋째, 학습자가 몰입하고 스스로 지식을 구성하기 위해 자신이 직접 경험하고 타인과 상호작용할 수 있는 환경 조성이 중요한 요소이다. 개인을 둘러싼 주변 상황과의 상호작용은 개인이 지식을 습득하고 정교화하는 데 중요한 역할을 하기 때문이다(Cobb & Bower, 1999). 학습자들은 해결해야 할 과제 등이 맥락과 함께 제공될 때 자신의 경험을 활용하여 보다 풍성하게 지식을 구성할 수 있다.

이와 같은 가정에서 알 수 있듯이, 구성주의에서는 학습자가 자신을 둘러싼 세계에 대해 의미를 구성할 수 있도록 기회를 부여하고 지원하는 형태의 교육을 강조한다. 구성주의 교육을 위한 교수자의 역할은 다음과 같다. 첫

째, 학습자들이 자신의 경험을 활용하여 지식을 구성할 수 있도록 학습자의
실세계를 반영한 맥락을 제공하는 것이 중요하다. 교수자는 학습자들이 자
신의 경험을 활용하여 주어진 문제를 해결할 수 있도록 환경을 설계함으로
써 학습자들이 지식을 적용하고 구성하는 능력을 향상시켜야 한다. 둘째, 교
수자는 학습자들이 주어진 과제를 해결하기 위해 타인과 협업하면서 가설
을 세우고, 자료를 수집하여 가설을 검증할 수 있는 기회와 환경을 제공해
야 한다. 셋째, 교수자는 학습자가 지식을 활발하게 구성할 수 있도복 보조
자로서의 역할을 해야 하며, 의미를 구성하는 방법을 안내해 주는 역할도 수
행해야 한다. 객관주의와 구성주의를 비교하여 요약하면 〈표 4-1〉과 같다
(박성익 외, 2015).

표 4-1 객관주의와 구성주의 비교

	객관주의	구성주의
철학	세계는 우리의 경험과는 별도로 외부에 객관적으로 존재	세계는 인간의 해석. 우리가 경험하는 세계는 존재하나 그 의미는 인간에 의해 부여되고 구성되는 것임
교수	교수자에 의해 기존의 진리가 전달되는 것	학습자가 세상에 대한 의미를 구성하도록 보조, 지원하는 것 세계에 대한 의미 구성 방법을 보여 주는 것
학습	외부의 절대적인 진리가 학습자의 내부 세계로 전이되는 것	개인적인 경험에 근거해서 의미를 개발하는 능동적인 과정
수업설계	결정된 내용을 효과적으로 전달하는 것	학습이 일어날 수 있는 환경 설계
학습의 조건	절대적 진리 자체는 상황과 분리되어 가르칠 수 있음	어떤 사실과 기술도 그것이 사용되는 문제 상황과 독립적으로 해석될 수 없으므로 풍부하고 실세계를 반영하는 상황이 제공되어야 함
학습의 결과	모든 사람이 같은 이해에 도달	구성된 실제의 모습이나 의미는 개인에 따라 다름

	객관주의	구성주의
수업의 중심	교수자	학습자
교수자의 역할	진리 전달자	학습 보조자, 학습 촉진자, 코치
주된 수업방법	강의식	문제중심, 토의식, 발견학습

출처: 박성익 외(2021), p. 137.

2. 인지적 구성주의와 사회적 구성주의

구성주의는 크게 두 가지 이론으로 구분될 수 있다. 첫째, 인지적 구성주의 이론이다. 지식은 개인의 인지적 과정을 통해 능동적으로 구성된다는 관점으로, 피아제(Piaget)의 인지발달 이론이 여기에 해당된다. 둘째, 사회적 구성주의 이론이다. 지식은 타인과의 상호작용, 개인을 둘러싼 환경과의 상호작용을 통해 구성된다는 관점으로 비고츠키(Vigotsky)의 사회문화 이론과 상황학습(situated learning) 이론이 여기에 해당된다.

1) 인지적 구성주의

(1) 피아제의 인지발달 이론

인지적 구성주의는 '지식이 구성되는 과정'을 밝힌 피아제의 이론에 기인한다. 피아제의 인지발달 이론에 따르면, 인간은 동화(assimilation), 조절(accommodation), 평형화(equilibration)의 과정을 거치며, 능동적으로 인지를 발달시킨다. 동화란 개인이 외부로부터 새로운 지식이나 경험을 자신의 스키마에 맞게 해석하는 것을 의미한다. 예를 들어, 자동변속기로 된 승용차를 운전을 한 경험이 있는 학습자가 수동변속기로 된 트럭을 운전하게 될 경우 승용차로 운전했던 도식을 트럭 운전에 적용하게 된다. 이러한 상태를 동화라고 한다(Eggen & Kauchak, 2010). 즉, 동화는 새로운 정보를 접하였을 때, 개인의 스키마에 의미를 부여하면서 새로운 정보를 흡수하려는 경향을 의미한다.

조절이란 새로운 정보를 이해하기 위해 개인의 스키마를 변형시키는 것을 의미한다. 앞에 제시한 '승용차와 트럭 운전'의 예를 다시 생각해 보자. 한 개인이 수동변속기로 된 트럭을 운전하면서 기존에 가지고 있던 '자동변속기로 된 승용차 운전에 대한 스키마'를 수정하고 새로운 '수동변속기로 된 트럭'을 운전하기 위한 스키마를 생성하게 된다. 이러한 상태를 조절이라고 한다. 학습자가 수업시간에 교수자가 설명한 내용이 자신이 알고 있는 것과 다르다는 것을 알고 새롭게 이해를 하였다면 이 사례 역시 조절에 해당된다. 즉, 조절은 개인이 자신의 스키마에 적절하지 않은 지식을 접하였을 때, 개인의 스키마를 변경하고 확장시키는 과정을 의미한다.

평형화란 개인과 주변 환경 사이에서 최적의 평형 상태를 유지하고자 하는 경향성이며(Schunk, 2012), 개인이 자신의 스키마로 외부세계를 이해하고자 할 때 전혀 모순이 없는 상태를 의미한다. 만약 스키마로 이해하기 어려운 새로운 정보가 오면 개인은 다시 동화와 조절의 활동을 통해 평형화를 유지하려고 한다. 만약 평형화의 기제가 인간에게 없다면 인지적으로 평형 상태가 깨졌을 때 이를 적극적으로 해결하려고 하지 않게 되어 인지적 발달을 기대하기 어려울 것이다. 따라서 평형은 인간이 자신의 인지를 발달시키는 핵심요소라 할 수 있다.

요약하면, 개인의 인지발달은 동화, 조절, 평형화의 과정을 반복하면서 개인의 스키마를 더 복잡하고 정교하게 확장시키는 과정을 통해 이루어진다. 개인은 동화와 조절을 통해 능동적으로 지식을 구성하는 존재이며, 교수·학습 맥락에서 개인의 인지발달을 촉진하기 위해서는 평형화를 깨트리기 위한 모순 상태를 제공하고 학습자에게 동화와 조절의 과정을 촉진하는 것이 중요하다.

한편, 동화, 조절, 평형을 통한 개인의 인지발달은 고정된 네 단계를 거친다. 피아제가 구분한 인지발달의 네 단계는 감각운동기(sensorimotor stage), 전조작기(preoperational stage), 구체적 조작기(concrete operational stage), 형식적 조작기(formal operational stage)이다(변영계, 2020).

　　감각운동기에 있는 아동(0~2세)은 새로운 정보를 얻기 위해 자신의 감각을
활용한다. 피아제는 이 시기의 아동이 손가락을 빨거나 직접 물건을 보거나
잡아 보는 등 자신의 감각을 활용하여 주변 세계를 탐색하기 때문에 감각운동
기라 명명하였다. 이 시기의 아동은 현재 행동으로부터 정보를 습득하지만,
이 단계에 있는 아동 역시 기본적인 수준일지라도 지식을 능동적으로 구성하
며 평형화의 과정을 거치며 인지적 발달을 이룬다(Wadsworth, 1996).

　　전조작기에 있는 아동(2~7세)은 미래를 상상하거나 과거를 되돌아볼 수 있
는 능력이 형성된다. 그러나 여전히 현재에 초점을 두고 행동을 하면서 새로
운 지식을 습득한다. 전조작기에서 조작(operation)이란 '논리적으로 사고하는
능력'을 의미한다. 이 단계에 있는 아동은 언어와 상징으로 세상을 표현하기
시작한다.

　　구체적 조작기의 아동(7~11세)은 인지적으로 급성장하며 언어적인 기능과
기본적인 기능의 습득이 빠르게 일어난다. 이 시기의 아동은 '물건을 주우면 주
인을 찾아주어야 한다.'라고 생각하는 등 어느 정도 수준의 추상적인 사고가 가
능하며, 자기중심적인 사고가 줄고, 사회지향적인 의사소통을 하기 시작한다.

　　형식적 조작기의 아동(11세 이후)은 더 이상 눈에 보이는 현상이나 실체만
보지 않고, 가설적인 상황에 대해 생각할 수 있고 추상적으로도 사고할 수 있
게 된다. 이 시기의 아동은 가설을 세우고 체계적으로 검증하거나, 자신이 처
한 문제를 해결하기 위해 다양한 방안을 종합적으로 분석해 보는 등의 사고를
할 수 있다. 또한 타인의 사고 과정을 이해하고, 자신의 생각과 타인의 생각을
비교하며 이상적인 사고를 하기도 한다.

　　인지적 구성주의 이론에서 강조하는 교수자의 역할은 다음과 같다. 첫째,
교수자는 학습자의 인지발달을 이해해야 한다(Zimmerman & Whitehurt, 1979).
교수자는 자신이 제시한 과제를 학습자들이 어떤 방식으로 해결하는지 유심
히 관찰하여 이들의 인지적 발달 수준을 파악하는 활동이 필요하다.

　　둘째, 교수자는 학습자들의 인지발달 수준에 맞는 교수전략을 수립해야 한
다. 학습자의 현재 인지 발달 수준에서 다음 단계의 인지발달을 촉진할 수 있

는 교수설계를 하는 것이 중요하다. 헌트(Hunt)가 제안한 학습자 특성과 학습환경의 일치이론(matching theory)에 따르면, 학습자를 분석하여 학습자의 능력 수준에 부합하는 환경을 제공할 때 학습의 성과가 증진된다(Hunt, 1981). 따라서 교수자들이 학습자들의 인지수준을 파악하고 그에 맞는 과제들을 학습자들이 해결할 기회를 제공하기 위한 수업을 설계하는 등의 활동은 학습자의 인지발달을 촉진시킬 수 있다.

셋째, 교수자는 학습자에게 모순 상황을 제공하여 학습자들의 인지적 부조화를 유발해야 한다. 평형화를 깨트리면 학습자들은 이를 유지하기 위해 동화와 조절의 과정을 거치게 된다. 이 과정에서 학습자들의 인지발달이 촉진된다. 학습자의 인지발달을 위해서는 학습자가 문제를 해결하는 과정에서 시행착오를 겪을 수 있도록 적절히 도전적인 수준의 과제를 제시하는 것이 중요하다. 학습자들은 이 과정에서 인지적 부조화를 경험하게 되고, 이를 해결하고 평형 상태를 유지하기 위해 동화나 조절의 과정을 거치게 되기 때문이다.

피아제의 인지발달 단계별로 적합한 교수전략의 예시를 살펴보면 〈표 4-2〉와 같다.

표 4-2   인지발달 단계별 교수전략 예시

발달단계	교수전략
전조작적 사고기	• 구체적인 실물과 시각적 자료와 매체를 활용하기 • 어휘나 동작을 이용해서 비교적 짧게 지시하기 • 학습자들이 타인의 관점에서 사물을 보기 어렵다는 점을 명심하기 • 학습자들이 동일한 용어를 통해서 상이한 의미를 전달하거나 상이한 용어를 통해서 동일한 의미를 전달할 수 있음에 유의하기 • 읽기 능력과 같이 후속 학습을 위한 기본 능력이 되는 기능의 학습을 위해서 가능한 한 많은 활동과 체험을 시키기 • 개념과 언어학습의 토대를 구축하도록 광범위한 경험을 제공하기

발달단계	교수전략
구체적 조작기	• 구체적인 자료 및 실물, 시각적 매체를 사용해서 가르치기 • 학습자들이 대상을 조작하고 실험할 수 있는 기회를 제공하기 • 제시와 읽기는 가급적 간략하고 잘 조직화하기 • 복잡한 개념들을 친숙한 예를 이용해서 설명하기 • 대상과 개념들을 낮은 수준에서 복잡한 구정으로 분류하고 유목화하기 • 논리적이고 분석적인 사고를 요구하는 문제들을 제시하기
형식적 조작기	• 구체적 조작을 요구하는 교수전략과 자료를 계속 사용하기 • 학습자들이 다양한 가설적 문제들을 탐색할 수 있는 기회를 제공하기 • 학습자들이 과학적으로 문제를 해결하고 추록할 수 있는 기회를 제공하기 • 학습자들의 생활과 연관된 자료와 아이디어를 활용하여 단순한 사실이 아닌 폭넓은 채널들을 가르치기

출처: 권낙원, 김동엽(2009), p. 153.

2) 사회적 구성주의

(1) 비고츠키의 인지발달 이론

비고츠키는 피아제, 스키너와 동시대에 살았던 러시아의 심리학자로서 피아제와 다른 관점에서 학습자의 지식 구성 방식을 주장한 학자이다. 피아제가 인간의 인지는 구체적인 단계를 거쳐 발달한다고 주장한 반면에, 비고츠키는 인간의 인지는 사회적으로 유의미한 활동을 통해 발달한다고 주장하였다(Tudge & Winterhoff, 1993). 비고츠키는 인간의 인지발달에 중요한 영향을 주는 또래나 성인 등 타인과의 관계 형성 등 사회적 요소에 관심을 가졌으며, 그의 이러한 신념은 사회적 구성주의에 지대한 영향을 미쳤다(Shunk, 2012).

비고츠키의 인지발달 이론의 기본 전제는 다음과 같다. 첫째, 인간의 지식은 개인을 둘러싼 사회적 상호작용을 통해 형성된다. 비고츠키는 인간 사이에서 일어나는 사회적·문화적·역사적 요인들과 개인적 요인들이 인간 발달을 위한 핵심 요인들이라고 강조하고 있다(Tudge & Scrimsher, 2003). 이러한 요인들이 포함된 사회적 맥락 속에서 개인은 사고하고 학습한다.

둘째, 인간의 고등정신 활동은 사회적 · 문화적 환경에서 시작되고, 인간을 둘러싼 구성원들과 공유된다. 인간이 구성하고자 하는 지식은 외부 세계, 즉 사회적 · 문화적 환경과 연결되면서 구성된다. 따라서 한 개인의 발달을 이해하기 위해서는 개인이 속한 사회적 · 문화적 관계들을 이해해야 한다(Berk & Winsler, 1995).

셋째, 인간은 도구를 사용하여 인지를 발달시킨다. 비고츠키가 말하는 도구란 사회구조(예: 학교, 교회 등), 도구(예: 언어, 문자, 제스처 등), 기술(예: 자동차, 기계 등) 등을 의미한다(Shunk, 2012). 성인은 아동과의 상호작용을 통해 아동에게 이 도구들을 가르치고, 이를 습득한 개인은 사회적 · 문화적 환경 속에서 도구를 활용하여 지식을 구성한다.

넷째, 인간은 자신을 둘러싼 환경과 상호작용을 하면서 적극적이고 능동적으로 지식을 구성한다. 성인과의 상호작용을 통해 개인이 도구를 활용할 수 있게 되면, 개인은 이 도구들을 활용하여 능동적으로 자신의 사고와 행동을 변화시키고 규제할 수 있게 된다(Shunk, 2012).

비고츠키는 근접발달영역(Zone of Proximal Development: ZPD)과 스캐폴딩(scaffolding)이라는 개념을 통해 학습자의 인지발달 단계를 설명하고자 하였다. 근접발달영역이란 "개인이 혼자서는 문제를 해결할 수 없지만, 성인이나 또래의 도움을 받으면 해결할 수 있는 영역"을 의미한다(Woolfolk, 1993). 브루너(Bruner)는 근접발달영역을 "아동보다 지식이 많거나 숙련된 기술을 가지고 있는 성인이 상대적으로 지식이나 기술이 부족한 사람에게 지식이나 기술을 나누어주며 과제를 수행하는 것"이라고 일컬었다(Bruner, 1984). 학습자가 혼자서 수행하기 어려운 과제가 있을 경우 교수자와 학습자는 근접발달영역에서 함께 과제를 수행한다. [그림 4-1]에서 보여 주듯이, 비고츠키는 학습자가 현재 어느 수준에 있는가에 관심을 갖고 학습자의 잠재적 발달을 보고자 하였다(임규혁, 2007).

사회환경 속에서 인간이 근접발달영역을 통과하여 성장할 수 있도록 돕는 방법으로 스캐폴딩(scaffolding)이 있다. 스캐폴딩이란 개인이 자신의 힘으로

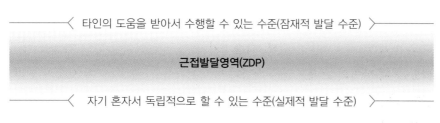

──〈 타인의 도움을 받아서 수행할 수 있는 수준(잠재적 발달 수준) 〉──

근접발달영역(ZDP)

──〈 자기 혼자서 독립적으로 할 수 있는 수준(실제적 발달 수준) 〉──

그림 4-1　근접발달영역

주어진 문제를 해결할 수 있는 단계, 즉 근접발달영역을 뛰어넘을 수 있는 단계에 도달할 때까지 성인이나 자신보다 뛰어난 동료에게 받는 도움을 의미한다(Wood et al., 1976). 스캐폴딩의 의미에서 알 수 있듯이, 스캐폴딩은 문제해결 상황 속에 있는 개인을 개별지도할 때 필요한 요소를 파악하는 과정에서 도입된 개념이다(Wood & Middleton, 1975). 수업에서 제공될 수 있는 스캐폴딩의 유형은 연구자에 따라 조금씩 차이가 있는데, 대표적인 스캐폴딩의 유형을 요약하면 〈표 4-3〉과 같다(장선영, 2014).

표 4-3　스캐폴딩 유형

학자	유형
Wood, Bruner, & Ross (1976)	① 보충 설명, ② 방향 안내, ③ 중요한 특성을 표시, ④ 혼란 조절, ⑤ 시범 보이기
McNaughton & Leylend (1990)	① 방향 안내, ② 과제 지향, ③ 과제 완성
Potes & Cuentas (1991)	① 메타인지적 안내, ② 모델링, ③ 피드백, ④ 강화, ⑤ 질문, ⑥ 과제 지향
Hogan & Pressley (1997)	① 설명 제공, ② 참여 유도, ③ 이해의 확장과 명료화, ④ 시범 보이기
Roeher & Cantlon (1997)	① 설명 제공, ② 참여 유도, ③ 학습자들의 이해를 확정하고 명료화, ④ 모델 제시, ⑤ 단서 제공
Bull et al. (1999)	① 설명, ② 질문, ③ 참여 유도, ④ 아이디어 공유
Hannafin, Land, & Oliver (1999)	① 메타인지적, ② 개념 형성적(힌트 제공), ③ 절차적, ④ 전략적 스캐폴딩(전문가의 조언 제공)
안수경, 김회수(2013)	① 메타인지적, ② 시각화, ③ 상황적 스캐폴딩

출처: 장선영(2014), p. 197.

교수·학습 상황에서 학습자에게 스캐폴딩을 제공하는 이유는 다음과 같
다(Berk & Winsler, 1995). 첫째, 학습자가 적절히 어려워할 만한 과제를 제공
받았을 때 타인의 스캐폴딩은 학습자가 도전감을 갖게 하는 데 도움이 된다.
둘째, 타인과 상호작용하고 스캐폴딩을 주고받으면서 학습자는 자기조절 능
력을 향상시킬 수 있다.

근접발달영역과 스캐폴딩의 예

한 학습자가 색종이로 비행기를 접고 있다. 학습자는 다 접었다고 생각하고 종이비행
기를 날려 보지만 비행기는 학습자의 손에서 벗어나자마자 땅에 처박힌다. 몇 번을 시도
하도 비행기가 날지 않자 학습자는 교수자에게 도움을 요청한다. 학습자가 종이 접기를
마치고 날려 보는 과정을 모두 지켜본 교수자는 종이비행기 앞부분을 손톱만큼 아래로
접어 보라고 학습자에게 말한다. 학습자가 교수자의 지시대로 종이비행기를 접은 후 날
려 보자 종이비행기가 아주 잘 날아갔다. 학습자는 다시 자리에 앉아 새로운 종이로 완
성된 비행기를 접을 수 있게 되었다.

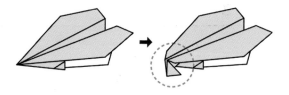

• 사례에서 학습자는 종이비행기를 거의 다 접었지만 마지막 한두 단계를 거치지 않아
잘 날지 못하는 종이비행기를 만들었던 것이다. 이때 교수자의 스캐폴딩을 받아 스스
로 잘 날 수 있는 종이비행기를 접을 수 있었으므로 이 학습자는 혼자서는 할 수 없으
나 타인의 도움을 받으면 잘 수행할 수 있는 영역인 근접발달영역 안에 있었다고 해
석할 수 있다.

---

(2) 상황학습 이론

수학 시간에 덧셈과 나눗셈을 배운 학습자가 시장에서 물건을 사고 계산을
하지 못하는 경우를 생각해 보자. 학교에서 배운 지식이 학습자를 둘러싼 실

생활에 반영이 되지 않는다면 진정한 교육이라고 할 수 있을까? 객관주의에 기반한 전통적 학교교육에서는 지식과 지식이 적용되는 상황을 별개의 것으로 가정한다(Brown & Palincsar, 1989). 상황학습 이론은 이러한 가정에 반대하며 학습자들이 학교에서 배운 지식을 실제에서 적용하지 못하고 있다는 문제의식으로부터 등장하였다(최정임, 1997). 상황학습 이론가들은 아는 것과 행하는 것이 구분된 채로 학습자들이 지식을 배우게 되면 그 지식은 활성화되지 않는다고 주장한다. 이들에 의하면, 학교 교육이 효과적이지 못한 이유는 학교에서 교육하고 있는 내용들은 내용과 관련된 맥락과 분리된 내용이며, 학습자들은 교육내용을 실제에 적용하는 것을 배우지 못했기 때문이다(CTGV, 1990). 예를 들어, 학교에서 배우는 미분과 적분이 과학자나 수학자들에게 매우 중요한 지식임에도 불구하고, 학교에서는 과학자나 수학자들의 맥락을 전혀 고려하지 않은 채 독립된 지식으로 학습자에게 교육하고 있다는 것이다.

상황학습 이론가들의 주장은 지식, 그리고 지식과 관련된 상황이나 맥락을 함께 고려하여 교육이 이루어질 필요가 있음을 시사한다. 즉, 학교교육은 학습자들에게 실제적 과제(authentic task)를 제공하고 학습자들은 과제를 해결하는 과정에서 지식을 습득하고 적용하는 과정을 거치도록 교육해야 한다. 학습자에게 제공되는 실제적 과제는 지식을 적용하여 문제해결을 요구하는 형태를 띤다(박성익 외, 2015). 학습자가 실제적 과제를 해결하는 과정에서 습득한 지식은 학습자를 둘러싼 실생활에 보다 쉽게 전이된다.

한편 상황학습 이론은 개인의 학습보다는 사회문화적 맥락 속에서 상호작용하며 이루어지는 학습에 초점을 둔다(Driscoll, 2005). 상황학습에서 말하는 지식은 사회 구성원들이 유의미한 행동, 즉 실천을 할 때 습득하는 지식을 의미한다(Lemke, 2021). 상황학습 이론에 따르면, 학습은 다양한 사람들과 상호작용하며 배운 지식을 실제에 적용하는 과정을 통해 이루어진다. 상황학습 이론과 관련된 대표적인 교수·학습 사례로 앵커드 수업(Anchored instruction), 인지적 도제(cognitive apprenticeship), 실천공동체(community of practice)가 있다.

① 앵커드 수업

앵커드 수업은 밴더빌트(Vanderbilt) 대학의 학습공학센터(Cognition and Technology Group at Vanderbilt: CTGV)가 개발한 수업방법이며(이서윤, 2022), 맥락정착적 수업, 정착수업으로 불리기도 한다(박성익 외, 2018; 이상철, 2011). 앵커드 수업에서 말하는 앵커(anchor)의 사전적 의미는 '닻', '닻을 내려 정박하다'는 의미이며, CTGV에서 말하는 '앵커'는 지식 구성에 기여하는 닻, 문제해결을 위한 연결고리를 의미한다(여혜진, 2004). 앵커드 수업은 학습자로 하여금 유의미한 학습이 이루어지게 하기 위해서 가장 중요한 점으로 '학습상황과 맥락과의 연결'을 강조한다. 앵커드 수업에서 강조하는 '맥락'은 전통적인 수업에서 제공하는 '단순한 맥락(microcontexts)'과 구별된다(CTGV, 1990). 단순한 맥락이란 문제에 초점을 둔 다양한 예시 등을 포함한 맥락을 의미하며, 앵커드 수업에서 강조하는 맥락은 주제나 교육내용의 특정 부분이 아니라 교실 밖에서 일어나는 '복합적이고 장편적인 맥락(macrocontexts)'를 의미한다.

앵커드 수업을 하는 목적은 생성적 학습(generative learning) 환경을 제공하는 것이다(CTGV, 1990). 생성적 학습이란 학습자들이 주도적으로 정보를 찾고, 대안을 찾으며, 서로 질문하고, 새로운 관점을 채택하는 등의 과정을 통해 학습을 추구하는 것을 의미한다. 앵커드 수업에서는 강조하는 학습 환경은 크게 네 측면으로 구분된다. 첫째, 실제적 과제 제공이다. 앵커드 수업에서 말하는 실제적 과제는 교실 밖에서 학습자들이 언제든 직면할 수 있는 상황이 반영된 과제를 의미한다(Brown et al., 1989). 실제적 과제는 해결방법이 복잡하여 학습자들이 어렵다고 느낄 수 있지만, 실생활에서 일어날 수 있는 문제 상황이면서, 주어진 과제에서 학습자들은 특정 범위를 선택할 수 있기 때문에 학습자들의 동기는 유발될 수 있다. 둘째, 협력학습이다. 학습자에게 제공되는 실제적 과제는 해결안이 복잡하고 다양하기 때문에 학습자 혼자서 해결하기보다는 협력하여 해결하는 것이 효과적이다. 앵커드 수업에서 학습자들은 실제적 과제를 해결하기 위해 자신들의 질문능력과 사고능력을 향상시키게 된다(허승준, 2002). 셋째, 다양한 관점을 체험하는 기회이다. 정착수업에서 학습자들이 해결해야 할 과제는 학습자들에게 다양한 역할과 과제를 해결하기 위한 다양한 관점을 요구한다(Brown et al., 1989). 즉, 앵커드 수업에서는 학습자가 목적을 갖고 과제를 해결하는 주체로 보고, 학습자들이 과제를 해결하기 위해 다양한 역할을 수행하며 능동적으로 정보를 찾고 해결할 기회를 제공한다.

앵커드 수업의 절차를 간단히 설명하면 다음과 같다(권낙원, 김동엽, 2006). 첫째, 앵커드 수업을 위한 단원을 선정한다. 둘째, 앵커를 확인한다. 학습자들이 과제를 해결하기 위한 핵심 지식이 무엇인지 확인하는 활동을 한다. 셋째, 앵커를 제시한다. 학습자들이 비디오나 텍스트 자료를 확인하는 활동을 한다. 넷째, 앵커를 토의하는 단계이다. 학습자들은 비디오나 텍스트 자료를 학습한 후 서로 토의하는 활동을 한다. 다섯째, 탐구문제를 설정한다. 학습자들은 주어진 자료와 토의를 통해 탐구문제를 선정한다. 여섯째, 탐구 집단을 구성한다. 선정된 탐구문제를 확인하기 위한 집단을 구성한다. 일곱째, 탐구를 수행한다. 학습자들은 팀원들과 협력하며 탐구문제를 해결하기 위한 활동을 한다. 마지막으로, 탐구 결과를 제시한다. 학습자들은 집단별로 탐구한 결과를 발표하는 활동을 한다.

② 인지적 도제

인지적 도제(cognitive apprenticeship)는 학교 교육 제도가 정착되지 않았던 과거에 전문가의 지식이나 기술을 학습자에게 전수하는 방법인데, 오늘날에는 눈에 보이는 기술을 전수했던 것과는 달리 전문가의 사고능력을 전수하는 교수법으로 변화되었다(조미헌, 이용학, 1994). 인지적 도제는 전문가의 사고 과정을 보여 주는 교수·학습 방법으로(Collins, 2005), 지식, 학습, 그리고 전문가의 인지 과정을 강조한다(강인애, 1996). 인지적 도제에서 지식이란 상황성을 전제로 하며 학습자가 사회집단으로 참여하면서 구성하는 것을 의미하고, 학습이란 특정 사회에 동화되는 것을 의미하며, 전문가의 인지 과정이란 특정 분야에서 전문가가 문제를 해결할 때 나타나는 잘 정리된 인지 활동과 과정을 의미한다.

인지적 도제 수업에서는 전문가가 지식과 전략을 사용하는 과정을 학습자가 관찰하고 실제로 그 과정을 수행해 보는 기회가 제공된다(조미헌, 이용학, 1994). 인지적 도제는 여섯 가지의 방법을 통해 이루어지는데, 이를 살펴보면 다음과 같다(박성익 외, 2018; Collins, Brown, & Newman, 1989).

첫째, 모델링(modeling)이다. 모델링이란 교수자 또는 전문가가 직접 과제를 수행하는 모습을 학습자에게 보여 주는 것을 말한다. 전문가는 과제를 수행하는 과정에서 일어나는 자신의 생각을 말로 표현한다. 학습자는 이 과정을 관찰하면서 전문가의 과제 수행 과정을 인식하게 된다. 예를 들어, 국어 시간에 교수자가 작문을 하는 과정을 학습자에게 보여 주는 것이 모델링에 해당된다.

둘째, 코칭(coaching)이다. 학습자들이 모델링을 통해 관찰한 내용을 직접 수행할 때 교수자의 도움을 받는 것을 의미한다. 학습자는 교수자로부터 코칭을 받으면서 교수자의 모델링을 관찰하는 동안 미처 인지하지 못했던 부분을 파악하고 주의를 기울일 수 있게 된다.

셋째, 스캐폴딩(scaffolding)이다. 스캐폴딩은 학습자가 과제를 수행하는 과정에서 어려움을 겪을 때 제공되는 교수자의 도움을 의미한다. 코칭은 광범위한 교수자의 도움을 의미하지만, 스캐폴딩은 협의적인 교수자의 도움을 의미한다. 스캐폴딩은 학습자가 도움이 꼭 필요한 경우에만 제공되며, 학습자가 과제를 수행하는 것이 익숙해지면 점차 감소되어 마지막에는 소멸(fading)된다.

넷째, 명료화(articulation)이다. 명료화는 학습자가 자신이 습득한 지식이나 과제해결 과정, 과제를 수행하면서 내린 결정에 대한 이유 등을 분명하게 정리하여 표현하도록 하는 방법을 의미한다. 교수자는 학습자에게 질문을 하거나, 자신들의 생각이나 의견을 말할 기회를 제공함으로써 학습자의 명료화를 촉진할 수 있다.

다섯째, 성찰(reflection)이다. 성찰은 학습자가 과제 수행 과정을 되돌아보고 점검하는 과정을 의미한다. 이 과정에서 학습자는 동료 학습자, 교수자의 인지 과정이나 과제 수행 과정 및 결과 등과 자신의 과정 및 결과 등을 비교함으로써 전문가로 한 걸음 더 가까워지게 된다.

여섯째, 탐구(exploration)이다. 탐구는 학습자가 자신만의 방식으로 문제를 해결할 수 있도록 유도하는 것을 의미한다. 학습자들은 탐구를 통해 실현 가능한 목적을 설정하거나, 가설을 세우고 검증하거나, 문제를 해결하는 활동을 하게 된다.

③ 실천공동체

실천공동체(communities of practice)는 레이브와 웬거(Lave & Wenger, 1991)에 의해 등장한 개념으로, 특정 분야에서의 전문가가 되기 위한 실천가들의 집단을 의미한다(최미나, 유영만, 2003). 실천공동체는 인지적 과제에 대해 공통된 관심과 열정을 공유하고 서로 상호작용하면서 그 분야의 지식과 전문성을 향상시키는 모임이라고 할 수 있다(Wenger, McDermott, & Snyder, 2002). 실천공동체는 구성원들에 공유된 지식의 문제 영역(domain), 문제 영역에 관심이 있는 구성원들의 모임인 공동체(community), 전문성을 향상시키기 위한 구성원들의 실천(practice)으로 구성된다(Wenger, McDermott, & Snyder, 2002).

레이브와 웬거(1991)는 초보자가 실천공동체에 참여하여 그 공동체 안에서 전문성을 향상시키는 과정을 '학습'으로 보았다. 이들에 의하면, 학습자가 '합법적 주변 참여(legitimate peripheral participation)' 과정을 통해 실천공동체에 참여할 때 학습이 일어난다. 여기서 '합법적 주변'이란 공동체에 소속감을 갖고 있으나, 학습을 하는 시기에 책임과 권한이 전적으로 주어지지 않은 상태를 의미한다(임은진, 2009). 그리고 '참여'란 실천공동체에 적극적으로 상호작용함으로써 실천공동체가 가진 고유한 정체성을 형성하는 것을 의미한다(Wenger, 1999). 예를 들어, 기업에 신입사원이 있다고 가정해 보자. 신입사원은 처음에는 주변인으로서 특정 공동체에 참여하다가 시간이 흐르면서 점차 공동체의 핵심 인원이 되고 이 과정에서 학습이 발생하게 되며, 동시에 공동체 의식도 생기게 된다.

학습자가 실천공동체에서 중심적인 역할을 수행하며 학습이 일어나도록 하기 위해서 교수자는 전통적인 수업에서의 역할과는 다른 역할을 수행해야 한다. 실천공동체를 촉진하기 위한 교수자의 역할은 다음과 같다(정재삼, 2004). 첫째, 교수자는 학습자가 지식을 창출하고 학습하는 것이 중요시되는 분위기를 조성해야 한다. 이를 위해 교수자는 학습자들이 학습에 책임을 질 수 있도록 만들거나, 실천공동체 활동에 적극적으로 참여하는 학습자를 위한 보상 전략 등을 수립할 수 있다. 둘째, 교수자는 실천공동체에서 주도적인 역할을 할 수 있는 학습자를 양성해야 한다. 교수자는 학습자들이 실천공동체 적극적으로 참여하도록 하기 위한 방안을 모색해야 하는데(박성익 외, 2015), 성공적인 실천공동체 사례 등을 구성원들에게 공유하는 것이 하나의 방안이 될 수 있다. 셋째, 교수자는 실천공동체 구성원들이 대화할 수 있는 장을 제공해야 한다. 학습자가 실천공동체 안에서 신뢰관계를 구축하고, 실천할 수 있도록 공간과 시간을 제공할 필요가 있다.

3) 교육에의 시사점

(1) 시기적절한 스캐폴딩 제공

학습자가 학교생활을 하면서 어려움에 직면했을 때 교수자는 적절한 스캐폴딩을 제공하여야 한다. 교수 스캐폴딩(instructional scaffolding)은 학습자의 능력을 넘어서는 수준의 과제를 제공하고 학습자들이 과제를 해결할 수 있도록 지원하는 과정을 의미한다(Bruning et al., 2004). 학습 초기에는 교수자가 많은 양의 책임을 공유하지만, 학습자의 수행능력이 향상될수록 교수자의 스캐폴딩을 줄여 감으로써 학습자가 스스로 주어진 과제를 해결할 수 있도록 해야 한다. 교수자는 근접발달영역 내에서 학습이 일어날 수 있도록 스캐폴딩을 사용하고, 학습자의 능력이 향상되면 다시 새로운 근접발달영역 내에서 교수 스캐폴딩의 양을 늘렸다가 학습자가 새로운 근접발달영역 내에서 수행능력이 향상되면 다시 스캐폴딩의 양을 줄이는 과정을 반복하는 것이 중요하다.

(2) 상호적 교수 적용

교수·학습 맥락에서 상호적 교수(reciprocal teaching)를 적용한다. 상호적 교수란 교수자와 학습자 또는 학습자와 학습자 간에 대화 형태로 학습이 진행되는 수업형태를 의미한다(Shunk, 2012). 상호 교수법은 교수자가 먼저 학습활동에 대해 시범을 보여 주면, 학습자들과 교수자가 돌아가면서 교수자의 역할을 맡는다. 예를 들어, 책을 읽으면서 중요한 내용을 발췌하는 방법을 배우는 수업이라면 교수자가 먼저 책의 한 단락을 읽고 그 단락의 핵심 내용을 밑줄을 그어서 중요한 내용을 발췌하는 방법을 보여 준다. 그런 다음 학습자들이 번갈아 가며 다음 단락에 대한 핵심 내용을 발췌하는 교수법이다. 이때 교수자는 학습자들이 언어를 적극적으로 사용할 수 있도록 장려하고, 학습자들이 더 많은 책임을 지고 대화를 유지할 수 있도록 격려하는 것이 중요하다.

(3) 문제해결 활동 강조

학습자는 문제를 해결하는 동안 자신이 습득한 지식을 적용하게 되며, 지식을 구성하는 활동은 사회적 상호작용을 통해 더 활발히 일어난다. 또한 학습자는 문제를 해결하기 위해 문제해결과 관련된 정보를 회상하고, 문제해결 과정 등을 점검하면서, 전문가 수준의 문제해결력을 향상시킬 수 있다(Winn, 1993). 이 밖에도 학습자들에게 실제적 문제가 주어지는 순간부터 수업의 주체자는 교수자에서 학습자로 이동하게 된다. 학습자는 문제해결의 주체자가 되어 적극적으로 수업에 참여하게 되며, 이 과정에서 학습자의 지식은 더 활발하게 구성된다. 이러한 장점으로 인해 구성주의 수업에서는 문제해결 중심의 수업이 강조되고 있다.

(4) 촉진자로서의 교수자 역할 수행

학습목표를 구체화하고 학습 활동을 설계하고 평가를 계획하는 활동들은 전통적인 수업에서와 마찬가지로 구성주의 수업에서도 동일하게 요구된다 (Eggen & Kauchak, 2010). 구성주의 수업에서는 촉진자로서의 교수자의 역할이 강조되는데, 이를 구체적으로 살펴보면 다음과 같다(Donovan & Bransford, 2005). 첫째, 교수자는 학습자가 주어진 과제를 해결하기 위해 다양한 탐색활동을 할 때 모델링 전략을 사용할 수 있다(Jonassen, 1999). 교수자는 학습자들이 궁금해하는 부분에 대해 소리내어 생각하거나 행동으로 시연함으로써 학습자의 탐색을 촉진할 수 있다. 둘째, 학습자의 학습을 지원하기 위해 교수자는 학습자의 동기 부여, 질문이나 단서 제공 등의 스캐폴딩을 시기적절하게 제공함으로써 학습자의 지식 구성을 촉진할 수 있다(권낙원, 김동엽, 2006; Wood et al., 1976). 구성주의 수업에서 학습자가 중심이 되어 학습을 주도한다고 해서 교수자의 중요성이 줄어드는 것은 아니며, 교수자가 개입을 하지 않는다는 의미는 아니다. 오히려 교수자가 촉진자로서의 역할을 제대로 수행하기 위해서는 세심한 주의와 노력이 요구된다.

(5) 협동학습 강조

사회적 구성주의에 따르면, 학습자는 타인과의 상호작용을 통해 지식을 보다 활발히 구성할 수 있다. 이러한 관점에서 볼 때 학습 커뮤니티(community of learners)는 중요한 의미를 지닌다. 학습자는 공동체 안에서 타인과 상호작용하면서 서로의 다양한 관점과 생각을 공유하게 되고, 모순과 불일치를 경험하게 되기 때문이다(Fosnot, 1992). 학습자가 모순과 불일치를 경험하게 되면 이를 해결하기 위해 동료와의 관점을 조율하게 되며, 반성적 사고를 하게 된다(박성익 외, 2015).

따라서 교수자는 또래 간 협동(peer collaboration)의 기회를 제공하는 것이 바람직하다. 즉, 수업에서 학습자 개개인에게 역할을 부여하고, 또래와 함께 협력하면서 사회적 상호작용을 할 수 있는 기회가 제공되어야 한다(Salvin, 1983).

⑹ 학습을 위한 평가

전통적인 수업에서의 평가는 학습자의 학업성취도 등 학습 결과 중심으로 수행되어 왔다(박성익 외, 2015). 그러나 구성주의 수업에서는 학습자가 가치 있는 지식 구성을 했는지를 평가하는 '학습을 위한 평가'가 중요하다(Stiggings, 2007). '학습자가 어떠한 과정으로 배웠는가?' 그리고 '학습 과정에서 어떠한 전략을 사용하며, 지식을 적용하는가?' 등의 관점에서 평가가 이루어져야 한다. 이를 위해, 첫째, 구성주의 수업에서 학습자들이 도출한 결과물은 과정지향적인 평가 방법에 의해 평가되어야 한다(Jonassen, 1991). 즉, 결과물을 평가할 때 수업 시간에 우연히 수집된 정보(incidental information)도 함께 평가에 반영하는 것이 바람직하다(Stiggings, 2007). 둘째, 학습자의 인지 과정 및 지식의 전이가 평가의 초점이 되어야 한다(McLellan, 1993).

학습자들이 문제를 해결하는 과정에서 도출된 다양한 결과물들을 담은 포트폴리오 평가는 구성주의 수업에서의 평가를 잘 적용한 기법이라 할 수 있다(변영계, 2020). 또한 학습자가 습득한 지식이 유용한지를 설명하거나 증명하는 평가 역시 구성주의 수업에 적합하다(Shunk, 2012).

3. 구성주의 학습환경설계 모형

구성주의 이론이 반영된 수업을 설계하는 데 유용하게 활용될 수 있는 모형으로 조나센(Jonassen)의 '구성주의 학습환경(Constructivist Learning Environment: CLE)설계 모형'을 꼽을 수 있다. 조나센은 "학습자는 개인의 경험에 의해 개별적으로 지식을 구성하며, 학습은 실제 세계의 맥락에서 발생한다."고 보았다(송해덕, 1998). 그는 수업 설계란 학습자의 학습을 촉진하는 환경을 구성하는 것으로 보고, 학습을 촉진하는 환경을 설계하기 위해 필요한 여섯 가지 설계 요소와 세 가지 교수활동을 모형으로 제안하였다(Jonassen, 1999).

[그림 4-2]에 제시된 구성주의 학습환경설계 모형은 여섯 가지 설계 요소와

세 가지 교수자의 역할을 포함하고 있다. 여섯 가지 설계 요소를 구체적으로 살펴보면 〈표 4-4〉와 같다(박성익 외, 2021; 박현정, 박성재, 2017).

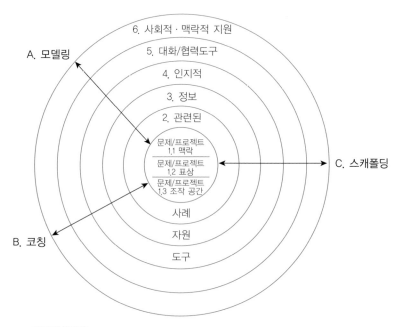

그림 4-2 구성주의 학습환경설계 모형(Jonassen, 1999, p. 218)

표 4-4 구성주의 학습환경설계를 위한 여섯 가지 설계 요소

설계 요소	주요 내용
문제/프로젝트	• 구성주의 학습환경의 핵심 요소 • 문제와 프로젝트는 복잡성의 정도에는 차이가 있으나 실제적이라는 공통점이 존재 • 구성주의 학습환경을 위한 문제는 다음 요소들이 포함되어야 함 　- 문제/프로젝트 맥락(problem context): 문제가 발생한 상황, 주인공의 배경 직업이나 해결해야 할 과제 등 　- 문제/프로젝트 표상(problem representation): 학습자가 관심을 갖고 문제에 몰입할 수 있도록 제시하는 방법 　- 문제/프로젝트 조작 공간(problem manipulation space): 문제해결을 위해 학습자가 무엇인가를 조작하고 상호작용하는 기회를 제공하는 것

설계 요소	주요 내용
관련 사례	• 학습자가 문제와 관련된 내용이 실세계에서 어떻게 작동하는지 이해하는 데 도움이 되는 사례
정보 자원	• 학습자가 문제를 파악하고 가설을 수립하는 데 도움이 되는 정보 • 텍스트, 그래픽, 비디오 등 다양한 형태로 제공될 수 있음 • 적절한 시기에 학습자에게 제공되어야 함
인지 도구	• 학습자의 생각을 시각화하거나 조직화하는 것을 도와주는 컴퓨터 소프트웨어 　예) 시각화 도구, 검색 도구 등
대화 · 협력 도구	• 학습자들이 팀으로 활동하는 데 도움을 주는 도구 • 협력과 의사소통을 촉진하는 도구 　예) 온라인 게시판, 이메일, 채팅, 소셜미디어 등
사회적 · 맥락적 지원	• 구성주의 수업이 성공적으로 실행되기 위해 교수자와 학습자에게 필요한 지원 　예) 교수법 연수, 학습 커뮤니티 등

　구성주의 학습환경을 설계한 후에는 학습자의 학습을 촉진하는 교수활동이 필요하다. 조나센의 구성주의 학습환경설계 모형에서 제안한 교수자의 활동은 다음 〈표 4-5〉와 같다(박성익 외, 2021; 박현정, 박성재, 2017).

표 4-5 구성주의 학습지원을 위한 교수활동

교수활동	주요 내용
모델링	• 전문가의 수행을 시연 　- 외현적 행동 모델링: 바람직한 수행 사례 시연 　- 내현적 인지 모델링: 과제해결을 위한 전문가의 추론과 의사결정 과정 시연
코칭	• 학습자의 과제 수행 관찰 및 도움 제공 • 동기부여, 학습자의 수행 분석, 피드백 제공, 학습자의 성찰 유도
스캐폴딩	• 학습자 개인의 능력보다 높은 수준의 수행을 지원 • 과제 난이도 조절, 과제 제구성, 다른 평가기회 제공 등 • 학습자 스스로 과제를 수행하면 점차 소멸됨

구성주의 이론을 적용한 수업 사례

교직 과목 중 '교육행정학' 교과목을 담당하고 있는 김 교수는 구성주의 이론을 반영하여 수업을 설계하기로 결심했다. 수업을 설계할 때 다음과 같은 주요 방침을 정했다.

- 예비교수자들이 실제 교직생활에서의 적응력을 준비시키는 데 초점을 둔다.
- 예비교수자들이 자신의 경험과 이해를 바탕으로 지식을 구성할 수 있는 학습 환경을 제공한다.
- 수업시간에 다룬 내용과 관련된 실제 상황을 고려하여 교육과정을 구성한다.
- 예비교수자들이 자신의 학습에 대한 성찰 과정을 중시한다.

김 교수는 이와 같은 방침을 정한 후 수업목표를 다음과 같이 설정하였다.

- 교육행정의 이론 및 실제에 대한 기본 이해를 촉진한다.
- 교육행정 및 학교 현실에 대한 나름대로의 관점을 형성한다.
- 장차 교수자로서 교육행정에의 주체적 참여 및 대안 제시 능력을 고양시킨다.
- 교수자로서의 태도를 형성하고, 학습 및 성찰 능력을 향상시킨다.

김 교수는 수업을 매주차 강의, 교육 현실 접하기, 협동학습, 성찰로 구성되도록 설계하였다. 즉, 매주차 수업은 교수자의 강의, 수업내용과 관련된 현장 전문가의 초청 강의와 인터뷰, 그리고 조별 토론이나 공동연구, 성찰저널 쓰기 등으로 설계되었다.

또한 김 교수는 구성주의 이론을 적용한 수업은 평가가 기존의 교수자중심 수업과는 달라야 한다고 판단하였다. 그래서 지필평가를 실시하지 않았으며, 〈표 4-6〉과 같이 평가계획을 수립하였다.

표 4-6 평가 계획

평가 항목	저널 쓰기	현장 인터뷰 과제	조별 연구 과제	토론	출석 및 참여도	계
배점	30	20	20	20	10	100

그리고 각 항목별 평가 기준은 〈표 4-7〉과 같이 설정하였다.

표 4-7 평가 항목별 기준

평가 항목	평가 기준
저널쓰기	충실도, 향상도
현장 인터뷰 과제	문제의식, 분석력
조별 연구 과제	문제의식, 분석력, 창의성
토론	협동성, 논리성
출석 및 참여도	준비도, 참여도, 출석

평가는 이와 같은 기준들을 토대로 상대평가와 절대평가 방식을 절충하여 다섯 등급으로 나누어 평가하였다.

출처: 김병찬(2002).

생각해 볼 문제

1. 여러분이 속해 있는 실천공동체를 모두 열거해 보시오. 그리고 여러분이 합법적 주변 참여를 하고 있는 실천공동체와 공동체 중심 일원으로 참여하고 있는 실천공동체를 구분하고, 그렇게 구분한 이유를 설명해 보시오.

2. 다음은 구성주의에 대한 불만에 관한 내용이다. 이에 대한 여러분의 의견을 논의해 보시오.

구성주의는 학습은 능동적 구성 과정이지 지식의 획득이 아니라는 점, 그리고 수업은 그러한 지식 구성 과정을 돕는 것이지 지식을 전달하는 것이 아니라는 점을 강조하는 가운데 무엇보다도 학습자중심의 교육이 실행될 것을 요구하고 있다. 그러나 교육현장에서는 구성주의에 대한 불만도 적잖게 제기되고 있다. 그러한 불만들은 크게 보아 다섯 가지로 요약될 수 있다. 첫째, 교육과정을 제대로 다룰 수 없다는 불만이다. 만약 학습자들에게 그들이 선택한 것을 학습하도록 내버려둔다면, 학습자들은 그들이 반드시 필요로 하는 것들을 학습하는 데 실패하게 될 것이라는 우려가 제기되고 있다. 둘째, 학습 진도에 대한 불만이다. 학습자들 나름의 학습 속도에 맞추다 보면, 이미 정해져 있는 학습 내용의 진도를 따라갈 수 없다는 우려가 제기되고 있다. 셋째, 규율 문제에 대한 불만이다. 학습자들이 원하는 것을 마음대로 할 수 있도록 내버려둔다면, 학습자들이 난폭해지고 교수자에게 잘 복종하지 않을 것이라는 우려이다. 넷째, 소음에 대한 불만이다. 수업 시간에 학습자들이 대화하고 토론을 하도록 조장해 주면, 교실이 참을 수 없을 정도로 시끄러워진다는 우려가 제기되고 있다. 끝으로, 근본으로의 회귀를 강조하는 목소리이다. 학습자들이 자신의 선택권을 향유하기 이전에 반드시 알아야 할 기본적인 지식이나 기능을 먼저 학습해야 한다는 주장이 제기되고 있다.

출처: 추병완(2000).

📖 참고문헌

강인애(1996). 구성주의 모델들의 특징과 차이점: 인지적 도제이론 상황적 학습 이론, 인지적 유연성 이론을 중심으로. 교육공학연구, 12(1), 1-19.

권낙원, 김동엽(2006). 교수-학습이론의 이해. 문음사.

김병찬(2002). 구성주의적 교수자양성 교육에 대한 질적 사례 연구. 서울대학교 박사학위논문.

박성익, 임철일, 이재경, 최정임(2015). 교육방법의 교육공학적 이해. 교육과학사.

박성익, 임철일, 이재경, 최정임, 조영환(2021). 교육공학과 수업. 교육과학사.

박현정, 박성재(2017). 구성주의에 기반한 이용자교육 교수학습지도안 개발에 관한 연구: 공공도서관 어린이 이용자를 대상으로. 정보관리학회지, 34(2), 97-114.

변영계(2020). 교수학습이론의 이해. 학지사.

송해덕(1998). 구성주의적 학습환경 설계모델들의 특징과 차이점 비교분석 연구. 교육학연구, 36(1), 187-212.

신명희 외(2014). 교육심리학(3판). 학지사.

여혜진(2004). 문제해결학습 상황에서의 앵커드(Anchored) 수업모형 개발연구. 서울대학교 석사학위논문.

이상철(2011). 사회과 정착수업이 지적장애학생의 주의집중과 수업활동참여 및 과제수행에 미치는 영향. 특수교육교과교육연구, 4, 41-64.

이서윤(2022). 상황학습 이론을 적용한 지리 수업이 학습태도에 미치는 영향. 고려대학교 석사학위논문.

임규혁(2007). 학교학습 심리를 위한 교육심리학. 학지사.

임은진(2009). 상황인지론에 근거한 지리 수업 모델의 개발과 적용. 고려대학교 박사학위논문.

장선영(2014). 온라인 학습 환경에서 문제해결 단계별 스캐폴딩 유형의 효과 분석. 교육공학연구, 30(2), 193-220.

정재삼(2004). CoP (실천공동체)의 촉진을 위한 조직적 접근방안. 금융지식연구, 2(2), 230-251.

조미헌, 이용학(1994). 인지적 도제 방법을 반영한 교수설계의 기본방향. 교육공학연구, 9(1), 147-159.

최미나, 유영만(2003). 지식창출 및 공유전략으로서의 실행공동체(CoP: Communities of Practice) 발전과정에 관한 사례연구. 교육정보미디어연구, 9(4), 177-208.

최정임(1997). 상황학습 이론에 따른 학습내용의 구성, 교수자의 역할, 평가원리에 대한 고찰. 교육학연구, 35(3), 213-239.

추병완(2000). 구성주의(Constructivism)의 교육적 함의. 교육과정평가연구, 12, 1-15.

허승준(2002). 멀티미디어 정착수업이 경도장애 및 비장애 고등학생의 비판적 질문능력에 미치는 효과. 교육공학연구, 18(2), 223-248.

Berk, L. E., & Winsler, A. (1995). *Scaffolding children's learning: Vygotsky and early childhood education*. National Association for the Education of Young Children.

Brown, A. L., & Palincsar, A. S. (1989). Guided, cooperative learning and individual knowledge acquisition. In L. B. Resenick (Ed.), *Knowing, learning, and instruction: Essays in honor of Robert Glaser* (pp. 393-444). Erlbaum.

Brown, J. S., Collins, A., & Duguid, P. (1989). Situated cognition and the culture of learning. *Educational Researcher, 18*(1), 32-41.

Bruner, J. S. (1984). Vygotsky's zone of proximal development: The hidden agenda. In B. Rogoff & J. V. Wertsch (Eds.), *Children's learning in the "zone of proximal development"* (pp. 93-97). Jossey-Bass.

Bruning, R. H., Schraw, G. J., Norby, M. M., & Ronning, R. R. (2004). *Cognitive psychology and instruction* (4th ed.). Merrill/Prentice Hall.

Cobb, P., & Bowers, J. (1999). Cognitive and situated learning perspectives in theory and practice. *Educational Researcher, 28*(2), 4-15.

Cognition and Technology Group at Vanderbilt. (1990). Anchored instruction and its relationship to situated cognition. *Educational Researcher, 19*(6), 2-10.

Collins, A. (2005). Cognitive apprenticeship, In R. Keith Sawyer (Ed.), *The Cambridge handbook of the learning sciences* (pp. 47-60). Cambridge University Press.

Collins, A., Brown, J. S., & Newman, S. F. (1989). Cognitive Apprenticeship: Teaching the Crafts of Reading, Writing, and Arithmetic. In L. B. Resnick (Ed.), *Knowing, learning, and instruction: Essays in the honor of Robert Glaser*. LEA.

Donovan, M. S, & Bransford, J. D. (2005). *Introduction: How students learn history, mathematics and science in the classroom*. National Academies Press, 1-28.

Driscoll, M. P. (2005). *Psychology of learning for instruction* (3rd ed.). Pearson Allyn and Bacon.

Eggen, P., & Kauchak, D. (2010). *Educational psychology: Windows on classroom* (8th ed.). Pearson Education, Inc. 신종호 외 역(2011). 교육심리학: 교육실제를 보는 창(8판). (주) 피어슨 에디션 코리아.

Fosnot, C. T. (1992). Constructing Constructivism. In T. M. Duffy & D. H. Jonassen (Eds.), *Constructivism and theory of instruction* (pp. 167-176). Lawence Erlbaum.

Hunt, D. E. (1981). *Matching models in education.* Ontario Institute for Studies in Education.

Hyslop-Margison, E. J., & Strobel, J. (2008). Constructivism and Education: Misunderstanding and pedagogical implications. *The Teacher Education, 43,* 72-816.

Jonassen, D. (1999). Designing Constructivist Learning Environments. In C. M. Reigeluth (Ed.), *Instructioanl-design theories and models: A new paradigm of instructional theory.* Lawrence Erlbaum associates.

Jonassen, D. H. (1991). Objectivism versus constructivism: Do we need a new philosophical paradigm?. *Educational Technology Research and Development, 39,* 5-14.

Lave, J., & Wenger, E. (1991). *Situated learning: Legitimate peripheral participation.* Cambridge University Press.

Lemke, J. L. (2021). Cognition, context, and learning: A social semiotic perspective. In D. Kirshner & J. A. Whitson (Eds.), *Situated cognition: Social, semiotic, and psychological perspectives* (pp. 37-55). Erlbaum.

McLellan, H. (1993). Evaluation in a situated learning environment. *Educational Technology, 33*(3), 39-45.

O'Donnell, A. M. (2012). Constructivism. In K. R. Harris, S. Graham, & T. Urdan (Eds.), *APA educational psychology handbook. Vol.1: Theories, constructs, and critical issues* (pp. 61-84). American Psychological Association.

Schunk, D. H. (2012). *Learning theories an educational perspective* (6th ed.). Pearson.

Simpson, T. L. (2002). Dare I oppose constructivist theory?. *The Educational Forum, 66*(4), 347-354.

Salvin, R. E. (1983). When does cooperative learning increase student achievement? *Psychological Bulletin, 94*, 429-445.

Stiggins, R. (2007). Assessment through the student's eyes. *Educational Leadership, 64*(8), 22.

Tudge, J. R., & Winterhoff, P. A. (1993). Vygotsky, Piaget, and Bandura: Perspectives on the relations between the social world and cognitive development. *Human Development, 36*(2), 61-81.

Tudge, J., & Scrimsher, S. (2003). Lev S. Vygotsky on education: A cultural-historical, interpersonal, and individual approach to development. In B. J. Zimmerman & D. H. Schunk (Eds.), *Educational psychology: A century of contributions* (pp. 207-228). Erlbaum.

van Merriënboer, J. J., Kirschner, P. A., & Kester, L. (2003). Taking the load off a learner's mind: Instructional design for complex learning. *Educational Psychologist, 38*(1), 5-13.

Wadsworth, B. J. (1996). *Piaget's theory of cognitive and affective development* (5th ed.). Longman.

Wenger, E. (1999). *Communities of practice: Learning, meaning, and identity*. Cambridge university press.

Wenger, E., McDermott, M., & Snyer, W. M.(2002). *Cultivating Cummunities of Practice*. Harvard Businss School Press. 황숙경 역. CoP 혁명. 도서출판 물푸레.

Winn, W. (1993). Instructional design and situated learning: Paradox or partnership?. *Educational Technology, 33*(3), 16-21.

Wood, D., Bruner, J. S., & Ross, G. (1976). The role of tutoring in problem solving. *Journal of Child Psychology and Psychiatry, 17*, 89-100.

Wood, D., & Middleton, D. (1975). A study of assisted problem-solving. *British Journal of Psychology, 66*(2), 181-191.

Woolfolk, A. E. (1993). *Educational psychology*. Allyn and Bacon.

Zimmerman, B. J., & Whitehurst, G. J. (1979). Structure and function: A comparison of two views of the development of language and cognition. In G. J. Whitehurst & B. J. Zimmerman (Eds.), *The functions of language and cognition* (pp. 1-22). Academic Press.

제**5**장

동기 이론 (1)

학습동기(learning motivation)는 학습과정에서 학습자가 무엇을 선택하고 무엇을 회피하며 어떤 태도를 취할지에 지대한 영향을 끼친다. 학습자들의 학습동기를 잘 이해하고 적절한 방법으로 촉진시키는 일은 이들의 학업과 학교생활을 성공적으로 이끌어 주기 위해 교수자가 해야 할 중요한 역할이다. 동기의 정의는 다양하고 그 본질에 대해 이견들이 존재하지만, 사전적 의미로 보면 어떤 행동을 시작하고 그 방향을 정하고 지속시키는 과정이다. 이는 일반적인 동기의 정의이며 동기는 작용하는 맥락이나 유발시키는 원천에 따라 성취동기, 친애동기, 권력동기, 공격동기, 범죄동기 등으로 보다 세분화될 수 있다. 이번 장에서 다룰 학습동기란 특히 학업에 대한 성취동기로 학습자 스스로 가치 있는 학습활동을 찾아보고, 학습활동에서 목표로 한 것을 이루기 위해 노력하는 경향성을 말한다(Brophy, 2004; Ryan & Deci, 2000). 학습동기는 무엇을, 언제, 어떻게 배우는지에 영향을 미치고(Schunk, 1995) 학습의 시작과 지속을 유발하는 매우 중요한 요인이다. 어렵고 힘든 과제가 주어졌더라도 결국에는 자신에게 도움이 될 거라고 믿고 열심히 하는 상태, 부모님께 용돈을 받기 위해 게임을 하지 않고 대신 책을 읽기 시작하는 것, 자신의 부족한 영어 실력이 드러날까 두려워 영어 시간에 일부러 참여하지 않는 것, 이 모든 상태가 각 학습자의 학습동기에서 비롯된다. 왜 어떤 학습자들은 더 많이 노력하고, 더 오래 학습을 지속하고 더 많이 배우며 시험에서 높은 성적을 얻는지를 설명하려면 그들의 동기 상태와 그에 영향을 미치는 다양한 요소를 아는 것이 필요하다.

이 장에서는 동기의 정의와 특성을 살펴보고, 동기를 이루는 여러 요소인 욕구, 목표, 기대, 가치, 믿음 등과 관련된 동기이론을 소개하며 각 이론을 바탕으로 학교현장의 적용사례와 시사점을 논의하고자 한다.

1. 동기의 정의와 특성

기존 이론들은 동기를 개별 학습자의 안정된 특성, 성격(characteristics)으로 설명하기도 하고, 맥락에 의해 영향을 받는 하나의 상태(state)로 간주하기도 한다. 최근에는 동기를 과정(process)으로 간주하고 여러 요인에 의해 여러 시점에서 영향을 받는 것으로 바라본다. 행동주의에서는 동기를 동기화된 상태에서 나타나는 행동의 변화, 즉 결과로 바라보고 사고, 감정과 같은 내적 요소들은 동기에 포함시켜 생각하지 않았다. 반면, 인지주의에서는 동기 그 자체를 내재적 과정으로 보고, 개인이 주어진 정보와 신념을 어떻게 처리하는지가 동기에 영향을 미친다고 보았다. 동기에 대한 최근의 관점은 동기가 인지(사고, 신념, 목표, 자기표상)를 포함하고 있고, 결과가 아닌 과정이고, 개인적·사회적·맥락적 요인들에 따라 영향을 받는 복잡한 현상이며(Wigfield & Eccles, 2002), 개인이 성장 발달함에 따라 동기 역시 변화하는 것으로 본다. 선행연구에 따르면, 타인의 수행결과(Weiner, 1985), 과제의 성패에 대한 교수자의 반응(Weiner et al., 1983), 교실 목표 구조(Ames, 1992), 이전 학업성취 경험(Weiner,

1985), 능력에 대한 신념(Dweck, 2002), 그 밖에 문화, 인종, 사회경제적 지위 등의 매우 다양한 요소가 동기에 영향을 미치는 것으로 나타났다. 이러한 점에서 교수자는 학습자의 동기화를 위해 복잡한 동기의 구조를 이해하고, 개별 학습자의 동기를 파악함과 동시에 동기화를 위한 적절한 개입을 해야 한다.

[그림 5-1]은 과정으로서의 동기를 도식화하여 설명하고 있는데, 맨 가운데 위치한 욕구(needs), 가치(values), 목표(goals), 믿음(beliefs)은 동기의 요소이다. 이러한 동기요소에 영향을 미치는 것들은 개별 학습자의 특성, 과거 경험, 문화적 정체성, 환경 조건, 타인의 지원 등이다. 이러한 동기의 결과물은 학습자의 선택, 자기 조절 혹은 지연, 참여, 지속, 학습과 수행이다. 학습 맥락에서 학습목표를 지향하는 활동이 유발되고 지속되는 심리적 과정에는 학습자의 기대(expectancy), 귀인(attrition), 감정(feeling), 정서(emotion)와 같은 요소가 영향을 미치게 된다. 학습자의 학습동기는 학습과 수행에 영향을 주고, 학습자들의 수행과 학습결과와 경험은 다시 그들의 동기에 영향을 준다(Pintrich, 2003; Schunk, 1995).

동기화된 학습자는 자신의 학습에 도움이 된다고 믿는 활동들(예: 수업에 집중하고, 학습자료를 조직화하고 복습하며, 스스로 이해 정도를 확인하고, 모

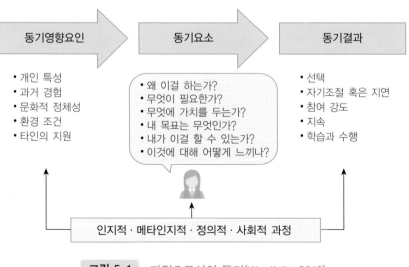

그림 5-1 과정으로서의 동기(Woolfolk, 2016)

르는 것이 있을 때 교수자나 우수한 동료에게 도움을 요청하는 것)을 시도한다 (Zimmerman, 2000). 이러한 활동을 스스로 하는 학습자들을 자기주도적 학습자(self-directed learner)라 부르며, 이들은 강한 학습 동기를 가지고 있다. 반면, 동기화되지 않은 학습자들은 학습을 위한 노력이 조직적이지 않고, 수업시간에 집중하지 않고, 노트필기 등을 통해 내용을 조직화하지 않으며, 스스로 이해 정도를 확인하는 활동을 게을리한다. 또한 학습목표에 도달하지 못하더라도 타인에게 도움을 청하지 않는다. 결과적으로 이들에게는 학습이 거의 일어나지 않게 된다. 이처럼 학습동기는 학습과정에 지대한 영향을 미친다. 학습과정의 전, 중, 후 단계에서 학습동기에 영향을 미치는 변인들 역시 매우 다양하다(〈표 5-1〉 참조).

표 5-1   과제 수행 과정에서 동기에 영향을 미치는 변인

과제 수행 전	과제 수행 중	과제 수행 후
• 목표 • 기대 – 자기효능감 – 성과 • 가치 • 정서 • 욕구 • 사회적 지지	• 교육적 변인 – 교수자 피드백 – 수업 내용 – 수업 자료, 도구 • 맥락적 변인 – 동료 – 환경 • 개인적 변인 – 지식 구조 – 기능 습득 – 자기조절 – 행동 선택 – 노력 – 끈기	• 귀인 • 목표 • 기대 • 가치 • 정서 • 욕구 • 사회적 지지

출처: Schunk (1995).

　　과정으로서의 동기의 틀로 볼 때, 교수자는 수업 전에 학습동기에 영향을 미치는 요소를 미리 분석하고, 수업 중에는 또 어떤 변인들이 학습자들의 동

기에 영향을 주는지 파악하여 수업을 적절히 설계하고 운영할 필요가 있고, 수업 및 과제 수행 후에는 학업의 성공이나 실패를 어떻게 이해해야 하는지에 대해 적절히 지도할 필요가 있다.

동기의 소재(locus, 어디에서 비롯되는가)에 따라 내재적 동기(intrinsic motivation)와 외재적 동기(extrinsic motivation)로 구분할 수 있다. 내재적 동기는 학습과제 수행과정에서 얻는 만족감, 유능감, 자율성, 관계성의 욕구가 충족되기에 수행을 지속하게 되는 힘이다. 즉, 과제의 수행 자체가 보상과 즐거움이 되는 내적 상태이다. 선행연구 결과에 따르면, 학습에 대한 내재적 동기가 높은 학습자들은 더욱 많이 노력하고, 끈기있게 공부하며, 학습과제에 대한 깊은 이해를 하고자 하며, 나아가 창의적으로 과제를 해결하는 것으로 나타났다(Niemiec & Ryan, 2009). 이러한 이유로 내재적 동기는 교육에 영향을 미치는 핵심 요인으로 간주되어 활발히 연구되어 왔다. 반면, 외재적 동기는 해당 활동이 다른 것의 수단이 되기 때문에 수행하게 되는 것이다. 예를 들면, 독서가 자기가 원하는 상을 받는 수단이 되기에 책 읽기를 수행하는 경우를 들 수 있다. 예전에는 내재적 동기와 외재적 동기를 이분법적으로 다루었으나, 자기결정성 이론(self-determination theory)에서는 개인의 행동은 자기결정성, 즉 자율성에 따라 조절된다고 주장하였고, 내재적 동기와 외재적 동기는 하나의 연속선상에서 파악할 수 있다고 하였다(Deci & Ryan, 2000; [그림 5-3] 참조).

요약하면, 교수자는 수업의 흐름에 따라 각 학습자에게 어떤 요인이 동기에 작용하는지를 파악하고 시기별로 적절한 개입을 계획하고 실행할 필요가 있다.

2. 욕구와 자기결정

사람에게는 유능감(competence), 자율성(autonomy), 타인과의 관계성(relatedness)에 대한 욕구(need)가 있고, 이는 학습동기에 영향을 미친다. 동기에 대한 초기 이론에서는 동기를 개인의 비교적 안정적 특성으로 바라보았고 성취, 권력, 소속감에 대한 욕구에 대해 주로 연구하였다(Pintrich, 2003). 이 중 매슬로(Maslow)의 욕구위계 이론은 인간이 지닌 욕구들을 포괄적이며 위계적으로 제시하였다.

1) 매슬로의 욕구위계 이론

매슬로(1970)는 욕구위계 이론(hierarchy of needs)을 통해 인간은 생존과 안전을 위한 하위 수준의 욕구부터 지식, 이해, 자기실현과 같은 고차적 수준의 욕구를 가지고 있다고 설명하였다. 이론에 따르면 상대적으로 낮은 수준의 욕구들이 충족될 때 비로소 더 높은 수준의 욕구가 발현될 수 있다. 낮은 수준의 욕구를 결핍욕구(deficiency needs), 높은 수준의 욕구를 성장욕구(growth needs), 혹은 존재욕구(being needs)로 구분한다. 성장의 욕구의 경우는 만족

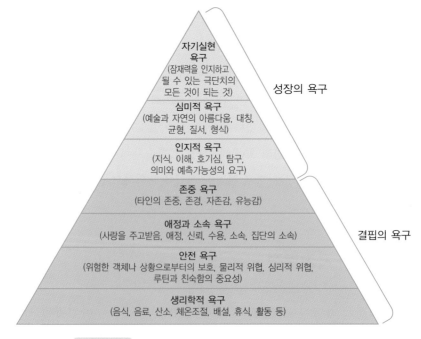

그림 5-2   매슬로의 욕구위계 이론(Maslow, 1970)

되면 동기가 감소되는 것이 아니라 끊임없이 더 높은 욕구를 추구하게 된다. 이 이론은 인간의 욕구를 체계적으로 이해하는 데 도움을 주었다. 욕구위계 이론은 학습자의 신체적 · 정서적 · 지적 욕구가 서로 연결되어 있다는 것, 그리고 이러한 욕구가 학습자의 사고, 장기적 목표, 정서에 영향을 미친다는 것을 총체적으로 설명해 준다. 또한 학습의 욕구는 성장욕구로서 결핍욕구가 충족이 되어야 추구할 수 있다는 것을 알 수 있다. 한편, 사람들은 어떤 욕구 순서에 따라 행동하는 것이 아니라는 점, 그리고 누군가에게는 어떤 특정 욕구가 필요하지 않다는 점 등과 같은 이 이론에 대한 비판도 존재한다.

2) 자기결정성 이론

인간의 욕구에 초점을 둔 최근의 동기이론으로는 자기결정성 이론(Self-determination theory)이 있다(Ryan & Deci, 2000). 만약 학습자가 어떤 과제를 수행해야 하는 상황에서 자신의 능력이나 노력에 대한 신념이 결여되어 있고, 과제에 대해 내재적 혹은 외재적 가치를 느끼지 못하고 있다면 이러한 상태를 무동기(amotivation)라 한다. 즉, 자기결정성이 전혀 없고 행동하려는 의지가 결핍된 상태를 말한다. 이 상태의 학습자는 자신의 학습에 대해 가치부여를 할 수 없고, 유능감이 없으며, 자신의 행동으로 좋은 결과를 가져올 것이라는 믿음이 없다. 또한 이들은 자신의 행동과 결과 사이의 인과관계를 잘 설명하지도 못한다(Ntoumanis et al., 2004). 학습자가 주어진 과제의 가치를 이해하고 자발적이고 자율적으로 과제에 임하는 상태가 자기결정적인 동기이다. 자기결정성 이론은 꼭 내적 흥미나 즐거움에 기반한 내재적 동기가 아니라 하더라도 무언가 조절을 하고 학습을 지속하려는 자기결정의 중요성을 말하고 있다. 이 이론은 조절의 정도를 외적 조절(external regulation), 부과된 조절(introjected regulation), 확인된 조절(identified regulation), 통합된 조절(integrated regulation) 순으로 외재적 동기의 유형을 구분하고, 완전히 자기결정적인 상태를 내재적 조절(intrinsic regulation)이 이루어진 내재적 동기의 상태로 보았다([그림 5-3] 참조). 즉, 처음부터 자기조절이 되는 것이 아니라 외부에서 조절하는 것부터 점차 내적 조절상태로 발전한다는 것이다. 그리고 이러한 과정에 기본적인 심리적 욕구인 유능감, 자율성, 소속감(혹은 관계성)이 영향을 미치게 된다. 먼저, 유능감에 대한 욕구는 주어진 과제에 대한 자신의 수행 능력을 보여 주고자 하는 욕구이다. 이 욕구가 충족되면 자기효능감이 높아지고 앞으로 더 높은 목표를 설정하게 된다. 유능감은 적절한 도전, 수행에 대한 긍정적인 피드백으로 강화되나, 과도한 도전이나 부정적인 피드백으로는 손상된다. 다음으로, 자율성에 대한 욕구는 자기결정성의 핵심으로 외부적 보상이나 압력이 아니라 자기 자신의 선택에 의해 행하려는 것이다. 자율성은 과제를 선택할 수 있을 때, 과제에 대한 설명과 합리적 이유가 제공되고 감정에 대해 인정받을 때 강화된다. 반면, 외적 보상, 위협, 마감 기한, 주어진 목표나 통제 등에 의해 훼손된다. 마지막으로, 소속감(혹은 관계성)의 욕구는 타

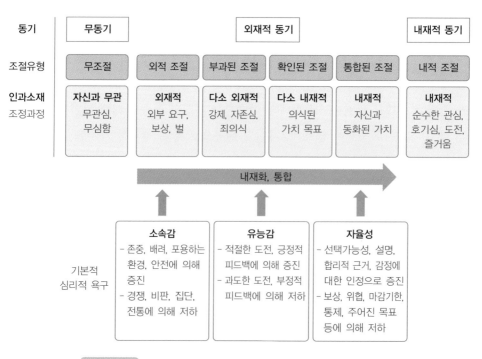

그림 5-3 자기결정성 이론에서의 동기유형(Woolfolk, 2016)

인과의 정서적 애착을 형성하고 소속감을 갖고자 하는 욕구를 말한다. 이는 존중, 배려, 안전에 의해 증진되고, 경쟁, 비판, 비평 등에 의해 위협을 받는다. 즉, 이러한 세 가지 기본적인 심리적 욕구가 충족될 때, 자신의 내적 동기로 스스로 학습을 할 것을 결정하게 된다.

〈표 5-3〉에는 자기결정성 이론이 구체화한 동기 유형에 대한 특성과 상태에 대한 자세한 설명을 제시하였다.

표 5-3 자기결정성 이론에서의 동기 유형별 특성

무동기	무조절	학습동기가 전혀 내면화되어 있지 않고, 자신의 행동에 가치를 부여하지 않으며, 행동도 하지 않는 학습된 무기력 상태
외재적 동기	외적조절	외재적 동기 중 가장 자율성이 낮은 형태. 외적 보상을 받기 위해 혹은 압력이나 벌을 피하기 위하여 행동하는 상태
	부과된 조절	자신이나 타인의 인정을 받거나 비난, 죄책감을 피하기 위해 행동하는 상태. 교실이나 학교의 규칙을 잘 준수하나 학습 동기가 내재화되어 있지는 않은 상태
	확인된 조절	자신의 행동이 스스로에게 유용하다는 것을 알고 자발적으로 행동하는 상태. 과제 수행 자체에 즐거움보다는 특정 목적 달성을 위해 행동하는 외재적 상태
	통합된 조절	외재적 동기 중 가장 자율적인 동기 유형. 내재적 동기와 공통점이 많지만 과제 자체 관심보다는 결과를 위해 행동하는 상태
내재적 동기	내재적 조절	자신의 의지와 결정에 따라서 행동함. 순수한 호기심의 만족, 도전의식 등 내면적 요인들에 의해 동기화됨. 공부 과정의 즐거움이 보상이 되는 상태

3) 교육에의 시사점

자기결정성 이론에서 제시하는 가장 바람직한 상태인 자기결정성은 통제적인 환경보다 도움과 지원을 제공하고 학습자들의 감정과 태도를 이해하는 환경에서 키워질 수 있기에 지원적이고 배려하는 교실 문화와 환경의 조성이 필요하다. 교실에서 교수자가 학습자들의 자기결정성을 지원하기 위한 전략적 지침과 각 지침에 해당하는 사례는 다음과 같다.

학습자들이 선택할 수 있도록 허용하고 격려하라

하나의 학습 목표를 충족시킬 수 있는 다양한 방법(예: 보고서, 인터뷰, 시험, 뉴스피드 만들기 등)을 설계하고 학습자들이 그중에서 선택하도록 하라. 그리고 왜 그것을 선택했는지 설명하도록 격려하라. 함께 해야 하는 과제의 경우, 학습자들에게 과제를 함께 할 동료를 선택하게 허용하라.

자신이 선정한 목표를 달성할 수 있는 수행계획을 세우도록 도우라

학습자들은 장기 · 단기 목표 목록을 만들고 각 목표를 위한 서너 가지의 구체적 계획을 세우도록 한다. 중 · 고등학생의 경우, 각 교과목에 대해 목표를 세우고 노트나 앱에 각 과목에 대한 목표를 기록하고 진척 사항을 정기적으로 체크하도록 하라.

자신의 선택에 대한 결과에 책임을 지도록 하라

학습자들이 과제를 선정한 후 딴짓을 하는 데 시간을 너무 많이 써서 기한 내에 마무리를 못할 경우 그에 합당한 성적을 부여하고 흘려 보낸 시간과 낮은 수행 간의 관련성을 학습자들에게 설명하라.

과제와 관련해 설정한 한계, 규칙, 제한에 대한 합리적 이유를 제시하라

규칙에 대한 이유를 설명하라. 학습 활동에 학습자가 투자하는 시간, 주의, 노력에 대한 가치에 대한 합리적 이유를 제공하라.

학습자가 느끼는 부정적 정서를 인정하고 수용하라

순서를 기다릴 때 지루함을 느끼는 것이 당연하다는 것을 인정하라. 때때로 학습은 좌절, 혼란, 두려움을 수반한다는 것에 공감해 주어라. "맞아, 이 문제는 어려워." "나는 네가 왜 이렇게 느끼는지 이해할 수 있어." 등의 말로 학습자들과 공감하라.

비통제적 · 긍정적 피드백을 활용하라

낮은 수행, 행동이 해결해야 할 문제이지 비판의 대상이 아님을 주지하라. '반드시, 꼭, 해야만 하는' 등의 통제적 언어를 피하라. 오히려 학습자이 기대하지 못한, 즉흥적인, 진심으로 느껴질 격려를 제공하라.

참을성을 보여 주라

학습자가 하고자 하는 것을 잘 듣고, 관찰하고, 이해하는 데 시간을 할애하라. 조급해하는 언어적 · 비언어적 표현을 피하라. 학습자가 생각하고 답할 수 있는 적절한 시간을 제공하라.

출처: Rattini (1996).

3. 목표지향 이론

동기에 있어서 개인이 가진 목표는 매우 중요하다. 목표가 행동의 방향과 강도를 결정짓기 때문이다. 학습동기에서의 목표는 학습자가 원하는 결과로 표현된다. 이 목표는 노력 투여 여부, 집중의 방향성, 계획 수행 촉진, 실패에 대한 반응에 영향을 미친다(Elliot & Dweck, 1983). 따라서 동기와 관련된 이론은 공통적으로 목표의 중요성을 강조하고 있다. 목표 설정이 수행을 증진시키는 것은 네 가지 이유에 근거한다(Locke & Latham, 2002). 첫째, 목표는 주어진 과제에 주의를 기울이도록 한다. 둘째, 목표가 도전적일수록 더 많이 노력해야 하기에 노력을 촉진한다. 셋째, 뚜렷한 목표가 있을 때 학습과제에 대한 끈기가 높아진다. 넷째, 예전에 사용했던 전략으로 목표를 달성하기 어려울 경우 새로운 학습전략을 개발하려고 한다.

1) 숙달목표와 수행목표

목표지향 이론은 학습자들이 학습과제에 참여하는 이유와 활용하는 학습 전략, 그리고 지각된 유능감을 설명할 수 있다. 목표지향성은 '학습자가 학습 활동에 참여하고 접근하는 방법을 결정하는 일련의 의도'로 정의할 수 있다. 목표는 숙달목표(mastery goal)와 수행목표(performance goal)의 두 가지 유형 으로 분류된다. 숙달목표를 가진 학습자는 내용에 대한 이해와 유능감을 높이 기 위해 과제에 집중하는 경향을 보이고, 수행목표를 지닌 학습자는 다른 사 람보다 뛰어나 보이고 싶은 욕구 때문에 노력하는 양상을 보인다. 학습과제 에 대해서 학습자가 완전히 그 내용을 깊이 이해하고 내재화하려고 하는 목 표, 즉 숙달목표를 가지고 있느냐, 아니면 완수에 목표를 두고 타인보다 더 나 은 성취를 하여 우월성을 드러내는 데 초점을 두는 수행목표를 가지고 있느냐 에 따라 학습과제 수행 과정에 차이가 있다. 숙달목표지향의 학습자들은 새로 운 과제를 숙달하고 도전적 과제 참여에 즐거움을 느끼고, 노력과 결과는 정 비례한다는 신념을 가진다. 이러한 학습자들은 학습 향상에 초점을 맞추고 심 도 있는 학습활동을 하려는 경향성을 보인다. 반면, 수행목표지향의 학습자들 은 우수한 수행을 보여 주려는 데 초점이 있어 목표는 주로 자신의 능력에 맞 추고 다른 학습자와의 수행에 대한 비교 정보가 능력에 대한 자기 판단의 기 준이 된다.

한편, 공부를 게을리하거나 집중하지 않는 것, 과제를 지연시키는 것 등과 같은 부정적 학습에 대해 설명하기 위해 목표지향성을 숙달접근, 숙달회피, 그리고 수행접근과 수행회피 목표로 구분하기도 한다(〈표 5-4〉 참조). 수행회 피지향적 학습자들은 친구나 교수자로부터 부정적 반응을 받는 것을 두려워 하고 너무 쉬운 질문을 하지 않으려 하며, 학교 성적이 저조할까 봐 우려한다. 그러나 숙달회피지향의 학습자는 자신의 능력이나 기술을 잃지 않으려고 또 는 학습한 내용을 잊지 않으려고 최소한의 공부를 하려고 한다. 오류를 범하 는 것을 피하고자 하고 완벽하게 학습하지 못할 것을 두려워한다.

| 표 5-4 | 숙달목표와 수행목표의 접근과 회피 |

목표지향	접근 지향	회피 지향
숙달	• 초점: 과제, 학습, 이해를 완전히 숙달하고자 함 • 활용 기준: 자기 개선, 발전, 깊은 이해	• 초점: 오류를 범하는 것을 피하고자 함. 과제 숙달의 실패나 학습부진을 기피함 • 활용 기준: 과거 수행, 완벽주의, 상상하는 최선, 과거의 최선(예: '나는 예전에 비해 나빠지는 것을 피해야만 해.')
수행	• 초점: 타인에 비해 우월하고 싶고 이기고 싶은 것 • 활용 기준: 규준적-최고점수를 받는 것, 경쟁에서 이기는 것, 1등이 되는 것	• 초점: 능력이 낮다는 것을 드러내고 싶지 않음, 무능하게 보이고 싶지 않음. 지고 싶지 않음 • 활용 기준: 규준적-꼴찌는 하지 않는 것, 최하점수는 받지 않는 것

출처: Pintrich (2000).

2) 목표의 특성과 동기와의 관련성

구체적이고 정교하며, 적절히 어려우나 단기간에 도달가능한 목표는 동기와 인내심을 증진시키는 경향이 있다. 이러한 목표들은 수행을 판단할 수 있는 뚜렷한 기준을 제공하고 빠르게 결과에 도달할 수 있기 때문에 단순히 '최선을 다하자.'라는 목표보다 훨씬 더 효과적이다. 적절히 어려운 목표는 도전감을 주며, 빠르게 도달할 수 있는 목표는 지연을 막을 수 있다. 따라서 장기 과제를 단기 과제로 나누면 학습동기를 높이는 데 도움이 될 수 있다. 목표와 자기효능감은 서로 나선형으로 영향을 준다. 즉, 도달할 수 있는 목표를 설정하는 것이 자기효능감을 가져올 수 있고 높은 자기효능감을 가지게 된 학습자들은 더 높은 수준의 목표를 설정하고자 하고 그러한 목표를 완수하면 다시 자기효능감을 높일 수 있다.

목표설정이 학습에 효과를 주려면 세 가지의 요인이 부가적으로 필요하다. 첫째, 피드백이다. 지금 나의 상태와 내가 원하는 상태 간의 간극을 인지하는 것이 학습 동기화에 도움이 된다. 그러나 학습자의 부족함을 지적하는 피드백보다는 진전을 보여 주고 앞으로의 성장가능성을 강조하는 피드백이 효과적이다. 이때 학습자의 과제에 대한 자기효능감과 인내심이 증진되기 때문이다(Bandura, 1997). 둘째, 목표의 구조화이다. 목표가 협동적, 경쟁적, 개별적으로 구조화되어 있느냐에 따라 동기에 영향을 미친다. 〈표 5-5〉에는 목표구조화의 정의, 사례 그리고 예상되는 결과를 제시하였다. 셋째, 목표에 대한 헌신이다. 목표에 대한 헌신이 클 때 수행 정도는 가장 높아진다. 학습자가 목표에 대해 가치를 느끼고 최선을 다하도록 촉진할 때 학습결과가 제고될 수 있다.

표 5-5 목표의 구조화와 결과

목표 구조화	정의	사례	예상되는 결과
협동적	학습자들은 동료가 목표를 달성할 수 있을 때 비로소 그들의 목표가 달성될 수 있다고 믿는다.	• 팀 스포츠 • 릴레이 경주 • 오케스트라 • 연극	• 사회적 소속감 • 긍정적 동료 관계 • 향상된 성적 • 행동적 문제의 감소 • 과제 가치, 흥미를 높임 • 집단 효능감 • 사회적 신뢰
경쟁적	학습자들은 다른 학습자가 목표에 도달하지 못할 때 그들의 목표를 달성할 수 있다고 믿는다.	• 단식 테니스 경기 • 말하기 대회 • 대학 장학금	• 외재적 동기 • 사회적 배제 • 부정적 집단간 역동 • 스트레스, 부정적 정서 • 소외 • 수행 목표
개별적	학습자들은 자신의 목표 달성이 타인의 목표 달성 노력과 아무런 관련이 없다고 믿는다.	• 피트니스 목표 • 새로운 언어 학습 • 박물관 즐기기 • 체중 감소/증량 • 금연	• 내재적 동기 • 흥미 • 가치 • 숙달 경험

출처: Woolfolk (2016).

3) 교육에의 시사점

　목표지향성은 학습자의 경험과 성장발달에 따라 변화한다. 또한 학급의 문화, 혹은 교실의 목표 구조나 교수자의 교수 방법을 통해 학습자의 목표지향성은 달라질 수 있다. 목표지향이론의 시사점 중 하나는 교실의 목표지향성이 학습자의 목표지향성에 영향을 미칠 수 있다는 것이다(Ames, 1992). 예를 들어, 학습자가 지향하는 숙달목표가 교수자나 교실에서 가치있는 것으로 인식된다면 학습에 있어서 고차적 인지전략(예: 정보처리 전략, 계획 수립, 모니터링 등)을 더 많이 사용하는 경향성을 보이게 될 것이다. 자신의 목표 지향성과 교실의 목표 지향성이 일치하면 학습자들은 심리적 안녕감을 갖게 된다. 학습자들이 인지하는 교실의 목표지향성은 학습자들의 학업 효능감과 강한 관련성을 가진다. 따라서 교수자는 학급에서 수행지향보다는 숙달지향의 목표를 강조하고, 학습자 간 능력과 성과를 비교하기보다는 학습자들의 노력과 학습에 대한 숙달 여부가 가치있다는 점을 강조해야 한다. 학습과정에서의 실수나 오류는 당연한 것으로 간주하고 불필요한 불안감을 유발하지 않도록 주의해야 한다. 교실에서 사용하는 평가는 규준지향평가보다는 준거지향평가를 사용하고, 준거목표를 평가기준으로 삼아 학습자의 향상정도를 평가하며, 과제의 가치를 숙달과 학습의 관점에서 전달하는 것이 좋다. 특히 소수에게만 좋은 점수를 부여하는 교실은 학습자들의 가치가 오로지 학업성취로만 결정된다는 인식을 형성하여 학습자들이 숙달지향적 목표를 갖지 못하게 한다. 숙달지향의 교실에서는 학습자들이 수행회피나 자기장애전략(self-handicapping strategy)[1]을 사용할 기회가 적어진다. 교수자가 학습자를 지지하는 언어와 행동을 보일수록 학습자들의 학업지연 행동이 감소하는 경향을 보였다(Corkin et al., 2014).

---

[1] 자기장애전략이란 실패가 예상될 때 일부러 지연하거나 최선을 다하지 않아 자기를 보호하는 전략을 말한다.

자기결정성 이론에 따르면, 통제적 환경보다는 도움과 지원을 제공하며 학습자들의 감정과 태도를 이해하는 환경에서 학습자들의 행동에 대한 자기결정성이 증대된다(Deci & Ryan, 1985). 학습자들의 자기결정성을 높일 수 있는 전략은 다음과 같다.

- 학습자의 내적 자원(느낌, 생각 등)을 자유롭게 표현하도록 격려하고 그 자원을 수업에 활용한다.
- 학습자의 경험을 연결하여 과제나 학습활동의 가치를 설명한다.
- 문제행동을 다룰 때는 학습자 스스로 문제임을 인식할 수 있도록 돕고, 지시적 · 통제적 언어를 사용하지 않는다.
- 도전적 과제를 수행할 때는 학습자에게 충분한 시간을 제공하고 수행과정을 지켜봐 준다.
- 학습자의 수준에 따른 다양한 과제를 제시하고 학습자들에게 선택할 수 있도록 한다.
- 비교에 의한 평가가 아닌 준거에 의한 평가를 한다.
- 개선을 위한 기회를 제공하고 학습자의 실수를 학습의 일부분으로 간주하도록 격려한다.

📖 참고문헌

Ames, C. (1992). Classrooms: Goals, structures, and student motivation. *Journal of Educational Psychology, 84*(3), 261.

Woolfolk, A. (2016). *Educational psychology*. Pearson.

Bandura, A. (1997). Theoretical perspectives. *Self-Efficacy the Exercise of Control*, 31–35.

Brophy, J. (2004). *Motivating students to learn*. Routledge.

Corkin, D. M., Shirley, L. Y., Wolters, C. A., & Wiesner, M. (2014). The role of the college classroom climate on academic procrastination. *Learning and Individual Differences, 32*, 294–303.

Deci, E. L., & Ryan, R. M. (1985). The general causality orientations scale: Self-determination in personality. *Journal of Research in Personality, 19*(2), 109–134.

Dweck, C. S. (2002). The development of ability conceptions. *Development of Achievement Motivation*, 57–88.

Gredler, M. E. (1997). Learning and instruction. *Theory into Practice, 3*, 548–557.

Johnson, D. W., & Johnson, R. T. (1999). Making cooperative learning work. *Theory into Practice, 38*(2), 67–73.

Locke, E. A., & Latham, G. P. (2002). Building a practically useful theory of goal setting and task motivation: A 35–year odyssey. *American Psychologist, 57*(9), 705.

Maslow, A. (1970). Consumer's Motivation. *Hierarchy of needs*, 124–131.

Niemiec, C. P., & Ryan, R. M. (2009). Autonomy, competence, and relatedness in the classroom: Applying self–determination theory to educational practice. *Theory and Research in Education, 7*(2), 133–144.

Ntoumanis, N., Pensgaard, A. M., Martin, C., & Pipe, K. (2004). An idiographic analysis of amotivation in compulsory school physical education. *Journal of Sport and Exercise Psychology, 26*(2), 197–214.

Pintrich, P. R. (2000). An achievement goal theory perspective on issues in motivation terminology, theory, and research. *Contemporary Educational Psychology, 25*, 92–104.

Pintrich, P. R. (2003). A motivational science perspective on the role of student motivation in learning and teaching contexts. *Journal of Educational Psychology, 95*(4), 667.

Raffini, J. P. (1996). *150 ways to increase intrinsic motivation in the classroom.* Allyn & Bacon.

Roseth, C. J., Johnson, D. W., & Johnson, R. T. (2008). Promoting early adolescents' achievement and peer relationships: the effects of cooperative, competitive, and individualistic goal structures. *Psychological Bulletin, 134*(2), 223.

Ryan, R. M., & Deci, E. L. (2000). Intrinsic and extrinsic motivations: Classic definitions and new directions. *Contemporary Educational Psychology, 25*(1), 54–67.

Schunk, D. H. (1995). Self-efficacy, motivation, and performance. *Journal of Applied Sport Psychology, 7*(2), 112–137.

Van Ryzin, M. J., & Roseth, C. J. (2018). Cooperative learning in middle school: A means to improve peer relations and reduce victimization, bullying, and related outcomes. *Journal of Educational Psychology, 110*(8), 1192.

Weiner, B. (1985). An attributional theory of achievement motivation and emotion. *Psychological Review, 92*(4), 548.

Wigfield, A., & Eccles, J. S. (2002). The development of competence beliefs, expectancies for success, and achievement values from childhood through adolescence. *Development of Achievement Motivation*, 91–120.

Zimmerman, B. J. (2000). *Attaining self-regulation: A social cognitive perspective.* In Handbook of self-regulation (pp. 13–39). Academic press.

제**6**장

동기 이론 (2)

학습동기는 무엇을, 언제, 어떻게 배우는지에 영향을 미치고(Schunk, 1995) 학습의 시작과 지속을 유발하는 매우 중요한 요인이다. 학습과 관련한 학습자의 인지적 측면에만 초점을 맞추었던 과거와 달리 최근에는 학습자의 정의적인 측면, 특히 학습자의 학습동기의 역할과 영향력에 더욱 주목하고 있다. 학습동기는 주어진 학습과제에 대해 학습자가 어떤 가치를 가지느냐, 자신이 과연 그 학습과제를 잘 수행할 수 있을 것인지에 대한 믿음이 있느냐, 그리고 과거의 성취나 실패의 원인을 어디에 두고 또 어떻게 해석하느냐에 따라 달라질 수 있다.

이 장에서는 학습동기의 이러한 특성을 기대가치이론과 귀인이론이 어떻게 설명하고 있는지 살펴보고자 한다. 나아가 이러한 이론에 근거하여 학습자의 학습동기를 진작시키기 위한 교실에의 시사점을 살펴보고자 한다. 동기이론은 본질적으로 동기의 특성과 동기화의 조건, 동기 상태 등을 설명하는 기술적 이론이다. 이러한 기술적 동기이론에 근거하여 학습자의 동기를 유발,

유지할 수 있는 수업을 어떻게 설계할 수 있을지에 대한 처방적 이론이 제안되었다. 켈러(Keller)의 ARCS 수업설계이론은 기대가치이론을 기반으로 학습동기를 이해하고 동기진작을 위한 수업설계전략을 체계적으로 제시하고 있다. 특히 학습자의 주의, 관련성, 자신감, 만족감을 높이기 위한 구체적인 수업전략을 제안한다.

1. 기대 · 가치 이론

1) 주요 개념

학습자들은 특정 과제가 주어졌을 때 그 과제에 대한 자신들의 흥미, 가치, 과제를 성공적으로 수행할 수 있는 자신의 능력에 대한 판단을 하게 된다. 학습동기는 학습자가 학습과제 수행을 위해 필요한 자신의 능력과 신념에 대한 판단인 '기대(expectancy)'와 해당 과제에 참여함으로써 얻는 '가치(value)'를 어떻게 가지고 있느냐에 따라 달라진다. 기대는 개인의 능력에 대한 자기 개념이며 자기효능감이라 말할 수 있다. 과제에 대한 가치와 기대를 결정하는 것은 학습자 자신의 정서적 기억과 목표, 일반적인 자기 도식(자신에 대한 신념)이다(Wigfield & Eccles, 2002). 정서적 기억은 이전에 수행한 유사한 과제에 대해 가지고 있었던 반응을 떠올리게 되면서 활성화된다. 자신이 과제의 성공적 수행을 위해 필요한 능력을 가지지 못했다고 판단한다면 그 과제를 선택하려 하지 않을 것이다. 가치는 과제가 주는 즐거움, 도전감, 그리고 그것을 완수했을 때 느끼는 성취감, 보상 등과 관련되어 있다. 기대 · 가치 이론 (expectancy value theory)에서 기대와 가치는 학습자들이 미래에 선택할 행동, 참여 여부, 지속성, 성취도를 예측하는 데 중요한 요소이다. 과제에 대한 자신감이 있음에도 불구하고 과제에 대해 가치를 느끼지 못한다면 과제를 선택하지 않을 것이고, 과제에 대해 가치와 흥미를 느낀다고 하더라도 자신감이 없다면 과제를 수행하려 하지 않을 것이다. 따라서 특정 과제에 대한 학습자들의 기대와 가치를 이해하는 것은 학습자의 현재 행동을 이해하고 미래 행동을 예측하는 데 매우 중요하다.

에클스와 위그필드(Eccles & Wigfield, 2002)는 과제 수행을 위해 학습자들이 지불해야 하는 비용(예: 시간, 노력, 자원, 정서 등)을 함께 고려해야 학습동기를 제대로 이해할 수 있다고 제안하였다. "과제를 하기 위해 필요한 에너지, 노력이 얼마나 되는가?" "실패할 경우 위험은 무엇인가?" "다른 사람들은 어떻게 생각할까?" 등의 질문들이 학습자들이 예상하는 비용이라 할 수 있다. 즉, 이러한 비용 대비 과제 수행의 가치에 대한 판단이 학습동기에 영향을 미친다는 것이다. 과제수행을 위해 학습자가 투자할 비용이 가치가 낮거나 없다고 느낄 경우, 동기 수준이 낮아지게 된다.

레빈(Lewin)은 포부 수준(level of aspiration)이라는 개념을 제안하고 이것이 기대와 가치를 통합하여 인간의 인지적 의사결정 과정을 설명할 수 있다고 보았다(Lewin et al., 1944). 포부 수준은 스스로 설정한 목표 혹은 기준이며, 이는 과제에 대한 과거 경험과 친숙도에 따라 설정된다. 과거의 성공 경험은 포부 수준을 높이나 실패 경험은 포부 수준을 낮추게 된다. 여기에는 개인차와 집단차 모두가 존재하는데, 우수한 능력의 학습자가 포부 수준을 상대적으로 높게 설정하는 경향이 있고, 집단의 목표나 수행 수준에 따라 자신들의 포부 수준을 조절하기도 한다(Weiner, 1985). 즉, 상위 집단에 배정받은 학습자가 그 집단의 수행 수준이나 목표를 보고 자신의 포부 수준을 상향 조정할 때 집단이 개인의 포부 수준에 영향을 미치는 경우이다. 그러나 포부 수준이라는 개념은 동기의 한 변인에 지나치게 집중하여 개인적 능력, 가치, 기대 등과 같은 다른 인지적 변인들의 영향을 고려하지 못하고 있다는 비판을 받고 있다.

앳킨슨(Atkinson, 1957)은 성취동기모형에서 성공을 추구하고 실패를 피하려는 개인의 성향을 핵심적인 동기 요인으로 보고, 개인의 행동(behavior)은 동기(motives), 성공가능성(probability for success), 유인가치(incentive value) 등 세 가지 요소의 함수로 나타난다고 주장하였다.

> 행동 = 동기 × 성공가능성 × 유인가치

  앳킨슨의 이론에서 제시된 동기의 세 번째 구성요소인 유인가치 요소의 측면에서 보면, 너무 쉬운 과제는 유인가치가 낮아 성공을 했더라도 자부심을 가져다 주지 못한다. 어렵지만 노력하면 가능한 과제들은 성공했을 때 더 높은 자부심과 자기 가치를 가져다주므로 유인가치가 높다. 즉, 유인가치는 과제의 난이도와 비례하는 경향이 있으나 과제에 대한 동기는 과제 난이도 수준이 중간 정도일 때 가장 높다는 연구결과가 지배적이다.

  한편, 과제에 대한 가치는 학습자의 이전 성취에 대한 경험과 해석의 영향을 받는다. 기대는 보다 구체적으로 능력신념과 노력신념으로 나눌 수 있고, 가치는 획득가치, 내재적 가치, 활용가치, 비용 등으로 구성된다. 획득가치는 특정 과제의 수행이 중요한지에 대한 인식과 관련이 있고, 내재적 가치는 과제에 대한 학습자의 흥미, 즐거움과 관련된다. 활용가치는 교과목과 과제가 학습자에게 얼마나 유용한가에 대한 인식이고, 비용은 다른 것 대신 이 과제를 선택하는 정도와 관련이 있다.

2) 교육에의 시사점

  첫째, 과제나 활동을 제시하기 전에 학습자들의 사전 지식과 기술을 파악하는 것이 필요하다. 학습자의 수준에 대한 잘못된 가정으로 수업을 시작하게 되면 학습자에게 과하게 어려운 과제를 제시하여 성취 수준과 동기를 낮출 수 있다. 학습자가 과제에 대해 성공 경험을 갖게 하고 자기효능감을 갖추도록 기회를 먼저 제공하고 현실적인 피드백을 통해 학습과정을 스캐폴딩하면 좋다. 둘째, 과제가 학습자의 학습이나 진로에 어떤 관련이 있는지 설명해주어야 한다. 셋째, 학습자에게 과제를 선택할 수 있는 권한을 부여한다. 더불어 학습자가 즐거워할 만한 활동을 포함한다. 넷째, 실제적 과제를 통해 활용가능성을 인식하도록 한다. 마지막으로, 과제 수행에 들어가는 비용이 불가피할 수밖에 없는 상황의 실제 사례를 설명해 준다(Wigfield & Eccles, 2002).

2. 신념과 자기개념

1) 귀인이론

(1) 주요 개념

귀인이론(attrition theory)은 과거 과제 수행에서의 경험, 결과의 원인에 대한 개인의 해석이 학습동기에 영향을 미친다는 이론이다. 귀인(attrition)이란 결과의 원인을 찾는다는 뜻이다. 과거의 행동이나 사건의 원인을 무엇에서 찾느냐에 따라 후속 행동이 달라지기 때문에 학습자 개개인의 귀인 방식을 이해하는 것이 학습동기 제고에 중요하다(Weiner, 1985).

학습자는 학습을 마치면 자신의 수행 결과를 평가하고 성공이나 실패의 원인을 찾아보게 된다. 주로 원인에 대한 탐구 과정은 성공을 기대했는데 실패한 경우, 예상하지 못했던 결과가 나왔을 경우에 주로 시작된다. 학습자의 귀인에는 개인의 과거 경험, 사회적 기준, 타인의 수행 등을 사용하게 되고, 결과에 대한 원인은 다양한 곳에서 찾을 수 있다. 학업실패의 경우 노력의 부족, 능력의 부족, 부적절한 학습전략 활용, 운, 교수자의 편견, 동료들의 영향 등으로 귀인할 수 있다. 일반적으로 성공과 실패에 대한 대표적인 귀인 유형은 개인의 능력, 노력, 과제의 난이도, 운, 타인으로 나눠 볼 수 있고, 각 유형마다 원인의 소재(locus, location of the cause), 안정성(stability), 통제가능성(controllability)의 측면에서 특성이 다르다(Weiner, 1992). 원인의 소재는 학습자 내부, 외부에 있는지에 따라, 안정성은 지속적이고 비교적 변하지 않는 특징인지 아니면 계속 변화할 수 있는 특징인지에 따라 그리고 통제가능성은 개인이 이를 통제할 수 있느냐 없느냐에 따른 특성으로 분류할 수 있다. 각 귀인

마다 학습자들에게 가져오는 정서가 달라지는데 유능감, 무능감, 자부심, 죄
책감 등이다. 〈표 6-1〉은 귀인의 유형과 특성, 그리고 그러한 귀인이 학습자
에게 미치는 영향을 제시하고 있다.

표 6-1 귀인의 유형과 특성 및 결과

귀인 유형	특성	결과
능력	내부 안정 통제 불가능	• 유능감, 무능감 • 동일한 결과가 다시 일어날 것으로 기대 • 성공할 경우 자부심 증가, 실패의 경우 수치심, 체념, 반감 증가
노력	내부 불안정 통제 가능	• 성공할 경우 자부심이 생기고, 실패할 경우 죄책감이 생김 • 성공할 것이라는 기대가 감소하지 않음
과제 난이도	외부 안정 통제 불가능	• 성공할 경우에 자존감이 증가하지 않음 • 동일한 결과가 다시 일어날 것으로 기대 • 실패의 경우 우울하고 좌절감을 느낌
운	외부 불안정 통제 불가능	• 자아 개념이 변하지 않음 • 성공할 것이라는 기대가 감소하지 않음 • 성공이나 실패했을 경우 놀라게 됨
타인	외부 안정 통제 불가능	• 자아개념이 변하지 않음 • 성공할 것이라는 기대가 감소하지 않음 • 도움이 된 경우 감사하나, 방해가 된 경우 화가 남

출처: Gredler (1997).

　선행연구에 따르면, 안정성 차원만이 미래의 목표 기대에 영향을 미친다
고 보고 있다(Gredler, 1997). 예를 들어, 특정 과목에서의 성공을 안정적 요인
인 능력으로 귀인하게 된다면 미래에도 학업에 성공할 가능성이 크다는 것
이다. 마찬가지로 실패를 능력으로 귀인할 경우, 후속 과제에서 실패할 것으
로 기대하고 성공할 능력이 없다고 믿을 가능성이 크다(Weiner, 1985). 따라
서 능력에 대한 신념과 귀인이 학습동기에 많은 영향을 끼친다. 드웩(Dweck,

1986)은 이에 대해 능력을 안정적이고 고정적인 것으로 보는 고정 마인드셋 (fixed mindset), 반대로 불안정적이고 성장가능한 것으로 보는 성장 마인드셋 (growth mindset)으로 구분하고, 후자가 학습동기에 긍정적인 영향을 미친다는 것을 주장하였다.

정서적 반응과 관련한 선행연구 결과에서 수치심과 연관된 정서(예: 불명예, 굴욕 등)는 능력 부족 귀인과 연관되며, 죄책감은 노력 부족과 관련된 것으로 나타났다. 죄책감은 목표지향적 행동을 유발하나, 수치심은 과제를 오히려 회피하도록 만든다(Graham & Weiner, 1996). 즉, 안정적인 것으로부터 오는 감정은 부정적 영향을 오래 미칠 수 있지만, 노력 부족과 같은 불안정적 요인으로 발생하는 감정은 미래에까지 영향을 미치지는 않게 된다.

(2) 교육에의 시사점

학습자의 귀인이 고착되기 전에 재훈련 프로그램을 통해 긍정적인 귀인으로 변화시킬 수 있다. 귀인 재훈련 프로그램은 학업의 실패를 능력의 부족으로 귀인하는 성향을 바꾸어 노력 부족으로 귀인하도록 고안된 것이다. 이때 성공과 실패의 상황을 모두 다루어야 효과적인데, 실패는 개인의 노력으로 통제할 수 있다고 귀인하도록 하며 이때 위험을 감수할 수 있는 환경, 지원, 도전할 만한 과제, 학습 지향적 분위기 등을 조성해야 한다(Dweck, 1986).

긍정적이고 적극적인 학습환경개발을 위해 사용할 수 있는 전략은 다음과 같다.

단계 1: 학습과정이나 전략의 관점에서 교실 목표 재구성

• 흥미를 고취시킬 수 있는 과제 구성

단계 2: 적절한 평가방법 확인

• 학습자의 능력이 아니라 노력의 결과에 대한 지속적 보상 제공
• 우수 과제만이 아니라 학습자들의 모든 과제 전시
• 학습자들의 배움을 시연할 수 있는 다양한 기회 제공

단계 3: 학습자 간 경쟁을 줄이고 노력을 촉진하는 교실 활동 설계

- 의사결정을 향상시키기 위한 과제
- 소집단 활동을 통해 학습의 협동적 본질 향상
- 노력과 학습전략을 향상시키기 위한 활동

단계 4: 적절한 귀인 메시지를 전달할 수 있는 언어적 피드백 개발

- 과제의 성공적 수행은 물론 적절한 전략을 사용한 것이나 끝까지 완수한 것도 칭찬하기
- 성공적으로 수행하지 못한 것에 동정하기 보다는 건설적 피드백 제공하기
- 학습에 책임을 지도록 격려하기

2) 마인드셋

(1) 주요 개념

마인드셋(mindset)은 지능 혹은 능력에 대한 개인의 신념이며, 이것들이 노력을 통해 변할 수 있는지에 대한 내면화된 생각으로 양극단의 연속선으로 표현될 수 있다(Dweck, 1986). 개인이 자신의 지능에 대해 가지는 신념은 학습동기와 학습과정 전반에 걸쳐 큰 영향을 미친다. 학습자가 어떤 마인드셋을 가지고 있느냐에 따라 설정하는 목표와 학습행동에 차이를 보인다. 지능이나 능력이 타고나며 변하지 않는다고 믿는 고정 마인드셋을 가진 학습자는 주로 수행목표를 추구하고 도전이나 실패를 회피하려 하며, 사회적 비교를 통해 자존심을 지키고자 한다. 과정보다는 성공을 중시하고 성공하지 못하면 노력 자체에는 의미가 없는 것으로 느낀다. 반면, 지능이 변화한다고 믿는 성장 마인드셋을 가진 학습자는 주로 숙달목표를 추구하고 실패 상황에서도 포기하지 않고 다시 도전하는 태도를 보인다(Dweck, 1986). 결과보다도 노력한 과정에 더 의의를 둔다. 특히 성장 마인드셋은 학습 동기와 학업 성취에 유의한 영향을 미친다.

학습자의 마인드셋은 자기조절에 유의한 영향을 미치는데, 성장 마인드셋

은 자기조절을 촉진하나 고정 마인드셋은 자기조절을 방해한다. 마인드셋에 대한 정의를 내리고 여러 연구를 진행한 드웩(Dweck, 1986)은 성장 마인드셋을 가진 학습자와 고정 마인드셋을 가진 학습자들은 학업에서 목표지향성, 노력에 대한 신념, 실패귀인, 학습전략, 선호하는 과제난이도, 장애물에 대한 태도 등 자기조절과 관련한 여러 측면에서 현저한 차이를 보인다고 주장하였다.

성장 마인드셋을 가진 학습자는 자발적 동기부여로 학업적 성취를 이루고 다시 배움에 대한 더 큰 내재적 동기를 갖게 된다. 이들은 고정 마인드셋을 가진 학습자들에 비해 학업에 대해 더 즐겁게 느끼고, 성취도가 향상되며, 배움과 학교생활을 소중히 여기는 마음이 더 깊은 것으로 나타났다(Aronson, Fried, & Good, 2002).

표 6-2 마인드셋, 목표, 학습에 대한 태도

구분	고정 마인드셋	성장 마인드셋
지능에 대한 생각	• 지능은 타고 나는 것이며 변하지 않는다.	• 지능은 열심히 노력하면 높아질 수 있다.
목표	• 타인과의 비교에서 더 잘 평가되기 위해 행동(수행목표) • 유능함을 보이는 데 우선순위를 둠	• 어떤 과제의 내용을 숙달하기 위해 행동(숙달목표)
도전에 대한 태도	• 도전 거부	• 새로운 도전 시도
실패에 대한 반응	• 실패 상황에서 멈춤 • 실패시 좌절감, 수치심, 불안감	• 실패 상황에서 다시 도전 • 실패를 피드백의 기회로 활용
추구하는 기회	• 사회적 비교를 통해 자존심을 강화할 기회 추구	• 더 많이 배울 기회 추구
학습 양상	• 정보 조각을 개별적으로 학습하는 데 집중 • 즉각적 인출, 회상에는 효과적 • 개념 학습과 장기 기억 약화 • 보통 낮은 성취 결과	• 노력을 기울이려는 강한 의지 • 학습에 고차적 인지 기술을 활용하고자 함 • 새로운 지식을 기존 지식과 연결시키는 데 집중 • 심층학습, 장기적 기억, 파지

출처: HPL (2020), p. 166.

미국 교육부에서는 그릿(Grit)을 21세기 핵심역량으로 지정하고 이를 육성하기 위한 방안을 모색하고 있다. 그릿이란 성장(Growth), 회복력(Resilience), 내적동기(Intrinsic motivation), 끈기(Tenacity)의 첫 글자를 활용하여 개념화한 성격적 특성을 말한다(Duckworth, 2016). 그릿은 장기적인 목표를 이루기 위한 인내심과 열정으로 어려움 속에서도 포기하지 않고 꾸준히 도전하는 노력을 의미한다. 한편, 여리 연구들은 그릿과 성장 마인드셋 간의 유의한 상관관계가 있음을 보고하고 있다. 즉, 성장 마인드셋을 가진 학습자들이 그릿이 높았기에 여러 교육현장에서 성장 마인드셋을 높일 수 있는 교육이 활발히 진행되고 있다.

(2) 교육에의 시사점

학습부진 학습자들을 대상으로 성장 마인드셋을 가지게 하기 위한 학습코칭 프로그램을 진행한 결과 코칭을 통해 성장 마인드셋이 유의하게 높아진 것으로 나타났다(조진숙, 탁진국, 2018). 프로그램은 성장 마인드셋을 이해하는 회기, 성장 마인드셋을 활용하는 실습, 자신의 강점을 인식하고, 학습전략을 배우며 목표와 실행계획을 점검하고 다시 수립하는 등의 내용으로 진행된 중장기 코칭이었다. 이러한 프로그램을 통해 내재적 학습동기가 증가하였고, 자기효능감 역시 증가하였다. 학습부진 학습자들은 대개 고정 마인드셋을 가지고 있는 경우가 많은데 이를 의도적인 프로그램을 통해 성장 마인드셋으로 전환하는 것이 가능하다는 것을 알 수 있다.

엘리트 학생 선수의 성장 마인드셋은 운동의 열의를 향상시키고 이는 곧 경기력을 향상시킨다는 연구결과가 있다(안효연, 소영호, 2021). 높은 성장 마인드셋을 가진 운동선수는 성공적인 경기를 위한 여러 대처 행동에도 긍정적인 영향을 미친다. 교실에서는 교수자가 어떤 마인드셋을 가지고 있느냐에 따라 학습자의 마인드셋이 달라질 수 있다. 따라서 학습자와의 상호작용, 학업성취에 대한 피드백, 평가에서 성장 마인드셋을 의사소통하고 있는지에 대한 점검이 필요하다. 학업적 실패에 대해 의사소통할 때 실패의 원인이 되는 문제를 노력을 통해 해결할 수 있음을 강조하고, 실패 상황을 개선하기 위한 새로운 전략을 탐색하도록 촉진하고 격려해야 한다.

3. 학습동기설계를 위한 ARCS 모형

학습동기는 학업성취에 영향을 주는 매우 중요한 변인이다. 켈러(Keller, 1987)는 수업설계를 통해 동기를 유발 · 유지할 수 있도록 하는 ARCS 모형을 제안하였다. 기대가치 이론에 근거한 학습동기설계 원리로 주의집중(Attention), 관련성(Relevance), 자신감(Confidence), 만족감(Satisfaction)의 네 가지 요소를 중심으로 구체적인 수업설계 전략을 제시하고 있다. 첫째, 학습동기가 유발되기 위해서는 우선 학습자가 수업이 이루어지는 상황과 내용에 주의를 기울여야 한다. 주의집중은 지각적 수준과 인식적 수준에서 환기될 수 있다. 둘째, 관련성은 주어진 학습과제가 결과의 측면에서 자신에게 도움이 된다고 생각할 때 학습자가 느끼는 것이고 과정의 측면에서 과제 수행의 욕구를 충족시킨다면 동기화될 수 있다는 것이다. 셋째, 자신감은 주어진 과제를 자신이 해낼 수 있다는 믿음이 있을 때, 또한 과정을 스스로 조절할 수 있고, 결과가 좋을 것이라고 기대할 수 있을 때 생긴다. 마지막으로, 만족감은 학업수행과 결과에 대한 내적 보상과 외적 보상으로 인해 동기화가 될 수 있다. 켈러의 ARCS 모형에서 제시한 동기설계 이론에서 제시하는 전략들을 요소별로 요약하면 〈표 6-3〉과 같다.

표 6-3   ARCS 전략

동기요소		동기유발전략
주의	A1. 지각적 주의 환기	• 시청각 매체의 활용 • 비일상적 내용이나 사건 제시 • 주의 분산 자극 지양
	A2. 탐구적(인식적) 주의 환기	• 능동적 반응 유도 • 문제해결 활동의 구상 장려 • 신비감 제공
	A3. 다양성	• 다양한 교수 방법 활용 • 일방적 수업과 상호작용 수업의 혼합 • 수업자료의 변화 추구 • 목표-내용-방법의 기능적 통합
관련성	R1. 친밀성	• 친밀한 인물 혹은 사건 활용 • 구체적이고 친숙한 그림 활용 • 친밀한 예문 및 배경 지식 활용
	R2. 목표지향성	• 실용성에 중점을 둔 목표 제시 • 목적지향적인 학습형태 활용 • 목적의 선택 가능성 부여
	R3. 필요나 동기와의 부합성	• 다양한 수준의 목적 제시 • 학업성취 기록 체제 활용 • 비경쟁적 학습상황 • 협동적 상호 학습상황 제시
자신감	C1. 학습의 필요조건 제시	• 수업의 목표와 구조 제시 • 평가 기준 및 피드백 제시 • 선수 학습 능력 판단 • 시험의 조건 확인
	C2. 성공의 기회 제시	• 쉬운 것에서 어려운 것으로 과제 제시 • 적정 수준의 난이도 유지 • 다양한 수준의 시작점 제공 • 무작위로 다양한 사건 제시 • 다양한 수준의 난이도 제공

동기요소		동기유발전략
	C3. 개인적 통제감	• 학습의 끝을 조절할 수 있는 기회 제공 • 학습 속도의 조절 가능 • 원하는 부분으로의 빠른 회귀 가능 • 선택 가능하고 다양한 과제와 난이도 제공 • 노력이나 능력에 성공 귀인
만족감	S1. 자연적 결과 강조	• 연습문제를 통한 적용 기회 제공 • 후속 학습상황을 통한 적용 기회 제공 • 모의 상황을 통한 적용 기회 제공
	S2. 긍정적 결과 강조	• 적절한 강화 계획 활용 • 의미있는 강화 제공 • 정답을 위한 보상 강조 • 외적 보상의 신중한 사용 • 선택적 보상 체제 활용
	S3. 공정성 강조	• 수업 목표와 내용의 일관성 유지 • 연습과 시험의 일관성 유지

출처: Keller (1987).

🔍 **생각해 볼 문제**

1. 주제나 과제에 대한 호기심과 흥미를 불러일으킬 수 있는 방법은 무엇이 있을까? 다음 질문을 생각해 보자.
   - 과제나 주제의 난이도를 어떻게 다루어야 하는가?
   - 학습자들을 동기화시키기 위해 교수자가 학습자에 대해 알아야 할 점들은 무엇인가?

2. 다음은 한 고등학교 과학 교실이 모습이다. 교수자는 방금 실험활동에 대한 안내를 마쳤다. 이 교실의 여러 학습자들의 모습을 살펴보자. 각 학습자들은 하나 혹은 몇 가지 동기와 관련된 어려움(선택, 시작하기, 참여, 지속, 생각, 감정)을 가지고 있다. 각 학습자들의 어려움이 어디서 비롯된 것인지 알아보고, 이러한 어려움을 어떻게 도와줄 수 있을지 생각해 보자.

> - **어찌해야 할지 모르는 남경이:** 평소에도 그랬듯이, 아직 과제를 시작조차 못하고 있다. 그러면서 계속 다음과 같이 말한다. "나 이해가 안 가, 이거 너무 어려워." 교수자가 질문한 것에 맞게 대답할 때도, "때려 맞춘건데, 사실 잘 몰라요."라고 한다. 남경이는 대부분의 수업시간을 교실을 두리번거리는 데 쓴다. 수업과는 점점 멀어지고 있다.
>
> - **안전지향 수완이:** 모든 단계에 대해 체크하고 완벽하고자 한다. 교수자가 기구 그림에 대해 보너스 점수를 준 적이 있는데, 그 이후부터 모든 실험시간에 그림을 그린다. 성적은 잘 받고 싶지만 과제나 시험에서 요구하지 않는 것에는 관심이 없다.
>
> - **만족하는 다윤이:** 이 프로젝트에 흥미를 보인다. 교수자보다도 이 주제에 대해 더 많이 알고 있다. 화학이나 실험에 대한 책을 굉장히 많이 읽는다. 그런데 다윤이의 성적은 'B-'에서 'C' 사이인데, 왜냐하면 과제를 제출하지 않기 때문이다. 그런데 다윤이는 자신의 성적에 만족한다.
>
> - **방어적인 호정이:** 실험 안내서를 가지고 오지 않아 다른 친구와 함께 보고 있다. 실험을 하는 척하지만 대부분은 장난치거나 다른 학습자들의 답을 따라하려고 한다. 시도하는 것을 두려워하는데 노력했는데도 실패할까 봐 두려워서이다. 호정이는 다른 아이들이 자기를 바보로 생각할까 봐 걱정이다.
>
> - **두려움 많은 민규:** 모든 과목에서 성적이 우수하다. 그런데 과학 시험을 볼 때만은 너무 긴장하여 교실에서 잘 대답했던 것조차 잊어버린다. 민규 부모는 둘 다 과학자이고 민규가 앞으로 과학자가 되길 기대하고 있다. 그러나 민규는 자신이 없다.
>
> 출처: Woolfolk & Usher (2022).

📖 참고문헌

안효연, 소영호(2021). 엘리트 학생선수의 성장 마인드셋과 인지된 경기력의 관계에 서 운동열의의 매개효과. 한국체육학회지, 60(6), 279-292.

조진숙, 탁진국(2018). 긍정심리기반 의사소통향상 코칭프로그램이 청소년의 의사소 통능력과 자기존중, 배려 · 소통, 자기조절에 미치는 영향. 한국심리학회지: 코칭, 2(2), 45-62.

Aronson, J., Fried, C. B., & Good, C. (2002). Reducing the effects of stereotype threat on African American college students by shaping theories of intelligence. *Journal of Experimental Social Psychology, 38*(2), 113-125.

Atkinson, J. W. (1957). Motivational determinants of risk taking behavior. *Psychological Review, 64*, 359-372.

Duckworth, A. (2019). *GRIT.* Scribner.

Dweck, C. S. (1986). Motivational processes affecting learning. *American Psychologist, 41*(10), 1040.

Eccles, J. S., & Wigfield, A. (2002). Motivational beliefs, values, and goals. *Annual Review of Psychology, 53*(1), 109-132.

Graham, S., & Weiner, B. (1996). Principles and theories of motivation. *Handbook of Educational Psychology*, 63-84.

Gredler, M. E. (1997). Learning and instruction. *Theory into Practice, 3*, 548-557.

Keller, J. M. (1987). Development and use of the ARCS model of instructional design. *Journal of Instructional Development, 10*(3), 2-10.

Lewin, K., Dembo, T., Festinger, L., & Sears, P. S. (1944). Level of aspiration. In J. M. Hundt (Ed.), *Personality and the behavior disorders* (pp. 333-378). Roland Press.

Weiner, B. (1985). An attributional theory of achievement motivation and emotion. *Psychological Review, 92*(4), 548.

Wigfield, A., & Eccles, J. S. (2002). The development of competence beliefs, expectancies for success, and achievement values from childhood through adolescence. *Development of Achievement Motivation*, 91-120.

Wookfolk, A., & Usher, E. L. (2022). *Educational Psychology* (15th ed.). Pearson.

≪ **제2부**

교수 · 학습 방법

제**7**장

개별화 수업

개별화 수업의 시작은 학습자들이 저마다 다른 특성을 가지고 있고 그러한 특성은 학습에 지대한 영향을 미치기에 획일적인 방법으로는 모든 학습자의 학업적 성공을 이끌어 내기 어렵다는 인식에서 비롯되었다. 현재의 학교는 여전히 대량 생산 시스템과 닮은 대량 교육 시스템으로 개별 학습자의 다양성을 존중하지 않고 학습과정과 성과에 대한 관리 역시 제대로 하지 못하고 있다(Holmes, Bialik, & Fadel, 2019). 최근 평균이라는 것의 허상이 깨지며 평균적인 존재는 당초 현실에 존재하지 않는다는 인식이 지배적이다(Rose, 2016). 따라서 집단에 속한 다수의 개별 학습자의 특성을 수렴한 평균에 맞춘 교육방법과 교육내용은 결국 교실 내 어느 학습자에게도 최적일 수 없다. 교수자는 각 학습자를 고유한 특성을 지닌 독특한 존재로 인식하고 배움을 최대한 촉진하기 위해서 학습자의 특성 분석에 기반한 개별화 수업을 설계할 수 있어야 한다. 최근 인공지능을 포함한 테크놀로지의 비약적 발전으로 인해 개별 학습자의 학습과정에 대한 면밀한 분석, 학습패턴에 대한 파악과 더불어 수행에 대한 예측이 가능해지면서 개별화 교육, 적응적 교육에 대한 실현가능성과 효과성에 대한 연구가 활발히 이루어지고 있다.

원래 개별화 수업(personalized instruction)은 도제학습이나 멘토링, 튜토리얼 등의 다양한 형태로 수백 년간 지속된 교수 · 학습 방법의 한 유형이다(Shemshack & Spector, 2020). 이미 20세기 중반 행동주의 학자인 스키너의 프로그램 수업(programmed instruction), 교수 기계(teaching machine)로 개별화 학습이 체계화되기도 하였고, 현재는 테크놀로지를 활용한 지능적 튜터링 시스템(Intelligent Tutoring System: ITS)의 형태로 구현되어 활용되고 있다. 2000년대 초반에 개별화 교육에 대한 연구가 급증하였는데, 이러한 배경에는 테크놀로지의 비약적 발전으로 인한 개별화 가능성에 대한 기대감이 있었다(Shemshack & Spector, 2020). 따라서 최근 개별화 수업에 대한 논의는 거의 대부분 테크놀로지와의 통합을 전제로 이루어지고 있고, 개별 학습자의 학습 스타일, 과목에 대한 지식 수준, 선호도, 사전지식 등을 분석하고 이를 반영한 적응적 학습 내용을 학습자들이 선택하고 속도도 조절할 수 있는 환경이 테크놀로지와의 통합을 통해 구현될 수 있다고 기대한다. 이 장에서는 개별화 수업의 학문적 정의와 역사, 개별화 수업 방법과 원리, 그리고 학교현장에서의 개별화 수업 사례를 살펴본다.

1. 개별화 수업의 개요

1) 정의와 역사

공교육제도가 확립되기 이전에 이루어졌던 교육방법(예: 서당교육, 가정교수자 튜터링, 소크라테스 문답법 등)은 대부분 개별화 교수법의 형태로 이루어졌다(김은주, 2020). 근대화, 산업화, 근대적 관리체제, 테일러리즘(Taylorism) 등의 영향을 받아 설립된 현재의 학교제도는 다수의 학습자들에게 동일한 교육의 목표, 내용, 방법, 평가를 시행하였고, 이러한 체계가 효율적이며 효과적이라고 간주되었다. 그러나 근대식 학교교육이 개별 학습자의 특성에 적절히 대응하지 못하고 교육에서 소외되는 학습자들을 양산한다는 비판이 제기된 20세기 초부터 개별화 학습에 대한 요구와 연구가 본격적으로 시작되었다. 1911년 행동주의자인 손다이크(Thorndike)가 『개별화(Individuality)』라는 저서를 통해 학교교육의 경직성과 획일성을 비판하였다. 1920년대 들어 개인차에 대한 다양한 연구를 기반으로 킬패트릭(Kilpatrick)의 프로젝트 방법, 미국의 위네카(Winnetka) 플랜, 달톤(Dalton) 플랜 등의 구체적인 개별화 교수 방법이 제안되었다(김은주, 2020). 킬패트릭이 제안한 프로젝트 방법은 개별 학습자의 관심과 목표를 프로젝트학습에 통합시키는 방식이고, 위네카 플랜은 미국 일리노이주 공립학교들이 각 단원마다 학습자들이 자신에 맞는 속도대로 공부할 수 있는 자료를 개발하여 개별학습과 집단학습으로 수업을 구성하였던 기획이다. 이어 1930년대에 수천 개의 학교로 확산된 달톤 플랜은 학습자의 요구, 흥미, 능력에 따라 개별화된 프로그램을 설계하고 운영하였다. 우리나라의 경우, 1980년대에 일어난 열린교육운동의 핵심에도 개별화 수업이 있었다.

개별화 수업은 차별화 수업(differentiated instruction), 맞춤형 수업(customized instruction), 적응적 수업(adaptive instruction), 개인화 수업(individualized instruction) 등 다양한 용어와 혼용되고 있다. 지금까지도 개별화 수업에 대한 뚜렷한 정의나 구성요소에 대한 합의는 학계에서 아직 이루어지지 않은 상태이다(Shemshack & Spector, 2020). 오랜 역사만큼이나 개별화에 대한 생각과 초점이 매우 다양하고 지속적으로 변화되었기 때문일 것이다. 그러나 개별화 수업에 대한 아이디어의 밑바탕에는 교육은 개별 학습자의 각기 다른 요구와 특성에 맞추어 적합한 속도와 방법으로 이루어질 때 효과적이라는 공통된 관점이 있다. 이 장에서는 개별화 수업을 개별 학습자의 학습과정을 촉진하고 성취도를 제고하기 위한 목적으로 개별 학습자의 다양한 특성에 부합하는 개별화된 수업맥락을 제공하는 수업의 형태로 폭넓게 정의한다.

한편, 개별화 수업은 국내외를 막론하고 최근 교육 비전을 밝히는 여러 백서에서 핵심적인 키워드이나 이를 실현시키기 위한 교육정책은 정작 구체적인 방향을 제시하지 못하고 있다. 우리나라의 경우 2023년 교육부의 핵심 추진과제로 "단 한 명도 놓치지 않는 개별 맞춤형 교육"을 설정하고 "기존 서책형교과서를 바탕으로 AI 기반 코스웨어(디지털 교과서)를 운영하여 학습데이터 분석결과를 교수자가 수업에 활용해 학습자별 최적화된 학습지원"을 2025년부터 실행하겠다고 밝히고 있다(교육부, 2023). 그러나 아직까지 무엇을, 어떻게, 무엇에 근거하여 개별화할 것인가에 대한 구체적인 안은 마련되지 않았다. 조금 앞서서 개별화 수업에 대한 계획을 수립한 미국의 경우도 무엇을 얼마나 또 어떻게 개별화할 것인가에 대해서는 각 학교에게 자율로 맡긴 상태이다(Kallio & Halverson, 2020). 미국 교육부(2017)는 국가 교육 기술 계획(National Education Technology Plan) 보고서에서 교육의 개별화를 다음과 같이 정의하였다.

> 개별화학습(personalized learning)은 학습의 속도와 교수적 접근이 각 학습자의 요구에 최적화되는 수업이다. 학습 목표, 수업전략, 수업내용이 학습자의 요구에 따라 달라질 수 있다. 이외에도 학습활동은 학습자에게 의미있고 적절하며, 이는 학습자의 흥미로부터 도출되거나 혹은 학습자 스스로 도출한다(p. 9).

학교현장에서 구현하고자 하는 개별화 수업은 수준별 수업이나 특수교육 대상 학습자만을 위한 수업에 국한되지 않는다. 또한 일대일이나 개인별 수업이 아니며, 다수의 학습자가 포함된 교실에서 다양한 학습자들의 강점과 요구에 대응하기 위해 다양한 수업전략을 균형있게 사용하는 수업이다. 즉, 개별화 수업은 학습자의 개인차를 최대한 고려하여 교실 수업을 실천하는 수업방법으로 볼 수 있다.

키이프(Keefe, 2007)는 지금까지 제안된 개별화 수업에 대한 정의, 특성의 공통점을 다음과 같이 정리하였다.

개별화는 …… 학교를 성공적으로 운영하기 위한 체계적인 조직화 과정이다. 학습자의 특성과 학습환경 간, 도전적인 것과 학습자의 현재 능력을 넘어서는 것 간의 균형을 맞추기 위한 시도이기도 하다. 개별화는 학습의 과정으로 학습자들이 스스로 역량과 포부에 대해 고민하고, 자신의 목표를 달성하기 위한 과정을 계획하며, 도전적 과제를 수행하기 위해 타인과 협력하고 탐구의 과정을 기록하며 평가 기준 대비 학습한 정도를 시연하고, 이 과정에서 성인 멘토, 안내자의 지원을 받게 된다(p. 221).

군이 개별화 수업이라고 칭하지 않더라도 교수자가 실행하는 매 수업에는 개별화의 요소가 어느 정도 포함되어 있다. 진단고사, 사전 학습 점검 등을 활용하여 해당 수업의 활동을 계획하거나, 정보를 다양한 학습자의 학습양식에 맞춘 다양한 방식으로 제시하거나, 활동이나 학습주제를 학습자가 선택하도록 허용하는 수업은 개별화 수업이라 볼 수 있다.

2) 개별화 수업을 위한 교수자의 마인드셋

개별화 수업은 교수자의 교육철학 혹은 마인드셋에 영향을 받을 수밖에 없기에 교수자는 학습자와 학습에 대한 다음과 같은 믿음과 생각을 가지고 있어야 한다(Gregory & Chapman, 2012).

- 모든 학습자는 저마다 강점 영역과 강화되어야 할 영역이 있다.
- 개별 학습자의 두뇌는 지문처럼 고유하다.
- 학습하기 늦은 때는 없다.
- 새로운 주제를 학습할 때 개별 학습자는 관련된 자신의 선행지식과 경험을 활용한다.
- 정서, 태도가 학습에 영향을 미친다.
- 모든 학습자는 학습이 가능하며, 서로 다른 방식과 속도로 학습한다.

개별화 수업의 가치는 학습과 학습자에 대한 교수자의 관점이 교수 · 학습 과정에서 학습자에게 전달된다는 점에서도 찾을 수 있다. 학습 능력과 성취 능력에 대한 교수자의 신념은 매우 중요하며, 교수자의 정신모델은 학습환경은 물론 교수자가 창출하는 학습자의 정신모델에도 중대한 영향을 미친다(Caine & Caine, 1997).

캐롤(Carroll, 1963)은 학교학습 모형(model of school learning)을 통해 각 학습자에게 필요한 학습시간이 다르며 개별 학습자에게 그 시간이 충분히 주어진다면 누구나 완전학습에 이르게 될 수 있다고 믿었다. 학습의 정도를 무언가를 배우기 위해 필요한 시간과 학습자가 그 학습을 위해 실제 사용한 시간의 비율이라고 표현하였다. 그는 전통적 학교 수업에서 주어지는 시간이 학습자가 필요한 시간에 비해 적고 기회 역시 적어 학습이 기대만큼 이루어지지 않는 것을 관찰하였다. 각 학습자에게 필요한 학습 시간은 적성, 수업이해 능력 그리고 수업의 질에 따라 달라진다고 보았다. 다시 말해, 특정 학습에 필요한 시간은 어떤 내용의 난이도와 양에 따라 계산되는 것이 아니라 각 학습자의 개별 특성에 따라 다르게 계산되고 제공되어야 한다는 것이다. 그에 따르면, 개별 학습자에게 적합하고 충분한 시간이 주어질 수 있을 때 비로소 모든 학습자가 기대하는 목표에 다다르게 된다.

3) 개별화 수업의 이론적 기반

개별화의 지향점이나 구현 방법에 관한 생각은 사회와 기술적 발전에 따라 변화해 왔다. 개별화 수업의 이론적 기반도 매우 다양한 학습이론에서 찾아볼 수 있다. 그중 몇몇 이론을 중심으로 개별화 수업에 어떤 시사점을 주고 있는지 살펴보면 다음과 같다.

(1) 행동주의

행동주의(behaviourism)는 시간과 속도의 개별화와 즉각적 피드백이라는 시사점을 개별화 수업에 제공하였다. 행동주의 이론에 따르면, 개별 학습자는 학습자의 능력과 필요한 시간이 다르기에 필요한 학습시간이 충분히 주어지고 학습자의 속도대로 학습하도록 하면 목표에 도달할 수 있다. 학습내용을 쉬운 것부터 어려운 것으로 계열화하여 학습자의 수준에 적합한 수준에서 시작하여 단계별로 학습하도록 하고, 학습목표를 구체적으로 명시하여 학습자의 목표 달성 여부를 판단하고 다음 단계 진행 여부를 결정한다. 학습내용을 작게 분할하여 학습하게 하고 학습의 결과를 즉시 피드백하면 학습효과가 높아진다고 본다.

(2) 구성주의

구성주의(constructivism)가 표방하는 다양한 관점에 대한 지지, 다양한 표상 방식의 활용, 학습자의 학습주도권의 독려, 지식 구성에 대한 자기인식의 함양의 강조 등이 개별화 수업에 이론적 기반이 되었다. 객관주의적 패러다임에서의 개별화 학습은 세분화된 과제를 각자의 속도로 수행함으로써 완전학습에 도달하게 하는 데 지향점이 있었다. 그러나 구성주의적 교육 패러다임의 등장에 따라 개별화 수업에서 학습자의 서로 다른 목표 설정을 강조하고, 학습과정에서 학습자의 주도적인 참여, 과제에 대한 선택권 제공, 각 학습자에게 적합한 교수 · 학습 방법의 개별화라는 과거에 비해 훨씬 더 확장된 관점을 제공하였다. 브루너(Bruner, 1966)[1]는 교육의 목적이 자율적이고 추진력을 지닌 사고하는 사람으로 길러 내는 데 있기에 학습자 개개인의 발달단계에 맞는 교육을 제공하는 것이 필수적이라고 보았다.

(3) 동기 이론

동기 이론은 개별 학습자의 학습동기 및 자기결정성 수준을 이해하여 학습자 특성에 부합하는 개별화 수업 전략을 고민하는 데 시사점을 준다. 우선, 목

---

1) "광범위한 개인차가 학습자들 속에 분명히 내재하고 있다. 이러한 개인차의 존재는 수업의 자료와 방법에 있어서 다양화와 학습 기회의 확대를 요구한다. 학습자들 모두에게 알맞은 한 가지 이상적 방법은 있을 수 없다."(Bruner, 1966)

표지향 이론(goal orientation theory)은 학습자가 지닌 학습목표의 유형(숙달지향, 수행지향)에 따라 학습에 대한 접근방식이 달라진다고 설명한다. 이 이론에 기반하여 수업에서 학습자들이 숙달지향 목표를 가지도록 학습자들이 관심이나 가치를 가지는 과제를 활용하기, 개별 학습자들의 성장을 인정하고 긍정적으로 평가하기 등의 다양한 전략을 활용할 수 있다. 다음으로, 자기결정성 이론(self- determination theory)은 목표를 학습자 스스로 결정하느냐 외부에서 주어져 동기화되느냐가 목표 달성 과정 및 결과에 영향을 미친다는 이론이다. 학습자는 학습목표에 대한 통제권을 가질 때 내재적 동기가 향상되며 목표 달성의 가능성이 높아지기에 자기결정성 수준에 따른 수업목표, 학습목표의 개별화가 필요하다. 몰입 이론(flow theory)은 동기유발과 참여에 도움이 되는 활동의 속성을 기술한 칙센트미하이(Csikszentmihalyi, 1990)의 이론으로 명확한 수업의 목적 진술, 학습의 통제권, 학습자가 성공적으로 수행할 수 있는 과제의 제시가 몰입을 촉진하는 것으로 제안하고 있다.

(4) 다중지능 이론

다중지능 이론은 IQ가 제한했던 학습자들에 대한 관점, 이해를 넓히고 각기 다른 지능의 포트폴리오를 가진 개별 학습자의 특성을 이해하고 개별화 학습경험을 제공하는 것의 필요성을 주장하는 이론적 기반이 되었다. 가드너(Gardner, 2000)의 다중지능 이론(multiple intelligence theory)은 인간에게는 언어적, 논리-수학적, 공간적, 신체-운동적, 음악적, 대인관계, 개인이해, 자연이해 등 여덟 가지의 지능이 있다고 설명한다. 그는 학교현장에서 전통적으로 측정되고 활용되었던 IQ는 주로 언어적 지능과 논리-수학적 지능만 측정하고 강조하여 나머지 지능의 개발을 억제하였다고 비판하였다.

4) 개별화 수업의 특성

전통적 수업에서는 교육목표, 수업절차, 진도, 자료 평가가 모든 학습자에게 동일하게 이루어지는 반면, 개별화 수업은 학습자의 특성, 진단 결과 등에 따라 개별 학습자에게 각기 다르게 구현되는 특성을 보인다. 즉, 개별화 수업의 목적은 개별 학습자에게 최적의 학습조건을 마련하는 데 있기에 교수 방법으로 목표, 방법, 내용, 매체, 평가방법 등을 학습자의 여러 심리적 변인과 발달 수준, 능력에 적절히 변형시킨다. 개별화 수업의 핵심 세 가지 요소는 '학습자 특성 분석' '학습을 위한 평가' '학습 경험의 개별화'이다. 이 세 가지 요소는 서로 순환적인 관계로 작동하게 된다.

개별화 수업의 초기 주창자인 톰린슨(2014)에 따르면, 수업의 개별화는 현재 교실에서 행해지는 것들을 '뒤흔들어' 학습자들이 정보를 수집하고, 아이디어를 이해하며, 학습한 내용을 표현할 수 있는 다양한 기회를 제공한다는 수업이라고 소개하고 있다.

또한 개별화 수업의 특징을 네 가지로 요약하여 제시하고 있다. 첫째, 유연한 학습 집단 구성이다. 학습자들은 수업에서 학습준비도, 흥미, 선호 학습 유형에 따라 수시로 그리고 다양하게 모둠을 구성할 수 있는 기회를 제공한다. 둘째, 활동이나 과제 선택 가능성이다. 학습자들은 사전지식, 흥미, 선호 학습 유형에 따라 활동이나 과제를 선택할 수 있다. 셋째, 복수의 과제 중 어느 것을 택하든 모든 과제는 똑같이 매력적이어야 하고, 동일한 성취기준에 근거하여 평가한다. 넷째, 학습자들이 교수자와 함께 학습에 대한 책임감을 진다. 학습자들이 학습에 대해 자신의 의견을 낼 수 있도록 허용해야 하고, 스스로 평가하고 자기주도적으로 학습하는 데 필요한 지식과 기술을 가르쳐야 한다.

개별화 수업은 학습자의 특성 분석에서 시작된다. 학습자의 특성을 능력적 특성(적성, 수업이해 능력, 선수 학습 능력 등)과 비능력적 특성(인지 양식, 지구력, 교과목에 대한 흥미, 자아개념, 태도 등)으로 분류할 수 있고, 또한 안정적 특성(성별, 나이, 기질, 배경 등)과 변동적 특성(흥미, 동기, 태도, 학습속도 등)으로 나누어 볼 수도 있다. 개별 학습자는 다양한 측면에서 차이가 있으나 이러한 개인차를 우열의 개념으로 보아서는 안 된다. 모든 학습자의 학업성취를 최대로 이끌어 내기 위해서 수업은 이러한 학습자의 다름을 면밀히 분석하고 적절히 대응하는 것이 필요하다.

2. 개별화 수업 방법

개별화 수업의 오랜 역사에도 불구하고 정형화된 모형을 찾기는 어려운데, 그 이유는 시간이 정해진 교수자중심 교육 시스템에서 현실적으로 개별화된 접근을 시행하기 쉽지 않았기 때문이다(Watson & Watson, 2016). 그리고 앞서 언급했듯이, 개별화 수업에 대한 합의된 정의가 아직 없기 때문에 조금씩 다른 관점과 중요도에 따라 다양한 모형이 개발되었다. 이 절에서는 지금까지 제안된 대표적인 개별화 수업 모형을 살펴보고자 한다.

1) 개별화 수업 모형

(1) 개별화 교수체제(PSI)

개별화 교수체제(Personalized System of Instruction: PSI)는 스키너의 행동주의적 접근인 프로그램 교수(programmed instruction)를 실행하고자 했던 켈러(Keller)에 의해 제안되었다. PSI는 다섯 가지 개별화 수업설계 원리를 포함하고 있다. ① 학습자마다 다른 학습속도, ② 완전학습 중심, ③ 빈번한 형성평가, 즉각적 피드백, 튜터링, 동료학습자 감독관(proctor) 활용, ④ 학습동기 촉진을 위한 강의와 시연의 활용, ⑤ 텍스트 자료를 활용한 의사소통이다. 이러한 시스템을 통해 대규모로 이루어진 학부 수업을 개별화할 수 있었고, 학습성과 및 만족도가 제고되었다. 1970년대를 기점으로 PSI에 대한 실천이 줄어들었으나 최근까지도 대학 수업에서의 PSI 적용에 대한 긍정적인 연구결과가 보고되고 있다(Foss et al., 2014).

(2) 몬테소리

유아교육 모형으로 널리 알려진 몬테소리(Montessori)는 개별화 수업의 주요 요소를 반영한 대표적인 모델이다. 100여 년 전 이탈리아에서 시작된 수업 방식으로 현재까지도 미국 내에 3백여 개 공립학교 및 5천여 개 몬테소리 학교가 운영되고 있다. 이 수업에서는 교수자는 지시하기보다 안내하며, 학습자의 동기와 호기심을 촉진하고, 다양한 연령대의 학습자가 모여 개별적 그리고 협력적으로 학습한다. 자신이 무엇에 대해 배우고 싶은지를 기본적으로 학습자가 결정하지만, 학습활동은 매우 구조화되어 있고 질서정연한 교실 운영을 강조한다. 학습자에 의한 학습속도 조절 및 완전학습을 강조하는 개별화 수업의 일반적인 특성을 공유한다. 과제에 대한 폭넓은 선택권을 주는 대신 그 과제에 대한 수행과정은 상당히 구조화되어 있다는 특징을 보인다.

(3) 개별화된 과제 선택 모형

개별화된 과제 선택 모형(Personalized Task-Selection Model with shared instructional control: PTSM)은 개별화의 방식 중 과제 유형의 개별화에 초점을 맞춘 모형이다. 학습자에게 너무 많은 과제 선택권을 주는 것이 오히려 인지부하를 야기할 수 있다는 점을 고려하여 데이터를 기반으로 과제 선택을 적절히 제공하는 방식을 제안하였다. 개별화된 과제 선택 모형은 속성(Characteristics, C 요소), 개별화(Personalization, P 요소), 학습과제 데이터베이스(Learning task database, L 요소)의 세 가지 요소로 구성된다(Corbalan, Kester, & van Merriënboer, 2006). 속성(C 요소)에는 과제 속성(복잡도, 난이도, 학습자 지원, 수행 맥락, 과제 산출 형태 등)과 학습자 속성(학습자 전문성, 인지적 노력 관련 정보)으로 구성되고, 이는 포트폴리오에 기록된다. 이 시스템의 개별화(P 요소)는 시스템이 통제하여 과제를 제안하고, 학습자의 전문성을 고려하여 사전에 선택된 과제 중 학습자가 과제를 최종적으로 선택하게 하는 방식을 취한다. 학습과제 데이터베이스(L 요소)는 다양한 학습과제를 포함하는 과제 은행과 같다. 이 모형을 활용한 대학 수업에서는 프로그램이 통제하는 맞춤형 과제 선택을 활용한 것이 보다 효율적 학습을 가능하게 했으며, 학습자들이 더 많은 노력을 기울인 것으로 나타났다(Corbalan et al., 2008). 타미니오 등(Taminiau et al., 2015)은 학습자 선택을 강조한 주문형(on-demand) 교육의 적응적 수업을 제안하였다. 학습자는 과제 수행, 자기평가, 과제 선택의 사이클에서 학습경로를 직접 선택하고 그 과정에서 시스템이 선택에 대한 조언을 제공하게 된다. [그림 7-1]은 개별화된 과제 선택 모형의 아이디어를 도식화하였다.

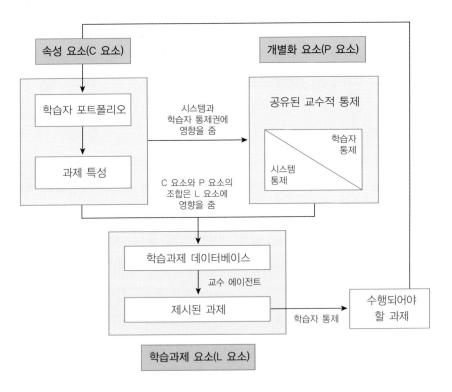

그림 7-1   개별화된 과제 선택 모형(Corbalan et al., 2008)

2) 개별화 수업의 유형 분류

개별화 수업의 유형은 크게 네 가지로 나눌 수 있다(권낙원, 김동엽, 2006). 첫째, 학습자의 적성이나 학습양식에 일치하는 수업환경과 교수전략을 처치하려는 유형, 둘째, 비교적 고정된 수업단원이나 목표 계열의 적절한 지점에 학습자를 배치시킨 다음 자신의 보조에 맞게 학습을 진행하도록 하는 유형, 셋째, 특정한 목표에 적합한 다양한 자료와 활동을 제공하고 이들 중에서 학습자 스스로 선택하도록 하는 유형, 넷째, 형성평가를 통해서 확인된 오류를 교정하기 위해 보충적이고 대안적인 수업을 제공하는 유형이다.

전통적인 개별화 수업모형을 보다 세분화하여 일곱 가지로 구분하여 제시하기도 한다(〈표 7-1〉 참조). 즉, 일제수업 보충모형, 유형별 그룹모형, 학습속도모형, 학습스타일모형, 학습순서 선택모형, 학습과제 선택모형, 학습과제 선정모형이다. 각 모형마다 어떤 개인차에 집중하는지, 무엇을 개별화하는지에 차이점이 있다.

표 7-1 개별화 수업모형의 유형별 특성

모형 유형	모형명	개인차	학습모형
일제수업 보충모형	일제수업모형	학력, 학습시간, 학습적성	• 완전습득학습 - 개별 지도로 일제 지도를 보충 위계성 있는 교과목에 효과적
	완전학습모형		
유형별 그룹모형	학력별 그룹모형		• 도달도별 학습 - 학습능력 수준에 따라 수준별 학습 편성하여 수업
학습속도모형	단원내 진도별 모형	학력, 학습시간	• 자유진도학습 - 학습속도에 따라 발전 학습과제, 보충학습 과제를 제공
	무학년제모형		• 무학년제학습 - 개별 학습자마다 각기 다른 교육과정을 가지고 자기 속도에 맞춘 학습

모형 유형	모형명	개인차	학습모형
학습스타일모형	전체적 처치모형	학력, 학습시간	• 적성처치학습 - 학업적성에 따라 집단을 나누어 지도
	부분적 처치모형		
학습순서 선택모형	코스선택모형	흥미, 관심, 학습적성	• 순서선택학습 - 학습과제 순서의 선택권을 학습 자에게 제공
	무선모형		
학습과제 선택모형	부분선택모형		• 발전과제학습 - 공통 과제 완료 후 발전 학습 수행
	전체선택모형		• 과제선택학습 - 여러 과제 중 학습자가 하나를 선택하여 수행
학습과제 선정모형	단원 내 과제선정 모형	생활 경험	• 과제선정학습 - 수업 도입에 학습자와의 계약을 통해 학습
	계약학습모형		• 자유연구학습 - 자유 의지로 스스로 학습과제를 설정하고 탐구

출처: 장경례(1996).

3) 개별화 수업 설계 원리

개별화 수업을 위한 개별화의 대상은 내용, 평가도구, 수행과제, 수업방법 등이다(Gregory & Chapman, 2013). 왓슨과 왓슨(Watson & Watson, 2016)은 개별화 수업설계를 위한 구체적인 원리로 ① 교수목적의 개별화, ② 과제 수행 환경의 개별화, ③ 스캐폴딩 설정의 개별화, ④ 평가의 개별화, ⑤ 성찰의 개별화를 제시하고 있다.

① 교수목적의 개별화

표준화된 필수 목표와 학습자의 선택이 가능한 목표 모두를 고려하고, 학습자의 현재 역량 등을 파악하여 목표 설정을 지원해야 한다. 개별화 수업은 개인의 단기·장기 목표를 도출하고, 학습계획을 문서화하며, 달성 여부를 기록한다. 목표의 설정은 자기조절 능력을 키우는 데 매우 효과적이므로(Schunk, 1991; Zimmerman, 1990), 교수자는 수업의 전 과정에서 학습자가 스스로 학습목표를 설정할 수 있도록 독려하는 것이 필요하다. 목표의 개별화가 전문가들이 특정 영역에서 규명한 특정 역량의 달성이 불필요하다고 주장하는 것은 아니다. 개별 학습자는 자신의 개별학습계획(Personal Learning Plan: PLP)을 작성한다. 교수자는 단기목표를 달성할 수 있는 다양한 경로와 방법을 제시하고, 개별 학습 과정을 반드시 기록한다. 기록이 중요한 이유는 학습목표의 숙달을 위해 개별 학습자의 과제 수행 환경을 조율해야 하기 때문이다.

② 과제 수행 환경의 개별화

과제는 학습자의 흥미, 개별학습계획에 표현된 단기목표, 사전 학습 수준에 맞추어 개별화해야 한다. 초보자에게 지나치게 많은 과제 선택권을 부여할 때 오히려 인지부하를 야기할 수 있다(Corbalan et al., 2006). 과제를 개별 혹은 협력하여 수행할지를 학습자가 선택할 수 있도록 한다. 개인 학습이 필요한 과제와 협력을 통해 이익을 취할 수 있는 과제가 무엇인지에 대해 학습자와 논의하여 과제 수행 방식을 개별화할 수 있다. 흥미나 장기목표를 고려하여 유사한 혹은 상호 보완이 되는 목적을 가진 학습자와 협력하게 할 수도 있다.

③ 스캐폴딩 설정의 개별화

학습사에게 제공하는 스캐폴딩의 양, 시기, 빈도 등을 개별화한다. 학습자는 자신의 속도에 맞추어 다음 학습단계로 진행하며 필요시 동료로부터 도움을 받을 수 있다. 이때 동료는 성공적으로 학습을 미리 마친 학습자로서 어려움을 겪는 동료에게 도움을 제공할 수 있다.

④ 평가의 개별화

실제적 과제라면 평가자를 교실 밖에서 구할 수 있다. 학부모, 외부 전문가가 학습자의 수행평가에 참여할 수 있고, 컴퓨터 시스템, 동료 튜터, 동료 학습자가 평가자가 될 수 있다. 또한 동료가 평가한 내용에 대해 논의 및 협상의 기회를 제공함으로써 평가를 개별화할 수 있다.

⑤ 성찰의 개별화

학습과정에 대한 성찰을 할 때 성찰의 시기와 방법의 개별화가 필요하다. 어떤 학습자는 미리 성찰 포인트를 접하는 것이 낫고, 다른 학습자는 프로젝트가 다 끝난 후 성찰하는 것이 더 나을 수 있다. 학습자의 현재 자기조절 학습수준과 학습경험을 참고하여 다양한 방법과 시기로 성찰을 개별화할 수 있다. 또한 학습결과에 대한 성찰도 개별화될 필요가 있다.

왓슨과 왓슨(2016)은 모든 현장의 상황이 같지 않기에 이와 같은 설계 원리를 현장 상황에 맞춰 적절히 적용할 것을 제안하였다. 이에 대한 내용을 구체적으로 살펴보면 다음과 같다.

첫째, 학습시간 중심의 기존의 교육체제와 개별화 교수를 통합하는 경우에는 학습자가 자신의 능력에 따라 수업의 속도를 스스로 조절가능하여 저마다 다른 속도로 학습하도록 한다. 학습자에게 기대하는 숙련도, 성적의 목표를 스스로 선택하게 하기도 한다. 켈러가 제안한 개별화 교수체제(PSI)는 주어진 학습기간 내에 자신이 선택한 학습방식으로 학습하고, 동료 튜터링, 빈번한 형성평가, 자기주도학습 전략을 적용하여 긍정적인 효과를 얻었다.

둘째, 테크놀로지 지원이 없는 상황에서 개별화 교수를 통합하는 경우이다. 물론 테크놀로지는 수업 개별화에 강력한 도구이다. PLP 기록, 학습진행 상황, 성취에 대한 기록을 확보 및 추적해야 하기에 컴퓨터 테크놀로지, 지능형 튜터링 시스템이 필요하다. 그러나 이러한 지원이 없는 경우에도 개별화가 불가능한 것은 아니다. 다만 교수자가 모든 개별화 과정을 조직화하고 구조화된 접근을 취해야 한다. 학습과정을 매일 업데이트하고, 결과물을 포트폴리오에 저장해야 하며, 과제 및 스캐폴딩 등을 기록하여 보관해야 한다.

셋째, 전통적인 교수체제에 익숙한 학습자들을 대상으로 개별화 교수를 진행하는 경우이다. 이 경우는 학습자들의 자기주도학습 능력이 부족한 경우가 많아 학습 초기에 충분한 스캐폴딩을 제공해야 한다. 학습의 과정에 대해 교수자-학습자, 학부모들과도 지속적으로 의사소통이 필요하다.

넷째, 100% 온라인 맥락에서 실행하는 경우이다. 사실 온라인 환경이라고 하여 모든 것을 시스템에 의존할 필요는 없다. 학습자들이 온라인에서는 학습과정에서 길을 잃을 수 있기에 더 많은 스캐폴딩과 구조화 전략을 사전에 수립해야 한다.

4) 테크놀로지를 활용한 개별화 수업

최근 개별화 수업에 대한 논의는 거의 대부분 테크놀로지와의 통합을 전제로 이루어지고 있다. 개별화 수업의 역사가 매우 오래되었지만 2008년 이후부터 개별화 교육에 대한 연구가 급증하게 된 이유는 테크놀로지의 발전으로 인한 개별화 가능성에 대한 기대감에 따른 것이다(Shemshack & Spector, 2020). 테크놀로지가 교육현장에 활용될 때 가져올 수 있는 교육적 이점은 우선, 교수자의 시간을 절약해 주고, 개별화된 역량 중심의 교수와 평가를 효과적으로 수행할 수 있도록 도와준다. 또한 학습자의 동기를 제고할 수 있는 몰입형 과제환경을 제공한다. 학습자가 필요할 때 무한대의 참을성을 가진 튜토리얼을 제공할 수도 있다. 이러한 특성으로 테크놀로지는 개별화 수입을 실행하는 핵심적인 역할을 할 수 있다. 또한 개별 학습자에게 맞는 최적의 학습조건을 제공하여 학습자의 잠재력을 최대한 신장시킬 수 있다는 가능성이 있다. 최근 빅데이터, 학습분석을 통한 적응적 학습(adaptive learning)이 바로 이 개별화 수업의 의미를 테크놀로지로써 구현한 것이다. 예를 들면, 테크놀로지를 활용하여 학습의 과정에서 개별 학습자에게 적절한 학습경로를 적시적으로 제공하는 것, 각 학습자의 요구, 목표, 재능, 흥미에 적합한 교육 경험을 인공지능 시스템이 자동적으로 설계하여 교수자에게 제안하는 것 등이 가능하다. 개별 학습자의 학습 스타일, 과목에 대한 지식 수준, 선호도, 사전 지식 등을 분석하고 이를 반영한 적응적 학습내용을 학습자들이 선택하고 속도도 조절할 수 있는 환경이 테크놀로지와의 통합을 통해 구현될 수 있다. 테크놀로지의 기록, 분석, 제안, 평가 등의 자동화가 학교현장에서의 개별화 수업을 보다 용이하게 하고 개별화의 수준과 범위를 획기적으로 확장할 수 있는 가능성이 있다.

(1) 개별화교육 시스템(PIES)

라이겔루스(Reiguluth)는 학교현장에서 개별화 교육을 가능하게 하기 위한 체계적인 시스템인 개별화통합교육 시스템(Personalized Integrated Education System: PIES)의 틀을 제안하였다. PIES는 교수자, 관리자, 학부모, 학습자를 지원하는 여러 가지 기능으로 구성된다. 이 중 학습자 지원을 위한 주요 기능으로는 기록, 계획, 교수, 평가를 지원하는 것이다. 네 가지 주요 기능과 각 기능의 일반적 설계원리는 다음과 같다.

첫째, 학습자의 학습에 대한 기록이다. 산업화시대 교육의 기록인 성적표에는 다른 학습자와 비교한 석차를 표시하였으나 PIES는 학습자가 성취해야 하는 성취 기준 목록, 이미 완료한 성취 목록, 그리고 학습에 영향을 미치는 학습자 특성(예: 학습 유형, 진로, 흥미, 효과적인 교수 방법 등)을 기록한다.

둘째, 학습에 대한 계획이다. 산업화시대에는 교육 계획이 교수자의 책무였으나 학습자중심 패러다임에서는 학습자가 이 과정에 적극적으로 참여하는 것을 요구한다. 이때 교수자는 안내 역할을 하게 된다. 학교 수준에서는 미션, 비전과 관련된 주제를 설정한다. 학급 수준에서는 협력적 학습방식을 계획한다. 학습자 개인 수준에서는 자신의 목표를 달성하기 위한 학습계획을 수립해야 한다. 이 기능은 각 학습자의 자문위원회(학습자, 학부모, 멘토교수자) 위원들이 서로 협력하여 지원할 필요가 있다.

셋째, 학습을 위한 교수이다. 학습자에게 과제를 안내하고 과제를 수행하기 위한 환경을 제공하고, 학습자가 과제를 조직·관리하도록 지원하며, 교수자가 학습자의 과제 수행을 모니터링하도록 돕는다. 협력을 돕고 협력 과정에서 발생하는 갈등 해소를 지원한다.

넷째, 학습을 위한/학습에 대한 평가이다. 과제 수행 성과에 대한 평가, 학습성과에 대한 평가로 효과적으로 사고, 행동, 관계맺기, 성취하기 모두를 평가해야 한다. 또한 교과 측면의 성취뿐만 아니라 메타인지, 기술, 협력 및 의사소통 기술, 윤리의식 등도 평가한다. 교수자 외에도 지역사회 구성원, 학부모, 동료학습자 등이 평가에 함께 참여할 수 있도록 지원한다.

(2) 지능형 튜터링 시스템(ITS)

지능형 튜터링 시스템(Intelligent Tutoring System: ITS)은 학습과 관련된 개별학습자의 필요를 파악하고 그것을 기반으로 개별화되고 즉각적인 교수와 피드백을 제공함으로써 학습자에게 일대일 맞춤형 교육을 제공할 수 있는 시스템이다(Nwana, 1990). ITS는 전통적 교실수업 환경에서 일대일 맞춤형 교육을 구현할 수 있는 유용한 도구가 될 수 있어 전통적 학교 수업이 야기하는 학습소외 현상의 해결안이 될 수 있다. 실제로 ITS를 구현하기 위해서는 인공지능, 인지과학, 교육학 등 다양한 분야의 학제간 연구가 반드시 필요하다. 과거에는 이러한 모듈을 컴퓨터 내부에 표현하는 것의 한계로 연구의 침체기를 맞았으나, 최근 들어 컴퓨터가 데이터로부터 스스로 패턴을 찾아내 규칙을 발견하는 기계학습(machine learning)의 발전으로 ITS의 새로운 돌파구가 되고 있다.

ITS 이전에 제안된 개별화 수업 프로그램으로는 스키너의 교수기계, 프로그램 수업이라는 직선형 프로그램(linear program)이 있었다. 신속한 보상과 학습자가 자신의 속도에 맞추어 학습한다는 장점이 있었으나, 학습자의 능력, 배경 지식과 관련 없이 모든 학습자가 같은 자료를 같은 순서로 학습하게 됨으로써 진정한 의미의 개별화라고 말하기 어려웠고, 학습자들의 오답에 대한 적절한 반응과 피드백이 어려웠다는 점이 단점이었다. 이러한 단점을 극복하고자 분지형 프로그램(branching program)이 제안되었고, 학습자들의 답에 따라 교수기계가 다른 반응을 한다. 그러나 이 프로그램 역시 튜토리얼 형태나 연습과 같은 단순한 형태의 수업에는 적합하였으나 그 이상의 높은 수준의 수업에는 적합하지 않았다. 이후 직선형, 분지형 프로그램의 단점을 극복하고자 생성형 컴퓨터 보조수업(generative computer aided instruction)이 개발되었다. 문제, 답, 평가, 보충학습 자료 등을 생성해 낼 수 있었고, 학습자들의 학업능력에 따른 맞춤형 문제를 만들어 낼 수 있었다. 그러나 학습자의 학습 실패를 효과적으로 진단하지 못했고 자연 언어를 구현하지 못해 학습자들이 효과적으로 시스템과 상호작용하는 데 어려움이 있었다. 학습자들의 특성에 대한 진단과 분석은 학습자 모델(student model)을 형성하게 되고, 이는 교수설계 모델과 학습과정과 역동적으로 상호작용하면서 개별화 수업환경을 제공하게 된다.

카보넬(Carbonell, 1970)은 SCHOLAR라는 지리 교수를 위한 최초의 지능형 튜터링 시스템을 개발하였다. 이는 인간 교수자의 역할을 컴퓨터로 구현하여 학습자가 보다 효과적으로 학습할 수 있도록 돕는 목적의 시스템이다. 일반적으로 지능형 튜터링 시스템은 지식 모델, 학습자 모델, 교수 모델을 가지고 있다. 지식 모델은 전문가의 지식이 저장된 모델이고, 학습자 모델은 학습자의 정보를 수집한 것이며, 교수 모델은 교수전략을 진행하는 모델이다. 이 중 학습자 모델은 지능형 튜터링 시스템의 핵심 요소이다. 이상적인 학습자 모델은 학습자의 인지적 상태와 감정적 상태에 대해 가능한 많은 정보를 가지고 있어야 한다. 학습자 모델의 주요 기능은 ① 관찰되거나 추론된 학습자에 대한 정보를 수집하고, ② 수집된 정보를 바탕으로 학습자의 지식과 학습과정에 대한 표현을 생성하고, ③ 지식 상태를 파악하여 최적화된 교수전략을 선택하기 위한 분석을 실행한다.

(3) 적응적 학습 시스템

적응적 학습 시스템(adaptive learning system)이란 학습자의 다양한 학습활동 특성과 요구를 반영하여 최적화된 학습을 지원하는 시스템을 말한다(박종선, 2017). 적응적 학습 시스템은 전문가 모델, 수업 모델, 학습자 모델로 구성되어 있다. 개별화 수업을 위해 필요한 적응적 기술 구현 요소는 데이터의 출처(source), 대상(target), 시점(time), 통제방법의 4개 차원이 있고, 각 차원별로 구체적인 구현 방안이 제안되었다(Vandewaetere & Clarebout, 2014). 개별화 수업을 위해서는 우선 어떤 데이터를 기반으로 개별화할 것인지, 무엇을 개별화할지, 어떤 시점에 개별화할지, 누구의 통제권으로 개별화할지 등에 대한 의사결정이 필요하다. 이 모든 차원은 서로 영향을 주기에 종합적으로 고려할 필요가 있다. 〈표 7-2〉는 적응적 학습 시스템에서 적응의 차원과 요소를 제시하고 있다.

표 7-2　개별화 학습을 위한 적응적 차원 및 요소의 정의

차원	요소	정의
데이터 출처 (source)	학습자 파라미터 (learner parameters)	학습자 특성이나 학습성과 등 학습자에 관한 정보를 기반으로 의사결정이 이루어지는 것
	학습자 · 시스템 파라미터 (learner—system parameters)	학습자와 시스템 간의 상호작용을 기반으로 의사결정이 이루어지는 것
대상 (target)	학습 내용 (content)	서로 다른 콘텐츠를 제공하는 것
	제시 형태 (presentation)	학습자료의 제시 형식을 다르게 제공하는 것
	교수 방법 및 지원 (instruction/support)	교수 방법이나 지원 수준을 다르게 제공하는 것
시점 (time)	고정적 접근 (static approach)	교수 활동을 시작하기 전에 학습자 모델을 결정하는 것
	역동적 접근 (dynamic approach)	학습과정 중에 지속적으로 학습자 정보를 추적하여 학습자 모델을 업데이트하는 것
	혼합적 접근 (dual pathway approach)	최초에는 학습자 파라미터를 기준으로 학습자 모델을 결정한 후, 학습 진행 중에 학습자 · 시스템 파라미터에 따라 학습자 모델을 업데이트하는 것
통제방법 (control method)	학습자 통제 (learner—controlled)	학습자에게 학습환경 및 학습내용에 대한 통제권을 부여하는 방법
	시스템 통제 (program—controlled)	개발자 또는 교수자에게 통제권을 부여하는 방법
	통제권 공유 (shared control)	시스템이 먼저 학습자 특성을 고려하여 적절한 학습 자료나 과제들을 선정한 후, 학습자가 그 범위 내에서 자유롭게 선택하도록 하는 방법

출처: Vandewaetere & Clarebout (2014).

지금까지의 적응적 학습 시스템은 주로 학습자의 인지적 특성에 기반하여 의사결정하는 경우가 다수였으나 앞으로 학습자의 정서, 자기조절 학습상태의 변화 등 다양한 정보를 다각적으로 수집하여 개별화를 지원하는 방향으로 변화할 것으로 기대된다. 또한 지금까지 개발된 시스템의 학습에 대한 통제권은 주로 시스템이 가지고 있었다. 개별화 학습이 학습자중심 환경을 구현하기 위한 방안으로 관심을 받았지만, 학습자의 통제권이 제한적으로 구현된다는 점을 고민하고 극복해야 할 부분이다.

이 장에서는 개별화 수업이라는 용어를 사용하였지만, 앞으로 개별화 수업은 개별화 학습을 촉진하기 위한 수업 맥락이므로 학습자중심 패러다임에는 개별화 학습이라는 용어가 보다 보편적으로 사용될 것으로 예상된다. 지금까지 살펴본 여러 개별화 수업방법의 공통 특성은, 첫째, 학습자중심 학습환경을 기반으로 하고 있으며, 둘째, 학습자의 특성과 요구를 반영한 교수·학습경험을 제공하고자 하며, 셋째, 모든 학습자의 학습목표 달성을 지향한다는 데 있다. 교육력의 총량은 개별 학습자들의 교육력의 총합이기에 국가의 교육력 극대화를 위해서는 개별 학습자 하나하나의 교육력을 극대화시켜야 한다. 학습자의 학습에 대한 진단·평가를 통해 결손을 적기에 보충하고, 다양한 특성과 소질을 개발할 수 있는 환경을 제공하고, 진정한 의미에서의 교육의 기회 균등을 제공하도록 보장하는 것이 개별화 수업의 핵심적인 가치라고 할 수 있다. 여전히 부족한 어떤 특성에 대해 무엇을 어떻게 개별화할 것인가에 대한 연구가 보다 집중적으로 이루어진다면 최근 비약적으로 발전한 여러 가지 테크놀로지의 기능을 개별화 교육을 구현하는 데 적절하고 효과적으로 활용할 수 있다.

3. 개별화 수업 사례

1) 스마트 기기를 활용한 적응적 개별화 수업

윤정현 외(2015) 연구팀은 중학교 과학 수업에서 스마트 기기를 활용한 적응적 개별화 수업의 효과를 살펴보았다. 중학교 1학년 112명을 대상으로 중간고사 과학 성적이 비슷한 4개 학급을 선정한 후, 학급 단위로 전통적 학습 집단(통제 집단)과 스마트 기기를 활용한 개별화 학습 집단(처치 집단)으로 배치하였다. 스마트 기기를 활용한 개념 적응적 개별화 학습전략은 컴퓨터를 활용한 적응적 수업 전략이나 IT 및 스마트 기기를 활용한 전략 등에 대한 선행연구(Han & Finkelstein, 2013; Hwang & Chang, 2011; Kim et al., 2006)의 교수·학습 절차를 체계적으로 분석하여 개념 학습 단계, 형성 평가 단계, 개념 적응적 학습 단계, 개념 정리 단계로 구성하였다. 개념 학습 단계에서는 수업을 통해 개념을 학습하고, 형성 평가 단계에서는 학습자들이 각자의 스마트 기기로 활동지의 QR코드를 통해 제공되는 개념 문제를 풀도록 하였다. 형성 평가 단계의 개념 문제는 '분자의 운동' 단원에서 학습하는 개념에 대한 학습자들의 오개념을 조사한 선행연구(Noh & Jeon, 1997; Noh et al., 1998)에 기초하여 개발하였다. 개념 문제는 각각 2개의 목표 개념을 평가할 수 있도록 개발하였고, 학습자들은 7차시 동안 총 14문항의 개념 문제를 풀었다. 개념 적응적 학습 단계에서는 개념 문제에 대한 응답을 바탕으로 학습자들의 개념 이해 수준을 결정하고, 이에 따라 적응적으로 설계된 모바일 웹 학습 자료를 제공하여 개별화 학습을 진행하였다. 학습자들의 응답이 실시간으로 집계되므로, 교수자는 학습자들의 개념 유형 분포 및 개별화 학습 진행 상황을 실시간으로 파악할 수 있다. 사전 성취 수준에 관계없이 스마트 기기를 활용한 개념 적응적 개별화 학습이 전통적인 학습방법보다 학습자들의 개념 이해에 효과적이었다.

2) PSI 모델을 적용한 대학수업 사례

Foss 등(2014)은 미국 대학이 당면한 문제인 낮은 재학생 유지율과 졸업률에 주목하고 수업 차원에서 해결할 수 있는 방법을 고민하였다. 대학의 수업에 Keller가 제안한 PSI 모델을 적용한 후 학생들의 학습 선택권과 교수-학생 상호작용을 제고하여 궁극적으로 중도탈락률을 낮추고자 히였다.

다양한 특성의 대학생들을 위해 개별화된 접근의 방식으로 자료나 학습활동, 전략의 다양화를 수업 안에서 적용하려고 하여도 학생들은 제한된 시간 내에 그 활동을 다 완료할 수도 없고, 자신이 하고 있는 파트타임, 동아리 활동 등의 제약이 있을 수밖에 없다. 이 연구는 여러 개별화 접근이 현재 대학생의 특성과 그들의 생활을 고려하지 않고 이루어지는 경우가 많기에 실질적인 효과로 이어지기 어렵다는 데 주목한다. 연구자들은 실질적으로 재학생의 유지와 학업성취에 도움을 주기 위한 방법을 고민하였고, 기존 개별화 방법(예: 적응적 수업, 학습양식에 기반한 수업 등)을 검토하고, 그 결과 켈러의 PSI가 재학생 유지에 가장 중요한 요소들을 가장 많이 포괄한다고 판단하여 이를 수사학 이론 수업에 적용하였다.

개별화 수업은 읽기, 쓰기, 토의, 적용의 네 가지 기본적인 요소로 구성하였다. 첫 번째 단계에 학생들은 우선 스스로 교과서를 읽고 온다. 각 단원의 주요 개념과 주제 목록을 담은 학습 안내서를 제공한다(읽기). 두 번째 단계에서는 교과서를 읽는 과정에서 학습 안내서에 주요 내용을 필기하도록 한다(쓰기). 세 번째 단계에서는 같은 과정을 학습한 동료 학생과 학습 안내서를 참조하면서 토의한다(토의). 학습안내서에 있는 질문에 대해 답을 서로 돌아가면서 하고 서로 더 명확한 이해를 위한 질문을 주고 받는다. 세 번째 단계에서 학생들은 각 단원의 서답형 에세이 퀴즈를 치르면서 배운 내용을 활용한다(적용). 퀴즈를 치를 때 교과서는 참조하지 못하지만 학습 안내서에 스스로 적은 필기 내용은 참조할 수 있도록 함으로써 적극적 학습을 권장한다. 8문제 중 6문제를 맞히면 다음 단원으로 넘어갈 수 있다. 처음 시도에서 퀴즈에 통과하지 못한 학생은 다시 개념을 학습하고 교수와 논의하면서 검토한 후 틀린 문제를 계속 써 본 후 퀴즈에 다시 응시한다. 교수는 이 수업에서 관리자이자 촉진자의 역할을 수행한다. 학생이 PSI 코스에서 받는 최종 성적은 완료한 단원의 개수에 달려 있다. A 혹은 B학점을 획득하길 원하는 학생들은 퀴즈 이외에도 보고서 과제를 수행해야 한다. 학기 초에 학생들은 기대하는 학점을 선택하게 되는데, 시간이 흐름에 따라 기대 성적을 낮출 수도 있다.

　이러한 PSI 방식을 사용한 수업에서 재학생 유지와 졸업에 매우 긍정적인 요소를 발견하였다. 우선 PSI 수업은 학생들의 선택권을 제공하였다. 물론 그 선택권이 제한된 범위에서 주어졌는데, 자신이 받을 성적이나 이 과목의 학습에 투여하는 시간, 일정, 진행 속도 등에 대한 선택권은 학생들의 학습동기를 높여 주었다. 무엇보다 학업과 일 모두를 해야 하는 학생들에게 끝까지 포기하지 않고 자신의 여건에 맞게 수업을 마무리할 수 있도록 하였다. 30명의 수강생 중 29명이 해당 수업을 포기하지 않고 끝까지 완수하였다.

　또 다른 효과는 PSI 수업에서 교수–학생의 상호작용이 빈번하게 이루어졌다는 점이다. 교수–학생 상호작용은 졸업률에 매우 중요한 영향을 미친다고 알려져 있다. 학습 안내서에 제시된 개념, 퀴즈의 답 등을 교수자와 토의하면서 자연스럽게 교수와 가까워졌고, 퀴즈에 대해 학생들과 개별적으로 얘기를 나누게 되었다. 그 과정에서 교수는 개별 학생들의 학습 패턴, 성향들을 자세하게 파악할 수 있게 되었다. 예를 들어, 문제를 풀 때 문제를 주의깊게 읽지 않는다거나, 답을 보다 더 정교화할 필요가 있다든가 하는 점 등이다. 따라서 학생들은 학습의 결과뿐만 아니라 학습과정에 대해서도 매우 구체적인 피드백을 제공받게 되었다. 학생들을 잘 이해하게 되면서 추천서를 써 주거나 취업 지원서 등을 쓸 때도 교수들은 더 잘 도와줄 수 있게 되었다. 교수와의 상호작용이 수업 내에서 매우 빈번히 일어나기 때문에 특별한 상담시간을 수업시간 이외에 별도로 정할 이유도 없게 되었다. 학생들은 매주 특정 시간에 수업에 참석하지 않아도 되기에 결석에 대한 변명을 하지 않아도 되고, 교수는 출석 인정 요청서 문서를 관리할 필요도 없게 되었다. 그러나 오히려 학생들은 자신의 학습에 대해 더 책임감을 느끼는 것으로 나타났다. 통제권이 학생에게 있었기 때문에 학습과정에서도 더 깊이 참여하였다. 성적에 대해서도 불평하는 학생이 없어졌고, 교수와 학습자 모두의 만족도를 높이는 결과가 나타났다. 학생들은 시간 관리의 측면에서 PSI 수업이 매우 효과적이라고 느꼈다.

개별화 수업 진단 지표

내 수업이 개별화 수업인가? 자신의 수업이 다음 특성에 해당한다면 표시해 보자.

1. 유연한 학습 모둠

(　) 모둠 구성은 학습자의 학습, 흥미, 그리고/또는 선호 학습유형에 대한 사전 평가를 기반으로 한다.

(　) 모둠은 때로는 교수자가, 때로는 학습자가 구성하고, 무작위로 정하기도 한다.

(　) 학습자들은 모둠 안에서 학습하는 것을 편안해하며 협력하자는 모둠 규칙을 따른다.

(　) 학습자들의 학습 준비도, 개념에 대한 흥미, 그리고 학습 또는 사고해야 할 개념에 대한 선호 학습 유형을 바탕으로 모둠 구성을 자주 바꾼다.

2. 선택

(　) 선택은 학습자의 학습, 흥미, 그리고/또는 선호 학습유형에 대한 사전평가를 기반으로 제공한다.

(　) 학습자들은 학습 준비도, 흥미 그리고 선호 학습유형을 근거로 선택(예: 과제, 학습 센터 과제, 자료)하는 방법을 배운다.

(　) 학습자들은 학습 준비도, 흥미 그리고 선호 학습유형을 근거로 선호하는 학습 환경(예: 혼자서 조용히 떨어진 곳, 모둠 안 활동이 활발한 곳에서 등)을 선택할 기회가 있다.

(　) 어떤 선택을 하든지 교육과정 목표는 동일하다(개인별 교육 프로그램을 수행하는 학습자들은 교육과정 목표를 수정한 과업을 수행하기도 한다).

(　) 모든 선택은 대략 같은 시간에 수행할 수 있도록 설계한다.

(　) 선택의 양은 너무 많지 않고 적절하게 제시한다.

3. 학습자를 존중하는 과제

(   ) 모든 과제는 흥미 있고 매력적이다.

(   ) 모든 과제는 학습자의 현재 학습 준비도에서 학습하도록 해야 한다.

(   ) 모든 과제는 동일한 학습 목표에 기반한다.

(   ) 모든 과제는 학습자들이 식별하고 공유하고 이해하는 동일한 성공 기준을 바탕으로 평가한다.

(   ) 개념 파악에 어려움을 겪는 학습자들도 다른 학습자들처럼 흥미롭고 매력적인 학습기회에 참여한다.

4. 학습에 대한 책임 공유

(   ) 학습자들은 자신이 가장 잘 배울 수 있는 방식에 대해 생각하고 말하고 식별할 기회를 갖는다.

(   ) 학습자들은 자신의 흥미에 대해 생각하고 말하고 식별할 기회를 갖는다.

(   ) 학습자들은 학습 목표를 분명하게 말할 수 있다.

(   ) 학습자들이 교수자와 함께 평가 기준을 함께 만든다.

(   ) 학습자들에게 자기평가 방식을 가르친다.

(   ) 학습자들에게 자기평가 기회를 제공한다.

(   ) 학습자들은 자신의 학습을 지원하는 조건을 공개적으로 옹호한다.

(   ) 학습자들은 피드백을 구하고 이 제안에 반응한다.

출처: 캐나다 온타리오주 교육부(http://www.oafccd.com/documents/educationforall.pdf)

📖 참고문헌

교육부(2023. 1. 5). 2023년 교육부 업무보고.

권낙원, 김동엽(2006). 교수-학습 이론의 이해. 문음사.

김은주(2020). 뇌과학과 동기이론에 기반한 교수학습방법연구와 적용의 새로운 패러다임. 학지사.

박종선(2017). 적응적 학습시스템 구성요소에 관한 탐색. 이러닝학회 논문지, 2(1), 29-34.

윤정현, 안인영, 노태희(2015). 과학 수업에서 스마트기기를 활용한 개념 적응적 개별화 학습의 효과. 한국과학교육학회지, 35(2), 325-331.

Bruner, J. S. (1966). *Toward a theory of instruction*. Harvard University Press.

Caine, R. N., & Caine, G. (1997). *Education on the Edge of Possibility*. Association for Supervision and Curriculum Development.

Carbonell, J. R. (1970). AI in CAI: An artificial-intelligence approach to computer-assisted instruction. *IEEE Transactions on Man-Machine Systems*, *11*(4), 190-202.

Carroll, J. B. (1963). A model of school learning. *Teachers College Record*, *64*(8), 1-9.

Corbalan, G., Kester, L., & Van Merriënboer, J. J. (2006). Towards a personalized task selection model with shared instructional control. *Instructional Science*, *34*(5), 399-422.

Csikszentmihalyi, M. (1990). Flow. *The psychology of optimal experience*, 1-22.

Foss, K. A., Foss, S. K., Paynton, S., & Hahn, L. (2014). Increasing College Retention with a Personalized System of Instruction: A Case Study. *Journal of Case Studies in Education*, *5*.

Gardner, H. E. (2000). *Intelligence reframed: Multiple intelligences for the 21st century*. Hachette Uk.

Gregory, G. H., & Chapman, C. (2012). *Differentiated Instructional strategies: One size doesn't fit all*. Corwin press.

Holmes, W., Bialik, M., & Fadel, C. (2019). *Artificial Intelligence in Education: Promises and Implications for Teaching and Learning*. The Center for

Curriculum Redesign.

Kallio, J. M., & Halverson, R. (2020). Distributed leadership for personalized learning. *Journal of Research on Technology in Education*, *52*(3), 371-390.

Keefe, J. W. (2007). What is personalization?. *Phi Delta Kappan*, *89*(3), 217-223.

McConnell, P. (Ed.). (1995). Making a Difference: Measuring the Impact of Information on Development: Proceedings of a Workshop Held in Ottawa, Canada 10-12 July 1995. IDRC.

Nwana, H. S. (1990). Intelligent tutoring systems: an overview. *Artificial Intelligence Review*, *4*(4), 251-277.

Rose, T. (2016). *The end of average: How to succeed in a world that values sameness*. Penguin UK.

Schunk, D. H. (1991). Self-efficacy and academic motivation. *Educational Psychologist*, *26*, 207-231.

Shemshack, A., & Spector, J. M. (2020). A systematic literature review of personalized learning terms. *Smart Learning Environments*, *7*(1), 1-20.

Taminiau, E. M., Kester, L., Corbalan, G., Spector, J. M., Kirschner, P. A., & Van Merriënboer, J. J. (2015). Designing on-demand education for simultaneous development of domain-specific and self-directed learning skills. *Journal of Computer Assisted Learning*, *31*(5), 405-421.

Tomlinson, C. A. (2014). The differentiated classroom: Responding to the needs of all learners. ASCD.

US Department of Education. (2017). National education technology plan.

Vandewaetere, M., & Clarebout, G. (2014). Advanced technologies for personalized learning, instruction, and performance. *Handbook of research on educational communications and technology*, 425-437.

Watson, W. R., & Watson, S. L. (2016). Principles for personalized instruction. In *Instructional-Design Theories and Models, Volume IV* (pp. 93-120). Routledge.

Zimmerman, B. J. (1990). Self-regulated learning and academic achievement: An overview. *Educational Psychologist*, *25*(1), 3-17.

제 **8** 장

직접교수법

직접교수법(direct instruction)은 교실 전체 학습자를 대상으로 하는 교수자 주도형의 수업방법, 강의법으로 알려져 있다. 강의법은 주로 대학 수업에서 교수가 다수의 학습자에게 설명을 통해 지식을 전달하는 방식을 가리키며, 주로 일방적인 정보 전달이 이루어지는 특성을 보인다. 효과적인 강의를 위한 여러 전략이 있으나 강의법 자체는 특정 수업방법의 요소나 구조가 있는 수업모형이라고 보기는 어렵다. 그러나 직접교수법은 수업의 설계와 운영에 대한 지침이 몇 가지 주요 요소를 중심으로 구조화되어 있다는 특징을 가지고 있다. 지금까지 다양한 과목, 다양한 대상의 수업에서 직접교수법이 널리 활용되었고, 많은 실천과 축적된 연구를 통해 그 효과가 입증되었다. 직접교수법의 교육적 효과로는 높은 학업성취도, 수업의 효율성, 교육시간의 극대화, 학습자의 참여도 증진 등이 보고되었다. 직접교수법은 제안되던 당시 지배적이던 행동주의 이론에 기반하고 있다. 직접교수법을 적용한 수업은 학습자에게 과제의 종류나 순서, 집단을 선택하는 등의 통제권이 거의 주어지지 않지만 반대로 매우 구조화된 수업으로 학습과제에 집중할 수 있어 짧은 시간에 학습 목표를 달성하는 데 효과적이며 효율적이라고 평가된다. 이 장에서는 직접교 수법의 이론적 배경과 특성, 교수모형을 살펴보고, 직접교수법이 실제 수업맥 락에 적용된 사례를 제시한다.

1. 직접교수법의 개요

직접교수법의 이론적 토대는 행동주의 심리학이다. 학습은 자극(stimulus) 과 관찰가능한 반응(response)의 연합인 조건화(conditioning) 과정으로 보며, 학습이 이루어지기 위해서는 필연적으로 모방과 훈련이 충분히 이루어져야 한다고 생각한다. 개념, 원리 등에 대한 상세한 안내를 제공하고 충분한 연습 기회와 피드백이 효과적인 학습에 필수적인 요소라고 본다. 행동주의에 기반 한 직접교수법은 수업에 불분명한 요소를 제거하기 위해 최대한 학습목표를 세분화하고 구체화하여 조작 가능한 상태로 진술할 것을 강조한다. 학습시간 의 강조 역시 조건화에 방해되는 요소를 제거하는 데 있다. 학습자의 수행 정 도가 부족할 경우 계속 연습하도록 하여 숙달에 이르도록 한다. 학습자는 교 수자로부터 직접 정보를 전달받는 매우 구조화된 형태의 수업모형으로 학습 에 대한 책임은 교수자에게 있다.

직접교수법에 대한 공식적 연구는 1966년 미국 오리건 대학교에서 베라 이터(Bereiter)와 엥겔만(Engelmann)이 출간한 책『Teaching Disadvantaged Children in the Preschool』에서 비롯된 것으로 보고 있다. 이들이 제안한 수 업방법의 핵심은 명료한 의사소통과 교수자에 의한 명료한 내용 전달 과정 에 있다. 초기에는 학습결손 아동들을 대상으로 읽기, 쓰기 및 언어를 가르 치기 위해 구안한 교수 방법으로 제안하였다. 이를 토대로 'DISTAR(Direct Instructional System for Teaching and Remediation)'라는 학습지가 상품으로 개 발되면서 널리 알려지게 되었다. 이 수업모형은 1970년대 후반 미국의 교육부에서 주도한 효과성 연구인 'Project Follow Through'에 의해 그 효과성이 입증되었다. 이 연구에서는 특수학급에 배치하지 않고 일반학습에 배치한 학습에 어려움을 겪는 아동들에게 적절한 연습, 피드백, 강화를 포함한 직접교수법을 적용하였더니 일반아동들과 비슷한 속도로 학습하게 되는 결과를 발견하였다.

　최초로 제안된 직접교수모형은 학습결손이나 학습장애가 있는 학습자들을 대상으로 하였으나 이후 대다수의 학습자들을 대상으로 활용될 수 있는 보다 범용적인 직접교수법이 개발되었다. 1978년에 로젠샤인(Rosenshine)은 미국의 우수 교수자들이 수업에서 보이는 행동관찰 연구에 기반한 직접교수모형을 제안하였다. 이 연구는 미국 전역에서 치러진 학업성취도검사에서 우수한 성적을 낸 학습자들의 교수자를 파악한 후, 이들의 수업행동을 관찰한 후 공통된 특성을 도출하는 데 목적이 있었다. 연구의 주요 결과는 교수자들의 신념과 수업설계와 운영 측면에서 다음과 같았다. 첫째, 효과적인 교수자들은 학습자들의 학습능력에 대한 믿음을 가지고 있었고, 자신의 가르치는 능력에 대해서도 자신감을 가지고 있었다. 둘째, 그들은 수업을 효과적으로 조직하여 수업 시간 대부분을 가르침에 활용하였고, 그 결과 학습자들의 학습시간을 극대화하였다. 교육내용과 과정을 작은 단위로 나누어 수업을 빠르게 진행하였고, 학습자들이 내용을 숙달할 때까지 가르쳤다. 이처럼 우수한 교수자의 행동을 중심으로 수업의 설계와 운영에 대한 지침을 제안하였고, 우리나라에서는 이전 5차 교육과정에서 뚜렷한 목표에 기반하지 않은 학습자활동의 강조로 인한 문제점을 극복하고자 1990년대 중반 제6차 교육과정에 직접교수법을 권장하였다.

　직접교수법을 활용한 수업은 학습효과를 높이기 위해 계열화되고 구조화된 학습과제를 활용하는 교수자주도의 수업으로 학습목표의 명료화, 충분한 학습시간, 폭넓은 학습내용, 빈번한 평가, 질문과 즉각적 피드백의 제공이 특징적이다(Borich, 1986; Hook & Rosenshine, 1979). 교수자의 명시적인 내용 설명과 사전에 면밀하게 설계된 수업 실행, 빠른 진행, 그리고 배운 내용에 대한 충분한 연습 기회, 수행에 대한 평가와 피드백이 지속적이고 즉각적으로 이루어진다. 수업 내내 교수자 주도로 진행하고, 명확히 진술된 목표, 진도에 대한 강조, 전체 수업시간을 학습에 활용하며, 수업활동, 자료, 수업의 속도 등은 모두 교수자가 결정한다. 이러한 특징으로 인해 직접교수법은 짧은 시간에 많은 정보를 전달하거나 수행 절차를 숙달할 때까지 가르치는 데 효과적인 방법이다. 직접교수법이 가장 효율적인 수업의 조건은 교수자가 학습자들에게 사실, 규칙, 행위의 결과 등을 가르쳐야 하는 상황이다.

직접교수법은 교수와 학습에 대한 다음과 같은 믿음을 기반으로 제안되었다(이성영, 1996). 첫째, 교수ㆍ학습의 중심이 교수자이며, 교수자는 학습자들에게 내용을 직접 가르쳐야 한다. 학습자들은 교수자가 가르치지 않은 것은 배울 수 없다는 믿음하에 교수자는 가르칠 내용을 명시적으로 가르쳐야 하며, 학습자 스스로 배우도록 내버려두어서는 안 된다고 본다. 수업은 교수자에 의해 사전에 철저한 준비와 명확한 절차로 수립된 빈틈없는 교안에 기반하여 진행되어야 한다. 둘째, 교수ㆍ학습 목표를 최대한 상세화하고 구체화하여 목표 기반의 수업을 해야 한다. 학습자들은 수업목표가 무엇인지 알고 왜 그것이 중요하고 의미있는 것인지를 알 때 학습이 증진될 수 있다. 따라서 목표를 가능한 한 구체화ㆍ상세화하여 가능한 한 매우 작은 단계로 학습자들에게 제시하는 것이 중요하다. 셋째, 학습을 위해 사용되는 시간을 최대로 확보해야 한다. 주어진 수업 시간에 학습자들이 배움에 보내는 시간이 얼마냐에 따라 학습자들의 성취 수준이 결정되기 때문이다. 학습자들의 자유로운 활동은 교수자 주도 수업에 비해 시간 낭비가 많을 가능성이 크기에 낭비되는 시간을 줄이고 교수자가 계획된 방식으로 직접 가르쳐 목표중심으로 밀도 높은 수업을 진행해야 한다. 이때 개별 학습 형태보다는 교수자의 직접적인 지도 기회를 늘릴 수 있는 모둠별 학습을 진행하는 것이 좋다. 단, 모둠은 균질적으로 구성해야 균질의 집단에게 균질의 지도를 할 수 있어서 학습에 투여되는 시간을 극대화할 수 있다고 본다. 넷째, 학습자들에게 긍정적인 자아관을 심어 주기 위해 성취 기대 수준을 낮추고 학습에서 성공을 경험하도록 수업을 설계한다. 활동 결과에 대해 가능한 긍정적인 피드백을 제공하며, 부정적인 피드백의 경우에도 우선 칭찬 후 하는 것이 좋다. 다섯째, 충분한 설명과 시범, 안내된 연습을 제공하고 수행에 대해 즉각적인 피드백을 제공해야 한다. 특히 교수자가 안내하는 연습(guided practice)이 필요한 이유는 설명과 시범 직후 학습자들에게 바로 적용하도록 요청하면 많은 오류가 발생하게 되기에 이를 방지하기 위함이다.

직접교수법을 사용하는 이유 중 하나는 수업시간을 효과적이고 효율적으로 사용하고자 하는 데 있다. 교수 · 학습과 관련된 시간을 〈표 8-1〉과 같이 네 가지 유형으로 구분해 볼 수 있다.

표 8-1 교수 · 학습의 시간 유형

할당된 시간	한 단위의 수업에 할당된 시간. 국어 시간이 1시부터 1시 45분까지라면 할당된 시간은 45분이다.
교수시간	할당된 시간 중 실제로 가르침에 활용된 시간. 할당된 시간에서 국면 전환 시간, 교실 정리를 위한 시간 등을 뺀 시간이며, 직접교수법에서는 이를 극대화하고자 한다.
과제집중 시간	학습자들이 능동적으로 학습과제에 몰입하여 참여하는 시간
학습시간	학습자들이 성공적으로 과제에 몰입하고 참여하는 시간. 학습시간은 학습자마다 다르다.

출처: Johnson (2010).

이 네 가지 유형의 시간 간의 관계는 [그림 8-1]과 같이 표현될 수 있다. 수업시간 계획과 운영의 궁극적인 목표는 학습시간을 최대화하는 데 있다. 그러기 위해서는 교수시간(instructional time)을 최대한 확보해야 하는데, 이는 직접교수법 모형의 적용을 통해 가능하다. 직접교수법으로 수업이 효과적으로 설계되어 운영된다면 특히 학습자의 과제집중 시간(Time-On-Task: TOT)과 학습시간(Academic Learning Time: ALT)을 증가시켜 수업의 효과를 증진시킬 수 있다.

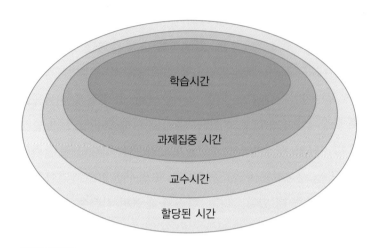

그림 8-1   교수 · 학습과 관련된 시간 간의 관계(Johnson, 2010)

직접교수법은 교수자에 의한 수업 구조화(structuring), 참여 유도(soliciting), 반응(reacting)의 과정을 통해 이루어지는 설명(recitation)이 매우 주요한 특징이다. 구조화는 교수자가 설명을 관리하는 방식을 말한다. 주로 신호를 주거나, 중요한 생각을 강조하거나, 주의집중을 요청하는 것 등이다. 참여 유도는 질문을 던지고 학습자가 답을 하도록 하는 것이다. 필요할 경우 다른 방향으로 바꾸거나 더 깊이 질문을 하기도 한다. 반응은 학습자의 반응, 대답에 응답하는 것인데, 평가, 확장, 종합, 명료화 등의 방식으로 할 수 있다.

2. 직접교수법 방법

1) 직접교수법의 원리

직접교수법의 핵심적인 원리는 가르치는 모든 학습자가 학습하기 위해 교육자료와 교수자의 설명이나 시연이 명확하고 모호하지 않아야 한다는 것이다.

일반적인 직접교수법의 구성요소는 다음과 같은 여덟 가지이다(Johnson, 2010).

① 명확히 정의된 목표: 학습자가 무엇을 배울 것인지를 정확히 진술한다. 명
   확히 진술된 목표는 학습경험을 정의하고 수업의 초점이 무엇인지 말해
   준다. 직접교수법을 활용한 수업설계의 목표는 특정 지식이나 기술을
   가르치기 위한 목적이 있는 학습경험을 체계적으로 계획하는 데 있다.
② 오리엔테이션: 수업의 도입부에 교수자는 수업목표가 무엇인지 설명하고
   전체적인 내용에 대한 개관을 한다. 이때 배우는 내용의 구조를 보여 주
   고 이전에 배웠던 내용과 새롭게 배울 내용을 연결시키는 것이 학습촉진
   에 도움을 준다. 세부적인 내용을 전체 맥락의 이해를 돕지 않고 제공한
   다면 제한된 지식기반을 가진 학습자들에게 혼란을 야기할 수 있다. 이
   단계에서 활용할 수 있는 전략 중 하나는 KWL 양식(〈표 8-2〉 참조)을 활
   용하는 것이다. KWL 양식은 Know-Want-Learn의 앞 글자를 딴 것으
   로 해당 주제에 대해 학습자들이 이미 알고 있는 것(Know), 그리고 배우
   기를 원하는 것(Want)을 수업 초기에 작성하게 하고, 수업의 정리 단계
   에서 'Know' 란에 있었던 내용 중 잘못 알고 있었던 내용의 교정이 필요
   한 것이 무엇인지, 'Learn' 란에는 이 수업을 통해 배운 것이 무엇인지를
   작성하게 한다. 학습자들이 작성한 Know와 Want의 내용으로 학습자에
   대한 진단과 요구분석이 가능하다.

표 8-2 직접교수법 수업에서 활용할 수 있는 KWL 양식

수업 전/도입 단계/과제수행 전		수업 정리 단계/ 과제수행 후
Know	Want	Learn
주제에 대해 알고 있는 것	수업에서 배우고 싶은 것	수업을 통해 새롭게 배운 것, 잘못 알고 있었던 것 중에 교정된 것

출처: Carr & Ogle (1987).

③ 순차적이고 조직화된 수업: 잘 구조화된 최적의 수업시간에 대한 계획이다. 직접교수법 모형의 적용을 통한 효과적인 수업계획은 학습을 촉진하고 교실 운영 관리의 문제와 낭비되는 수업시간을 줄여 준다. 수업계획서는 일련의 수업활동, 제공할 정보, 토의 주제, 활동, 피드백 등을 포함하여 매우 구체적으로 작성한다.

④ 수업내용: 수업에서 학습자들이 배워야 할 지식, 기술 등을 말한다. 기술, 특정 프로세스와 같은 절차적 지식을 가르쳐야 한다면 기술의 내용을 소개하고, 그 기술을 어떻게 활용하는지에 대한 시연, 기술의 구체적인 단계 등을 포함한다. 개념이라면, 개념의 속성, 배경 지식 등을 포함한다. 수업의 내용은 학습자의 동화(assimilation), 정보의 부호화(encoding)를 증진시킬 수 있도록 논리적 구조로 잘 구조화될 필요가 있다. 그리고 이러한 내용을 교수자가 명료하게 설명하는 것이 핵심적이다.

⑤ 교수자가 안내하는 연습: 개념을 가르칠 때, 교수자의 관찰이나 지도하에 미리 마련된 연습을 통해 학습자들은 개념을 구분하고 새로운 정보를 조작해 볼 수 있다. 새로운 개념을 적용해 보도록 하며, 교수자는 이 과정을 모니터링하면서 학습에 대해 형성평가하게 된다. 소집단으로 연습하는 방식을 취할 경우 교수자가 동시에 여러 학습자를 관찰할 수 있어 효율적인 연습이 이루어질 수 있다.

⑥ 질문: 질문을 통해 학습을 확인하면서 이를 형성평가로 활용할 수 있다. 학습자의 이해도 수준을 점검하고자 하는 목적이다.

⑦ 개별적 연습: 수업에서 새롭게 배운 내용을 학습자가 적용하는 기회로 다루는 개념, 기술 등을 강화할 수 있다. 새로운 맥락에서 배운 내용을 적용할 수 있는 기회를 통해 파지(retention)와 전이(transfer)를 높일 수 있다. 이 연습의 목적은 학습자에게 도전적 과제를 부과하고자 함이 아니라 배운 내용의 연습과 적용의 기회를 주어 숙달하도록 촉진하는 데 있다.

⑧ 복습, 재적용: 학습이 이루어지기 위해서는 시간이 어느 정도 흘러야

한다. 새로운 내용을 교수자의 설명을 통해 배운 후 다양한 상황, 맥락에서 수업 내용을 다뤄 보게 될 때 학습은 더욱 완전해진다. 다양한 맥락에서 내용을 다시 접하게 되고 활용해 보는 기회가 있다면 이해도는 점차 높아지고 파지와 전이 역시 높일 수 있다.

2) DISTAR

직접교수법이 널리 알려지게 된 계기는 직접교수법의 모형이 적용된 DISTAR(Direct Instruction System for Teaching and Remediation) 프로그램의 개발이었다. DISTAR[1]는 1960년대 학습장애를 가진 학습자들을 대상으로 읽기(reading), 쓰기(writing), 산수(arithmetic) 등의 3R 기초학습 영역을 가르치기 위한 프로그램으로 엥겔만(Engelmann)과 베커(Becker)에 의해 개발되었다. 이 프로그램은 소규모 집단으로 진행할 수 있고, 개별 학습 환경에서도 활용할 수 있다. 체계적인 수업계획과 학습자별 맞춤형 교육계획을 활용하여 세 분야의 기초학습 능력을 향상시키기 위해 설계되었다. 이 프로그램 역시 직접교수법의 요소와 특성을 공유하고 있다. 목표의 명확한 설정, 성과에 대한 지속적인 측정과 평가, 반복적인 연습 기회 등을 통해 학습장애를 가진 학습자들의 기초학습 능력을 배양하고 학업성취도를 증진시키는 목적을 가진 프로그램이다. 이 프로그램은 비단 학습장애 학습자나 학습부진 학습자뿐만 아닐 일반 학습자들의 학습에도 효과적인 교육방법으로 인정되었다.

DISTAR 프로그램은 다음과 같은 구체적인 요소와 순서를 포함한다.

- 교육 목표 설정: 목표를 명확하게 설정하여 학습의 방향성을 제시한다. 학습내용과 학습목표가 사전에 계획된다.
- 학습내용의 세분화: 학습내용은 작은 단계로 세분화하여 가르친다. 일반

---

1) DISTAR 프로그램의 읽기 수업 사례는 https://youtu.be/num-ZanEz7I에서 참고할 수 있다.

적 수업보다 학습내용이 더 작고 구체적인 단위로 나뉘어 제시되므로 학
습자들이 이해하고 따라가기 용이하다.

- 직접적인 지시: 교수자는 학습자들에게 직접적인 지시를 제공한다. 교수
자가 명확하고 정확한 지시를 사용함으로써 학습자들이 내용을 이해하
고 따라갈 수 있도록 돕는다.

- 모델링: 교수자는 학습자들에게 예시를 보여 주고 모델링을 통해 원하는
학습 방법을 시연한다. 학습자들은 모델을 따라가며 학습을 진행한다.

- 소규모 집단 또는 개별 학습: 소규모 집단이나 개별 학습 환경에서 진행될
수 있다. 학습자들의 학습상황에 따라 맞춤형으로 개별 학습계획이 수립
된다.

- 연습 및 반복: 내용에 대한 반복적인 연습을 강조한다. 능숙하게 활용할
수 있을 때까지 학습자들은 학습내용을 반복 연습할 수 있다.

- 피드백 제공: 학습자들이 반응을 보이면 교수자는 피드백을 제공하여 학
습자들의 학습을 지원한다. 잘못된 부분을 개선하고 보다 나은 결과를
얻을 수 있도록 돕는다.

- 학습결과 평가: 개별 학습자의 학습결과를 평가하고 학습진도를 모니터링
한다. 학습자들의 학습성과를 측정하고 개선할 부분을 확인하여 교육 방
향을 조정한다.

DISTAR에 대한 긍정적인 평가는 이 프로그램이 체계적이고 명시적인 접근
을 하기에 학습자들이 배워야 할 지식과 기술을 탄탄하게 학습할 수 있도록
지원할 수 있다고 본다. 구조화된 수업과 교재가 교수자로 하여금 보다 효과
적이고 효율적인 수업을 실행할 수 있도록 도와 학업성취를 높이는 데 효과적
이라고 평가한다. 반면, DISTAR에 대한 부정적인 입장에서는 이 프로그램이
본질적으로 사전에 짜인 스크립트(script)대로 수업이 진행되기에 수업운영 시
발휘될 수 있는 교수자의 융통성이나 창의성을 제한할 수 있다는 비판을 제
기하기도 한다. 그리고 고도로 구조화된 수업이 학습자들에게 매력적이고 흥

미룹게 느껴지지 않을 수 있다는 점을 우려한다. 또한 무조건적인 암기(rote learning)에 대한 지나친 의존, 그리고 창의적 사고와 비판적 사고 등에 대한 강조가 부족하다는 점을 비판하기도 한다.

3) 직접교수법에 대한 두 가지 입장

직접교수법은 학습자중심보다는 교수자중심의 수업이 더 효과적이라는 믿음을 가지고 있다. 또한 수업은 목표와 관련 없는 요소를 가능한 한 배제하고 학습내용에 대해 교수자가 직접 설명하고 시범을 보임으로써 명시적으로 가르쳐야 효과적이라는 점을 강조한다. 즉, 직접교수법은 수업의 효율성, 교수자 행위의 효율성을 추구하는 교수법이라고 할 수 있다. 전통적인 수업에서는 교수자의 일방적이고 단편적인 지식의 전달만이 주를 이루었던 양상을 보였는데, 직접교수법은 목표를 기반으로 최대한 학습시간을 확보하며 구체적이고 명시적인 교수자의 가르침과 즉각적 피드백을 통해 학습자의 학업성취를 높이고자 제안되었다. 이를 통해 목표중심의 수업이 이루어질 수 있는 가능성을 높일 수 있다.

직접교수법의 긍정적 측면과 부정적 측면을 비교적 균형있게 기술한 보리치(Borich, 1986)의 연구에 따르면, 직접교수법은 다음과 같은 상황에서 매우 효과적이다. 첫째, 교재와 참고도서를 통해서 쉽게 얻을 수 없는 정보와 지식을 전달해야 하는 상황, 둘째, 학습자들이 스스로 학습하기 어려운 내용을 가르칠 때 동기화시켜야 하는 상황, 셋째, 교과의 기본 개념과 법칙, 행위 등을 숙달시키고자 하는 상황이다. 직접교수법을 적용한 수업에서는 교수자가 학습내용을 적절한 단위로 나누고 순서를 조직화하며, 쉬운 용어로 풀어 제시함으로써 학습효과를 높이고, 자기주도학습 능력이 부족한 학습자들에게 동기유발을 할 수 있으며, 그리고 충분한 시간과 연습 기회를 주어 완전학습을 꾀할 수 있다는 것이 장점으로 나타났다. 내용 영역에서는 구조화된 지식이나 명확한 규칙을 적용할 수 있는 기초 기능의 영역에서 직접교수법이 효과적이었다.

한편, 직접교수법은 산수, 독해, 어휘, 문법, 사실 등에는 적절한 교수법이나 작문, 문학작품 분석, 사회적 문제 토의, 창의적 문제해결 등에는 잘 적용되기 어렵다. 또한 직접교수법은 학교, 교수자에 대한 학습자들의 태도, 동기증진에는 부정적인 영향을 미치는 것으로 나타났다(Rosenshine, 1978). 또한 상위인지 능력의 배양을 목표로 하는 경우, 필요한 사전 지식이 이미 학습된 경우, 그리고 학습내용이 위계적이지 않거나 단계로 세분화할 수 없는 영역의 수업일 경우는 직접교수법이 적절하지 않은 것으로 나타났다. 그러나 직접교수법이 정보뿐만 아니라 문제해결 전략, 추상적 사고, 창의성을 지도할 때도 효과적으로 적용할 수 있다고 보는 입장도 있다. 이러한 주장의 근거는 교수자의 '설명'에 상위인지를 다룰 수 있고 교수자의 전문가적 사고 과정의 외현화가 가능하다는 데 있다.

직접교수법은 특히 기초학습 능력이 부족하고 성취동기가 낮은 학습자에게 적합하다고 알려져 있으며, 특수교육 분야에서 학습부진이나 학습장애를 가진 학습자들에게 가장 효과적인 교육방법으로 널리 활용되고 있다. 학습장애를 가진 학습자들에게 처치한 180여 개의 수업방법들의 효과크기를 분석한 연구에서 직접교수법이 학습장애를 해결하는 데 가장 긍정적인 영향을 준 것으로 나타났다(Swanson, 1999). 지금까지 여러 맥락에서 활용된 직접교수법은 학습부진학습자, 장애학습자를 포함하여 대상 학습자에 제한이 없고 저성취 학습자뿐만 아니라 우수한 학습자들에게도 효과가 있는 것으로 나타나 모든 학습자를 대상으로 활용가능한 교수 방법이라고 할 수 있다. 이처럼 직접교수법의 포괄적 적용이 가능한 이유는 이 교수법의 원리가 인간의 보편적 학습원리를 반영하고 있기 때문이다.

직접교수법에 대한 또 다른 비판적 입장도 존재한다. 직접교수법 모형은 이론적 접근에서 개발된 것이 아니라 우수 교수자들의 수업행동 관찰에 기반해 구성되어 효과에 대한 이론적 설명과 근거가 결여되어 있다는 비판이 있다. 또한 직접교수법의 기원이 학습부진 학습자의 학습을 위한 프로그램이었다는 태생적 한계를 지적하며 학습자의 다양한 생각과 반응, 창의적 사고 등을 강조하지 않기에 앞으로 지향하는 미래의 교수법으로 적합하지 않다는 비판이 있다. 그러나 직접교수법의 목표가 인간의 고등 사고기능까지 포괄할 수 있다고 보는 입장도 있다(윤기옥 외, 2002). 문제해결 전략이나 추상적 사고, 심지어 창의성을 지도할 때도 적용가능하다고 본다. 그 이유로 교수자의 설명 활동에 교수자의 상위인지, 전략, 원리를 외현화할 수 있기 때문이라고 설명한다. 보다 중도적인 입장으로 거스텐 등(Gersten et al., 1987)은 이러한 목표를 가진 수업에서 고차적 학습으로 가기 전에 일단 사실이나 개념에 대해 학습할 때는 직접교수법이 효과적이라고 본다. 사실 어떤 수업모형도 모든 수업의 조건을 만족시킬 수 없다는 점에서 직접교수법이 적합한 수업의 조건을 판단하여 적용하는 교수설계적 의사결정이 필요하다.

3. 직접교수법 사례

1) 초등 수학 수업 사례

직접교수법을 적용하여 초등 수학 수업을 다음과 같이 설계하여 운영한 사례를 소개한다(Good, Grouws, & Ebermeire, 1983). 〈표 8-3〉은 한 단위 수업뿐만 아니라 주차별, 월별로 하는 수업 절차를 포함하여 제시하고 있다.

표 8-3 직접교수법을 적용한 초등 수학 수업의 구성

과업	교수행동
매일 복습 (약 8분, 월요일 제외)	• 지난 시간 숙제와 관련된 개념, 기술을 복습 • 숙제 걷기 • 몇 가지 암산 연습문제 제시하기

과업	교수행동
전개 (약 20분)	• 선수 학습 기술, 개념에 대해 간단히 설명 • 이해도를 높이기 위해 생생한 설명, 시연, 과정 설명, 도식, 그림 보여 주기 • 학습자의 이해도 평가(과정-결과 질문, 통제된 연습 등 활용) • 필요한 경우 의미를 다시 반복, 정교화
연습(자습) (약 15분)	• 연습(중간에 끊지 않고 성공적인 연습을 제공) • 모두 딴짓하지 않고 계속 참여하는 시간 • 마지막에 검사가 있을 것이라고 학습자에게 주지시킴 • 책임감을 가지고 열심히 하고 있는지 점검
숙제 부과	• 금요일을 제외하고 매 수업 끝에 정기적으로 숙제를 부과 • 집에서 15분 정도 할 수 있는 분량으로 만듦 • 1, 2개의 복습 문제를 포함
복습	• 매주 월요일마다 수업 초기 20분을 할애하여 이전 주에 다룬 주요 개념, 기술을 복습 • 매달 네 번째 월요일마다 1개월 동안 다루었던 주요 개념과 기술을 중심으로 정기 복습

2) 시험전략 수업사례

황문영과 강옥려(2014)는 직접교수법에 기반을 둔 시험전략 교수가 읽기학습부진 학습자의 학업성취도 및 학습동기에 미치는 영향을 살펴보고자 하였다. 초등학교 5학년에 재학 중인 20명의 읽기학습부진 학습자를 선정하여 실험집단은 직접교수법에 기반한 수업을, 통제집단은 교수하지 않은 후에 집단의 학업성취도 및 학습동기의 차이를 검증하고자 하였다.

〈표 8-4〉는 실험집단에게 처치한 직접교수법에 기반한 수업단계별 활동내용이다.

표 8-4 직접교수법 기반 시험전략 교수 단계별 목표 및 활동 내용

단계	단계명	회기	목표	활동 내용
1	시험전략 진단검사 및 배울 약속 얻기	1	• 시험전략 사용 수준을 진단할 수 있다. • 시험을 잘 치르기 위해 시험전략을 배울 약속을 정할 수 있다.	• '시험' 하면 떠오르는 것들 연상 게임하기 • 시험전략의 필요성 알기 • 시험전략 진단검사 • 시험전략을 배울 약속하기
2	설명하기	2~4	• 시험전략을 응용할 수 있는 상황을 알 수 있다. • 시험전략의 각 단계를 알 수 있다.	• 시험전략 정의하기 • 시험전략의 필요성 알기 • 시험전략 진행표 짜기 • 시험전략의 각 단계 설명하기 • 시험전략과 함께 공부의 중요성 알기
3	시범 보이기	5~6	• 시험전략 기억장치를 외울 수 있다.	• 시험 전략 기억장치 점검하기 • 교수자가 시험전략 사용 시범 보이기
4	소리 내어 연습하기	7~8	• 시험전략 기억장치를 외울 수 있다.	• 시험 전략 기억장치 점검하기 • 말 빨리 받아 소리내어 연습하기 • 암시카드 보고 빨리 외우기 • 암시카드 없이 빨리 외우기 • 릴레이 게임하기
5	통제된 연습하기	9~10	• 시험전략의 통제된 연습에서 숙달 수준에 도달할 수 있다.	• 시험전략 기억장치 점검하기 • 시험전략 사용하여 난이도가 낮은 시험지 풀기 및 피드백 • 숙달 수준인 90점이 될 때까지 계속 연습
6	학년 수준 연습하기	11~12	• 시험전략을 실제 시험에 사용하여 숙달 수준에 도달할 수 있다.	• 시험전략 기억장치 점검하기 • 시험전략 사용하여 학년 수준 시험지 풀기 및 피드백 • 숙달 수준인 90점이 될 때까지 계속 연습

단계	단계명	회기	목표	활동 내용
7	시험전략 향상도 검사 및 일반화시킬 약속 정하기	13~14	• 시험전략 향상도를 알 수 있다. • 시험전략을 일반화시킬 약속을 정할 수 있다.	• 시험전략 기억장치 점검하기 • 시험전략 향상도 검사 및 피드백 • 일반화시킬 약속 다짐하기 • 숙달 수준 90점, 미도달 시 5단계나 6단계로 돌아가서 반복

8	일반화
	(방향 제시,
	활성화, 유지)
		15~20	• 시험전략을 쓸 수 있는 상황과 경우를 알고 실생활에 적용할 수 있다.	• 방향 제시 단계: 시험전략을 쓸 수 있는 상황 찾기
				  – 암시카드 만들기
				  – 다짐카드 만들기
				• 활성화 단계: 쪽지시험, 중간시험 등 실제 시험에서 사용한 시험전략 활용 보고서 작성 및 피드백
				• 유지단계: 시험전략 교수가 끝나도 시험전략을 기억하고 있는지 시험전략 기억장치 점검하기
				• 활성화 단계가 끝나고 4주 후에 시험전략 유지검사 및 피드백

〈표 8-5〉는 해당 수업에 대한 수업설계안이며, 직접교수법의 특징인 구체적인 교수자용 스크립트가 미리 작성되어 있고 이를 따라 수업을 진행하였다.

표 8-5 수업설계안

단계	5. 통제된 연습하기		회기	9~10
학습목표	시험전략의 통제된 연습에서 숙달 수준에 도달할 수 있다.			
학습자료	암시카드, 통제된 연습 시험지, 시험전략 채점표, 초시계, 진행표, 관리표			

지도단계	지도항목	지도 내용 및 방법	자료(■) 및 유의점(※)
도입	주의집중 전 수업 검토 학습목표 제시	◉ 릴레이 게임하기 2팀으로 나누어 '보물섬지도' 암호 외우기 초시계로 시간 재기 ◉ 시험전략 기억장치 검토 '수시간이' '지지대' '문공부' '승전비'의 첫 글자를 교수자가 말하면 학습자들이 내용을 말하기 ◉ 학습목표 제시 시험전략의 통제된 연습에서 숙달 수준에 도달하기	■ 초시계 ■ 암시카드
전개	교수자의 수행시범	◉ 일반적 지시사항 제시 "지난 시간에 선생님이 시범을 보였던 시험지와 비슷한 시험지를 나누어 줄 것입니다. 여러분은 시험전략을 사용하여 이 시험을 치러야 합니다." ◉ 숙달 수준 제시 "이 시험의 숙달 수준에 도달하기 위해서 반드시 시험전략의 모든 단계들을 지켜야 합니다. 각 단계를 정확히 따르면 점수를 얻게 됩니다. 숙달 수준에 도달하기 위해서 90점을 얻어야 합니다." ◉ 1단계: 보물을 찾기 위해 준비하라. (교수자가 설명하면서 직접 적용하는 것을 보여 준다.) "보물섬지도에서 보, '보물을 찾기 위해 준비하라'에서 가장 먼저 해야 할 일은 '수시간이' 중 '수' 수험번호, 이름, 보물섬지도를 먼저 쓰는 것입니다. 점수를 받기 위해 모든 페이지에 수험번호와 이름, 그리고 시험전략을 잘 기억하기 위해서 보물섬지도를 적어야 합니다."	■ 초시계 ■ 통제된 연습 시험지 ※ 순서를 단락의 차례대로 매겨 놓을 경우 난이도에 따라 순서를 매겨야 함을 상기시킨다. ※ 학습자들이 시간 배당을 잘하지 못할 경우 '시험시간÷단락'의 수로 계산해야 함을 알려 준다. 나눗셈을 잘하지 못하는 학습자일 경우 한 단락당 쓸 수 있는 시간을 도표화하여 주고, 그것을 보고 선택할 수 있게 한다.

지도단계	지도항목	지도 내용 및 방법	자료(■) 및 유의점(※)
		"'시' 단계에서 점수를 확보하기 위해서는 각 단락마다 숫자가 두 개 써 있어야 합니다. 숫자 하나는 단락을 푸는 데 걸리는 시간을, 다른 하나는 순서를 나타냅니다. 순서를 나타내는 숫자는 동그라미를 쳐서 구별합니다. 각 단락을 푸는 데 걸리는 시간의 합은 주어진 시간과 같아야 합니다." "'간' 단계에서는 적어도 한 마디의 다짐을 자기 자신에게 해야 합니다. 이 시험을 마치고 여러분이 자신에게 어떻게 다짐했는지 물어볼 것입니다. 이 점수를 얻기 위해서는 빨리 자연스럽게 여러분 자신에게 다짐을 해야 합니다. '나는 시험전략을 써서 시험을 잘 볼 거야. 파이팅!' 이런 식으로 말하는 것입니다." "'이' 단계에서 점수를 얻기 위해서는 이 분 이내에 '수시간이' 단계를 마치고 지시사항을 수색해야 합니다. 선생님이 '수시간이'를 한 것을 시간을 잴 것입니다. 지금은 ○○초가 걸렸습니다. 선생님은 지금 여러분에게 보여 주면서 하니까 조금 더 오래 걸렸습니다. 여러분은 더 빨리 마쳐야 합니다." ⊙ 2단계: 물음을 위한 지시사항을 수색하라. "지시사항을 수색할 때 기억해야 할 암호는 무엇이죠?" "지지대요." "가장 먼저 무엇을 해야 하나요?" "지시사항을 끝까지 읽고 무엇을 어디에 등에 줄을 그어야 해요." "그래요. 이 단계의 점수를 얻기 위해 지시사항의 '어디에'와 '무엇을'에 각각 밑줄 그어야 해요." "그 다음에는요?" "대세를 바꿀 수 있는 지시사항인지 잘 봐요."	※ '수시간이' 단계를 2분 이내에 하지 못하는 학습자는 어디에서 무엇을 할 때 시간이 많이 걸리는지 확인한다. 교수자가 보는 앞에서 몇 번 연습하여 시간을 줄여 나가도록 한다. ※ 지시사항의 어디에 밑줄을 그어야 할지 모르는 학습자는 '~을' '~에' 등에 밑줄을 그어야 하는 것을 알려 준다. 교수자가 시범을 보여 준 다음 지시사항을 학습자가 하도록 하고 정확하게 찾을 때까지 여러 문제를 반복한다. ※ 문제 전체를 잘 읽지 않는 학습자에게 그 학습자가 놓친 문제를 보여 주고 문제를 끝까지 읽으면 풀 수 있음을 상기시킨다. 문제를 끝까지 읽었는데도 정답을 찾지 못할 경우에는 교수자가 끝까지 읽고 사고하는 과정을 말로 시범 보인다.

지도단계	지도항목	지도 내용 및 방법	자료(■)및 유의점(※)
	안내된 수행	"그래요. 지시사항이 평소와 다른가를 꼭 확인해야 해요. 각 단락마다 지시사항에 잘 따랐을 때 점수를 얻게 되어 있어요." "자, 그러면 나머지 3, 4, 5단계는 여러분이 스스로 기억해 보세요. 그래서 주어진 시험지를 풀면 됩니다." ⊙ 3단계: 섬세하게 읽고, 기억하고, 제외시켜라. ⊙ 4단계: 지금 답을 쓰거나 아니면 넘어가라. ⊙ 5단계: 도중에 빠진 데로 가서 추측하라. ⊙ 처음 2분 관찰하기 학습자들이 어떻게 과제를 이행하는지 관찰한다. 2분이 지났을 때 학습자들이 지시사항을 읽기 시작하는지를 기록한다.	※ 분명히 부적절한 보기인데도 제외시키지 못하는 학습자에게 제외시키는 것이 시간을 절약할 수 있으며 실수를 줄이는 방법임을 상기시킨다.
	독립된 수행	⊙ 개인별 연습 감독하기 학습자들 사이를 다니면서 각 단계를 사용하고 있는지 확인한다. 각 단계를 사용하지 않거나 부적절하게 사용하면 그 자리에서 지적한다.	
정리	배운 내용 검토	⊙ 평가하기 채점 기준에 따라 채점표에 기록한다. ⊙ 개별 피드백 개별적으로 학습자들에게 채점표를 보여 주고 잘못된 부분을 교정하여 준다. – 긍정적인 피드백 제시 "시험지에 '보물섬지도'를 쓰는 것을 잊지 않았군요. 지시사항의 어디에 무엇에 밑줄을 잘 그었네요. 답을 할 때 지시사항에 잘 따랐어요."	■ 채점 기준 ■ 채점표 ■ 통제된 연습 시험지 ■ 진행표 ■ 관리표 ※ 통제된 연습의 숙달 수준은 90점이다. ※ 긍정적인 피드백: 학습자가 잘한 것을 적어도 3개 정도 말한다.

지도단계	지도항목	지도 내용 및 방법	자료(■) 및 유의점(※)
		– 수정을 위한 피드백 제시 "일단 넘어가는 것을 하지 않았군요. 넘어간 표시가 없네요." "언제 바로 답해야 하고 언제 일단 넘어가야 할까요? 일단 넘어가는 문제를 어떻게 표시해야 할까요?" "다음 시험에서 어떻게 하면 그 실수를 막을 수 있을까요? 답을 잘 모르겠다고 판단하자마자 별 표시를 하고 다음 문제로 넘어가야 합니다. 바로 '승전비' 추측법을 써서는 안 됩니다. 나중에 문제를 일단 한번 다 보고 처음부터 다시 볼 때 넘어간 문제들을 다시 할 수 있어요." ⊙ 목표일 수정 및 진행표 작성하기 만약 학습자가 숙달 수준에 도달하면 축하해 주고 진행표에 통제된 연습 시험 완성일에 기록하도록 한다. 만약 숙달 수준에 도달하지 못하였으면 통제된 연습을 더 하도록 한다. 학습자의 현행 수준에 맞게 학습자과 상의하여 목표일을 수정한다.	※ 수정을 위한 피드백: 학습자가 잘못한 것을 지적한다. 중요한 개념을 검토한다. 향상을 위한 제시를 한다. 실수를 수정하는 방법을 다시 말한다.
	차시예고	⊙ 차시 예고 "다음 시간에는 5학년 수준에 맞는 시험지로 시험전략 사용하는 것을 연습하겠습니다."	

이 연구의 결과, 직접교수법을 적용한 수업에 참여한 학습자 집단이 통제 집단에 비해 학업성취도 및 동기에 유의한 긍정적 효과를 미친 것으로 나타났다.

생각해 볼 문제

1. 직접교수법에 적합한 수업의 상황에 대해 생각해 보시오.
   • 학습목표 및 내용의 특성
   • 대상 학습자 특성
   • 이 교수법이 최선인 이유, 근거

2. 직접교수법은 주로 개념이나 기술, 절차 등을 교수자의 설명이나 시연을 통해 직접 가르치는 것이 주요 특징 중 하나이다. 이로 인해 문제해결, 논리적 추론 등의 고차적 사고를 가르치는 것에는 부적절하다는 입장과 여전히 효과적일 수 있다는 입장이 있다. 여러분은 어떤 입장이며 왜 그러한지 근거를 들어 설명해 보시오.

참고문헌

윤기옥, 정문성, 최영환, 강문봉, 노석구(2002). 수업모형의 이론과 실제. 학문출판.

이성영(1996). 직접교수법에 대한 비판적 고찰. 한국초등국어교육, 12, 123-147.

황문영, 강옥려(2014). 직접교수법에 기반을 둔 시험전략 교수가 읽기학습부진 학생의 학업성취도 및 학습동기에 미치는 영향. 학습장애연구, 11(2), 227-255.

Becker, W. C., & Engelmann, S. (1973). Program Description and 1973 Outcome Data: Engelmann-Becker Follow Through. https://files.eric.ed.gov/fulltext/ED096780.pdf

Bereiter, C., & Engelmann, S. (1966). *Effectiveness of Direct Verbal Instruction on IQ Performance and Achievement in Reading and Arithmetic*. Prentice-Hall.

Borich, G. D. (1986). Paradigms of teacher effectiveness research: Their relationship to the concept of effective teaching. *Education and Urban Society*, *18*(2), 143-167.

Carr, E., & Ogle, D. (1987). KWL Plus: A strategy for comprehension and summarization. *Journal of Reading*, *30*(7), 626-631.

Gersten, R., Carnine, D., & Woodward, J. (1987). Direct instruction research: The third decade. *Remedial and Special Education*, *8*(6), 48–56.

Good, J., Grouws, D., & Ebermeier, H. (1983). *Active Mathematics Teaching*. New York: Longman.

Hook, C. M., & Rosenshine, B. V. (1979). Accuracy of teacher reports of their classroom behavior. *Review of Educational Research*, *49*(1), 1–11.

Johnson, A. P. (2010). *Making connections in Elementary and Middle School Social Studies*. SAGE.

Johnson, D. (2010). Learning to Teach: The Influence of a University–School Partnership Project on Pre–Service Elementary Teachers' Efficacy for Literacy Instruction. *Reading Horizons*, *50*(1).

Rosenshine, B. V. (1978). Academic engaged time, content covered, and direct instruction. *Journal of Education*, *160*(3), 38–66.

Swanson, H. L. (1999). Instructional components that predict treatment outcomes for students with learning disabilities: Support for a combined strategy and direct instruction model. *Learning Disabilities Research & Practice*, *14*(3), 129–140.

제**9**장

설명식 수업

인지주의 심리학의 입장에서 보면 학습은 학습자의 인지구조의 변화가 이루어지는 과정이며, 새로운 지식을 학습자가 능동적으로 인지하고 기존의 앎과 새로운 지식 간의 관계를 파악하고 관련짓는 과정에서 학습이 촉진된다고 본다. 이 관점에 기반한 교수 방법은 교수자가 어떻게 학습과정을 촉진할 수 있을지에 초점을 맞추고 있다. 학습자의 인지구조는 학습과정에서 매우 중요한 역할을 하며, 또한 학습자마다 모두 다르기에 학습을 촉진하기 위한 교수전략의 도출은 이에 대한 이해를 바탕으로 이루어져야 한다.

학습의 촉진을 위해 가장 빈번히 활용된 수업방법은 설명일 것이다. 수업에서 다루는 주제에 대한 교수자의 설명은 교수 방법 중 가장 역사가 오래되었고 현재도 가장 빈번히 사용되고 있다. 한편, 설명식 수업방법을 '강의(講義, lecture)'와 동일한 것으로 오해하기도 한다. 일반적으로 강의란 주로 대학 수업에서 교수가 학습자들 앞에서 수업내용을 구두 설명을 통해 전달하는 행위를 말한다. 강의는 수업모형이 갖추어야 할 특정한 전략과 구조에 대한 안내나 지침을 가지고 있지 않다. 반면, 설명식 수업모형은 매우 구조화된 수업형태를 가지고 수업을 어떻게 운영하여야 하는지에 대한 구체적인 지침을 제시한다.

1. 설명식 수업의 개요

설명식 수업(expository instruction)에서 교수자는 수업의 목표를 설정하고 학습자들이 배워야 할 것이 무엇인지 미리 정하여 수업을 구조화한다. 그리고 수업목표와 배워야 할 내용이 무엇인지 명확히 설명하면서 진행하고, 학습자의 수행을 평가하게 된다. 설명식 수업은 교수자주도의 수업방식이며, 학습결과에 대한 책임이 주로 교수자에게 있다. 오수벨(Ausubel)[1]은 대부분의 교수자들이 설명식 수업을 선호하며 설명식 수업은 교실 수업을 조직하기 위한 가장 효과적인 방법 중 하나라고 하였다. 새로운 개념, 주제에 대한 교수자의 명료한 설명, 교수자가 선정한 내용과 관련된 적절한 사례에 대한 소개 등은 학습에 매우 효과적이며 효율적이다. 교수자의 언어로 이루어지는 설명을 통해 해당 내용에 대한 교수자의 스키마, 경험, 신념 등이 학습자에게 전달된다. 개념에 대한 설명, 문제풀이 과정에 대한 설명에서 교수자의 사고의 틀이 외현화되어 학습자들이 관찰할 수 있는 형태가 되기 때문이다. 교수자의 설명은 사회인지 이론에서 제시하는 인지적 모델링(cognitive modeling)이나 구성주의에서 제안하는 인지적 도제(cognitive apprenticeship) 수업에서도 핵심적인 요소이다.

사회인지 이론에서 제시하는 인지적 모델링은 학습과정에서 모델이 보여주는 사고와 문제해결 과정을 인지적으로 모방하는 것으로서 모델은 자신의

---

1) 오수벨(1918~2008)은 미국의 교육심리학자로 인지주의 심리학의 영향을 받아 유의미 수용학습(meaningful reception learning)을 주창하였고, 이를 촉진하기 위한 방법으로 선행조직자(advance organizer)를 제안하였다.

사고와 행동을 언어적인 설명이나 시범을 제공함으로써 학습의 기회를 제공한다. 이를 통해 학습자들은 교수자, 즉 모델의 사고방식을 배울 수 있게 되는데, 예를 들어 수학 교수자가 문제를 푸는 과정을 언어적으로 설명할 때 학습자들을 문제해결의 원리와 기법을 모방하며 학습한다. 인지적 도제 수업에서는 교수자가 보여 주는 학습내용이나 문제에 대한 풀이 과정에 대한 시연이 학습 초기 단계에서 매우 중요시된다. 전문가로서의 교수자가 자신의 문제해결 방식, 분석의 틀, 적용한 이론, 의사결정의 알고리즘 등을 설명을 통해 외현화하는 것을 매우 강조한다. 전문가와 초보자의 지식 구성이나 문제해결 방식의 차이에 대한 여러 연구들이 이러한 전문가의 사고 과정의 외현화의 효과를 지지하고 있다. 이처럼 교수자의 설명은 여러 이론적 관점에서 학습에 긍정적임을 확인할 수 있다.

최근 학습자의 능동성 참여가 강조되는 학습자중심 교육 패러다임에서 교수자중심의 설명식 수업방법에 대한 주된 비판은 새로운 정보에 대한 유의미화, 즉 내용에 대한 깊은 이해를 촉진하지 않는 무기력한 반복학습(rote learning)을 강조한다는 데 있다. 이러한 설명식 수업에 대한 비판에 근거하여 발견학습(discovery learning, inquiry learning)[2]을 제안하기도 하였다. 그러나 오수벨은 설명식 수업에서 학습자의 역할이 오히려 적극적일 수 있고, 유의미 학습이 촉진될 수 있다고 주장한다. 설명식 수업에서 주로 관찰되는 학습자의 신체적 수동성(예: 앉아서 교수자의 설명이나 제시하는 자료를 듣고 받아 적는 행위)이 반드시 지적 수동성을 초래하는 것은 아니며, 학습자가 지적 능동성을 가지고 새로운 내용과 씨름하면서 격렬한 지적 활동이 머릿속에서 일어날 수 있다는 것이다. 따라서 교수자의 교과 내용과 방법에 대한 전문성을 기반으로 하여 논리적으로 유의미한 개념들을 의미있게 조직화하고 학습자들이 지닌 기존 관련 사전지식들을 활성화하는 방식으로 설명식 수업을 진행한다면 매

---

2) 브루너(Bruner, 1915~2016)는 교수자의 학습안내 활동을 최소화하면서 학습자가 스스로 학습목표에 이를 수 있도록 하는 방법으로 발견학습을 주장하였다. 과제를 파악하고 가설을 설정하며 학습을 통해 가설을 검증하는 귀납적 방식의 교수·학습 방법을 제안하였다.

우 효과적일 수 있으며 유의미학습을 촉진할 수 있다고 주장한다.

수업모형은 수업 장면에서 교수자와 학습자 중 누구의 역할이 상대적으로 더 강조되느냐에 따라 교수자중심 수업모형과 학습자중심 수업모형으로 구분될 수 있다. 교수자중심 수업모형은 교수자의 역할이 보다 중시되며, 가르쳐야 할 내용을 매우 구조화되고 순차적인 방식으로 학습자들에게 전달하는 수업 설계자로서의 역할을 강조한다(Ong & Borich, 2006). 대표적인 교수자중심 수업모형으로는 설명식 수업(expository teaching), 명시적 교수(explicit instruction), 완전학습모형(mastery learning) 등이 있다. 이들의 공통점은 교수자중심의 수업방식이며, 교수자의 설명을 주된 수업방법으로 활용하여 학습자의 수용 학습(reception learning)을 강조한다.

최근 학습자중심 교육 패러다임이 지지를 받는 상황에서 '강의식 수업'에 대한 폄하가 빈번히 이루어지고 있는데, 이는 교수자의 설명에 대한 교육적 효과에 대한 비판이 아니라 설명식 수업에서 반드시 이루어져야 할 수업 구조화의 부재, 설계의 느슨함에 대한 비판이 보다 적절할 것이다. 여러 교수·학습 이론과 선행연구들에서 교수자의 설명이 가진 교육적 효과가 검증되었고 다양한 수업모형에서 교수자의 설명이 중요한 구성요소로 포함되어 있으므로 여기서는 설명식 교수모형을 효과적으로 실행하기 위해 여러 학자들이 제시하고 있는 지침을 살펴보고자 한다.

2. 설명식 수업 방법

1) 오수벨의 선행조직자 활용 설명식 수업

오수벨의 교수이론을 한마디로 요약하면 '유의미학습 이론'(meaningful learning theory)이라고 할 수 있다. 학습자를 수동적으로 만들고 유의미한 학습을 저해한다는 설명식 수업에 대한 비판에 대응하고 수업의 유의미성을 확보하기 위한 교수전략을 제시하고 있다. 설명식 수업을 효과적으로 설계한다면 학습자는 교수자가 제시하고 설명하는 새로운 정보를 인지구조 속의 어떤 개념에 포함시킬 것인가를 판단하고, 여러 관점에서 바라보고 자신의 사고의 틀에서 표현해 보려고 하는 등의 지적으로 능동적인 활동이 충분히 일어날 수 있다고 본다. 이를 위해 오수벨은 새로운 내용의 전달에 있어서 학습자가 기존에 가지고 있는 사전지식의 활성화가 필수적이라고 보고, 이를 위해 선행조직자(advance organizer)를 적극적으로 활용할 것을 제안하였다. 선행조직자란 학습자들이 새로운 정보를 조직화하는 것을 돕는 장치로 수업에서 다루는 새로운 학습 내용이 상위 내용이나 정보의 구조와 어떻게 연결되어 있는지를 보여 주는 도구이다. 이는 새로운 내용이 포함된 학문의 구조, 개념의 구조를 반영하고 있기에 학습을 촉진하게 된다. 흔히 선행조직자를 대다수의 교수자가 이미 사용한다고 생각할 수도 있으나 주로 도입부에만 국한되어 있고, 기계적인 전시 학습 상기와 확인으로 진행되는 경우가 대부분이다. 이때 전시 학습, 사전지식의 상기가 모두 선행조직자로서 기능하는 것은 아니다. 배울 내용을 포함하는 포괄적인 형태로 제시되는지 여부가 선행조직자인지 아닌지를 구분할 수 있는 특성이다.

(1) 유의미학습

오수벨에 따르면, 학습이란 새로운 정보를 학습자가 이미 알고 있는 것과 관련 짓는 과정이다. 정보의 수용(reception)을 넘어 학습자의 인지구조에 이미 존재하는 것과 연결하는 것, 이러한 관련 짓기가 바로 유의미학습의 본질이다. 교수자는 이러한 유의미학습이 일어날 수 있도록 수업을 설계하고 제공할 수 있어야 한다. 이러한 맥락에서 설명식 수업모형의 목표는 유의미학습에 있다(Ausubel, 1960).

(2) 선행조직자

설명식 수업방법은 교수자의 설명이 유의미학습을 위한 가장 효과적인 형태가 될 수 있다는 가정에 기반한다. 제공되는 자료가 잘 조직화되어 있고 학습자가 이미 배운 내용과 연결되도록 제시된다면 유의미학습이 일어날 수 있다는 것이다(Good & Brophy, 1995). 오수벨은 많은 교과서가 주제들을 같은 수준의 추상성과 일반성을 갖는 별개의 장으로 분리하여 제시하고 있다고 비판하였다. 새로운 정보를 조직하고 연결하는 데 도움이 되는 방법이 선행조직자의 사용이다. 오수벨에 따르면, 선행조직자의 사용에는 다음의 세 가지 목적이 있다.

- 주요 내용 강조하기: 학습자들의 주의를 주요 내용에 집중시키도록 도와줌.
- 관련 지식 활성화하기: 이미 알고 있는 내용을 상기하도록 함.
- 관계 보여 주기: 주요 포인트 간의 관계를 보여 줄 수 있음. 상위와 하위 관계를 보여 주어 구조를 파악하게 해 줌.

오수벨이 말하는 인지구조란 학습자가 사용할 수 있는 사실, 개념, 원리, 절차 등으로 이루어진 지식 체계를 말한다. 그에 따르면, 인간의 인지구조는 위계적 관계가 있으며, 최상위에는 가장 포괄적이고 추상적인 개념, 그 아래로 구체적인 하위 개념 및 지식들로 구성되어 있다. 그는 학습과제가 논리적 유의미가를 지니는지 여부가 유의미학습을 위한 중요 조건으로 보았는데, 논리적 유의미가는 학습과제가 학습자의 인지구조에 있는 지식과 관련지을 수 있는 가치를 말한다. 그러나 내용의 논리적 유의미가만으로는 유의미학습의 충분조건이 되지 못하기에 새로운 개념이 기존 인지구조와 관계를 지을 수 있는 근거를 제공하고 인지구조에 저장할 수 있도록 하는 관련 정착(anchor)의 의미를 가질 수 있어야 한다. 그 근거를 제공하는 역할을 바로 선행조직자가 하게 된다.

오수벨은 유의미학습을 촉진하기 위한 수업 설계에서 핵심적인 것으로 선행조직자의 제시를 들고 있다. 선행조직자란 가르칠 내용이 학습자의 인지구조에 정착하는 것을 돕기 위해 이미 존재하고 있는 관련 아이디어나 개념을 활용하여 학습과정을 촉진하기 위해 마련된 장치이다. 유의미학습을 촉진하고 효율적인 지식 구조화를 돕기 위해 사용될 수 있다. 선행조직자의 형태는 매우 다양하게 이루어질 수 있다. 개요의 형태이거나 개념의 상하관계를 보여 주는 그림이거나 실물 모형일 수도 있고, 유추, 주요 주제, 생각에 대한 토의가 될 수도 있다. 또한 교수자가 미리 마련한 자료의 요약문일 수도 있다. 어떤 형태의 선행조직자이든 새로운 학습에 효과적이려면 잘 구조화되어야 한다. 가장 효과적인 조직자는 학습자들이 이미 알고 있는 개념, 용어, 명제들을 이용한 그림이나 비유 같은 것이다.

[그림 9-1]은 선행조직자의 예시이다. 체육 수업에서 스포츠의 종류에 대해 가르친다고 할 때, 각 내용을 포괄하고 하위 내용에 대한 관계를 제시하는 선행조직자를 통해 유의미학습을 촉진할 수 있다. 이 내용을 가르치는 책의 구조는 [그림 9-1]과 같다. 목차는 개별 내용을 차례로 보여 줄 뿐 각 개별 내용 간의 관계를 보여 주지는 못한다. 그러나 오른쪽의 선행조직자는 개별 내용의 상위 개념을 보여 주고 그 다음 수준의 개념과 각 하위 개념이 어떻게 연결되는지, 그리고 또 다른 개념과의 관계까지도 보여 주고 있다. 이러한 선행조직자는 교수자가 해당 내용에 대한 구조를 명확히 파악하고 있고, 상위 개념, 관련 개념과의 관계성을 함께 적절히 보여 주도록 조직된다면 설명식 수업의 효과를 증진시킬 수 있고 유의미학습을 촉진할 수 있다.

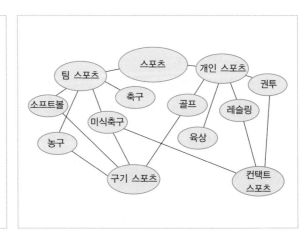

내용의 목차   선행조직자

그림 9-1   내용의 목차와 선행조직자 예시

(3) 포섭자

포섭자(subsumption) 혹은 포섭 개념은 학습자가 인지구조 안에 이미 존재하는 개념, 정보 등을 의미하는 것으로 유의미학습이 일어나는 과정에서 수업이 제시하는 새로운 정보는 관련된 포섭자로 동화된다. 포섭자의 역할은 새롭게 지각된 정보와 이전에 학습된 지식 사이에 연결을 짓는 일이다. 학습과정에서 포섭자는 수정되고 변화히는데 이는 새로운 지식이 동화되기 때문이 일어나는 현상이다. 새로운 정보가 관련 포섭자로 동화되면서 유의미학습이 이루어지고 이렇게 학습된 정보는 더 오랫동안 지속되고 인출 역시 더 잘 이루어질 수 있다.

오수벨의 설명학습의 핵심은 이 선행조직자의 사용에 있다고 해도 과언이 아니다. 직접교수법과 유사한 점이 많으나 선행조직자의 사용이 설명식 학습을 다른 직접교수법, 명시적 교수 방법과 차별화시키는 점이다. 학교에서 가르치는 대부분의 내용은 상호 관련성, 계열성이 있는 것이므로 사전 학습내용은 이후의 학습에 포섭자 역할을 하게 된다고 본다.

오수벨이 제안하는 설명식 수업의 원리는 크게 다음의 여섯 가지가 있다.

① 선행조직자의 원리: 새 학습과제를 도입할 때 제시되는 자료로 높은 수준의 추상성, 일반성, 포괄성을 지닌다. 수업은 미리 설계된 선행조직자의 제시로 시작된다.

② 점진적 분화의 원리: 학습내용 중 가장 일반적이고 포괄적인 것을 먼저 제시하고 점차 세분화된 것으로 분화하여 제시한다는 원리이다. 가장 추상적인 의미를 먼저 제시하고 점진적으로 세부적 내용들이 포섭된다. 이러한 원리는 학습자가 여러 아이디어들을 관련지어 이해하는 데 도움을 준다.

③ 통합 조정의 원리: 새로운 내용은 이미 학습된 내용과 유의미하게 통합되어야 하므로 교육과정은 이를 촉진할 수 있도록 조직되어야 한다는 원리이다.

④ 선행 학습 요약·정리의 원리: 새로운 내용을 배우기에 앞서 이미 학습한 내용을 요약정리하면 학습이 촉진된다는 원리이다. 이 원리의 적용 방법으로는 학습과제의 반복, 확인, 교정, 명료화, 연습 및 복습 등이 있다.

⑤ 내용의 체계적 조직화 원리: 학습내용을 계열적·체계적으로 조직화할 때 학습이 극대화된다.

⑥ 학습준비도의 원리: 학습내용과 관련된 학습자의 기존 인지구조도 중요하나 발달수준도 함께 고려해야 한다.

이와 같은 원리를 적용하여 오수벨이 제안한 선행조직자를 활용한 설명식 수업모형은 선행조직자 제시, 학습과제와 자료 제시, 인지구조 강화의 3단계로 구성된다(Joyce, Weil, & Calhoun, 2017). 각 단계에서 이루어지는 구체적인 수업활동은 다음과 같다.

① 선행조직자 제시: 이 단계는 수업목표의 명료한 설명, 선행조직자 제시, 관련 선행 지식을 상기하는 활동으로 구성된다. 수업목표를 명료하게 제시하는 것은 학습자의 동기유발과 주의집중에 도움이 된다. 이어 가르칠 주제에 대한 내용과 관련된 추상적이고 포괄적 형태의 도입 자료인 선행조직자를 제시한다.

② 학습과제와 자료 제시: 설명할 내용이 위계성이 있는 경우 학습내용들 간의 논리적 위계관계를 고려하여 제시한다. 상위 개념으로부터 시작하여 하위 개념을 제시하고, 내용 간 상호 관련성을 분명히 드러내야 한다.

③ 인지구조 강화: 학습자가 가진 기존 지식과 새로운 지식 간의 통합을 촉진하고 능동적인 지식의 수용, 학습내용에 대한 비판적 접근을 허용하는 기회를 제공한다. 마지막으로 학습내용을 명료화할 수 있는 정리 기회를 마련한다.

이러한 선행조직자를 활용한 설명식 수업모형의 3단계를 보다 구체적으로 다섯 단계로 제시하기도 한다. 5단계 모형은 다음과 같다.

① 선행조직자 제시: 배울 내용에 대한 선행조직자를 활용하여 수업을 시작한다. 학습목표를 제시하고 주요 개념이 무엇인지를 주지시킨다.
② 내용 제시: 배워야 힐 정보를 제시한다. 개념을 가르친다면 정의, 특성을 가르치고, 작은 단위, 구조화된 단계, 논리적인 순서로 새로운 내용을 제시한다. 직접교수법에도 활용되는 신호주기 기법은 선행조직자와 관련한 새로운 정보에 집중하도록 할 수 있다. 능동적 학습을 촉진하고 완전학습을 위해 각 단계에서 질문을 이끌어 낸다.
③ 사례·비사례 제시: 개념의 정의와 속성을 습득한 후 사례(example)를 제시한다. 이어 비사례(non-example)를 제시하고 사례와 비사례 간의 차이를 파악하도록 한다. 비사례에는 없는 개념의 결정적 속성이 무엇인지 파악하게 한다.
④ 복습: 주요 내용을 복습하여 수업을 마무리한다. 선행조직자를 참조한다.
⑤ 확장, 적용: 새로운 내용을 학습자의 말로 설명할 수 있도록 요구하는 활동과 과제를 설계하고 새로운 맥락에서 배운 내용을 적용하고 확장시키도록 한다.

2) 명시적 수업

명시적 수업(explicit instruction)은 학습자들에게 수업내용을 명시적으로 가르치는 모형이다. 이때 명시적이라는 표현은 수업의 절차와 내용 전달의 절차 모두가 매우 뚜렷하고 잘 정의된 방식으로 이루어진다는 의미이다. 토그슨(Torgesen, 2004)은 '어떤 것도 우연에 맡기지 않고 학습자들이 스스로 지식이나 기술을 습득한다고 가정하지 않는 수업'을 명시적 수업이라고 설명하고 있다. 로젠샤인(Rosenshine, 1987)은 '모든 학습자가 작은 단계로 학습을 진행하면서 이해 정도를 확인하고, 적극적으로 참여를 하도록 하는 체계적 교수 방법'이라고 설명한다. 학습자의 성취도를 증진시키기 위한 교수행동으로 구성되어 있으며, 모델링, 질의 응답의 기회, 안내된 연습과 독립적인 개별 연습 기회를 제공하게 된다. 교수자는 새로운 지식에 대한 모델링과 함께 직접적인 설명을 사용하여 학습자가 해야 할 일들을 명시적으로 전달한다(Fletcher et al., 2019). 이 수업모형의 특성은 설명식 수업, 직접교수법의 특성을 공유하나 좀 더 세분화된 내용과 학습단계의 분절화와 진행, 잦은 이해도 확인, 학습자들이 할 일에 대한 명시적 전달이 보다 강조되었다고 볼 수 있다.

명시적 수업의 16가지 전략은 〈표 9-1〉과 같다(Archer & Hughes, 2011).

표 9-1 명시적 수업의 16가지 전략

	전략	예
1	**필수적인 내용에 집중하라.** 학습자의 요구에 대응하고 미래에 필요한 능력을 배양할 수 있는 개념, 용어, 규칙, 전략, 기능을 가르쳐라.	'식물' 단원을 가르칠 때, 식물의 유형에 대해 집중하기보다는 식물을 결정적 속성과 식물의 생존에 필요한 조건에 집중하여 가르친다. 식물의 부분과 식물의 생존에 대한 지식이 식물의 다양한 유형에 대해 아는 것보다 학습자의 미래에 더 중요한 배움이다.
2	**기술을 논리적인 순서로 가르쳐라.** 쉬운 것에서 어려운 기술로, 빈번히 사용되는 기술을 먼저 가르친다. 해당 기술을 가르치기 전 필수적 기술이 숙달되었는지 확인한다. 혼동될 수 있는 유사한 전략을 분리해서 가르친다.	10씩 묶어서 하는 두 자릿수 덧셈을 가르치기 전에 단순 덧셈을 가르친다. 두 자릿수 덧셈에 필요한 사전 학습이 잘 되어 있는지 확인한다.
3	**복잡한 기술이나 전략을 작은 단위로 나누어라.** 작은 단계로 나누어 가르친다. 복잡한 기술을 작은 단위로 나누면 인지적 부하를 줄일 수 있다. 일단 각각을 완전히 학습한 후 종합한다.	과학 수업에서 빛과 소리에 대한 새로운 단원을 가르친다면, 모든 내용과 기술을 하루에 가르치지 않는다. 내용을 더 작은 단위로 나누어 각각을 가르친다. 작은 단위를 모두 가르친 후 전체 단원을 종합하면서 리뷰한다.

	전략	예
4	**조직화된 수업을 설계하라.** 주어진 수업시간을 최적으로 활용할 수 있도록 수업이 조직화되고 집중되어 있는지 확인한다. 조직화된 수업은 주제중심으로 설계되고 순서가 잘 짜여 있으며 관련 없는 내용이나 활동을 포함하지 않는다.	수업계획을 할 때 가르칠 내용, 가르칠 순서, 활동, 장소 등을 고려한다. 수업은 필수적 내용을 중심으로 설계되어야 하며, 언제, 어떻게 그 내용을 가르칠지에 대해 집중되어야 한다.
5	**수업의 목표와 교수자의 기대에 대한 명확한 진술로 수업을 시작하라.** 수업에서 무엇을 배울 것인지 왜 이 수업 내용이 중요한지에 대해 명확하게 설명한다. 학습자들은 수업목표와 기대되는 결과물이 무엇인지, 다루는 정보와 기술이 학습자에게 어떤 도움이 될지에 대해 잘 이해할 때 성취도가 높아진다.	수업을 시작할 때 무엇을 배울지, 또 왜 이것을 배우는 것인지에 대해 설명한다. 또한 이 수업에 대해 교수자가 가진 기대에 대해 학습자에게 설명한다. 이러한 주제를 배우는 것이 왜 필요한지, 교수자는 어떠한 기대를 가지고 있는지에 대해 설명한다.
6	**수업 시작 전에 사전에 학습한 기술과 지식을 언급하라.** 적절한 정보를 언급한다. 학습자들이 이 수업에서 배울 내용에 필요한 사전학습이 잘 되어 있는지를 확인한다. 새로운 정보와 기존 지식을 연결시키는 기회가 된다.	두 자릿수와 두 자릿수의 곱셈 수업을 시작할 때, 학습자들이 적절한 곱셈 기술을 가지고 있는지 확인해야 한다. 가지고 있지 않다면 먼저 이전 수업 내용을 복습해야 한다. 기본적 곱셈 기술이 오늘 배울 곱셈과 어떻게 연결되는지에 대해 설명해야 한다.
7	**단계적 수업을 제공하라.** 하나의 과제나 절차를 완수할 때 필요한 의사결정 과정을 명확히 하고 그 기술을 모델링한다.	새로운 기술이나 내용을 모델링을 통해 가르치고 학습자들과 함께 해 보고, 마지막으로 학습자가 스스로 할 수 있도록 하는 안내된 연습 기회를 제공한다.
8	**명확하고 간결한 언어를 활용하라.** 일관되고 모호하지 않은 용어를 사용한다. 교수자의 말이 복잡할 경우 혼란을 야기할 수 있다.	날씨에 대해 가르칠 때, 구름을 구름이라고만 말하지 않는다. 적란운, 층운 등의 구체적인 용어를 사용한다. 구름에 대한 간결한 용어를 사용하는 것은 가르치는 내용의 한 부분이다. 같은 단어와 용어를 사용하게 되면 수업 내내 일관되게 사용하는 것이 좋다.

	전략	예
9	**적절한 사례와 비사례를 충분히 제공한다.** 언제 그 기술, 전략, 개념, 규칙을 사용할지, 또 언제 그것들을 사용하지 않는지에 대한 범위를 마련해준다.	명사에 대해 가르칠 때, 사례와 비사례를 제시하면 학습자들은 명사를 구분해 낼 수 있게 된다. 사례와 비사례의 제시는 학습자들로 하여금 명사의 결정적 속성과 가변적 속성을 구분할 수 있게 한다.
10	**연습 기회를 안내하고 지원하라.** 성취를 촉진하고 자신감을 갖게 하려면 연습기회의 어려움을 조절해 주어야 한다. 학습자들에게 안내를 제공하고 잘 할 경우 그 안내의 수준을 줄여나가면 된다.	100문제의 뺄셈 문제를 한꺼번에 주는 대신 다섯 문제를 먼저 교수자와 함께 풀 수 있는 기회를 마련하고, 그 이후에 다섯 문제를 옆에 앉은 친구와 풀게, 그리고 나머지 다섯 문제는 스스로 풀 수 있게끔 마련한다.
11	**빈번하게 반응하도록 요구하라.** 질문을 활용하여 교수자–학습자 간의 상호작용의 수준을 높여라. 학습자에게 질문에 빈번히 반응하도록 요구하게 되면 수업의 내용에 집중하도록 돕고 학습자가 내용을 정교화할 수 있는 기회를 제공하게 된다.	수업 중에 학습자의 반응을 빈번하게 하면 학습자가 수업에 능동적으로 참여하게 할 수 있다. 또한 학습자의 학습 과정을 자주 관찰할 수 있게 된다.
12	**학습자의 수행을 면밀히 모니터링하라.** 학습자의 반응을 주의깊게 관찰하고 경청한다. 내용을 잘 이해했는지 확인하고, 학습자들이 실수를 한다면 교정을 위해 수업 시간을 적절히 조정할 수 있게 된다. 면밀한 모니터링은 학습자의 수행에 대한 피드백을 제공할 수 있도록 한다.	학습자들에게 "자동차가 명사인가?"라는 질문을 할 때, 모든 학습자가 아니라고 한다면 사례와 비사례를 들어 다시 그 내용을 가르쳐야 한다. 안내된 연습을 할 때 두 명의 학습자들이 명사를 파악하는 데 어려움을 겪는다면 그 두 학습자를 대상으로 다시 가르칠 수 있다.
13	**긍정적이고 교정적인 피드백을 즉각적으로 제공하라.** 할 수 있는 한 학습자의 반응에 빠르게 피드백하라. 학습자가 보인 반응에 대한 즉각적인 피드백은 성취도를 높이고 실수를 줄여 준다.	피드백은 학업성취도를 높이는 가장 효과적인 방법이다. 즉각적이고 교정적인 피드백을 제공하면 학습자들의 긍정적 학습 결과를 증진시킬 수 있다. 긍정적 피드백도 중요하다. 긍정적이면서 구체적인 피드백을 제공하면 학습자들이 수업에 보여주는 노력과 학습을 인정해 주는 느낌을 줄 수 있다.

	전략	예
14	**빠른 속도로 수업을 진행하라.** 수업시간을 최적으로 활용하려면 적절한 속도로 진행하는 것이 필요하다. 빠르게 수업내용을 제시하되 학습자가 생각하고 처리할 수 있는 적절한 시간을 포함해야 힌다. 이상적인 속도는 학습자들이 지루할 정도로 느리지 않고, 학습자가 따라잡을 수 없도록 빨라도 안 된다.	학습자들이 빈번히 반응할 수 있는 기회를 줄 수 있을 만큼 빠른 속도로 수업을 진행한다. 이렇게 되면 학습자들의 참여도를 높일 수 있다.
15	**학습자가 지식을 조직화할 수 있도록 지원하라.** 학습자들은 배우는 기술과 개념이 어떻게 연결되는지 파악하는 데 어려움을 겪는다. 이 연결을 보다 명시적으로 드러낼 수 있는 수업 전략이 필요하다. 잘 조직화되고 연결된 정보는 학습자가 인출하기 더 용이하고 새로운 내용을 학습할 때 통합을 촉진한다.	광합성의 방식을 가르칠 때, 식물의 부위와 그 부위의 기능을 연결시켜 설명하면 학습자들의 이해를 촉진할 수 있다. 적절한 내용과 기술을 함께 연결하면 학습자들이 내용을 더 쉽고 빠르게 파악하고 인출할 수 있게 된다.
16	**분산된 연습, 누적적 연습 기회를 제공하라.** 분산된 연습 기회는 시간을 두고 하나의 기술을 연습하는 다회의 기회를 제공하는 것을 말한다. 누적적 연습은 이전 연습했던 기술을 포함하여 계속 새로운 기술의 연습 기회를 마련하는 것이다. 연습 기회를 여러 번 제공하게 되면 자동화 및 파지를 높이는 데 도움이 된다.	사전에 학습된 기술과 현재 다루는 기술 모두를 연습하는 여러 번의 연습 기회를 제공한다면 이미 배운 기술도 잊어버리지 않게 되고 새로운 기술을 연습할 수 있는 기회가 된다. 연습 기회는 수업 중, 수업 후 기간에 걸쳐 여러 번 주어질 수 있다. 이렇게 되면 연습 기회도 늘어나고 학습자의 이해나 수행 수준을 모니터링할 수 있는 기회도 늘어나게 된다.

출처: Archer & Hughes (2011), pp. 2-3.

3. 설명식 수업 사례

수업의 목표는 매우 다양하지만 다수의 수업이 새로운 개념을 가르치는 목적으로 이루어진다. 개념은 생각이나 경험을 구조화하는 생각의 단위로 정신적 추상화를 필요로 한다. 사회과학에서 자주 다루는 것으로 이를테면 '자유, 변화, 공감, 상호 의존성, 공정, 종교, 정의, 가치' 등이 모두 가르치고 배우는 개념이다. 하나의 개념에는 본질적인 특성 혹은 결정적 속성이 있다. 예를 들어, 국가라는 개념에는 국경으로 구분되고, 정부기관이 있고, 경제 시스템이 존재하고, 의사결정을 하는 자주권이 있다는 속성을 가지고 있다. 따라서 개념 학습은 그 개념에 적합한 사례를 인지할 수 있어야 하고 사례와 비사례를 구분할 수 있어야 한다. 욕구(need)와 바람(want)의 개념을 가르치는 수업에서 직접교수법을 적용한 사례는 다음과 같다(Johnson, 2010).

- 개념의 정의를 제시한다: 가르치려는 개념의 정의를 학습자들에게 친밀한 단어나 개념을 활용하여 설명한다. 사전적 의미나 용어보다는 학습자의 수준과 경험에 기반한 용어를 활용한다.

    "여러분, 욕구와 바람의 개념을 알아볼까요? 욕구란 반드시 필요한 것을 가지고 싶은 마음이에요. 바람은 꼭 필요하지는 않지만, 또 없어도 되지만 가지고 싶은 마음이에요. 우리가 무인도에 표류되었다고 생각해 봅시다. 이때 물을 마시고 싶은 마음은 욕구예요. 물을 마시지 않으면 우리는 살 수 없으니까요. 그럼 이때 친구들과 SNS를 하고 싶고 불멍을 하고 싶다는 마음은 바람이라고 할 수 있어요. 꼭 하지 않아도 생존에는 지장이 없지만 있으면 좋겠다는 마음인 것이죠."

- 개념의 결정적 속성을 제시한다: 그 개념에 속한 모든 결정적 속성을 설명한다. 개념 지도를 활용할 수도 있다. 위계적 수준, 여러 속성 간 관계를 보여 줄 수 있는 시각적 표현물을 제공한다([그림 9-2] 참조). 개념 지도는 가르치는 과정에서도 활용할 수 있고 수업 후 후속활동에도 활용할 수 있다.

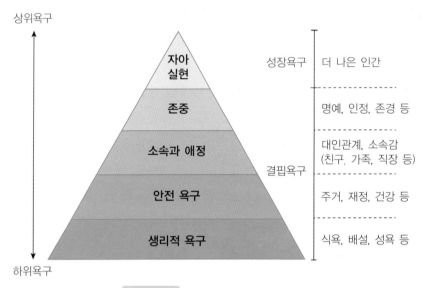

그림 9-2 매슬로의 욕구위계이론

- 개념의 사례를 제시한다: 초보 교수자는 개념의 사례를 너무 적게 제공하는 경향이 있다. 학습자들이 개념에 대해 충분히 학습하기 위해서는 충분히 많은 사례가 제공되어야 한다. 개념의 속성 차트(〈표 9-2〉)를 활용하여 제시할 수 있다.

표 9-2 개념의 속성

	없으면 살 수 없음	생존에 도움이 됨	삶을 보다 즐겁고 낫게 만들어 줌	매일 활용함
TV			✓	
음식	✓	✓	✓	✓
컴퓨터			✓	
옷	✓	✓	✓	✓
빗			✓	
버스/지하철	✓	✓	✓	✓

- 개념의 비사례를 제시한다: 배우는 개념과 유사하지만 그 개념의 사례가 아닌 것을 구분할 수 있어야 한다. 결정적 속성을 활용하여 왜 비사례가 될 수 밖에 없는지를 설명할 수 있어야 한다.

- 개념을 파악할 수 있는 안내된 연습을 활용한다: 사례와 비사례를 모두 제시하고 각 사례들이 개념에 속하는지 아닌지를 구분하고 이유를 설명하도록 요구한다. 이 연습은 형성평가로 활용될 수 있고, 연습 결과는 학습자에게 다시 개념 설명이 필요한지 아닌지를 결정할 근거가 된다.

욕구와 바람의 설명으로 가장 적절한 것은?
- ☐ 욕구는 생존을 위해 필요한 것이고, 바람은 우리가 그냥 가지길 바라는 것이다.
- ☐ 욕구는 필요한 것이고, 바람은 필요하지 않은 것이다.
- ☐ 차이가 없고 같은 말이다.
- ☐ 욕구란 심리적·사회경제적 관점에서 그 기능이 필요한 것을 말하고, 바람은 우리의 욕구를 충족시키기 위한 구체적인 방법을 말한다.

다음 중 절대 충족될 수 없는 것은?
- ☐ 욕구
- ☐ 바람
- ☐ 욕구와 바람 모두
- ☐ 욕구와 바람 모두 충족될 수 있음

경제학자들이 사용하는 용어로 요구와 바람을 가진 이론적 소비자를 설명하는 것은?
- ☐ 사람
- ☐ 소비자
- ☐ 이성적 인간
- ☐ 경제적 인간

다음 여러 가지를 두고 필요와 바람으로 구분해 봅시다. 구분한 후 왜 그것이 필요한 것인지 바람인 것인지 두 개념의 결정적 속성을 활용하여 설명해 봅시다.

- 음식(욕구/바람)
- 고양이(욕구/바람)
- 롤러 스케이트(욕구/바람)
- 영화(욕구/바람)

- 개념 학습을 강화하기 위하여 개별 연습을 수행한다: 개별 학습자가 배운 개념을 활용하는 활동을 진행한다. 교실 안에서 이루어질 수도 있고 과제로 부여될 수도 있다. 이 활동의 목적은 수업에서 가르친 개념을 강화하는 데 있다. 개별적으로 이루어질 수도 있고, 소집단으로 이루어질 수도 있다.

생각해 볼 문제

1. 많은 교육이론가들이 설명식 수업방법의 타당성에 이의를 제기하고 설명식 학습의 수동성을 비판하고 있다. 이에 대해 오수벨의 입장에서 이러한 비판에 대해 논리적으로 대응해 보시오. 설명식 수업의 장점이 무엇이고 어떠한 조건일 때 이 수업방법이 효과적일지에 대해서 설명해 보시오.

2. 앞으로 가르칠 과목의 한 단원을 선정하고 한 차시의 수업에서 설명식 수업으로 진행하고자 할 때 제시할 선행조직자를 개발해 봅시다. 완성된 선행조직자를 동료의 선행조직자와 비교해 보고, 효과적인 선행조직자가 갖추어야 할 특성에 비추어 평가해 보시오.

참고문헌

Archer, A. L., & Hughes, C. A. (2011). *Explicit instruction: Effective and efficient teaching*. Guilford Press.

Ausubel, D. P. (1960). The use of advance organizers in the learning and retention of meaningful verbal material. *Journal of Educational Psychology, 51*(5), 267.

Good, T. L., & Brophy, J. E. (1995). *Contemporary educational psychology*. Longman/Addison Wesley Longman.

Fletcher, J. M., Lyon, G. R., Fuchs, L. S., & Barnes, M. A. (2019). *Learning disabilities: From identification to intervention*. Guilford Publications.

Johnson, A. P. (2010). *Making connections in elementary and middle school social studies*. SAGE.

Joyce, B., Weil, M., & Calhoun, E. (2017). *Models of Teaching*. 박인우, 이용진 역. 교수모형. 아카데미프레스.

Ong, A. C., & Borich, G. D. (Eds.). (2006). *Teaching strategies that promote thinking: Models and curriculum approaches*. McGraw-Hill.

Rosenshine, B. (1987). Explicit teaching and teacher training. *Journal of Teacher Education, 38*(3), 34-36.

Torgesen, J. K. (2004). Lessons learned from research on interventions for students who have difficulty learning to read. In P. McCardle & V. Chhabra (Eds.), *The voice of evidence in reading research* (pp. 355-382). Brookes.

제10장

탐구학습

탐구학습(inquiry learning/inquiry-based learning)은 1960년대의 발견학습 운동에서 시작된 교육 방법으로 행동주의의 영향을 받은 직접교수법에 대한 대안으로 시작되었다. 1900년대 이전 대부분의 교육자들은 과학을 직접 교수를 통해 가르쳐야 하는 지식체로 보았다. 그러나 1909년 존 듀이(John Dewey)가 과학 교육이 너무 누적된 정보를 강조하고 사고 방법이나 태도로서의 과학을 소홀히 하고 있다고 지적하면서, 탐구로서의 과학을 강조하였다. 학습자를 교육의 주체자로 보고 그들의 적극적인 참여와 활동을 강조하는 듀이의 경험 학습과 귀납적 추론을 강조하는 반성적 사고는 탐구학습의 기초를 이루었다. 이후 1960년대 존 슈밥(Schwab)에 의해 탐구학습 모형이 체계화되었다(National Research Council, 2000).

탐구학습은 교수자가 가르칠 내용을 자세하고 체계적으로 설명하는 직접교수법과 달리 학습자 스스로의 탐구와 발견을 중시하는 인지주의적 교수·학습 방법이다. 탐구학습은 주로 과학적 절차와 데이터, 증거가 중요한 과학 및 사회 교과를 중심으로 실천되어 왔다. 그러나 1990년대 후반부터 구성주의가 확산되면서 다양한 분야에서 관심을 받게 되었다. 학습자의 탐구 활동을 중요시하는 초기 탐구학습의 형태는 문제를 활용한 탐구로 발전하면서 구성주의적 교수·학습 방법의 근간이 되었다. 최근에는 테크놀로지의 발달로 탐구의 영역 및 방법을 확대할 수 있는 환경이 제공되면서 탐구학습이 다시 주목받고 있다.

1. 탐구학습의 개요

1) 탐구학습의 정의

탐구(inquiry)란 지식 자체가 아니라 지식을 얻기 위한 과정과 방법 또는 활동을 말한다. 탐구에 대한 개념은 학자에 따라 다양하게 정의되어 왔다. 서치만(Suchman, 1960)은 탐구란 '학습자들이 스스로 어떤 자연 현상을 설명하는 가설을 터득하는 것'이라고 정의하였고, 갤러거(Gallagher, 1971)는 '환경으로부터 지식을 획득하고 이를 조직하는 과정'이라고 정의하였다. 한편, 과학적 탐구를 강조한 윌슨(Wilson, 1974)은 '문제를 유발하는 자극에 대하여 그 변인과 속성을 탐색하고 발견해 나가기 위해 수행되는 광범위한 활동'이라고 정의하였고, Quintana 등(2004)은 '질문을 던지고 실험을 통해 변수를 직접 조작하거나 기존 데이터와 비교하는 등 경험적 데이터를 가지고 질문을 탐구하는 과정'이라고 정의하였다. 이들의 정의를 종합하면 탐구란 '지식 자체가 아니라 지식을 얻기 위한 과정과 방법 또는 활동을 의미하며, 어떤 문제 상황에 대한 원인을 밝히기 위해 학습자 스스로 문제와 관련된 자료를 수집하고, 분석하여 과학적으로 입증하는 과정'이라고 할 수 있다.

탐구학습은 이러한 일련의 탐구의 방법과 과정을 학습에 적용함으로써 논리적이고 비판적인 사고를 발달시키고, 학습자 스스로 지식을 발견하는 과정을 경험하도록 돕는 것이다. 또한 탐구학습은 조사 및 탐색 활동을 통해 학습자가 지식 획득 과정에 주체적으로 참여함으로써 지식을 확장할 수 있는 학습자중심의 교수·학습 방법이다(Bell, Smetana, & Binns, 2005; Sutiani, Situmorang, & Silalahi, 2021).

탐구학습에는 계획 수립, 가설 설정, 실험 설계, 자료 수집, 가설 검증, 결과 제시 등의 활동이 포함된다. 이 활동들을 통해 학습자들은 결과를 계획하고, 실행하며, 해석에 필요한 추론 기능을 개발할 수 있다. 이러한 특성으로 인해 탐구학습은 특히 과학 및 사회 교과에서 널리 활용되고 있으며, 학습자들이 과학적 탐구 과정에 적극적으로 참여할 수 있는 기회를 제공하고 과학적 문제 해결을 통해 비판적 사고 능력을 기를 수 있게 한다.

탐구학습은 역사적으로 소크라테스의 대화법, 듀이의 경험중심학습, 브루너(Bruner)의 발견학습에 뿌리를 두고 있다. 하지만 최근에는 구성주의 인식론이 반영된 교수·학습방법으로 새롭게 주목 받으면서 탐구기반학습(Inquiry-Based Learning)이라는 용어로 많은 연구가 이루어졌다(Kirscher et al., 2006; Schunk, 2016). 구성주의 이론에서는 탐구란 세계를 보는 철학적 세계관의 변화를 의미하므로 탐구기반학습은 탐구를 학습을 위한 주요 기제로 삼고 고차적 사고력과 자기주도적 학습 능력을 기르기 위한 교수·학습방법으로 인식되었다. 탐구기반학습의 탐구를 위한 방법은 이후 사례기반학습, 문제중심학습, 프로젝트기반학습 등 다양한 구성주의적 교수·학습방법의 기초가 되었다. 탐구기반학습은 다른 접근방법에 비해 학습자들이 자료를 처리하는 과정을 더 중시하며 문제의 형식보다는 일반적인 탐구 방법에 초점을 둔다는 점에서 문제기반학습보다 포괄적인 접근이라 할 수 있다.

2) 발견학습과 탐구학습

탐구학습은 발견학습과 동일한 개념으로 사용되기도 한다(Schunk, 2016). 두 방법 모두 학습자 스스로 문제를 탐구하고, 원리를 발견하게 한다는 의미에서 공통점을 지니지만 발견학습의 원리를 이해하는 것은 탐구학습의 특성을 정확히 이해하는 데 도움이 된다.

발견학습(discovery learning)은 1960년대 브루너에 의해 제안되었다. 브루너는 주입식 교육에 대립되는 개념으로 발견학습을 제시하면서 학습자들에게 학문의 결과보다도 사고 과정을 가르쳐야 한다고 주장하였다. 그는 어린 학습자라 할지라도 학자와 동일한 지적 활동을 하도록 가르치고 배워야하며, 교수자가 가르쳐야 하는 내용은 '지식의 구조'라고 주장하였다.

브루너는 지식의 최전선에서 새로운 지식을 만들어 내는 학자들이 하는 것이나 초등학교 3학년 학습자가 하는 것이나 모든 지적 활동은 동일하다고 주장하였다. 교수자는 학습자들로 하여금 물리학자나 수학자와 동일한 지적 활동을 하도록 가르쳐야 하며, 이를 위한 방법이 지식의 구조를 가르친다는 것이다. 지식의 구조를 가르친다는 것은 '물리학을 주제로 가르치는 것이 아니라 사고방식으로 가르치는 것'을 말한다. 이렇게 물리학자와 동일한 지적 활동을 하도록 가르치고 배우는 방법을 발견학습이라고 한다. 발견학습에 따르면, 학습자는 물리학자나 수학자와 동일한 지적 활동을 해야 과학이나 수학을 배울 수 있는 것이다.

발견은 일반적인 규칙, 개념, 원리를 형성하기 위해 특수한 사례를 연구하는 귀납적 추론(inductive reasoning)의 한 유형이다(권재술 외, 2012). 따라서 발견학습은 가설을 구성하고 검증하는 활동을 포함한다. 과학이라는 학문은 사실의 덩어리가 아니라 지식을 처리할 수 있는 장치를 말한다. 과학을 가르친다는 것은 학습자들에게 과학적 사실을 가르치는 것이 아니라 과학을 할 수 있도록 가르쳐야 하는 것이며, 이를 위해서 브루너는 학습자들에게 학문의 기본적 구조를 제시하되 학습자들로 하여금 스스로 발견할 수 있도록 그 과정을 설계해야 한다고 주장하였다. 이는 지식의 구조를 가르치는 방법상의 원리로서 '탐구'의 중요성을 나타내는 것이다.

그러나 발견학습이 곧 탐구학습은 아니다(정건상, 1991; Schunk, 2016). 탐구학습은 발견학습의 한 형태로 교수자의 지시가 보다 구조화되어 있는 특징을 갖는다. 발견학습은 학습자들에게 제공되는 정보가 최소한으로 제한된 상태에서 학습자들 스스로가 임의적인 탐색을 통해 원리를 발견하도록 하는 것을 의미한다. 반면에 탐구학습은 발견이 가능하도록 잘 조직되고 구조화된 자료가 제공되고, 치밀하게 짜인 사전 계획에 따라 적절한 토론 과정과 교수자의 안내를 통하여 발견에 도달할 수 있도록 지도받는 상황을 의미한다. 특히 학습자들은 탐구학습을 통해 과학적 원리를 발견할 수도 있지만 발견은 탐구에 의해서만 발생하는 체제가 아니라는 점에서 두 개념에 차이가 있다. 예를 들면, 발견학습은 자료를 관찰하고 추리하는 귀납적 사고 과정만을 통해서도 일어날 수 있지만, 탐구학습은 보다 계획적이고 규칙적인 절차(가설 설정, 실험 등)에 따라 원리를 탐구하게 된다.

탐구학습은 학습자로 하여금 학문적 지식(지식의 구조)을 학자가 연구를 수행하는 방식으로 탐구하도록 한다는 원리에 기반한다. 학자들이 하는 일이란 지금까지 밝혀지지 않은 새로운 원리를 탐구하고 발견함으로써 현상을 보다 잘 이해하는 것이다. 이와 마찬가지로 교과를 배우는 학습자도 질문을 던지고 스스로 탐구하여 문제를 해결해야 한다는 것이 탐구학습의 본질이다.

3) 탐구학습의 효과

(1) 개념과 원리의 이해

탐구 활동은 학습을 위한 유의미한 맥락을 제공함으로써 지식 획득에 기여할 수 있다. 탐구는 문제 형성, 학습에 대한 요구, 발견과 개선, 적용의 방법으로 학습 내용을 이해하는 데 도움을 줄 수 있다(권재술 외, 2012).

- 문제 형성: 탐구 활동은 학습자들에게 자신이 가진 지식의 한계를 깨닫게 하거나 지식의 격차를 인지하게 할 수 있다. 개인이 가진 지식의 한계는 호기심을 유발하는 문제 상황에서 드러나며, 그러한 문제 상황에서 유발된 호기심은 학습동기를 유발한다. 따라서 탐구학습에서 교수자는 학습

자들에게 문제나 사례를 제시하고 그들에게 일반적인 규칙이나 이론을 찾아내도록 요구함으로써 학습을 유도할 수 있다.

- 학습에 대한 요구: 탐색을 성공적으로 수행하기 위해서는 학습 내용에 대한 지식이 필요하다. 따라서 탐구 활동을 설계하기 위해서는 학습자들에게 성공적인 탐색을 위해 필요한 학습을 요구해야 한다. 이때 학습자들은 탐구를 통해서 관련 지식을 습득하게 된다.
- 발견과 개선: 탐구 활동은 학습자들에게 질문에 대한 답을 구할 기회를 제공함으로써 학습자들이 새로운 과학적 원리를 발견하고 기존 지식과 이해를 개선하게 할 수 있다.
- 적용: 탐구 활동은 연구 질문을 해결하는 과정에서 학습자들이 습득한 지식을 적용할 기회를 제공하게 된다. 적용 기회를 통해 학습자들은 지식을 향후 사용될 방법으로 재조직하게 되고, 기존의 지식과 다른 지식과의 연결을 풍부하게 할 수 있다.

(2) 일반적인 탐구 능력의 개발

탐구학습에서는 교수자가 탐구 질문을 제시할 수도 있지만 학습자가 만든 질문에 의해 탐구가 주도되기도 한다. 일반적인 탐구 능력은 연구 질문을 제기하고 정제하며, 조사 방법을 계획하고 관리하며, 결과를 분석하고 의사소통하는 것을 포함한다. 탐구활동은 이러한 일반적인 탐구 능력을 개발하고 실행할 수 있는 기회를 제공한다. 또한 탐구학습은 학습자들로 하여금 지식 획득 자체보다는 지식 획득의 과정과 방법에 관심을 두도록 함으로써 탐구의 과정과 방법을 학습하도록 촉진한다.

(3) 특정한 조사 기능의 획득

다양한 학문 분야는 각기 다른 조사 방법과 증거를 사용한다. 교육 연구자들이 연구해 온 탐구의 형태는 통제된 실험, 모델링, 원천 자료의 종합, 데이터의 탐색 등을 포함한다. 이러한 형태의 조사는 각각 자체의 특정한 절차와 기능을 가지고 있다. 그러나 이러한 일반적인 형태는 학문 영역에 따라 차이가 존재한다. 탐구학습 방법은 학습자들 스스로 각 학문 분야의 연구에 참여하게 함으로써 과학적 실천을 학습할 수 있는 기회를 제공한다.

이 과정을 통해서 학습자들은 정보를 획득하고 분석하는 능력을 기르게 되며, 보다 독립적으로 사고하게 된다. 또한 탐구 과정에 대해 이해하게 되며, 다른 사람의 관점에서 자신의 사고를 재조명해 보는 능력을 향상시킬 수 있다. 뿐만 아니라 언어적 표현력과 논리적 사고력을 개발하는 데도 도움이 될 수 있다.

2. 탐구학습 방법

1) 탐구학습 모형

탐구학습이란 개념은 1960년대에 과학교육 분야에서 슈밥(Schwab)이 처음 사용하였다. 슈밥(1962)은 과학의 학문 체계를 확립하는 데 흔히 사용되는 탐구의 과정을 ① 문제 발견 및 인식, ② 가설 설정, ③ 자료 수집을 위한 실험 설계, ④ 자료 수집 및 처리, ⑤ 자료 해석 및 가설 검증, ⑥ 잠정적인 결론 및 일반화의 여섯 가지로 구분하고, 이러한 탐구 과정을 통한 과학교육의 중요성을 강조하였다. 탐구학습은 학습자로 하여금 실제적인 문제해결을 위해 질문을 제시하고, 가설을 세우며, 실험을 설계 및 수행함으로써 합리적인 결론을 내리는 일련의 과정들을 모두 포함한다. 이 과정을 통해 학습자는 자연스럽게 과학적 지식을 스스로 구성하게 되므로 과학 탐구 능력 향상에 효과적이며, 과학에 대한 태도에도 긍정적인 영향을 줄 수 있을 것으로 기대된다(이정민 외, 2015; Minner, Levy, & Century, 2010). 이로 인해 탐구학습은 현재까지도 과학교과의 핵심 교수·학습 방법의 하나로 강조되고 있다.

슈밥의 모형을 기초로 마시알라스와 콕스(Massialas & Cox, 1996)는 사회과를 위한 탐구학습 모형을 개발하였다. 사회과 탐구학습의 과정은 ① 학습자들의 기존 지식이나 신념과 일치하지 않는 문제 상황을 인식하는 문제 파악 단계, ② 문제해결 방법 및 해결 결과의 예측을 통해 잠정적 결론을 내는 가설 설정 단계, ③ 가설의 함축적 의미를 정교화하고 가설의 타당성을 추론하는 탐색 단계, ④ 가설의 입증을 위한 정보수집 및 처리 단계인 증거 제시 단계, ⑤ 문제에 대한 결론으로 법칙적 · 원리적 설명 형태를 취하는 일반화 단계로 구성된다(박용조 외, 2003; 임철일 외, 2010).

사회과 수업에서는 '문제해결'과 '문제해결의 과정'을 통한 사고력 신장에 탐구학습의 의미를 두고 있다. 탐구의 과정은 문제 상황에 대한 가설을 계속 검증하는 과정이므로 가설에 관련된 자료를 수집하고, 생각을 수정하고, 다시 가설 검증을 위해 자료를 수집하는 과정을 지속적으로 학습하는 순환적 과정을 제시한다(성은모, 최욱, 2006; 정재철, 2001).

슈밥의 모형은 여러 학자들에 의해 다양한 형태로 변형되어 왔는데, 대표적인 탐구학습 모형을 정리하면 다음의 〈표 10-1〉과 같다.

표 10-1 다양한 탐구학습 모형

Schwab (1962)	Suchman (1964)	Massialas & Cox (1966)	Singer et al. (2000)	Gijlers & de Jong (2005)
문제 파악	문제 상황 제시	문제 안내	질문	분석/ 오리엔테이션
가설 설정		가설 설정		가설 생성
자료수집을 위한 실험 설계	문제 · 자료 확인	정보 탐색		계획
자료 수집 및 처리	자료 수집		자료 수집	실험/관찰
자료 해석 및 가설 검증	탐구 결과 설명	증거 제시	분석	자료 해석
잠정적인 결론	탐구 과정 분석	일반화	자료 공유 및 소통	평가
일반화				

이들 탐구학습 모형을 종합해 보면 다음의 [그림 10-1]과 같다.

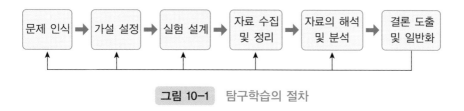

그림 10-1 탐구학습의 절차

① 문제 인식: 사물이나 자연 현상에 대한 관찰을 통해 의문을 갖는 것이다. 문제 인식은 'Why?' 'What?' 'How?' 등의 질문 형태로 표현할 수 있다.

② 가설 설정: 문제 인식으로 제시된 의문에 대해 잠정적인 결론을 만드는 단계이다. 알고 있는 사실이나 개념, 관찰을 토대로 변인 간의 관계를 검증할 수 있도록 가설을 제시한다.

③ 실험 설계: 가설에 나타난 변인 간의 관계를 알아내기 위한 실험을 설계하는 단계로 실험 조건을 공정하게 하기 위하여 실험에 영향을 주는 조건들(변인)을 일정하게 통제하고 조작하는 과정이다.

④ 자료 수집 및 정리: 관찰, 실험, 조사 등을 통해 자료들을 수집하고 실험 목적에 맞고 이해하기 쉬운 형태(표, 그래프, 도식, 사진, 그림)로 바꾸어 자료를 정리하는 과정이다.

⑤ 자료의 해석 및 분석: 정리된 자료에 담겨진 의미, 변인 간의 관계 등을 해석하는 과정이다. 이러한 해석을 통해 결론을 도출하게 된다.

⑥ 결론 도출 및 일반화: 결론 도출은 자료 해석을 바탕으로 문제에 대한 해답이나 가설에 대한 판단을 내리는 과정이다. 이는 실험 결과를 요약·정리하는 것이 아니라 결과를 바탕으로 탐구 주제나 논리적으로 추론한 가설의 진위 여부를 확정하는 것이다. 일반화는 구체적 사례나 검증된 사실로부터 보다 포괄적인 과학적 원리나 법칙을 찾아내는 과정이다.

2) 탐구학습의 유형

탐구학습은 탐구 과정의 구조화 수준에 따라 다음과 같은 유형으로 나눌 수 있다(Branchi & Bell, 2008).

(1) 유형 1: 제한된 탐구(limited/confirmation inquiry)

이 유형은 가장 구조화되고 교수자의 역할이 가장 많은 유형이다. 먼저 교수자는 특정한 주제를 가르치고 설명한다. 그리고 나서 질문을 개발하고, 이미 알려진 결과를 학습자들이 활동을 통해 경험하도록 안내하는 절차를 개발한다. 이 방법은 가르친 개념을 강화하고 학습자들에게 자료를 정확히 수집하고 기록하는 절차를 따르도록 안내함으로써 학습자들의 이해도를 확인하고 심화시키기 위해 사용된다.

(2) 유형 2: 구조화된 탐구(structured inquiry)

이 유형에서 교수자는 탐구를 위한 질문과 과정에 대한 개요를 제공한다. 학습자들은 그들이 수집한 자료에 대한 평가와 분석을 통해 그들이 발견한 것을 설명해야 한다. 이 유형에서 교수자는 탐구 주제를 설정하고, 가설을 생성하고, 자료를 제공하는 등 핵심적인 역할을 수행하면서, 학습자가 탐구 과정을 계획하고 진행하도록 도움을 제공한다.

(3) 유형 3: 안내된 탐구(guided inquiry)

이 유형에서 교수자는 학습자들에게 탐구 질문만 제공한다. 학습자들은 그 질문을 검증하기 위해 자신의 학습 절차를 설계하고, 실행하며, 이후 그들의 결과에 대해 소통할 책임을 갖는다. 학습자들은 학습결과에 책임을 지고 탐구 과정을 주도하며 결론을 이끌어 내야 한다. 온라인 탐구환경은 학습자들에게 탐구에 필요한 자원을 제공하고 탐구 과정을 안내한다는 측면에서 안내된 탐구의 유형에 가깝다.

(4) 유형 4: 열린 탐구(open/true inquiry)

이 유형에서는 학습자 스스로 자신의 탐구 질문을 만들고, 연구를 위한 절차를 설계하고, 탐구를 수행한다. 즉, 교수자의 안내가 거의 없이 학습자 스스로 탐구를 위한 자료를 찾고, 탐구 과정을 진행해야 한다. 학습자들은 자신의 계획에 따라 연구를 수행한 후 그들의 결과물을 소통하도록 요구된다. 이 유형은 과학 올림피아드와 같이 학습자들이 그들 자신의 탐구 질문을 스스로 도출하는 상황에서 종종 찾아볼 수 있다.

그림 10-2 탐구학습의 유형(Marschall & French, 2018)

3) 웹기반 탐구학습

탐구학습은 학습자 스스로 문제해결을 통해 지식을 획득할 수 있도록 하는 방법이다. 그러나 학습자가 원하는 것을 하도록 그대로 방치하는 것을 의미하는 것은 아니다(Schunk, 2016). 교수자는 학습자가 찾고 다루고 탐구하고 조사할 수 있는 활동을 마련해야 하며, 필요시 최소한의 안내를 제공해야 한다. 학습자는 탐구 및 문제해결 활동을 통해서 내용 영역에 대한 지식과 규칙 형성, 가설 검증, 정보 수집과 같은 문제해결 기능과 관련된 새로운 지식을 학습하게 된다.

그러나 실제 학교에서는 시간과 자원의 부족으로 탐구 활동을 수행하는 데 어려움을 겪는다. 따라서 이에 대한 대안으로 웹을 비롯한 다양한 매체를 탐구학습에 활용하려는 연구와 시도가 이루어졌다. 웹을 활용한 탐구학습의 효과성을 탐색한 메타연구(이정민 외, 2015)에 따르면, 국내외 모두 2005년 이후 웹기반 탐구학습 관련 연구가 급격히 증가하였고, 대부분의 연구들은 테크놀로지 기반 탐구학습 환경이 과학 성취도와 과학 탐구 능력 향상에 긍정적인 영향을 미쳤다고 보고하고 있다(Dobber, Zwart, Tanis, & van Oers, 2017; Furtak et al., 2012). 장과 리(Jang & Lee, 2012)는 웹기반 탐구학습이 기존 면대면 수업의 현실적인 한계점을 보완하며 탐구학습의 영역을 확장시켰음을 규명하였고, 바마와 린(Varma & Linn, 2012)은 WISE(Web-based Inquiry Science Environment)를 활용한 수업에서 학습자들이 학습개념에 대한 이해도가 향상되었음을 보고하였다.

3. 탐구학습 사례

1) 자유 탐구학습 사례

우리나라에서는 3차 교육과정에서부터 탐구가 과학 교육의 중요한 목표로 설정되었다(홍미영, 2009). 2007년 개정 과학과 교육과정에서는 탐구학습이 더욱 강조되어 과학 내용을 가르치기 위해 반드시 수행해야 할 탐구 활동을 단원별로 제시하였고, 학년별로 6차시 내외 분량의 '자유 탐구'를 설정하였다. 교육부에 고시된 개정 과학과 교육과정은 자유탐구 영역에 대해 다음과 같이 기술하고 있다.

> '과학'의 내용은 운동과 에너지, 물질, 생명, 지구와 우주 영역으로 구성하되, 기본 개념과 탐구 과정이 학년과 영역 간에 연계되도록 한다. 또한 학습자들의 과학에 대한 흥미를 높이고 창의력을 신장시킬 수 있도록 학습자 스스로 관심 있는 주제를 선정하여 탐구할 수 있는 '자유 탐구'를 포함하여 구성한다(교육부, 2007).

〈표 10-2〉는 대전광역시의 중학교 '자유 탐구학습 자료'에 제시된 교수·학습 지도서의 사례를 보여 준다(전용호 외, 2012).

| 표 10-2 | 주제: 태양의 활동에 의한 빛의 발생 |

단계	교수 · 학습 활동
도입	• **상황 제시** 우리가 맑은 날 낮에 해를 볼 수 있다. 햇빛이 있어야 우리는 물체를 볼 수 있다. 우리가 흔히 볼 수 있는 햇빛은 어떻게 생겨날까? 또한 태양은 어떻게 생겼을까? 공기가 없는 우주에서 태양은 어떻게 타고 있을까? • **문제 인식** 태양에 직접 가볼 수 없으므로 자료를 통해 태양의 구조와 태양의 구성 성분에 대하여 알아보고, 공기가 없는 우주에서 태양이 빛을 내는 원리를 찾아보고, 이를 모식적으로 나타내어 본다. • **학습목표 제시** – 태양의 구조와 구성 성분을 모식도[1]로 나타낼 수 있다. – 빛의 발생 원리를 모식적으로 나타낼 수 있다.
전개	• **창의적 해결 방안 찾기** 태양의 구조와 구성 성분, 태양 에너지의 근원 등에 관하여 관련 서적 및 인터넷 등을 통하여 관련 자료를 수집하고 이를 바탕으로 동료 학습자들에게 쉽게 설명할 수 있는 모식도 작성 방안에 대하여 토론하도록 한다. • **태양의 구조와 구성 성분** 태양의 구조와 구성 성분에 관하여 조사한 자료를 바탕으로 태양의 특징에 대하여 정리하도록 한다. 표층과 대기 등으로 태양의 특징을 구분하여 정리하도록 한다. 구성 성분이 몇 가지 물질들로 이루어진 이유에 대하여 조원들과 토론과정을 거쳐서 밝혀 보고 그 내용을 다른 조와 같이 토론하도록 한다. • **태양 에너지의 근원** 태양 에너지의 근원에 관한 여러 가지 설 중 조원의 토론 과정을 거쳐 가장 옳다고 생각하는 한 가지 이론을 선택하여 태양 에너지의 근원에 관하여 정리하도록 한다. 조별로 일관된 이론을 선택하지 않도록 교수자가 일부 조정할 필요가 있다. • **감성적 체험 격려하기** 가장 타당하다고 생각하는 태양 에너지의 근원을 다른 학습자들을 이해시키기 위한 모식도를 제작한다. 모식도에는 태양 에너지가 발생하는 과정을 간단하게 나타내어 학습자들의 이해를 도와야 한다.
정리	• **토의 및 발표** 토의, 발표를 통해 학습자들이 제작한 모식도를 바탕으로 태양 에너지가 발생하는 과정에 관하여 발표하도록 한다. 발표 내용에 관한 의문 사항이나 추가 사항 등에 관하여 학습자들이 발표 조에게 질문을 하고 토론의 과정 등을 거치게 한다.

---

1) 어떤 물건 또는 구조물의 모양을 그대로 따서 입체적으로 그린 그림

2) 웹퀘스트

웹퀘스트(WebQuest)는 1995년 샌디에이고 주립대학교의 교수인 버니 닷지(Bernie Dodge)가 만든 대표적인 웹기반 탐구학습 모형이다. 이 모형은 학습자들에게 도전감을 주고, 동기를 부여하며 학습에 참여시키는 온라인 학습의 과정을 명료하게 기술하고 있다. 닷지(2001)는 그의 논문에서 웹퀘스트를 '학습자들이 학교의 주제를 배우기 위해 웹 자원을 사용하는 교육 및 학습을 위한 학습자중심의 탐구지향적인 프로젝트 기반 접근 방식'이라고 설명하고 있다. 웹퀘스트는 대부분의 정보를 웹에서 가져오므로 학습자들이 정보를 검색하는 것보다 활용하는 데 집중하게 함으로써 시간을 잘 활용하고, 학습자들의 사고와 분석, 종합, 평가의 수준을 지원하도록 설계되었다.

웹퀘스트는 학습자들이 웹을 통해 얻은 자료로 문제를 해결하고 결론을 도출하는 탐구학습 과정을 포함하며 도입, 과정, 자료, 평가, 결론의 다섯 가지 구성요소로 이루어져 있다. 〈표 10-3〉은 웹퀘스트의 구성요소를 사용한 사례를 제시하고 있다.

좋은 웹퀘스트는 학습자들이 주제와 관련된 더 풍부한 자료를 찾고, 실세계의 학습에 기여하도록 하며, 자신의 메타인지 과정을 성찰하게 하는 것이다. 웹퀘스트에서 학습자들은 집단 탐구 활동을 통해 문제의 다양한 측면을 분석하고 학습한다. 각 구성원은 자신이 맡은 역할에서 전문가가 되어서 최종 작업 시 심도 있는 결과물 도출에 기여해야 한다.

웹퀘스트를 지원하기 위한 사이트(http://webquest.org)에는 웹퀘스트 제작 방법, 사례, 자원 등 다양한 정보가 지원되고 있다.

표 10-3   웹퀘스트의 구성요소

구성요소	설명	예시
도입	배경에 대한 간략한 설명 및 웹퀘스트 과제에 대한 맥락을 제시한다.	• 국유림(National Forest) 및 국유림 확장을 위한 계획을 설명하는 문장
과정	과정은 명백하고, 적절한 단계로 구분되어야 한다. 집단의 개별 구성원들이 수행해야 하는 활동을 안내할 수도 있다. 활동 시간을 명확하게 안내해야 하며, 도전적인 과제를 독립적으로 수행할 수 있도록 시간을 배분한다. 과제를 완수하기 위해 자료를 어떻게 조직해야 하는지를 안내할 수 있다.	• 국유림의 현재 위치와 국유림의 활용에 대한 연구, 국유림의 주변 지역을 파악하고, 주변 지역의 특성(토지 이용, 지형과 토양, 주거 현황, 경제 활동, 관광 및 사회 기반 시설)을 토대로 확장 가능한 지역을 선정한다. • 발표를 준비한다. • 학급에서 발표한다.
자료	최소한 몇 개의 웹기반 자료를 포함한다. 이들 자료는 교수자가 파악한 것들이며, 웹사이트들은 하이퍼링크를 지원하는 문서(예: 웹페이지, 워드)를 통해 제시하는 것이 이상적이다. 과제를 수행하는데 필요한 책, 문서, 동영상등의 자료를 추가하는 것도 가능하다.	• 웹퀘스트 활동 안내 • 국유림 웹사이트 • 관련 웹사이트 • 영국육지측량부(Ordnance Survey) 지도, 토지 이용도, 아틀라스 • 위성영상 이미지 • 국유림 및 주변 지역에 대한 문서
평가	평가 영역을 제시하여 학습자들이 자신들의 과제 수행을 평가할 수 있도록 한다. 과제를 수행하기 위해 자신들이 선택한 접근법과 이 접근법의 효과를 명백하게 이해하도록 독려한다.	• 각 집단은 국유림, 자원의 활용, 환경 관리와 관련하여 무엇을 배웠는가? • 집단의 발표는 얼마나 효과적이었는가? • 각 집단은 과제를 어떻게 조직했는가?
결론	활동의 마지막 부분으로, 활동을 통해 학습한 내용을 재정리할 수 있다.	• 어떤 집단의 발표가 가장 설득력이 있는가? • 국유림을 확대하는 것이 좋은 생각인가? • 국유림을 확대할 경우 예상되는 비용과 이익은 무엇인가?

출처: Robert (2016), p. 329.

3) WISE

WISE(Web-based Inquiry Science Environment)는 국내외 웹기반 탐구학습에서 가장 널리 활용된 프로그램으로 1998년에 미국 버클리대학교에서 개발하였다. WISE는 학습자가 문제를 해결하기 위해 해결방안을 설계하고, 과학적 증거들을 이용하여 결론을 얻는 웹기반 탐구학습 환경이다(Kim, Hannafin, & Bryan, 2007). WISE에서는 탐구 문제가 주어지면 학습자가 이 문제의 해결방안을 설계하고, 실험을 진행하면서 결과를 예측하고, 과학적 증거를 기반으로 가설을 검증하거나 결론을 내도록 지원한다.

WISE는 주로 교실에서의 과학 탐구 수업을 지원하기 위한 목적으로 설계된 것으로 물리, 화학, 생물, 지구과학, 환경, 건강, 엔지니어링 등 과학 분야 전반을 다루고 있으며, 프로젝트 형식으로 이루어진 하나의 주제를 선택하여 탐구 과정의 절차를 따르는 진행 방식으로 구성되어 있다(강명희 외, 2009). 학습자들은 인터넷에 접속하여 모든 탐구 활동에 필요한 기능, 동영상 자료 보기, 생각을 기록하는 노트, 그래프 그리기, 시뮬레이션 등을 사용할 수 있고, 웹으로부터 문제해결에 대한 단서를 제공받거나 문제해결에 대한 기본적인 사고나 절차 등에 대한 안내를 받을 수도 있다.

WISE 사이트(https://wise.berkeley.edu/)에서는 교수자들이 교육과정에 적절한 프로젝트를 선택할 수 있도록 도와주는 'WISE Mentor'를 제공하고 있다. 또한 교수자의 탐구 수업 진행을 돕기 위해 수업 계획, 사전평가, 사후평가 및 온라인 지원 등의 메뉴도 제공하고 있다.

〈표 10-4〉는 WISE 프로그램의 수업계획서 사례를 보여 준다. 이 수업은 우리나라 고등학교 2학년에 해당하는 11학년의 물리 교과 중 '운동량과 충격량의 관계'에 대한 이해를 바탕으로 에어백(air bag)에 얽힌 실생활의 문제를 해결하는 과정이다.

표 10-4 웹기반 탐구학습 과정 세부 내용

차시	수업 활동	세부 내용	탐구 과정
1	활동 1	안전을 위해 장착한 에어백에 의해 다칠 수 있다는 사실을 제시하여 인지 갈등을 제공한다.	문제 인식
	활동 2	자동차의 정면 충돌 비디오 영상을 반복해서 관찰하고 에어백의 운동을 그래프로 그린다.	
	활동 3	자동차의 정면 충돌 비디오 영상을 반복해서 관찰하고 운전자의 운동을 그래프로 그린다.	
2~4	활동 4	앞 활동에서 얻은 결과를 기반으로 하여 어떠한 조건에서 에어백에 의해 위험에 처해질 수 있는지 가설을 세운다.	가설 설정
		직접 조작할 수 있는 자동차의 정면 충돌 시뮬레이션을 제공하여 실험을 설계하고 수행하도록 한다. 이때 얻은 데이터를 기록하도록 한다.	실험 설계 실험 수행
		실험으로부터 얻은 데이터를 수집하여 기록하고 이를 해석하여 가설을 검증하고 결론을 도출하도록 한다.	자료 해석 결론 도출
5	활동 5	자동차 정면 충돌 시뮬레이션에서 얻은 사실들로부터 자동차 설계자 입장에서 자동차의 안전을 위하여 어떠한 설계를 할 것인지 구체적인 아이디어를 제시하도록 한다.	지식의 적용
6	활동 6	컴퓨터 시뮬레이션의 역할에 대하여 탐색하고 여러 응용 분야에 대하여 조사하도록 한다.	
	활동 7		

출처: 강명희 외(2009), p. 8.

🔍 **생각해 볼 문제**

1. 과학적 탐구학습의 절차를 검토하고, 탐구학습의 수준에 따라 각 단계에서 요구되는 교수자와 학습자의 역할을 정리해 보시오.

2. 2007년 개정 과학과 교육과정에 대한 과학 교수자의 인식을 연구한 심재호 등 (2010)의 연구 결과에 따르면 대체로 자유탐구에 대한 교수자들의 인식은 매우 부정적이었다. 전체 교수자의 과반수 정도가 '관심은 있으나 매우 어려울 것 같다' (48.5%)는 인식을 보여 주었다. 이러한 교수자들의 인식에 대해 그 이유는 무엇인지, 현재 교육의 상황에서는 어떻게 인식이 될 것으로 생각되는지 논의해 보시오.

📖 **참고문헌**

강명희, 임윤진, 김민정, 김지연(2009). WISE(Web-based Inquiry Science Environment) 프로그램을 활용한 과학수업에서 스캐폴딩 유형에 따른 학업성취도와 과학탐구 능력의 차이 검증. 교육공학연구, 21(1), 1-19.

교육부(2007). 2007년 개정 과학과 교육과정. 고시 제2007-79호.

권재술 외(2012). 과학교육론. 교육과학사.

김소망(2018). 집단탐구모형이 사회과 학습부진 개선에 미치는 영향. 서울교육대학교 석사학위논문.

대전교육과학연구원(2012). 중학교 2학년 자유탐구학습 지도자료.

박용조, 정호범, 김영석(2003). 초등 사회 교과 ICT활용 교육에서 탐구수업과 연계한 자원중심학습 모형 개발. 사회과교육연구, 10(1), 101-136.

성은모, 최욱(2006). 인터넷 활용 문제중심 탐구학습이 학습자들의 탐구 능력, 학업성취도 및 파지에 미치는 효과. 교육정보미디어연구, 12(2), 129-159.

심재호, 신명경, 이선경(2010). 2007년 개정 과학과 교육과정의 주요 내용의 실행에 관한 과학 교수자의 인식. 한국과학교육학회지, 30(1), 140-156.

이정민, 박현경, 정연화, 노지예(2015). 과학교과 웹 기반 탐구학습의 효과성 연구 동향. 한국과학교육학회, 35(4), 565-572.

이종일(2006). 사회과 수업에서 탐구의 의미. 사회과교육연구, 13(2), 1-20.

이종일 외(2008). 협동학습과 탐구. 교육과학사.

임병노(2002). 지식기반사회의 교수학습 모형: 탐구기반학습의 이론과 방법. 김영수, 강명희, 정재삼(편저). 교육공학의 최신동향. 교육과학사.

임철일, 홍현미, 최소영(2010). 교과교실제 기반의 사회과 수준별 탐구학습을 위한 교수설계 모형 개발에 관한 연구. 한국교원교육연구, 27(4), 167-195.

장혜정, 류완영(2006). 탐구기반학습에서 성찰적 탐구 지원도구의 설계연구. 교육공학연구, 22(2), 27-67.

전성연 외(2010). 협동학습 모형 탐색. 학지사.

전용호 외(2012). 교수·학습 지도자료: 주제탐구 융합인재교육(STEAM). 대전광역시교육청.

정건상(1991). 고등학교 생물과 탐구학습의 실태조사와 문제점 분석. 한국교원대 박사학위논문.

정길용(2002). 제3차 교육과정기 사회과 탐구학습의 수용. 사회과교육연구, 9(2), 127-158.

정재철(2001). 사회과 탐구수업 실태에 관한 연구. 춘천교대 석사학위 논문.

조철기(2018). 핵심 지리교육학. 푸른길.

홍미영(2009). 2007년 개정 과학과 교육과정(1). 화학교육지, 2, 47-52.

Alfieri, L., Brooks, P. J., Aldrich, N. J., & Tenenbaum, H. R. (2011). Does discovery-based instruction enhance learning? *Journal of Educational Psychology, 103*, 1-18.

Alloway, G. etc. (1997). Creating an inquiry-learning environment using the World Wide Web. *Journal of Network and Computer Applications, 20*(1), 75-85.

Banchi, H., & Bell, R. (2008). The Many Levels of Inquiry. *Science and Children, 46*(2), 26-29.

Bell, R. L., Smetana, L., & Binns, I. (2005). Simplifying inquiry instruction. *The Sceicne Teacher*, October, 30-33.

Bell, T., Urhahne, D., Schanze, S., & Ploetzner, R. (2010). Collaborative inquiry learning: models, tools, and challenges. *International Journal of Science Education, 32*(3), 349-377. Available at: https://doi.org/10.1080/09500690802582241

Bruner, J. S. (1960). *The process of education*. Harvard University Press.

Bruner, J. S. (1961). The act of discovery. *Harvard Educational Review, 31*, 21-32.

Brush, T., & Saye, J. (2008). The Effects of Multimedia-Supported Problem-based Inquiry on Student Engagement, Empathy, and Assumptions About History. *Interdisciplinary Journal of Problem-Based Learning, 2*(1). Available at: https://doi.org/10.7771/1541-5015.1052

Castronova, J. A. (2002). *Discovery learning for the 21st century: What is it and how does it compare to traditional learning in effectiveness in the 21st century?* Available at: https://www.academia.edu/10871733.

Collins, A., & Stevens, A. L. (1983). A cognitive theory of inquiry learning. In C. M. Reigeluth (Ed.), *Instructional design theories and models: An overview of their current status* (pp. 247-278). Erlbaum.

Dobber, M., Rosanne, Z., Tanis, M., & van Oers, B. (2017). Literature review: The role of the teacher in inquiry-based education, *Educational Research Review, 22*, 194-214.

Dodge, B. (2001). Focus: Five rules for writing a great WebQuest. *Learning and Leading with Technology, 28*, 6-9.

Donnelly, D. F., Linn, M. C., & Ludvigsen, S. (2014). Impacts and Characteristics of Computer-Based Science Inquiry Learning Environments for Precollege Students. *Review of Educational Research, 84*(4), 572-608.

Furtak, E. M., Seidel, T., Iverson, H., & Briggs, D. C. (2012). Experimental and quasi-experimental studies of inquiry-based science teaching: A meta-analysis. *Review of Educational Research, 82*, 300-329.

Gallagher, J. (1971). A broader base for science teaching. *Science Education, 55*(3), 329-338.

Gijlers, H., & De Jong, T. (2005). The relation between prior knowledge and students' collaborative discovery learning processes. *Journal of Research in Science Teaching, 42*(3), 264-282.

Jang, S. Y., & Lee, S. B. (2012). The effects of self-regulated learning level and reflection journal type on academic achievement in online science inquiry. *Journal of Korea Society for Educational Technology, 28*(3), 531-557.

Kang M. H., Park H. S. Yoo E. J., & Cho S. K. (2011). Analyzing the effectiveness of wise(web-based inquiry science environment) for elementary science classes. *The Journal of Educational Information and Media, 17*(4), 531-552.

Kim, M. C., Hannafin, M. J., & Bryan, L. A. (2007). Technology-enhanced inquiry tools in science education: An emerging pedagogical framework for classroom practice. *Science Education, 91*(6), 1010-1030.

Kirschner, P. A., Sweller, J., & Clark, R. E. (2006). Why minimal guidance during instruction does not work: An analysis of the failure of constructivist, discovery, problem-based, experiential, and inquiry-based teaching. *Educational Psychologist, 41*, 75-86.

Kuhlthau, C. C. (2009). Guided inquiry: Learning in the 21st century. *School Libraries Worldwide, 16*(1), 1-12.

Marschall, C., & French, R. (2018). *Concept-based inquiry in action: Strategies to promote transferable understanding*. Sage Publications. 신광미, 강현석 역. 개념 기반 탐구학습의 실천: 전이 가능한 이해의 촉진 전략. 학지사.

Massialas, B. G., & Cox, C. B. (1966). *Inquiry in social studies*. McGraw-Hill.

Mayer, R. E. (2004). Should there be a three-strikes rule against pure discovery learning? The case for guided methods of instruction. *American Psychologist, 59*, 14-19.

Minner, D. D., Levy, A. J., Century, J. (2010). Inquiry-based science instruction-What is it and does it matter? Results from a research synthesis years 1984 to 2002. *Journal of Research in Science Teaching, 47*, 474-496.

National Research Council. (1996). *National science education standards*. National Academy Press.

National Research Council. (2000). *Inquiry and The National Science Education Standards: A Guide For Teaching and Learning*. National Academy Press.

Quintana, C., Reiser, B. J., Davis, E. A., Krajcik, J., Fretz, E., Duncan, R. G., & Soloway, E. (2004). A scaffolding design framework for software to support science inquiry. *Journal of the Learning Sciences, 13*, 337-386.

Roberts, M. (2016). *Geography through enquiry: Approaches to teaching and learning in the secondary school*. Sheffield. 이종원 역. 탐구를 통한 지리학습: 중등학교를 위한 교수학습방법. 푸른길.

Schunk, D. H. (2016). *Learning theories: An educational perspective* (7th ed.). 노석준 외 역. 학습이론: 교육적 관점. 아카데미프레스.

Schwab, J. J. (1962). The teaching of science as enquiry. In J. J. Schwab & P. F. Brandwein (Eds.), *The teaching of science* (pp. 3-103). Harvard University Press.

Singer, J., Marx, R. W., Krajeik, J., & Clay Chanvers, J. (2000). Constructing Extended inquiry projects: Curriculum materials for science education reform. *Educational Psychologist, 35*(3), 165-178.

Suchman, J. R. (1960). Inquiry training in the elementary school. *The Science Teaching, 24*, 42-47.

Sutiani, A., Situmorang, M., & Silalahi, A. (2021). Implementation of an inquiry learning model with science literacy to improve student critical thinking skills. *International Journal of Instruction, 14*(2), 117-138.

Svinicki, M. D. (1998). A theoretical foundation for discovery learning. *Advances in Physiology Education, 20*(1). https://doi.org/10.1152/advances.1998.275.6.S4

Varma, K., & Linn, M. C. (2012). Using interactive technology to support students' understanding of the greenhouse effect and global warming. *Journal of Science Education and Technology, 21*, 453-464.

Wilson, J. T. (1974). Process of scientific inquiry: A model for teaching and learning science. *Science Education, 58*(1), 127-133.

243

협동학습

1. 협동학습의 개요

1) 협동학습의 이론적 기반

협동학습(cooperative learning)은 미래 사회에 필요한 역량 중 하나인 협업 역량을 키우기 위한 교수·학습방법의 하나로 주목받고 있다. 미래 사회에는 비구조화된(ill-structured), 정의가 어려운(ill-defined), 다루기 까다로운 문제 (wicked problem)의 해결이 필요한데, 이러한 문제해결 과정은 대부분 타인과의 협업을 필요로 한다. 21세기의 학습 프레임워크에서 협동(Cooperation)은 비판적 사고와 문제해결력(Critical thinking and problem solving), 창의성과 혁신 (Creativity and innovation), 의사소통(Communication)과 더불어 미래 사회에 필요한 4C 역량 중 하나이며, OECD(2019)가 발표한 「Learning Compass 2030」[1]

1) https://www.oecd.org/education/2030-project/

에서도 협업 능력을 중요한 스킬 중 하나로 제시하고 있다. 최근 교육의 방향은 학습에 대한 학습자의 주도성, 책임, 참여를 강조하는 학습자중심교육으로 변화하였고, 실제와 맥락과의 연결, 문제해결력의 증진을 목표로 한다. 이를 위하여 학교 현장에서 적극적으로 활용되는 수업모형으로 문제중심학습(problem-based learning), 프로젝트기반학습(project-based learning), 팀기반학습(team-based learning), 플립드러닝(flipped learning) 등이 있고, 이러한 수업모형들은 공통적으로 동료와의 협업, 상호작용을 기반으로 하는 활동을 포함하고 있다.

협동학습은 소집단을 이용한 교수ㆍ학습방법으로 가장 오랜 역사를 가지고 있다. 협동학습의 기원에 대해서 여러 의견이 있다. 우선 유대인 아동들이 탈무드를 공부할 때 스터디 파트너를 사용한 방식을 협동학습의 기원으로 보기도 한다. 존슨과 존슨(Johnson & Johnson, 2009)은 협동학습이 1960년대에 사회심리학과 구성주의를 통합하면서, 학습자들이 함께 학습할 때 발생하는 사회인지적 갈등이 학습자의 추론을 촉진한다는 생각을 바탕으로 공동의 학습과제, 사회적 결과물을 산출하기 위해 함께하는 학습방식으로 제안되었다고 설명하고 있다. 협동학습이 널리 알려지고 활용된 것은 1980년대에 들어서부터였고, 1940년대부터 1970년대까지는 '적자생존의 원칙'으로 대표되는 다윈(Darwin)의 진화이론의 영향이 강하여 협동학습에 대한 문화적 저항이 상당했다고 한다. 그러나 곧 개인 학습에 대한 지나친 강조를 여러 사회과학자들이 비판하기 시작하였는데, 이들은 동료와의 상호작용과 동료 간의 관계가 사회화와 학습에 본질적인 역할을 한다고 믿기 때문이었다. 사실 소집단 학습은 인류의 시작과 함께 활용되기 시작한 매우 오래된 방법이라 할 수 있으나 체계적인 교수ㆍ학습방법으로서의 협동학습은 사회적 상호의존성 이론(social interdependence theory)이 교육에 적용되면서 비로소 주목받게 된다. 점차 팀-게임-토너먼트(TGT; DeVries & Edwards, 1973), 팀성취분담 협동학습(STAD; Slavin, 1978), 집단 연구(group investigation; Sharan & Sharan, 1976), 직소(Jigsaw; Aronson et al., 1978) 등의 다양한 형태로 협동학습 모형이 설계되고 제안되었다. 지금까지도 협동학습은 전 세계에서 가장 널리, 꾸준히 사용되는 교수·학습방법의 하나이다. 여러 논란과 이견이 있음에도 불구하고 교육현장에서 협동학습이 널리 활용되고 있는 이유는 협동학습 모형의 이론적 기반이 뚜렷하고 수많은 연구결과가 이를 뒷받침하고 있기 때문이다.

2) 협동학습의 정의 및 특징

협동학습은 소집단의 학습자들이 공통의 학습목표를 가지고 공동의 과제 수행을 위해 집단 내 동료 학습자와의 활발한 상호작용을 통해 학습자 주도적으로 학습하는 방법이다. 협동학습의 특성은 이 교수·학습방법의 교육적 효과와 연결하여 설명할 수 있다.

첫째, 협동학습은 교실수업 활동을 사회적인 학습경험으로 조직화한다. 비고츠키(Vygotsky)는 학습을 사회적으로 중재된 과정으로 정의하며, 학습자는 학교라는 사회적 환경 안에서 교수자나 동료 학습자와의 사회적 상호작용을 통해 언어, 상징, 기호, 개념 등을 습득하여 발달한다고 보았다. 이러한 의미에서 협동학습은 학습자의 학습과 발달을 촉진하기 위해 매우 효과적인 방식이다. 전통적으로 수업에서 주로 이루어지는 개별 학습(individual learning)은 대개 경쟁적으로 이루어지나 협동학습은 동료 학습자들의 지식, 자원, 능력, 기술 등을 활용하여 과제를 협력적으로 수행한다. 이를 통해 학습자들은 협업의 가치를 자연스럽게 경험하게 되고, 사회의 실제적인 업무의 형태를 미리 경험할 수 있게 된다. 협동학습의 성공은 동료 학습자들 간의 긍정적인 상호의존성에 기반한다. 협동학습에서 개별 학습자들은 학습과정에 능동적으로 참여하고 자신의 학습과 타인, 집단의 학습 모두에 책임을 갖게 된다.

둘째, 협동학습에서는 개인 학습자의 학습에 대한 주도성과 지식의 내면화가 강조된다. 흔히 협동학습을 이야기할 때, 타인과의 상호작용 및 협업에 대해서만 주목하기 쉽다. 그러나 지식을 협력적으로 구성하고 창출하기 위해서는 지식에 대한 개인의 내면화가 선행되어야 한다(Stahl, 2000). 내면화 과정을 거친 개인의 지식이 동료 학습자와 토론하면서 그 의미가 명료화되어 공유된 이해로 이어지고, 의미 협상을 통해 협력적 지식으로 발전하기 때문이다. 개인의 심층적 학습은 결과적으로 협동학습의 팀 성과에 긍정적인 영향을 미친다(주영주, 고경이, 2016). 이와 같은 협동학습의 철학을 슬라빈(Slavin, 1990)은 "전체는 개인을 위하여 개인은 전체를 위하여"라는 말로 표현하기도 하였다. 요약하면, 협동학습은 개인이 내면화한 지식을 구성원들과 공유하면서 모든 구성원들이 성장하게 되고 협력적 상호작용을 통해 다시 공유된 지식이 개인 학습자에게 내면화되는 과정을 촉진하는 교수·학습방법이다.

셋째, 교수자의 역할은 기존 교수자중심 수업에서의 정보 전달에서 협동학습의 설계와 운영과정에서의 학습 촉진으로 변화된다. 여러 학교급 및 다양한 교과 맥락에서 이루어진 협동학습에 대한 선행연구들의 메타연구(예: Slavin, 1996)의 결과는 협동학습의 교육적 효과를 입증하고 있다. 슬라빈에 따르면, 협동학습이 여러 학교급, 다양한 학문 분야의 교육에서 널리 활용되고 연구되는 이유는 협동학습이 학교 수업에서 전통적인 교육적 목표와 혁신적 교육목표 모두를 달성할 수 있는 가능성 때문이다. 그러나 긍정적인 연구 결과와 달리 현장에서의 학습자의 부정적 경험의 빈도는 간과할 수 있는 수준이 아니다. 협동학습의 교육적 목적에 대한 주지와 성공적인 설계 원리에 대한 이해에 바탕한 설계와 운영이 없다면 협동학습은 오히려 교수자주도의 수업에 비해 낮은 학습결과와 저하된 학습 경험의 질을 가져올 가능성이 크다.

3) 협동학습과 협력학습

국내외 연구와 실천의 영역에서 협동학습은 협력학습이라는 용어와 혼용되었다. 국내에서 협동학습은 cooperative learning을, 협력학습은 collaborative learning을 각각 번역하여 사용하였다. 1990년대에 존슨과 존슨에 의해 협동학습이라는 용어와 모형이 먼저 제안되었고, 협력학습은 그 이후에 학습자의 주도성을 보다 강조한 비구조화된 교수·학습방법으로 등장하였다. 몇몇 학자들(예: Davidson & Major, 2014)은 협동학습과 협력학습을 명확하게 구분해야 한다고 주장하였는데, 그 근거는 두 모형의 기원과 정의, 본질적 특성과 목적, 전략 등에서 분명한 차이가 있다는 것이다. 그들에 따르면, 협동학습은 "모두가 참여할 수 있을 만큼 작은 집단에서 명확하게 할당된 공동작업을 학습자들이 함께 완수하는 학습"(Cohen, 1994, p. 3)으로 정의된다. 한편, 협력학습은 같은 목적을 가지고 함께 일하지만 반드시 동일한 과제를 할 필요는 없다. 협동학습과 협력학습의 차이는 몇몇 주요 요소를 중심으로 다음과 같이 살펴볼 수 있다(Davidson & Major, 2014).

- 구성원 간 상호 의존성: 협동학습은 목표, 과제, 자원, 역할, 보상을 통해 학습자 간 긍정적 상호 의존성을 길러내는 반면, 협력학습에서는 상호 의존성을 크게 강조하지 않는다. 따라서 협력학습에서는 상호작용 기술이나 집단 성찰 등의 사회적 기술을 가르치지 않는다.
- 집단 구성의 주체: 대부분의 협동학습 모형에서는 교수자가 의도적으로 집단을 구성하거나 무작위 할당을 하나, 협력학습 모형은 학습자들이 스스로 집단을 구성하도록 한다.
- 학습자의 자율성: 협동학습은 교수자가 조력하기도 하고 교수자가 미리 설계한 수업의 구조를 활용하나 협력학습은 학습과정을 대부분 학습자 스스로 계획하고 관리한다. 따라서 협력학습이 협동학습보다 학습자들의 자율성을 더욱 권장하고 허용한다.

한편, 이 두 가지 방법 중 협력학습을 보다 학습자중심 방법으로 보고 협동학습은 보다 교수자중심의 방식으로 보기도 한다(Jacobs, 2015). 소집단 학습활동의 계획과 촉진을 학습자가 주도한다면 협력학습으로, 교수자가중심이 된다면 협동학습으로 구분한다. 이러한 구분을 근거로 저학년 학습자의 경우 교수자의 구조화 없이는 스스로 학습하는 스킬과 태도가 부족하므로 협력학습보다는 협동학습이 더 적합하다고 보기도 한다(Bruffee, 1993).

그러나 실제 연구나 현장에서 이 두 용어로 불리는 여러 모형들은 여러 핵심적인 특성을 공유하고 있고 여러 측면에서의 정도의 차이를 보이나 실제 현장에서는 둘 간의 명확한 구분 없이 혹은 맥락에 따라 각 모형을 혼합하고 변형하여 사용하고 있다. 또한 두 명칭 이외에도 집단학습, 그룹학습, 팀학습 등의 용어로 다양하게 불리고 있다. 따라서 이 장에서는 학교 맥락에서 가장 널리 일반적으로 사용되는 협동학습이라는 용어를 사용하기로 한다.

2. 협동학습 방법

1) 성공적인 협동학습의 요소

협동학습에서 학습자들은 서로 도와가며 배우고, 무엇을 어떻게 학습할지 함께 계획을 수립한다. 교수자는 지침을 직접적으로 주지 않고 학습자들이 목표나 자료, 순서 등에 대해 선택할 수 있도록 허용한다. 협동학습은 단순히 학습자를 집단에 할당하고 상호작용하기를 기대하는 느슨한 방식이 아니라 학습자가 학습과정에 능동적으로 참여할 수 있도록 하는 면밀한 교수설계가 필요하다. 성공적인 협동학습 설계를 위해 고려해야 할 요소로는 ① 소집단에 적합한 학습과제 및 활동, ② 학습자 간 소집단 상호작용, ③ 집단 내 협동을 촉진하는 상호 의존성 구조화, ④ 개별 학습자의 책무성, ⑤ 상호간 조력 행동이 있다(Davidson, Worsham, 1992). 케이건(Kagan, 2009)은 협동학습의 설계를 위해 필요한 네 가지 특성(PIES)을 다음과 같이 파악하였다. 즉, ① 긍정적 상호의존성(Positive interdependence), ② 개별 책무성(Individual accountability), ③ 공평한 참여(Equal participation), ④ 동시적 상호작용(Simultaneous interaction)의 앞글자를 따서 PIES를 협동학습을 위한 수업설계를 통해 구조화할 것을 제안하였다. 앞에서 언급한 요소 중 긍정적 상호 의존성은, 첫째, 상호적 목적(mutual goals)을 수립할 때, 둘째, 상호적 보상(mutual rewards)이 있

을 때, 셋째, 구조화된 과제(structured tasks)를 수행할 때, 넷째, 상호 의존적
역할(interdependent roles)을 수행할 때 비로소 형성될 수 있다고 보았다(Millis
& Cottell, 1998). 이후 존슨 등(Johnson et al., 1998)은 성공적인 협동학습을 이
끄는 다섯 가지 주요 요소로 ① 긍정적 상호 의존성, ② 면대면 촉진적 상호작
용, ③ 개별 및 집단 책무성, ④ 사회적 기술의 개발, ⑤ 집단 프로세싱을 제시
하였다. 이들이 제시한 효과적인 협동학습에 영향을 미치는 다섯 가지 변인을
기반으로, 브라운과 치우페텔리(Brown & Ciuffetelli, 2009)는 성공적인 협동학
습의 원리를 〈표 11-1〉과 같이 제안하였다.

표 11-1   성공적인 협동학습의 원리

구분	주요 내용
긍정적 상호 의존성 (positive interdependence)	• 학습자들은 집단 활동에 충실히 참여하고 노력해야 한다. • 각 집단 구성원은 과제/역할, 책임을 갖게 되며, 자신의 학습 및 집단의 학습에 책임이 있다고 믿어야 한다.
면대면 촉진적 상호작용 (face-to-face promotive interaction)	• 구성원들이 모두 잘할 수 있도록 서로 돕는다. • 배운 내용을 서로 설명하고 이해하도록 도우며, 과제를 완수하는 것을 돕는다.
개인 및 집단 책무성 (individual and group accountability)	• 각 학습자는 다루는 내용을 숙달했음을 보여 주어야 한다. • 각 학습자는 자신의 학습에 책임감을 가지고 사회적 태만(social loafing)을 없애야 한다.
사회적 기술 (social skills)	• 성공적인 협동학습이 이루어지도록 사회적 기술을 습득해야 한다. • 효과적인 의사소통 기술, 사회적 관계 기술을 길러야 한다(예: 리더십, 의사결정, 신뢰 구축, 친밀감 형성, 의사소통, 갈등 관리 기술 등).
집단 프로세싱 (group processing)	• 구성원들이 어떤 행위가 도움이 되는지 성찰하고, 어떤 행위를 지속할지, 그리고 변화시켜야 할지에 대한 의사결정을 내릴 때 이루어진다. • 집단 프로세싱의 목적은 목표 달성을 위해 필요한 과정을 수행하기 위해 무엇을 개선해야 할지 명확하게 하기 위함이다.

출처: Brown & Ciuffetelli (2009).

2) 협동학습의 설계 원리

(1) 소집단 구성

협동학습을 위한 소집단구성은 협동학습의 과정과 성과에 영향을 미친다. 일반적으로 소집단 구성의 원리는 다음과 같다.

첫째, 집단 내의 이질성과 집단 간의 동질성을 마련한다. 다양한 특성(예: 성별, 학업성취도, 학년, 사전 학습 정도 등)을 가진 이질적인 학습자들로 소집단을 구성하고, 가능한 한 집단 간에는 전체적으로 역량 차이가 많이 발생하지 않도록 구성하는 것이다. 학업성취도에 영향을 많이 받는 학습과제일 경우에는 성적이 높은 학습자, 중간 그리고 낮은 학습자로 능력을 골고루 섞어 구성한다. 특히 협동학습에서 기대하는 동료 교수, 모델링 등을 통해 질 높은 학습을 경험할 가능성을 높이기 위해서는 학업성취도가 높은 학습자를 반드시 집단에 포함해야 한다.

둘째, 모두가 참여할 수 있는 만큼 작은 집단으로 구성한다. 구성원의 특성에 대한 고려뿐만 아니라 소집단의 크기 역시 중요하다. 구성원이 많으면 공동 과제에 대한 개인적 역할과 공헌이 불분명해지고 참여하는 것이 중요하게 느껴지지 않으며, 수업의 제한된 시간으로 인해 1인당 의사소통 양이 줄어들어 개인의 책무를 등한시하는 사회적 태만이 나타나기 쉽다(Johnson & Johnson, 2009). 온라인상에서 협동학습을 할 때의 소집단 크기는 면대면 수업보다 작게 가져가는 것이 좋다. 학습자마다 온라인 학습환경(예: 인터넷 속도, 접속 오류, 컴퓨터 기종, 사양 등)이 다름으로 인해 의사소통이 원활하게 이루어지지 않을 수 있기 때문이다. 일반적으로 소집단은 4~6명 정도로 구성한다. 소집단 크기를 결정하기 위한 근거는 "모두가 참여할 수 있을 만큼 작은 집단"(Cohen, 1994)이라는 원리에 있다. 수업 중 협동학습에 할당할 시간을 고려하고 협동학습이 이루어지는 환경 등을 고려하여 적절한 소집단 크기를 결정한다.

셋째, 소집단은 수업의 특성을 고려하여 교수자가 구성한다. 소집단 구성을 교수자가 할 것인지 학습자들에게 맡길 것인지에 대한 의사결정이 필요하다. 학습자들의 자율성을 강조하거나 학습자의 관심사가 매우 중요한 요인일 경우, 협동학습을 단기로 할 경우에는 학습자들에게 구성을 맡기는 것도 나쁘지 않을 수 있다. 그러나 일반적으로는 학습자들에게 스스로 집단 구성을 하라고 허용할 때 대개 집단 응집성을 방해하는 식으로 구성될 가능성이 크다. 예를 들어, 학습자들의 배경으로 인해 미리 만들어진 관계성이 강한 경우, 소외감을 느끼게 될 학습자가 존재하게 되며, 장기적으로 볼 때 협동학습과정을 저해할 가능성이 크다.

(2) 과제 설계

협동학습의 과제는 곧 소집단의 공동 목표이다. 따라서 그 과제는 둘 이상의 개인이 함께하고, 노력할 때 달성할 수 있는 과제여야 한다(Slavin, 1983). 협동학습의 목표는 개인이 혼자서는 달성하기 어렵지만, 팀원 개개인의 학습이 충실히 이루어지고 서로 상호작용을 통한 협업이 이루어졌을 때 가능한 것이어야 한다. 그래야 학습자들에게 협동의 이유를 갖게 할 수 있다. 선행 연구에 따르면, 개인이 혼자서도 충분히 수행할 수 있는 수준의 과제이거나 과제의 결과물이 많은 글쓰기를 요구할 때는 협력이 잘 이루어지지 않는다 (Michaelsen, Knight, & Fink, 2002). 개인별로 과업을 분배하여 수행하게 되면 협력의 경험을 할 수 있는 기회가 사라지고 과업 수행에 있어서 불공평함을 느끼게 될 가능성이 크다. 협동학습의 과제를 설계할 때 교수자는 자신에게 다음과 같은 질문을 던져 보아야 한다(Michaelsen et al., 2002).

- 과제는 구성원의 개인적 책임감을 주는가?
- 과제는 구성원들 간의 토론을 자극하는가?
- 과제는 성과에 명백한 보상을 제공하는가?
- 과제는 구성원이 한자리에 모여 수행하여야 할 과제인가?

(3) 평가 설계

협동학습이 수업방법으로 기대하는 교육적 효과를 가져오기 위해서, 그리고 참여하는 학습자들에게 만족스러운 학습경험을 제공하기 위해서는 보상구조, 즉 평가를 잘 설계하는 것이 매우 중요하다. 긍정적인 수많은 연구결과에도 불구하고 현실의 많은 학습자는 협동학습이 가져다주는 이점에 비해 자신들이 지불해야 할 비용(예: 노력, 시간, 피로감 등)이 훨씬 더 크고 평가는 불공평할 때가 많다고 불평한다. "협동학습의 아킬레스건이 평가"(Boud, Cohen, & Sampson, 2001)라고 경고할 정도로 협동학습의 평가에 기인한 실패의 사례가 부지기수이다.

협동학습에서의 평가는 집단의 성과물에 대해 이루어지면서 동시에 집단의 학습과정과 개인의 공헌도에 대해서도 이루어져야 한다. 그래야 긍정적 상호의존성과 개개인의 학습에 대한 책무성을 모두 강조할 수 있게 된다. 집단의 성과에 대해서만 평가가 이루어진다면 무임승차자가 발생할 수 있으며, 협동학습에 대한 불만과 평가에 대한 불공정함에 대한 경험을 하게 된다. 반면, 개개인의 책무성만을 중시하게 된다면 긍정적인 상호 의존성이 촉진되지 않아 협동학습의 장점인 학습의 시너지를 통한 결과물의 질 제고를 경험할 수 없게 된다. 예를 들어, 직소 I(Jigsaw I) 모형에서는 협동학습을 하면서도 평가와 보상은 개개인의 퀴즈 성적으로만 이루어졌기에 구성원 간 긍정적 상호 의존성이 지속되기 어려웠다. 이러한 문제를 극복하기 위해 직소 II(Jigsaw II)는 성취과제분담(STAD)의 평가 설계를 차용하여 개인의 책무성과 팀원 간 상호 의존성 모두를 촉진할 수 있게 되었다.

협동학습의 평가는 결과물의 평가뿐만 아니라 과정에 대한 평가가 같이 이루어져야 한다. 과정에 대한 평가는 학습과정일지나 관찰을 통해 교수자에 의해 이루어질 수도 있으나, 참여 학습자들이 과정에 대해 가장 면밀하고 직접적인 관찰과 경험을 했기에 동료평가를 활용하는 것도 고려할 수 있다. 동료평가는 학습자들이 서로의 학습활동 과정 또는 결과물에 대해 피드백을 주거나 점수를 매기는 방식으로 이루어진다. 동료 평가의 과정에서 매우 적극적이고 능동적인 학습이 이루어지기에 하나의 학습방법으로도 주목받고 있다 (Boud, 1995). 동료 평가의 경우 평가 결과에 대한 신뢰도에 대해 의문을 가질 수 있으나 여러 선행연구 결과(예: Topping, 1998)에 따르면 동료 평가 결과가 교수자의 평가 결과와 상당히 일치한다는 것을 알 수 있다. 실제로 이러한 연구결과를 바탕으로 MOOC에서도 대규모 실습수업을 하는 강좌의 경우 수강생들의 과제 결과물 평가에 동료 평가를 사용하고 있다(Wang, Fang, Jin, & Ma, 2022).

(4) 학습 지원

협동학습의 성공적인 운영을 위해 학습의 과정을 어떻게 촉진하고 안내할 수 있을지에 대한 학습지원이 미리 설계되어야 한다. 첫째, 협동학습 초기에 팀빌딩이나 교실문화 만들기 등을 통해 구성원 간 편안하고 안전한 학습문화를 조성해야 한다. 협동학습에 있어 학습자 간의 의견 불일치는 유의미한 협동학습을 위해 반드시 필요하기 때문에 팀원들이 각자의 관점과 의견에 이의를 제기해도 괜찮은 신뢰의 환경이 마련되어야 한다. 그래야 팀의 응집력을 통해 긍정적인 상호작용이 이루어질 수 있다. 둘째, 집단 학습 전에 학습자 개개인이 개별 학습을 충실히 해 올 수 있도록 촉진해야 한다. 동료와의 토의만으로 개별 학습자의 무지가 극복되지 않는다. 협동학습을 통해 유의미한 협력적 지식을 구성하고 창출하기 위해서는 개인 학습자의 지식 내면화가 선행되어야 한다. 내면화 과정을 거친 개인적 지식은 동료 학습자와 토론하고 의미를 명료화함으로써 사회적 이해 과정의 산물인 공유된 이해가 되고, 이것은 협상을 통해 협력적 지식으로 발전하기 때문이다. 셋째, 협동학습 과정에 대해 지속적으로 모니터링하면서 발생하는 여러 가지 갈등과 어려움에 대해 코칭, 스캐폴딩을 제공할 필요가 있다. 협동학습 과정에서 학습자들이 가지게 되는 두려움, 불안함, 모호함 등을 교수자가 피드백을 통해 해소해 줄 필요가 있다.

2) 협동학습의 모형

협동학습의 모형은 매우 다양하나 학교 현장에서 특정 교과목이나 특정 학년에 국한되지 않고 범용적으로 빈번하게 쓰이고 다른 후발 모형의 근간이된 대표적인 모형으로 직소(Jigsaw), 팀성취분담 협동학습(STAD), 팀기반학습(TBL) 모형을 소개하고자 한다. 이 세 모형은 한 차시의 수업을 협동학습으로 진행할 수 있는 요소와 매우 구체적인 절차를 제시하고 있어 초임 교수자도 어려움 없이 한 차시 수업을 설계할 수 있는 장점이 있다.

(1) 직소 모형

직소 모형은 아론슨(Aronson, 1978)에 의해 개발되었다. 이후 여러 학자들에 의해 최초의 모형이 조금씩 변형 · 개선되면서 직소 II, 직소 III 등이 제안되었다. 직소는 조각 퍼즐이라는 뜻으로 이 협동학습 모형이 운영되는 모습을잘 드러내고 있다. 교수자는 한 수업의 주제를 집단 구성원 수(대략 4~5인) 만큼의 하위 주제로 분할한다. 이때 집단(home group)의 개인은 분할된 내용 자료만 제공받고 그 내용만 학습하면 된다. 개별 학습 후, 동일한 하위 주제를 공부한 학습자들이 각 집단에서 나와 전문가 집단(expert group)을 형성하고함께 토의하며 학습한다. 그리고 나서 각 학습자는 원래의 집단(home group)으로 돌아가 다른 학습자들에게 자신이 공부한 부분에 대해 가르친다. 집단에서 학습이 끝나면 개별 퀴즈를 치르고 개별 점수에 대해서만 보상이 이루어진다. 이 모형은 동료교수(peer teaching) 활동이 매우 강조된다. 한편, 직소 I은 집단 보상이 없어 집단 내 다른 학습자의 학습에 대한 도움과 책임이 지속적으로 강조되지 않아 협동학습 과정에서 긍정적 상호 의존성이 지속적으로 촉진되기 어려웠다. 이같은 단점을 극복하고자 슬라빈(Slavin, 1988)은 직소 II를제안하였다.

직소 II는 직소 I의 방식과 거의 동일하나 직소 I에서 담당 학습자에게 하위주제에 대한 자료만 부여하고 학습하게 했던 것과는 달리 모든 학습자에게 모

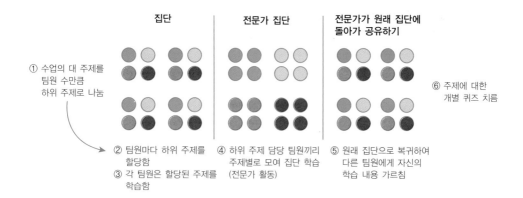

집단   전문가 집단   전문가가 원래 집단에 돌아가 공유하기

① 수업의 대 주제를
팀원 수만큼
하위 주제로 나눔

⑥ 주제에 대한
개별 퀴즈 치름

② 팀원마다 하위 주제를
할당함
③ 각 팀원은 할당된 주제를
학습함

④ 하위 주제 담당 팀원끼리
주제별로 모여 집단 학습
(전문가 활동)

⑤ 원래 집단으로 복귀하여
다른 팀원에게 자신의
학습 내용 가르침

그림 11-1   직소 I의 운영 방식

든 자료를 제공한다. 물론 개별 학습자가 집중해야 하는 것은 부여된 하위 주제이나, 모든 학습자가 전체 자료의 흐름 안에서 자신의 하위 주제가 어떤 관련이 있는지도 파악할 수 있게 된다. 한편, 슬라빈은 직소 I에는 없었던 집단 보상을 자신이 개발한 STAD의 방식으로 추가하였다. 직소 II가 모집단(home group) 협동학습 후 곧바로 평가를 받기에 평가에 대비해 학습할 시간이 부족하다는 점이 문제시되어 직소 III에서는 일정 기간 평가를 준비할 수 있는 기회를 제공하였다. 그리고 직소 IV에서는 이전 직소 모형에서 학습자들이 전문가 집단에서 학습내용을 과연 정확히 파악하였는지 확인하지 못한다는 문제점을 포착하고, 학습자들의 정확한 학습내용 이해를 담보하기 위해 두 가지 유형의 평가를 제공하고, 이해가 되지 않은 부분에 대한 재교수를 제공하였다. 단, 이 모형은 평가가 두 차례(전문가 집단 학습 후, 전문 과제에 대한 평가 1회 + 모집단 복귀 후 전체 학습과제에 대한 평가 1회) 진행되기에 교수자와 학습자에게 부담을 줄 수 있고 시간이 많이 걸린다는 제한점이 있다. 직소 I, II, III, IV에 대한 특징은 〈표 11-2〉와 같다.

표 11-2 직소 I, II, III, IV의 비교

모델	직소 I	직소 II	직소 III	직소 IV
학자 (개발 연도)	Aronson (1971)	Slavin (1978)	Gonzakz & Guerrero (1983)	Holiday (2002)
절차	1단계: 모집단 형성하기 & 전문가 학습지 배부	1단계: 모집단 형성하기 & <u>학습단원 전체 읽기</u>	1단계: 모집단 형성하기 & 학습단원 전체 읽기	1단계: 모집단 형성하기 & 학습단원 전체 읽기
	2단계: 전문가 집단에서 학습하기	2단계: 전문가 집단에서 학습하기	2단계: 전문가 집단에서 학습하기	2단계: 전문가 집단에서 학습하기
	3단계: 모집단에서 다른 학습자 가르치기	3단계: 모집단에서 다른 학습자 가르치기	3단계: 모집단에서 다른 학습자 가르치기	3단계: <u>퀴즈 I, 전문 과제 평가</u>
	4단계: 전체 학습지 작성 및 정답지 확인	4단계: 전체 학습지 작성 및 정답지 확인	4단계: 전체 학습지 작성 및 정답지 확인	4단계: 모집단에서 다른 학습자 가르치기
	5단계: 개별 평가와 개별 보상	5단계: 개별 평가와 개별 보상	5단계: <u>평가유예기 모집단에서 평가준비</u>	5단계: 전체 학습지 작성 및 정답지 확인
		6단계: <u>향상 점수에 의한 집단 보상</u>	6단계: 개별 평가, 개별 보상	6단계: <u>퀴즈 II 전체 학습 과제에 대한 평가</u>
			7단계: 향상 점수에 의한 집단 보상	7단계: 개별평가, 개별보상
				8단계: 향상 점수에 의한 집단 보상
				9단계: <u>재교수</u>
모형의 제한점	집단 보상 부재로 긍정적 상호 의존성 결여	평가 준비를 위한 학습시간 부족	학습자들의 학습내용 정확성 부족	교수자와 학습자들의 부담 가중, 수업시간 증가

주: 직전 모형에 비해 달라진 부분에 밑줄을 침.

(2) 팀성취분담 협동학습(STAD)

팀성취분담 협동학습(Student Teams Achievement Division: STAD)은 슬라빈 (1978)이 제안한 모형으로 전통적인 수업의 구조를 크게 바꾸지 않아도 쉽게 적용할 수 있으며 절차가 간단하고 분명하여 학교 현장에서 널리 사용되었다. 이 모형의 특성은 다음과 같다. 첫째, 학습과제로 사실, 개념, 기본 기능의 이해와 습득에 적합하여 국어, 수학, 과학, 사회 등 다양한 교과목에서 널리 활용된다. 둘째, 교수자는 다양한 학습능력을 가진 4∼6명의 학습자를 집단으로 구성하여 협력적으로 학습하도록 한다. 해당 교과에 대한 성적을 미리 파악하여 상위권, 중위권, 하위권 학습자들이 골고루 포함되도록 집단을 구성한다. 셋째, 집단 내에 과제에 대한 역할분담은 없고 하나의 과제를 공동으로 학습한다. 넷째, 개인 점수에 따른 개별 보상과 집단 보상을 함께 제공한다. 전통적 소집단 협동학습과 달리 개인 향상 점수의 평균으로 소집단 점수를 매겨 이를 보상하기에 개별 학습자는 스스로의 학업성취가 소집단에 기여했다는 성공경험을 갖게 되어 긍정적 학습태도 형성에 기여할 수 있다(정문성, 김동일, 1998). 개별 보상만 주어졌을 경우, 개별 학습자들끼리 경쟁하게 되어 소집단에 주어진 문제에 대한 답을 알고 있는 학습자를 견제하거나 문제해결을 못하는 학습자를 기피하는 양상을 보이게 된다. 반면, STAD의 보상 구조처럼 개인의 향상 점수를 소집단 평가에 반영할 때는 서로 비난하거나 기피하지 않고 서로 협동하고 상호 성장하기 위해 노력하게 되고, 협동학습에 반드시 필요한 긍정적 상호 의존성을 촉진하게 된다.

STAD는 다음과 같은 절차로 수업이 진행된다.

① 교수자는 주제에 대해 수업한다.
② 4∼6명의 다양한 성적으로 구성된 집단은 주어진 수업자료를 함께 학습한다(예: 수학일 경우, 각자 문제를 풀고 답을 맞힌 후, 차이에 대해 논의한다. 철자법일 경우, 서로서로 철자를 연습한다). 어떤 과목이든 학습자들이 단순히 답만을 제시하지 않고 자신의 생각을 설명하도록 촉진한다.

③ 협동학습 시간이 끝나면 학습자들은 개별 퀴즈를 치른다.

④ 교수자는 개별 학습자들의 성적으로 집단 점수를 낸다. 이때 집단 점수는 개별 학습자들의 이전 퀴즈보다 향상된 점수의 합 혹은 평균이다.

STAD 모형의 가장 큰 장점은 기존의 교수자중심의 수업의 틀을 크게 변화시키지 않으면서 학습자의 능동적 참여와 상호작용을 통해 수업의 효과를 증진시키는 데 있다. 학습자들이 학업에 최선을 다하도록 동기화하고 서로의 학습을 돕도록 촉진할 수 있다. 개인의 능력 수준에 관계없이 사전에 비해 성장한다면 집단에 기여할 수 있으며, 집단 간 경쟁이 유발되어 소집단의 응집성이 만들어지게 되고, 궁극적으로 학습자들의 학습동기가 촉진될 수 있다. 슬라빈은 "학습자들은 교수자의 언어를 자신들의 언어로 번역할 수 있다."라고 말하면서 발화와 의사소통을 통한 협동학습의 효과를 강조하였다. 교수자가 전달한 개념을 충분히 이해하지 못한 학습자들도 같은 문제를 동료 학습자와 함께 의사소통하면서 이해하게 되기 때문이다. 우수한 학습자도 동료에게 설명하기를 통해 자신의 생각을 조직화하게 되고 자신의 이해를 인지적으로 정교화할 수 있다.

(3) 팀기반학습(TBL)

팀기반학습(Team-Based Learning: TBL)은 마이클슨(Michaelsen, 1979)이 자신이 맡은 수업의 문제를 해결하기 위해 고안한 모형으로 현재 국내외 대학교육 및 전문가 교육의 현장에서 널리 활용되고 있다. 미국 한 대학의 경영학과 교수였던 마이클슨은 자신이 맡게된 수업의 규모가 40명에서 120명으로 갑작스럽게 증가되자 대규모 강의에서는 기존의 소규모 수업에서 사용하던 사례기반, 소크라테스식 문답법을 활용하기 어려울 것이라는 문제의식을 가졌다. 또한 대규모 수업에서도 한 명도 빠짐없이 모든 학습자를 수업에 참여시키고, 수업에서 보다 높은 수준의 목표를 이루기 위해 예습을 할 이유를 갖게 한다는 두 가지의 목표를 설정하고 이를 실현시킬 팀기반의 수업모형을 개발하였다.

TBL은 크게 세 가지의 수업 요소로 구성된다. 첫째, 수업 전에 학습자들이 자기 속도에 맞게 새로운 주제에 대해 미리 학습하며 수업을 준비한다. 둘째, 수업에 들어오면 개별 사전준비도 테스트(individual Readiness Assurance Test: iRAT)와 팀 사전준비도 테스트(team Readiness Assurance Test: tRAT)를 치른다. 셋째, 두 가지의 준비도 테스트가 연이어 끝나면 미니 강의와 테스트 문항에 대한 이의 제기의 과정을 거친 후, 소집단 지식 적용 활동을 수행한다. 일반적인 TBL 수업의 흐름은 [그림 11-2]와 같다.

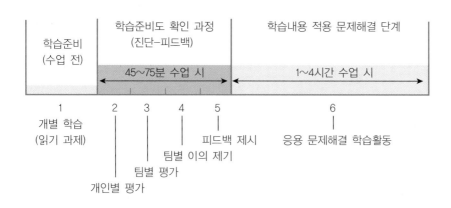

그림 11-2   팀기반학습의 절차(Michaelsen, Knight, & Fink, 2000)

TBL에서 예습은 하면 좋고 안 해도 상관없는 것이 아니라 필수적인 활동이다. 수업에서는 새로운 학습내용에 대한 강의가 이루어지지 않고, 바로 예습에 대한 확인과정으로 수업이 시작되기 때문이다. 사전 준비도 테스트는 성적에 반영되고, 예습의 내용은 수업시간에 강의로 반복되지 않는다. 사전학습은 학습자들의 수업 참여와 몰입에 매우 긍정적인 영향을 미치며, 팀 활동에도 관계성과 안정감을 촉진하는 것으로 나타났다. 〈표 11-3〉은 TBL 모형의 세 가지 단계(사전 학습-준비도 테스트-적용 활동)에서 어떤 측면이 효과성을 가져

표 11-3 TBL의 단계별 효과성

1단계	2단계	3단계
개인 사전 학습	준비도 테스트 이의 제기/미니 강의	소집단 지식 적용 활동 결과 공유
• 자기 수준, 속도에 맞는 학습 가능 • 다양한 자료의 제공은 학습양식에 적합한 선택이 가능 • 내용에 대한 친숙함, 수업에 대한 자신감 • 사전 학습의 습관화	• 개인 준비도 테스트는 사전 학습을 하도록 하는 기제이자 인센티브 • 팀 준비도 테스트에 수반되는 토의를 통해 생각을 말로 표현하는 과정에서 정교화 • 자신과 동료의 차이점이 부각되어 동기화 가능	• 도전적이고 복잡한 과제를 팀과 함께 풀어 부담감을 줄이고, 관련성과 자신감을 높임 • 학습이 점점 심화되는 경험 • 팀 토의, 발표를 통해 참여 • 대규모 수업에서도 소외되지 않고 모두 참여하는 수업

오는지에 대해 요약하여 제시하였다. 각 단계는 유기적으로 연결되고 그렇게 될 때 비로소 TBL의 효과를 기대할 수 있으므로 임의로 어떤 단계를 제외하거나 수정하는 것에 주의를 기울여야 한다.

다음은 TBL의 실행과정을 학기 시작 전, 학기 중, 학기 말로 나누어 교수자가 각 단계에서 해야 할 사항을 제시하였다.

① 학기 시작 전

전체 교과에서 학습내용 분할하기, 수업목표 수립하기, 성적 체계 설계하기가 이루어져야 한다. TBL을 실행하기 위해 학습내용을 4~7개로 분할한다. 수업목표는 습득한 지식을 가지고 무엇을 수행할 것인가를 명확하게 제시한다. 평가는 개인 성과, 팀 성과, 그리고 팀 성공을 위한 각 팀원의 공헌도를 모두 포함하는 성적 체계를 개발함으로써 무임승차나 평가의 공평함, 공정성에 대한 의문을 해결할 수 있다.

② 학기 중

다음과 같은 단계로 TBL 수업이 진행되고 각 단계의 세부 진행 사항은 〈표 11-4〉와 같다.

표 11-4 학기 중 TBL 단계별 세부 진행 사항

단계	세부 진행 사항
사전 학습	각 수업 전 미리 학습해야 할 사전 학습 과제(예: 읽기 과제, 강의 동영상 등)를 할당한다. 수업 단위에서 학습자들이 반드시 이해해야 하는 개념, 원리 등에 대한 정보이다. 개별적으로 수업 전에 학습을 완료한다.
개인 준비도 평가 (iRAT)	교실 내 학습활동의 첫 번째 단계로 읽기 과제에 대한 학습준비도 평가가 개별적으로 이루어진다. 진위형이거나 선택형의 문제로 구성된다. 평가 문항은 기본적 개념에 초점을 맞추고, 팀 내에서 토론할 만큼 충분히 어려운 것이어야 한다.
팀 준비도 평가 (tRAT)	개인준비도 평가와 같은 문항의 평가를 팀별로 다시 치른다. 구성원들은 각 문제의 정답에 대한 합의에 도달해야 한다. 이를 통해 내용에 대한 충분한 토의와 검토 과정을 거친다. 평가가 완료되면 바로 정답을 제시한다. 개인 준비도 점수와 팀 준비도 점수를 확인한다.
이의 제기	틀린 문제에 대해 이의가 있을 경우, 사전 학습 자료를 참조하여 서면 이의 제기를 할 수 있다. 이 과정에서 해당 내용에 대한 집중적인 재학습이 이루어질 수 있다.
교수 피드백	학습자들의 오개념이나 정답률이 낮은 부분에 대한 미니 강의와 피드백이 이루어진다.
팀 적용문제 해결활동	개념이나 원리를 적용하여 해결할 수 있는 문제들을 제공함으로써 심층적 이해를 촉진한다. 복잡한 결과물의 산출이 아니라 내용에 대한 심층 토론에 집중할 수 있는 의사결정을 할 수 있는 문제를 제공한다.

③ 학기 말

TBL의 전반적 학습경험을 되돌아보면서, 교육과정에서 다룬 주요 개념, 개념 적용, 팀의 가치, 상호작용 등에 대해 성찰하는 기회를 가진다. 대부분의 팀에서 개별 학습자의 최고 점수보다 팀 점수가 훨씬 상회하기에 학습자들은 팀 학습에 대한 가치를 즉각적으로 인지하게 된다. 또한 동료 평가를 학기 말에 진행하여 학습지들의 팀 공헌을 평가한다.

TBL의 성공적인 운영을 위해 고려해야 할 네 가지 주요 원리는 다음과 같다.

- 원리 1: 집단을 적절하게 형성하고 운영해야 한다. 과제를 달성하는 데 충분한 지적 자원을 활용하도록 집단의 규모가 크고, 구성원들은 다양해야 하며, 학기 내내 집단이 변경되지 않고 유지되어야 한다. 집단 응집력을 방해하는 요인을 최소화해야 한다. 예를 들어, 구성원들 사이에 이미 어떠한 관계가 형성되어 있을 경우, 국적이나 문화 등과 같은 배경적 요소들에 기반해 발생하는 응집성이 강한 경우, 다른 구성원들이 소외감을 느낄 수 있다. 따라서 집단은 교수자가 직접 이러한 것들을 고려하여 구성하는 것이 좋다.
- 원리 2: 학습자들은 개인별, 팀별 과제에 책임이 있다. 구성원 개인별 그리고 팀별 성과를 모니터링해야 한다. 개별 학습자가 수업 전 과제를 수행하도록 하는데, 중요한 기제가 개별 준비도 평가이다. 추후 팀 준비도 평가를 통해 자기가 이해한 개념을 타인에게 설명함으로써 학습에 대한 책임감을 갖게 된다. 또한 동료 평가를 필수적으로 활용하여 각자의 공헌도를 정확히 평가해야 한다.
- 원리 3: 집단 과제를 통해 학습과 팀 개발 모두가 촉진되어야 한다. 성공적인 TBL을 실행하는 데 적절한 적용과제 개발이 필요하다. 협동학습에 대해 알려진 부정적인 현상(예: 무임승차, 구성원 간 갈등)은 대부분 부적절한 팀 학습과제에 기인한다. 고도의 상호작용과 깊은 토의가 일어날 수 있

는 과제가 적절하다. 예를 들어, 결과물 개발에 시간이 많이 걸리는 과제
(예: 긴 보고서 작성 등)라면 한정된 시간에 어쩔 수 없이 과업을 등분하여
수행할 수밖에 없기 때문에 부적절한 과제라고 볼 수 있다.

- 원리 4: 성과에 대해 시의 적절한 피드백을 제공해야 한다. 팀 학습에서 즉각
  적 피드백은 필수적이다. 피드백은 집단 발달에 강한 영향력을 미치며
  피드백이 즉각적이고 빈번하며 차별적일 때 그 효과는 더 강해진다. 팀
  활동의 결과물이 수업 안에서 공유되고 팀 간 의견 교환을 통해 학습내
  용에 대한 이해도가 높아지는 결과를 낳을 수 있다.

3. 협동학습 사례

1) 초등 수학 STAD 사례

전통적인 소집단 협동학습이 무임승차 효과와 소집단 내 불평등한 상호작
용 기회로 인해 학습능력이 낮은 학습자의 자아존중감에 부정적 영향을 미친
다는 제한점을 극복하고자 STAD를 수학교과에 적용한 사례를 소개한다. 양
경화, 강옥려(2013)는 초등 5학년 수학부진 학습자를 대상으로 STAD를 실행
하였다. 한 집단에 수학 학습부진 학습자를 한 명씩 포함하고 상위, 중위, 하
위권 학습자가 1명씩 포함되어 총 4명을 하나의 소집단으로 구성하였다. 집
단 조직 시 성적뿐만 아니라 구성원의 친밀도와 성별도 고려하였다. 수업 절
차는 〈표 11-5〉와 같이 이루어졌다.

표 11-5 STAD 수업 절차

교수자의 수업안내

교수자는 도입 활동에서 해당 차시에 배울 내용과 관련된 실생활 문제를 제시하고, 복습 활동을 통해 학습 분위기를 조성하고 이어 학습문제를 제시하였다. 수업의 전개활동에서 내용의 개념과 풀이방법을 수학 교과서를 중심으로 상세히 설명하였다. 여러 문제를 전체 같이 풀어 보았고, 질의응답을 하여 학습자들이 수업 내용을 충분히 파악하도록 도왔다.

소집단 협동학습

교수자의 내용 설명이 끝난 후, 학습자들은 수학익힘책을 중심으로 소집단 협동학습을 진행하였다. 첫 단계는 소집단 내 개별 학습으로 수학익힘책에 제시된 문제를 개별적으로 풀어 보았다. 두 번째 단계는 소집단 협동학습을 통해서 개별적으로 푼 문제의 정답을 맞추어 보고 모르는 문제나 틀린 문제를 함께 해결하여 또래교수가 이루어지도록 하였다. 본시 학습 내용을 협력적으로 해결하며 수학적 의사소통을 통해 연산학습을 진행하였다.

가) 형성평가

협동학습이 끝난 뒤 학습자들은 학습목표와 관련된 형성평가 문제를 풀었다. 문제는 수학책과 수학익힘책의 숫자와 내용을 바꿔 출제된 5~10문항으로 평가시간은 약 5~15분이며 100점 만점으로 계산하였다. 형성평가 시 같은 소집단원끼리 정답을 공유하는 것을 방지하기 위해 자리를 옮겨 평가를 시행하였다. 평가가 끝나면 다른 소집단원과 평가지를 바꾸어 채점하고 자신의 자리로 돌아가게 하였다.

나) 개인/소집단 향상 점수 계산

개인의 기본 점수(이전 형성평가의 개별 점수)를 기준으로 이번 형성평가 점수가 얼마만큼 변화하였는지 계산하였다. 각 학습자는 자신의 향상점수를 구하고, 이어 소집단에게 개인 및 소집단 향상점수를 평가기록표에 기록하게 하였다. 향상점수의 평균을 소집단 향상점수로 기록하였다.

다) 점수 게시 및 보상

STAD는 향상점수에 따라 개인 보상과 소집단 보상의 두 가지 보상이 제공된다. 개인 보상은 개인의 향상 점수만큼 주어지고, 소집단 보상은 소집단 향상 점수가 높은 소집단에게 주어진다. 한 단원이 끝날 때마다 가장 많은 개인 스티커를 획득한 학습자과 가장 많은 소집단 스티커를 획득한 집단을 선정하여 쿠폰을 주며 칭찬하는 시간을 가졌다. 쿠폰의 내용은 학습자들과 함께 협의하여 결정한 자습활동 면제권, 숙제면제권, 청소면제권, 급식 먼저 먹기 쿠폰 등을 정하였고, 자신이 사용하고 싶을 때 1개월 내로 사용하도록 하였다.

이 STAD 수업의 결과 학습부진아의 연산능력이 높아졌고, 수학 교과에 대한 자아개념, 태도, 학습습관에도 긍정적인 영향을 미친 것으로 나타났다. 일반적인 교수자주도의 수학 수업시간에는 교수자가 학습자 개개인의 능력을 파악하여 교수할 수 있는 시간이 제한되어 있으나 STAD가 또래교수를 통해 연산과정을 반복적으로 학습하고 피드백을 받을 수 있는 시간을 충분히 제공했기 때문이다. 또한 STAD를 통해 매 수업마다 형성평가를 진행하였고, 자신의 학습정도를 파악하고 더 좋은 성적을 받기 위해 협력하여 학습하는 모습을 보였기에 학습결손의 누적을 어느 정도 방지할 것으로 예상된다. 학습부진 학습자는 상대적으로 낮은 성취도를 보이지만, 개인의 향상 점수가 소집단 점수에 기여할 수 있어 성공적인 학습 경험을 갖게 되고, 이를 통해 수학학습에 흥미와 내재적 동기를 촉진할 수 있다.

2) 대학 수업에서의 TBL 사례

이지은과 동료들(2019)은 A 대학교에서 일반 교직과정의 3학년 대상 교직과목인 '교육방법 및 교육공학' 강좌에 TBL 모형을 적용하였다. 2주차에 교수자가 수강 학습자들의 학과와 학년, 성별을 고려하여 이질적인 5~6명의 구성원으로 8개 팀을 구성하였고, 한 학기 내내 동일한 팀 구성을 유지하였다.

TBL의 첫 단계에 해당하는 사전 학습을 위해 교수자는 해당 주차에 수업내용의 핵심 개념과 원리에 대한 강의를 20분 정도 분량의 동영상으로 촬영하고 이를 학습관리시스템(LMS)에 탑재하였고, 학습자들에게 수업에 참여하기 전까지 사전 학습을 완료하도록 요구하였다.

두 번째 단계인 준비도 테스트를 위해 면대면 수업이 시작되자마자 사전 학습을 점검하기 위한 퀴즈인 iRAT을 실시하였다. 문항의 개수는 7~8개 정도이고, 유형은 진위형과 선택형으로 구성되었다. 문항의 난이도는 온라인 동영상과 교재를 통해 사전 학습을 충실히 했을 경우 10점 만점을 받을 수 있는 수준이었다. 이후, 정답을 알려 주지 않고 바로 팀별로 iRAT과 동일한 문제를 소집단 토의를 통해 해결하는 tRAT를 실시하였다. 15~20분 정도 진행되는 tRAT 과정에서 토의를 통해 팀의 답을 정하도록 권하였으나, 충분한 논의 끝에도 일치가 이루어지 않을 경우에는 복수의 답을 제시하는 것을 허용하였고, 정답을 맞힌 학습자 수가 해당 문제의 점수로 계산되었다. iRAT과 tRAT의 점수는 모두 평가에 포함되었고, 최종 성적의 40%를 차지하였다. 또한 효과적인 협력학습을 위해 필요한 개인 책무성과 팀원 간 긍정적 상호 의존성을 촉진하기 위하여 iRAT와 tRAT의 성적 비율을 학습자들과 함께 협의하여 각각 70%와 30%로 결정하였다. 학습관리시스템의 퀴즈 기능을 통해 iRAT를 시행하여 즉시 문항별 정답률을 계산하였고, 학습자들이 어려워했던 문항을 중심으로 미니 강의(mini lecture)를 진행하였다.

세 번째 단계에는 해당 주제 관련 중등교사 임용기출문제 풀이 및 적용 활동(예: 요구분석 시행하기, 수행평가도구 개발하기 등)을 실시하였다. '교육방법 및 교육공학' 수업의 전반적인 흐름은 [그림 11-3]과 같다. 수업의 전반부는 주요 개념과 원리를 확실히 이해하는 것을 목표로 하고, 후반부에서는 학습한 개념과 원리를 실제 문제나 사례에 적용할 수 있는 것을 학습목표로 설정하였다.

수업에서 퀴즈 점수로 사전 학습의 정도를 측정하였는데, 사전 학습을 충실히 한 학습자들이 tRAT 토의에서 훨씬 더 발언을 자주 그리고 많이 하는 경향을 보였다. 또한 사전 학습을 충실히 한 학습자들이 자신의 의견에 근거를 제시하거나 심층 논의를 이끄는 등 깊이 있는 토의를 주도하였다.

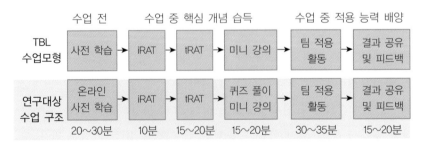

그림 11-3 사례 수업의 TBL 흐름도

이 수업에서 상당수의 학습자들이 비교적 활발하게 팀 토의에 참여하였는데, 이러한 높은 참여도는 학습자들의 사전 학습과 개별 준비도 평가로 인해 토의 대상인 문제에 대해 모든 팀원에게 공통 학습경험이 존재하였기 때문으로 볼 수 있다. 해당 과제에 대한 익숙함, 사전 학습으로 인한 내용에 대한 유능감이 토의 진행이나 선택의 근거를 설명하고, 동료 학습자들의 의견에 적극적으로 반응하게 했을 수 있다. 이 사례뿐만 아니라 여러 선행연구에서도 사전 학습을 유도한 수업이 그렇지 않은 수업에 비해 의견 제시나 질문의 빈도가 높았다는 결과를 볼 때, TBL에서의 사전 학습 강조는 학습자중심 수업 운영에 매우 중요한 역할을 한다고 볼 수 있다.

TBL은 학습내용에 대해 최소 세 차례, 많게는 그 이상으로 '그것도 매번 다른 방식으로' 반복학습을 하게 한다. 1차는 예습 자료(예: 책, 동영상 등)를 통한 자습, 2차는 그 내용에 대한 개별 퀴즈를 통한 학습, 3차는 동일한 퀴즈 문항에 대해 함께 답을 찾아 나가는 팀 토의 학습이다. 필요한 경우, 4차로 교수자의 미니 강의가 이루어진다. 이러한 TBL의 교수 · 학습 요소는 학습주제에 대한 이해를 매우 단단하게 다지게 할 수 있다. 단단한 이해, 오개념이나 잘못된 이해의 수정이 이루어진 후 개념에 대한 적용 기회가 이어진다. 이전의 요소가 없었더라면 적용 학습이 매우 어렵고 그 결과물의 질 역시 담보하기 어려웠을 것이다.

한편, 실제로 TBL의 이러한 구체적 지침을 따르지 않고 축소하거나 변형하여 사용하는 경우, TBL로 얻어질 효과를 기대하기 어려울 수 있다. 예를 들어, iRAT의 문항과 tRAT의 문항을 다르게 하는 경우, tRAT의 토의가 잘 이루어지기 어려울 수 있다. iRAT이나 tRAT을 시행하지 않고 교수자의 질문으로 갈음할 경우, 해당 주제에 대한 이해가 튼튼하지 못하고, 적용 활동을 자신있게 수행하기 어려울 수 있다.

생각해 볼 문제

1. 협동학습이 현재 다양한 교육현장에서 널리 활용되고 있는 이유는 전통적인 교육목
   표와 혁신적인 교육목표 모두를 교실 안에서 달성할 수 있는 잠재력을 가진 수업
   모형이라는 점에서 찾을 수 있다. 협동학습에 대한 여러 선행연구들, 메타연구들에
   서 협동학습에 대한 효과성을 지지하는 결과들을 보고하고 있다. 그럼에도 불구하
   고 현장에서 만나는 많은 학습자가 협동학습에 대해 긍정적인 경험보다는 부정적
   인 경험, 회피하려는 경향성을 보인다. 이러한 부정적 경험은 어떤 원인에 기인한
   것이며, 어떤 설계원리를 위배한 것으로 설명할 수 있을지 생각해 보시오.

2. 협동학습은 기본적으로 동료 학습자 사이에서 이루어지는 활발하면서도 교육적인
   의사소통을 요구한다. 최근 코로나19로 인하여 모든 수업이 온라인에서 이루어지면
   서 온라인상에서 협동학습을 효과적으로 실행할 수 있는 전략에 대한 연구가 활발
   히 이루어지고 있다. 온라인상에서의 협동학습을 촉진하기 위해서 교수자가 분석해
   야 할 학습자의 특성은 무엇이고, 의사소통의 촉진을 위해 교수자가 부가적으로 수
   행해야 할 역할은 무엇인지, 평가의 방식은 어떻게 달라져야 할지 등에 대해 생각
   해 보시오.

참고문헌

양경화, 강옥려(2013). STAD협동학습을 적용한 수학학습이 초등학교 수학학습부진
    아의 연산능력과 수학학습태도에 미치는 영향. 한국초등교육, 24(3), 153-170.
이지은, 김민성, 김유경, 김규은(2019). 플립드러닝과 팀기반학습을 통합한 대학수업
    에서 사전학습과 팀활동 참여와의 관계. 교육공학연구, 35(3), 755-785.
이지은, 김민지(2017). 교육공학분야의 협력학습관련 연구동향 분석: 2006-2016까지
    교육공학연구 및 교육정보미디어연구에 실린 논문을 대상으로. 교육공학연구,
    33(3), 769-797.
정문성, 김동일(1998). 열린교육을 위한 협동학습의 이론과 실제. 형설출판사.
주영주, 고경이(2016). 협력학습에서 성취동기, 교수학습 질, 학습접근방식, 학습자간
    상호작용이 학습성과에 미치는 영향. 학습자중심교과교육연구, 16(3), 85-103.

Aronson, E. (1971). History of the Jigsaw Classroom. Retrieved from The Jigsaw Classroom. https://www.jigsaw.org/#history

Aronson, E. (1978). *The jigsaw classroom*. Sage.

Boud, D. (1995). Assessment and learning: Contradictory or complementary. *Assessment for Learning in Higher Education*, 35-48.

Boud, D., Cohen, R., & Sampson, J. (Ed.) (2001). *Peer learning in higher education: Learning from and with each other*. Kogan Page Ltd.

Brown, H., & Ciuffetelli Parker, D. (2009). *Foundational methods: Understanding teaching and learning*. Pearson Education.

Bruffee, K. A. (1993). *Collaborative learning*. Johns Hopkins University Press.

Cohen, E. G. (1994). Restructuring the classroom: Conditions for productive small groups. *Review of Educational Research*, 64(1), 1-35.

Davidson, N., & Major, C. H. (2014). Boundary crossings: Cooperative learning, collaborative learning, and problem-based learning. *Journal on Excellence in College Teaching*, 25.

Davidson, N., & Worsham, T. (1992). *Enhancing thinking through cooperative learning*. Teachers College Press.

DeVries, D. L. & Edwards, K. J. (1973). Learning games and student teams: Their effects on classroom process. *American Educational Research Journal*, 10, 307-318.

Gonzalez, A., & Guerrero, M. (1983). *Jigsaw teacher's handbook*. Hollister Unified School District.

Jacobs, G. M. (2015). Collaborative Learning or Cooperative Learning? The Name Is Not Important; Flexibility Is. *Online Submission*, 3(1), 32-52.

Johnson, D. W., & Johnson, R. T. (2009) An educational psychology success story: social interdependence theory and cooperative learning. *Educational Researcher*, 38(5), 365-379.

Johnson, D. W., Johnson, R. T., & Smith, K. A. (2014). Cooperative learning: Improving university instruction by basing practice on validated theory. *Journal on Excellence in University Teaching*, 25(4), 1-26.

Kagan, S. (2009). Cooperative learning structures for brain-compatible instruction. In J. Cooper, P. Robinson & D. Ball (Eds.), *Small group instruction in higher education: Lessons from the past, visions of the future*. New Forums Press.

Michaelsen, L. K., Knight, A. B., & Fink, L. D. (Eds.). (2002). *Team-based learning: A transformative use of small groups.* Greenwood publishing group.

Millis, B.J. and Cottell, P.G. (1998) *Cooperative Learning for Higher Education Faculty.* Oryx Press.

OECD. (2019). *An OECD Learning Framework 2030.* Springer International Publishing.

Sharan, S., & Sharan, Y. (1976). *Small-group teaching.*

Slavin, R. E. (1978). Student teams and achievement divisions. *Journal of Research and Development in Education, 12*(1), 39-49.

Slavin, R. E. (1983). When does cooperative learning increase student achievement?. *Psychological Bulletin, 94*(3), 429.

Slavin, R. E. (1988). *Student team learning: An overview and practical guide.* NEA Professional Library.

Slavin, R. E. (1990). Achievement effects of ability grouping in secondary schools: A best-evidence synthesis. *Review of Educational Research, 60*(3), 471-499.

Slavin, R. E. (1996). Research on cooperative learning and achievement: What we know, what we need to know. *Contemporary Educational Psychology, 21*(1), 43-69.

Stahl, G. (2000). A model of collaborative knowledge-building. In B. Fishman & S. O'Connor-Divelbiss (Eds.), *Fourth International Conference of the Learning Sciences* (pp. 70-77). Mahwah, NJ: Erlbaum.

Topping, K. (1998). Peer assessment between students in colleges and universities. *Review of Educational Research, 68*(3), 249-276.

Wang, Y., Fang, H., Jin, Q., & Ma, J. (2022). SSPA: an effective semi-supervised peer assessment method for large scale MOOCs. *Interactive Learning Environments, 30*(1), 158-176.

제12장

문제중심학습

모든 구성주의적 학습환경에서는 문제에 관심을 갖는다. 구성주의에서 문제에 관심을 보이는 이유는 문제가 학습자의 흥미를 유발하고, 유지하는 기능을 하기 때문이다(Schank, 1992). 문제는 학습자의 기존 경험이나 인지구조와 상충되는 특성이 있기 때문에 기존의 인지구조나 경험으로는 문제가 이해되지 않으며, 더 나아가서 문제에 적절한 해결책을 도출하기 어렵다. 이때 학습자는 흥미와 관심, 목표의식이 생기게 되며, 학습의 과정에 더욱 적극적으로 참여하게 된다. 학습 상황에서 문제를 활용하면 학습자 중심의 수업이 가능하게 되고, 학습자는 문제를 해결하기 위한 다양한 전략들을 모색하게 된다. 따라서 문제해결중심의 학습 방법은 지식의 구성을 촉진하고자 하는 구성주의 철학을 적용할 수 있는 가장 적합한 환경으로 인식되는 것이다.

문제중심학습은 원래 한 의과대학에서 개발된 교수 · 학습 방법이지만 2000년대에 지식의 구성과 고차적 사고력을 강조하는 구성주의 패러다임이 등장하면서 구성주의적 아이디어를 대표하는 교수 · 학습 방법으로 주목을 받게 되었다.

1. 문제중심학습의 개요

1) 문제중심학습의 성의

문제중심학습(Problem-Based Learning: PBL)은 실제적인 문제를 활용하여 학습자 스스로 필요한 지식과 기술을 학습하고, 문제해결에 적용하게 하는 교수·학습 방법이다.

PBL의 기원은 피아제, 브루너, 듀이 등에서 찾아볼 수 있지만, 오늘날 널리 사용되고 있는 PBL의 개념은 1970년대 캐나다의 의과대학으로부터 시작되었다(Dobber et al., 2017). PBL을 처음 소개한 배로스(Barrows)는 의과대학 학습자들이 오랫동안 힘든 교육을 받았음에도 불구하고 정작 환자를 진단할 때는 어려움을 겪는 것을 발견했다(Barrows, 1994). 그는 이러한 현상이 전통적인 의과대학 교육에 문제가 있기 때문이라 생각하고, 의사가 되기 위해 학습자들이 갖추어야 할 지식이나 기능이 무엇인지를 분석하였다. 그 결과 배로스는 환자를 진단하기 위해서는 단순히 많은 정보를 기억하는 것만이 아니라 추론기능과 자기주도적 학습기능과 같은 고차적인 문제해결 능력, 끊임없이 쏟아져 나오는 새로운 지식을 습득하기 위한 자기주도적 학습기능이 요구된다는 점을 발견하였다. 그러나 전통적 교육방식에서는 지식의 획득만을 강조하는 것이 문제라고 생각한 그는 PBL을 고안하였다.

PBL은 의과대학의 독특한 교육적 요구 상황에서 개발된 교수·학습 방법이지만, PBL에서 강조되는 고차적 추론기능과 자기주도적 학습기능, 문제해결력 등은 공학, 경영, 교육, 법학 등 다양한 전문 영역에서도 공통적으로 요구된다(Duch, Groh, & Allen, 2001).

2) 문제중심학습의 특징

전통적인 교수자중심 수업과 차별화되는 문제중심학습의 특징은 다음과
같다(조연순, 우재경, 2003; 최정임, 장경원, 2015; Barrows, in Gijbels et al., 2005).

(1) 문제로부터 학습이 시작된다

PBL에서는 어떤 준비나 학습이 시작되기 전에 문제가 제시되고, 그 문제를
해결하기 위한 활동으로 학습이 시작된다. 강의식 수업에서도 문제는 많이 사
용된다. 그러나 강의식 수업에서는 일반적으로 학습자의 이해도를 점검하기
위해 강의가 끝난 후 문제가 제시된다. 따라서 전통적인 수업에서 사용되는
문제는 한두 가지의 개념을 적용하는 단편적인 문제이다.

반면, PBL에서는 수업 시작 단계에서 문제가 제시되고 문제를 해결하는 과
정에서 학습이 진행된다. 따라서 PBL에서는 학습해야 하는 내용을 모두 포
괄하는 광범위한 문제가 사용된다. PBL에서 사용되는 문제는 학습자로 하여
금 학습의욕을 느끼고, 다양한 주제 및 개념을 탐색하게 하는 문제여야 한다.
그렇기 때문에 PBL에서 사용되는 문제는 하나의 정답이 제시되는 구조화된
(well-structured) 문제가 아니라 다양한 대안과 방법이 요구되는 비구조화된
(ill-structured) 문제이다.

이러한 특징으로 인해 PBL에서 사용되는 문제는 일반적인 문제보다 복잡
한 형태를 띠게 된다. 그러나 PBL에서 사용되는 문제는 인위적으로 만들어진
문제와는 달리 학습자들이 일상생활에서 경험할 수 있는 사실적이고 실제적
(authentic)인 문제를 사용하기 때문에 학습자들이 쉽게 문제를 이해하고, 학
습의 필요성을 인식할 수 있다. 또한 실제적 문제는 그 영역의 전문가가 접하
게 되는 문제이므로 학습자들은 실제적 문제를 해결함으로써 학습 내용과 관
련된 전문가의 사고를 경험하게 되며, 그 지식과 관련된 전문 직업을 이해하
게 된다(Dunlap, 2005).

(2) 학습자중심 학습환경이다

PBL에서는 교수자의 일방적인 강의를 통해 지식이 전달되는 것이 아니라 학습자의 활동을 통해 학습이 진행된다(Barrows, 1996). 따라서 학습자는 스스로 자신의 학습에 대한 책임을 지게 된다. 자신이 해결해야 하는 문제를 이해하고 관리하기 위해서는 무엇을 알아야 하는지 확인하고, 필요한 정보를 어디서 얻어야 하는지를 결정해야 한다. 학습자들은 문제해결 과정을 통해 관련된 개념과 원리를 배우게 되며, 필요한 정보를 수집 · 분석하며, 정보를 처리하는 능력을 기르게 된다. 궁극적으로는 수집된 정보를 종합하고 정리함으로써 문제해결 능력을 기르게 된다. 이러한 과정을 통해서 학습자는 개별화된 학습을 하게 되고, 학습에 대해 책임감과 자기주도성을 갖게 된다.

(3) 소집단으로 학습이 진행된다

PBL에서의 문제해결 과정은 소집단으로 이루어진다. PBL에서 다루는 문제는 다양한 접근 방법과 해결책이 요구되는 비구조화되고 복잡한 문제이므로 혼자 학습하기에는 어려움이 있다. 따라서 학습자들은 집단 활동을 통해서 문제를 분석하고, 문제해결에 필요한 절차와 방법을 토론하며, 문제해결 방안을 모색하게 된다. 이 과정에서 집단 활동과 함께 개별 학습이 진행된다. 학습자들은 문제해결에 필요한 지식과 정보를 조사하기 위해 역할 분담을 한다. 학습자들은 자기가 맡은 역할을 개별 학습을 통해 수행한 후 다시 집단으로 모여 학습한 내용을 발표하고, 토론하며, 최종 해결안을 모색한다.

PBL에서 이루어지는 집단 활동에서 개별 학습의 역할은 매우 중요하다. PBL에서의 최종 문제해결안은 개별 학습을 통해 수집된 지식과 정보를 종합하여 도출하기 때문에 모든 집단 구성원이 개별 학습을 통해 문제해결에 필요한 정보를 조사하고 학습해야 한다. 만약 한 명이라도 자신의 역할에 소홀히 하면 그 집단은 다시 조사를 수행하고 문제를 재점검하는 단계를 반복해야 한다.

이러한 집단 활동을 통해서 학습자들은 동료들과 협력하는 기능을 학습하게 되고, 문제에 대한 다양한 시각과 접근 방법을 배우게 된다. 집단 활동은 복잡한 문제를 해결해야 하는 학습자들의 부담을 감소시키기도 하지만 실제 전문가들이 활용하는 전문적인 실천의 방법이기도 하다.

(4) 자기주도학습을 통해 새로운 정보를 획득한다

PBL에서는 집단 활동뿐만 아니라 개별 학습, 즉 자기주도학습도 함께 병행하게 된다. 학습자중심 학습의 특성상 학습자들은 스스로의 학습과 연구를 통해서 새로운 지식을 획득하고, 전문성을 축적해 나가도록 기대된다. 이 또한 실제 전문가들이 참여하는 활동이기도 하다. 자기주도학습을 통해서 학습자들은 스스로 새로운 정보를 얻고, 학습하는 전문성을 지니게 되며, 문제해결 과정에 적극적으로 참여하게 된다. 자기주도학습은 집단 학습으로 인해 개별 학습자의 학습이 소홀해지는 것을 방지할 뿐만 아니라 궁극적으로는 전문 학습인, 평생 학습인으로서의 능력을 개발하게 한다.

(5) 교수자는 '지식 전달자'에서 '촉진자'나 '안내자'의 역할을 한다

PBL에서 교수자는 단순히 지식을 전달하는 것이 아니라 학습자의 학습을 촉진하고, 안내하는 역할을 해야 한다. PBL에서는 집단 활동을 도와주는 촉진자를 튜터(tutor)라고 부른다. 일반적으로 튜터는 강좌의 교수자일 수도 있고, 교수자와 별도로 집단 활동을 도와주는 조교일 수도 있다. 어떤 형태이든 튜터의 역할은 일방적인 강의를 통해 지식을 전달하는 것이 아니라 학습자들이 문제를 더 잘 이해하고, 학습을 효과적으로 수행할 수 있도록 필요한 질문을 하고, 필요할 때 적절한 도움을 제공함으로써 학습을 촉진하는 것이다(Barrows, 1988).

PBL에서의 튜터는 꼭 내용 전문가일 필요는 없다. 가장 이상적인 것은 튜터가 교과 전문가이면서 동시에 촉진자의 능력을 겸비하는 것이지만, 비내용 전문가이면서도 튜터링 스킬을 갖춘 사람이라면 튜터의 역할을 할 수 있다. 이는 PBL에서는 교과 전문가의 능력보다 촉진자의 능력이 더 요구됨을 보여 준다. 따라서 PBL을 위해서는 전문 교수자뿐만 아니라 대학원생, 학부생 등이 튜터의 역할을 할 수 있다. 다만 튜터들은 PBL을 체험한 경험이 있고, PBL의 절차 및 방법, 튜터의 역할 등을 정확히 숙지하고 있어야 한다.

2. 문제중심학습 방법

1) 문제중심학습의 절차

PBL의 절차는 실제적인 문제가 제시되면, 학습자들은 문제의 원인과 해결안을 모색하는 과정으로 구성된다. 각 단계에서 학습자들은 교수자나 조교의 도움을 받으며, 다양한 자료와 정보를 찾고, 집단 학습과 개별 학습을 병행하여 문제해결 과정을 진행한다. PBL의 형태와 절차는 PBL을 적용하는 대상과 기관의 특성, 학습목표, 교과 등에 따라 달라질 수 있지만, 대부분의 PBL 활동들은 공통점을 가지고 있다.

초기 PBL이 적용된 의과대학의 사례를 살펴보면 PBL의 기본적인 절차를 이해할 수 있다. 다음은 맥마스터(McMaster) 의과대학의 PBL 수업 과정 사례이다(Duffy & Cunningham, 1995: 최정임, 장경원, 2015, p. 22에서 재인용).

학습자들이 의과대학에 처음 들어오면 학습자들은 다섯 개의 집단으로 나누어지고, 각 집단에는 한 명의 튜터가 배정된다. 집단 배정이 끝나면 학습자들에게 특정한 증상을 가진 환자의 문제가 제시된다. 학습자들의 과제는 그 환자를 진단하고, 처방을 내리며, 자신이 내린 진단과 처방을 정당화하는 것이다. 문제가 제시될 때까지는 학습자들은 어떤 문제를 다루게 될지 알지 못한다. 그들은 문제에 대해 토론하고, 그들이 가지고 있는 지식과 경험에 비추어 가설을 세우고, 관련된 사실을 확인하고, 학습문제를 확인한다. 이 문제와 관련된 모든 종류의 주제들이 학습문제가 되고, 학습자들은 자신이 무엇을 모르는지를 확인하게 된다. 어떤 목표도 사전에 제시되지 않는다. 학습자들은 자신들의 분석에 근거해서 학습 목표를 생성해 낸다. 수업은 모든 학습자가 환자의 증세에 대한 자신의 생각을 발표할 때까지 진행된다.

집단 활동이 끝난 후 학습자들은 모두 자기주도적으로 학습하며, 어떠한 읽기 자료도 주어지지 않는다. 의학 도서관에서 정보를 수집하거나 컴퓨터의 데이터베이스 자료를 활용하는 등의 모든 절차는 전적으로 학습자들의 선택에 달려 있다. 학습자들은 조언자로 교수들을 활용할 수도 있다.

자기주도적 학습이 끝난 후 학습자들은 다시 집단으로 모여서 학습내용 및 학습자료를 공유하고, 어떤 자료가 가장 유용하고 어떤 자료가 유용하지 않은지를 평가한다. 그들은 단순히 서로 무엇을 배웠는가를 이야기하는 것이 아니라 학습한 지식을 이용해 문제를 다시 진단한다. 이 과정은 새로운 학습문제가 발생할 때까지 계속 반복된다(보통 1~3주 정도로 학습이 진행됨).

문제해결 과정이 끝난 후 실행되는 평가는 동료나 자기 자신에 의한 평가만으로 이루어진다. 어떠한 시험도 없다. 학습자들은 자기주도학습, 문제해결, 집단 구성원으로서의 기능 세 가지 영역에서 자신과 동료들을 평가한다.

사례에 기초할 때 PBL 수업의 절차는 크게 문제 확인 단계, 문제해결 활동 단계, 문제해결안 평가 단계로 요약될 수 있다([그림 12-1] 참조).

그림 12-1　PBL 수업 진행 절차

(1) 1단계: 문제 확인

문제 확인 단계는 수업을 통해 해결해야 하는 문제를 확인하고 문제해결 계획을 수립하는 단계이다. 이 단계에서는 다음과 같은 활동이 포함된다.

① 문제 제시

PBL은 학습자들이 해결해아 할 문제를 제시히면서 시작된다. 교수자는 미리 수업에 사용할 문제를 준비해 학습자들에게 제시한다. PBL에서의 문제는 텍스트뿐만 아니라 비디오, 모의실험, 역할극, 컴퓨터 시뮬레이션 등 다양한 형태로 제시될 수 있다(Barrows, 1988). PBL 문제는 학습자들에게 학습동기를 부여하는 데 기여한다. 문제를 이해하기 위한 시도를 통해서 학습자들은 그들이 전문 분야에서 무엇을 학습해야 하는지 알게 되고, 학습 활동에 대한 주인의식을 갖게 된다.

② 문제 분석

문제가 제시되면 학습자들은 해결해야 하는 문제가 무엇인지를 확인하고, 해결안을 찾기 위한 방법을 모색해야 한다. 이를 위해서는 우선 문제를 정확하게 이해하는 것이 중요하다. 이 단계에서 학습자들은 문제에서 요구되는 해결안이 무엇인지를 파악하기 위해 문제를 상세히 검토하고 분석하게 된다. PBL에서는 학습자들의 문제 이해 과정을 돕기 위해서 일반적인 문제해결을 위한 사고 과정('생각' '사실' '학습 과제' '실천 계획')을 제시하고, 각 단계별로 관련된 정보를 분석해 보도록 요구한다(Barrows & Myers, 1993).

'생각(ideas)'은 문제의 원인, 결과, 해결안에 관해 떠오르는 생각들을 자유롭게 검토하는 것이다. 이 단계의 가장 중요한 기능은 문제에서 학습자들에게 어떤 역할을 요구하는지, 문제해결 과정을 통해 어떤 결과물을 도출해야 하는지를 파악하는 것이다. 또한 현재 단계에서 문제해결안에 대해 떠오르는 가설이나 추측 등도 점검할 수 있다. 생각에서 논의된 아이디어들은 사실, 학습과제의 단계들을 거쳐 정교화되고, 궁극적으로는 학습을 통해 검증하게 된다.

제의 단계들을 거쳐 정교화되고, 궁극적으로는 학습을 통해 검증하게 된다.

'사실(facts)'은 두 가지 측면에서 검토가 가능하다. 즉, 문제에 제시되어 있는 사실과 이미 학습자들이 알고 있는 문제해결과 관련된 사실을 확인하는 것이다. 문제에 제시되어 있는 사실을 검토하는 것은 문제해결에 필요한 단서의 역할을 한다. 따라서 '사실'은 문제를 명확히 이해하고, 문제에서 빠져 있는 중요한 단서가 무엇인지를 파악하는 데 도움이 된다. 사실을 정확히 분석하는 것은 문제해결에 필요하지만 빠져 있는 정보를 확인하기 위한 중요한 단계가 되고, 이 빠져 있는 정보를 확인하는 과정이 '학습과제'이다.

'학습과제(learning issue)'는 문제를 해결하기 위하여 학습자들이 알아야 할, 즉 학습해야 할 내용을 말한다. 궁극적으로 학습자들은 학습과제를 도출하기 위해 문제분석 단계를 거치게 되는 것이다. 학습과제는 PBL을 통해 학습자들이 집단 또는 개별적으로 학습해야 할 내용들이며, 학습과제가 잘 도출되어야 성공적으로 해결안을 만들 수 있게 된다.

'실천 계획(action plan)'은 학습과제가 도출된 후 학습을 어떻게 진행할 것인지 계획을 수립하는 것이다. 이 단계에서 학습자들은 학습 및 정보 수집을 위한 역할분담을 하고 개별 학습계획을 세우게 된다. 이때 중요한 것은 역할분담뿐만 아니라 정보 수집을 위한 방법, 시간 계획 등을 구체적으로 논의하는 것이다. 예를 들면, 이 단계에서는 도출된 학습 과제를 집단 구성원 수에 따라 분배하고, 어떤 방법으로 정보를 수집할 것인지, 언제까지 정보를 수집해서 모일 것인지를 결정하는 것이다.

표 12-1　문제 분석 단계

생각	사실	학습과제	실천계획
• 문제 이해(내용, 요구사항, 결과물 등) • 해결책에 대한 가설, 추측	• 문제에 제시되어 있는, 문제해결에 필요한 사실 • 학습자가 알고 있는 사실	• 문제해결을 위해 알아야 할 학습내용	• 문제해결을 위한 계획(역할분담, 정보 및 자료 검색 방법, 시간 계획 등)

(2) 2단계: 문제해결 활동

① 자료 수집

　문제 확인을 위한 집단 활동이 끝나면 학습자들은 자신에게 주어진 학습 과제를 해결하기 위해 자기주도적인 개별 학습을 수행하게 된다. 일반적으로 개별 학습은 문제의 규모에 따라 2~3일이 걸릴 수도 있고, 1~2주가 걸릴 수도 있다. 학습자들은 이 과정을 통해 자기주도적으로 정보를 찾고, 지식을 학습하는 평생학습 능력을 기르게 된다. 개별 학습에서 학습자들은 전공서적, 인터넷, 학술지 논문, 비디오와 같은 매체를 활용하거나 동료, 선배, 전문가와의 면담과 같은 인적 자료를 사용하여 문제해결에 필요한 정보와 자료를 수집한다.

② 학습결과 및 정보 공유

　개별 학습 후 학습자들은 다시 팀별로 모여 학습결과를 발표하고 정보를 공유함으로써 문제해결안을 모색한다. 이 단계에서 역할분담을 통해 학습하고 조사한 내용을 발표하고, 서로 공유함으로써 집단 학습을 하게 되고, 이 과정을 통해 학습자들은 전체적인 학습내용을 파악하고, 문제해결을 위해 협력하게 된다.

③ 문제 재확인 및 해결안 도출

　이 단계에서는 개별 학습을 통해 확인된 자료를 중심으로 첫 단계에서 확인된 아이디어, 사실, 학습과제, 이후 수행해야 할 과제를 점검하고, 문제를 재평가함으로써 최적의 진단과 해결안을 도출한다. 만약 이 단계에서 최종적인 해결안이 도출되지 못하면, 새로운 학습과제를 모색하고, 최종 해결안에 도달할 때까지 몇 번의 문제 재확인 과정을 반복할 수 있다.

(3) 3단계: 문제해결안 평가

① 문제해결안 발표 및 평가

각 팀별로 문제해결안이 도출되면 수업을 통해 문제해결안을 발표하고 평가하는 단계를 갖게 된다. 팀별로 진행된 집단 학습 결과 및 최종 결론을 전체 학습자 앞에서 발표함으로써 다른 팀들의 아이디어와 자신들의 것을 비교하고, 전체적으로 최종 해결안을 모색하게 된다.

문제해결안 발표 시 문제해결안의 타당성과 효과성에 대한 평가가 진행된다. 이때 교수자뿐만 아니라 발표를 듣는 동료들에 의한 평가도 같이 진행된다.

② 종합 정리

문제해결안 발표가 끝나면 교수자는 학습결과 및 PBL 수업 과정을 종합적으로 정리하는 시간을 갖는다. 학습자들은 학습결과 발표를 통해 공유된 해결안을 마무리하고, 교수자는 문제해결안과 관련된 주요 개념을 요약·정리하거나 필요한 경우 간단한 미니 강의를 제공할 수 있다.

③ 학습 과정 및 결과 성찰

마지막 단계는 학습자들이 자신들의 학습결과를 정리하며 학습결과 및 수행에 대한 성찰을 실시하는 단계이다. 성찰일지 작성을 통해 학습자들은 PBL 학습과정, PBL 수업을 통해 배운점과 느낀점 등을 성찰하고 다음 수업에 대한 개선점을 도출할 수 있다. 성찰일지의 내용은 학습자가 자유롭게 기술할 수도 있고, 교수자가 성찰일지에 포함되기 원하는 내용을 구조화하여 서식을 제공할 수도 있다. 학습자들은 성찰의 과정을 통해서 스스로 자신의 수행을 평가할 수도 있다. 성찰일지는 학습자뿐만 아니라 교수자의 입장에서도 수업의 효과성을 점검하고 수업의 개선점을 찾기 위한 자료로 유용하다.

2) 문제중심학습의 평가

PBL에서의 평가는 일반적인 교수자중심 수업에서의 평가와는 다른 성격을 갖는다. 일반적인 수업에서는 수업이 끝나고 수업과 독립적으로(예: 중간고사, 기말고사) 평가가 이루어지지만 PBL에서는 수업이 진행되는 과정에서 지속적으로 평가가 진행될 수 있다. 다시 말하면, 일반적인 수업에서는 수업과 평가가 분리되어 있지만 PBL에서는 수업이 진행되는 과정에 평가가 내재하게 된다. PBL에서는 문제해결안을 성공적으로 도출하면 충실한 학습이 일어난 것이므로 별도의 분리된 시험이 필요 없게 되는 것이다.

효과적인 문제해결안이 도출되기 위해서는 문제해결 과정이 충실하게 이루어져야 하기 때문에 PBL에서는 결과물에 대한 평가뿐만 아니라 학습과정에 대한 평가도 중요하다. 학습과정에 대한 평가를 통해서 집단 활동에 대한 개개인의 참여도와 충실도를 평가할 수 있다. 또한 PBL에서는 단순한 지식의 습득뿐만 아니라 문제해결력, 자기주도학습 능력, 협동학습 능력, 의사소통 능력 등 다양한 능력을 육성하는 것이 목표이므로 이러한 능력에 대한 평가도 이루어질 수 있다. 예를 들면, 집단 활동 참여도를 통해 협동학습 능력을 평가할 수 있고, 문제해결안 발표 및 성찰일지를 통해 의사소통 능력을 평가할 수도 있다.

〈표 12-2〉는 PBL에서 평가 목표에 따라 사용할 수 있는 평가 대상 및 내용의 예를 보여 준다.

표 12-2   문제중심학습에서 평가 목표에 따른 평가 대상 및 내용

평가 목표	평가 대상	평가 내용
학습내용 평가	• 최종 문제해결안(발표) • 집단 활동 보고서 • 성찰일지	• 전문지식의 습득 • 문제해결 기술 • 의사소통 능력
학습과정 평가	• 자기주도학습결과물 • 집단활동 보고서 • 집단활동 평가지 • 성찰일지	• 자기주도학습 능력 • 협동학습 능력 • 집단활동 참여도 • 문제해결 과정

출처: 최정임, 장경원(2015), p. 199.

3. 문제중심학습 사례

1) 박물관 교육 프로그램 운영 사례

다음은 초등학생을 대상으로 한 박물관 교육프로그램에 PBL을 적용한 사례이다(강인애, 홍혜주, 2009). 프로그램 개발을 위해 우선 자연사박물관 교육 프로그램의 대상인 초등학교 저학년의 관련 교과(포유류) 및 단원을 분석하였다(〈표 12-3〉 참조). 이후 선정한 단원의 학습목표를 지식, 기능, 태도 영역으로 나누어 도출하였다. 단원 분석과 학습목표 재구성이 끝난 다음에는 관련 주제나 내용을 인터넷이나 신문, 교과서, 도감 등 다양한 자료들을 참조하여 PBL 문제초안을 작성하였다. 작성된 문제는 PBL 문제의 특성으로 제시한 실제성과 맥락성, 비구조화를 잘 갖추고 있는지에 대한 타당도 검토 과정을 거친 후 최종 시나리오로 완성되었다.

표 12-3　문제의 주제와 관련된 교과 및 단원

학년	관련 교과	교과 단원
1학년	슬기로운 생활	(1–1 슬기롭게 여름나기) 동식물의 특징 찾아보기 (1–2 단원 1. 생각하여 만들기) (2) 나도 만들 수 있어요 (1–2학기 가을마당) 동식물을 다룰 때 주의할 점 알아보기
2학년	슬기로운 생활	(자라나는 우리들) • 시간에 따른 동식물의 변화 • 동물이나 식물이 자라는 모습 관찰하기
3학년	과학	(단원 6. 물에 사는 생물) • 관찰한 것을 여러 방법으로 표현해 봅시다. • 꾸민 내용을 친구들 앞에서 발표하여 봅시다. • 어떤 방법으로 나타낼지 의논하여 봅시다.
	미술	(단원 10. 의상과 장신구) • 의상과 장신구를 현대 감각에 맞게 표현할 수 있다. • 재료, 용구를 효과적으로 활용하여 의상과 장신구를 만들 수 있다. • 감상 영역—서로의 작품을 보고 좋은 점을 찾아 이야기할 수 있다.

출처: 강인애, 홍혜주(2009), p. 15.

문제 시나리오는 K대학교 자연사박물관에서 실시하는 '학습자 공모전'이라는 형식을 활용하여 실생활과의 연관성 및 학습자들의 흥미를 이끌어 낼 수 있도록 하였다. 문제의 제목을 '나는 패션 디자이너! 동물 무늬 의상 만들기'로 설정하였다. 과제 해결은 두 시간이라는 제한 시간 내에 해결할 수 있도록 학습범위를 고려하였으며, 이에 따라 학습자들은 개별 또는 모둠별로 관련 표본을 찾아 '동물 무늬 의상 만들기'라는 결과물을 완성하고 발표할 수 있도록 하였다. PBL 프로그램에 활용된 시나리오는 다음과 같다.

제1회 학습자 디자이너 공모전

　　K대학교 자연사박물관에서는 여름방학을 맞이하여 '제1회 학습자 디자이너 공모전'을 개최합니다. 미래사회의 주인공인 학습자들이 다양한 동물의 특징이나 생김새를 잘 관찰해서 더욱 친근감을 갖고 나아가 우리의 모든 생활 속에 매우 중요한 요소로 자리잡고 있는 디자인을 통해 미래의 창의적인 디자이너로서 한국 디자인 역량을 키우기 위해 이번 공모전을 개최하게 되었습니다. 학습자 여러분의 많은 참여 바랍니다.

- 날짜: 2008년 7월 28일~8월 21일
- 시간: 14:00~16:00
- 대상: 전국 초등학교 1~3학년 학습자
- 주최: K대학교 자연사박물관
- 후원: 한국디자인진흥원 교육과학기술부, 한국청소년단체협의회

〈훌륭한 옷을 디자인하기 위한 조건〉
① 포유류, 조류, 파충류에 대한 지식을 갖고 있어야 합니다.
② 동물의 생김새를 잘 관찰해서 실제 동물 무늬와 같아야 합니다.
③ 동물 무늬를 표현할 수 있는 다양한 재료를 이용해서 만들 수 있습니다.

출처: 강인애, 홍혜주(2009), p. 16.

PBL 프로그램은 1회 120분으로 진행되었다. 프로그램 운영을 위한 교수 · 학습과정안은 〈표 12-4〉와 같다. PBL 절차는 수업준비, 문제 제시, 해결책 모색 및 고안, 해결책 실행, 발표 및 평가의 단계로 이루어졌다.

표 12-4 박물관 교육프로그램 교수 · 학습과정안

문제명		나는 패션 디자이너! 동물 무늬 의상 만들기	대상	초등 1~3학년
수업 일정	일시	2008년 7월 28일~8월 21일(매주 월, 목 14:00~16:00)		
	장소	K대학교 자연사박물관 2층(포유류와 기타동물)		
학습	단계	교수 · 학습 내용		시간
PBL 사전활동	수업 준비	• 박물관 예절 및 PBL 수업 소개 • 변화된 교수자 · 강사와 학습자의 역할 • PBL 수업에서 학습자들이 지켜야 할 의무 확인하기		10분
사전학습	문제 제시	• 동기유발 및 문제 제시(공모전) • 문제에 대한 핵심 파악하고 모둠명 정하기 • 역할분담과 문제해결을 위한 과제 수행 계획 작성		20분
본시 학습	해결책 모색 및 고안	• 문제해결을 위한 아이디어 회의 • 학습자원 활용(전시관 관찰, 도감 등) • 과제 수행 계획을 통한 개별 과제 수행 • 결과물 위한 구체적 밑그림 그리기		20분
	해결책 실행	• 모둠별로 디자인한 동물과 옷 이름을 선정하고, 다양한 재료를 이용해 동물 무늬 의상을 창의적으로 제작		60분
사후 학습	발표 및 평가	• 완성된 작품에 대한 발표 및 종합 · 정리 • 학습과정과 내용에 대한 평가(자기, 팀원, 팀 간 평가) • 수료증 전달 및 정리		20분

출처: 강인애, 홍혜주(2009), p. 17.

수업준비 단계에서는 PBL 수업을 소개하고, 교수자 · 강사와 학습자들의 역할을 안내하였다. 문제 제시 단계에서는 학습자의 흥미와 관심을 끌고, 동기를 부여하기 위해 실제 동물의 깃털이나 가죽을 이용한 가방이나 지갑, 태극문양을 이용한 의상과 한글 무늬가 있는 스카프, 호피 무늬 원피스 등 학습자

가 일상생활에서 접할 수 있는 물건을 제시하여 문제를 자신의 경험에서부터 생각하고 적극적으로 참여할 수 있도록 하였다. 또한 문제 제시 방식은 K대학교 자연사박물관에서 실시하는 '학습자 디자이너대회' 공모전이라는 형식으로 제시하여 실제 삶과의 연관성 있는 과제라는 인식을 할 수 있도록 하였다.

문제에 대한 핵심을 파악한 후에 3~4명이 한 조를 이루고 있는 모둠별로 주이진 문제를 해결하기 위한 과제 수행 계획을 수립하고, 박물관의 자료를 이용하고 탐색하여 모둠별로 해결책을 고안하게 하였다. 이후 발표 및 평가 단계에서 완성된 작품을 발표하고 종합·정리하는 시간을 가지고 학습과정과 내용에 대한 자기, 팀원, 팀 간 평가를 수행하였다.

2) 대학 경영학 수업 사례

다음은 대학의 '조직구조론'이라는 경영학 수업에 PBL을 적용한 사례이다 (류수영, 2013). 이 수업은 학습자들은 실세계에서 접할 수 있는 경영조직의 문제를 통해 어렵고 딱딱한 조직구조 이론의 필요성과 목적을 쉽게 이해하고, 이론을 적용할 수 있는 실무적인 능력을 기르도록 구성되었다. 학습자들은 조직이 성장함에 따라 경험하게 될 조직설계 변화의 문제를 다룬 3개의 시나리오를 읽고 이를 해결하기 위한 효과적인 조직 구조를 제시하도록 요구되었다. 〈표 12-5〉는 수업에서 사용된 문제 사례이다.

표 12-5 '조직구조론' 수업을 위한 PBL 문제

• 문제 1

"나는 A 지역에 5대째 집안 대대로 내려오는 비법을 이용하여 된장, 고추장, 간장을 만들어 판매하는 45세 김철수입니다. A 지역은 청정지역으로 공기가 깨끗하고 물맛이 좋으며 땅이 비옥하여 장 담그기에 최적의 장소로 옛부터 유명합니다. 처음에는 입소문과 지인을 통해 판매를 시작하였습니다. 판매량이 많지 않아 가족들만으로 충분히 수요를 공급할 수 있었고, 장을 담그는 데 핵심 재료인 고추와 콩은 100% 유기농 농법으로 직접 재배한 것으로 안정적으로 공급할 수 있었습니다. 좋은 재료로 전통방식 그대로를 고수하여 엄격하

게 생산하고 품질관리를 한 덕택에 점차 고객층이 늘어 가기 시작하여 사업을 시작한 지 7년이 된 지금은 된장, 고추장, 간장 항아리가 각각 100여 개가 넘는 규모로 성장하였습니다. 이 과정에서 더 이상 집안 식구들만으로는 장을 담그고 이를 관리하는 것이 불가능하여 업무를 분담하고 전문인력을 고용하여 체계적으로 관리해야 할 필요성을 느끼기 시작하였습니다. 예를 들면, 된장, 고추장, 간장의 주원료가 되는 양질의 유기농 방식으로 재배된 고추와 메주콩을 싼값에 안정적으로 확보하고, 소비자의 주문과 배송을 체계적으로 관리할 수 있는 시스템을 구축하고, 안정적인 제품 판로를 개척할 전문 부서가 필요함을 느끼기 시작하였습니다."

여러분이 김철수 씨라면 어떻게 조직을 설계하시겠습니까? 그리고 그 근거는 무엇입니까?

• 길안내
1. 어떻게 부문화를 할 것인지를 고민해 보시기 바랍니다.
2 수직적인 위계 계층과 커뮤니케이션 통로를 고려해 보시기 바랍니다.

출처: 류수영(2013), p. 112.

'조직구조론' PBL 수업의 절차는 〈표 12-6〉과 같다. 수업 첫 주와 둘째주에는 PBL 수업에 대한 오리엔테이션으로 PBL 수업 방법의 특징과 수업 운영 방법, 평가 방법에 대한 설명을 진행하였다. 3주차에 첫 번째 문제를 제시하고, 7주에 문제해결안 발표 시간을 가짐으로써 하나의 PBL 문제당 4주의 활동 시간을 가졌다.

표 12-6 조직구조론 PBL 수업 절차

1~2주 (오리엔테이션)	• 수업내용, 강의 방식, 성적 처리 방식. 참고문헌 등에 관해 소개하고, 학습자들의 질문에 응답 • 경영학 수업을 PBL 방식으로 운영한 사례(민동권 교수 동영상) 시청각 교육 • 주어진 3개의 문제들에 관해 학습자들이 개별적으로 혹은 집단별로 작성해야 할 보고서 양식을 배포하고 이름 작성하는 방식을 사례를 들어 설명
3~6주	• 강의 및 학습 활동 수업은 일주일에 30분, 100분 수업으로 주 2회 배정됨. 수업 진도에 따라 50분 혹은 100분 수업을 하였고, 나머지 시간은 학습 활동시간으로 배정함 • 문제 1을 3주차에 강의 사이버 게시판에 공지

7주	• 문제 1에 대한 팀 발표는 100분 수업시간에 하였고, 발표 시간은 10분 이내로 제한함 • 발표 당일 학습자들은 성찰일지, 팀원평가지, 팀활동일지, 문제타당성 체크리스트 문제해결안 평가표, 수업참여 활동실태 응답지 제출
8~10주	• 강의 및 학습 활동: 상동 • 문제 2를 8주차에 강의 사이버 게시판에 공지
11주	• 발표 및 과제물 제출(상동)
12~14주	• 강의 및 학습 활동: 상동 • 문제 3을 12주차에 강의 사이버 게시판에 공지
15주	• 발표 및 과제물 제출(상동)

출처: 류수영(2013), p. 115.

생각해 볼 문제

1. 전통적인 교수자중심의 수업에서 다루는 문제와 PBL에서 사용하는 문제의 차이점
   을 사례를 통해 비교해 보시오.

2. PBL을 적용할 때 우려되는 문제점을 열거하고, 이를 위한 해결 방안을 토론해 보
   시오.

참고문헌

강인애, 홍혜주(2009). PBL에 의한 박물관 교육프로그램 개발 및 적용: 경희대학교 자
　　연사박물관의 사례연구. 조형교육, 34, 1-38.

류수영(2013). 경영수업에서 문제중심학습을 적용한 사례연구. 교육공학연구, 29(1),
　　103-131.

조연순, 우재경(2003). 문제중심학습(PBL)의 이론적 기초: 지식관과 교육적 가치. 교
　　육학연구, 41(3), 571-600.

최정임, 장경원(2015). PBL로 수업하기. 학지사.

Barrows, H. S. (1988). *The tutorial process* (3th ed.). 서정돈, 안병헌, 손희정 역
　　(2005). 하워드 배로우스 박사의 튜터식 교수법. 성균관대학교 출판부.

Barrows, H. S. (1994). *Practice-based learning: Problem-based learning
　　applied to medical education.* Southern Illinois University School of Medicine.

Barrows, H. S. (1996). Problem-based learning in medicine and beyond: A brief
　　overview. In L. Wilkerson & W. H. Gijselaers (Eds.), *Bringing problem-based
　　learning to higher education: Theory and practice.* Jossey-Basse Inc.

Barrows, H. S., & Mayers (1993). *Problem-Based Learning in Secondary Schools.*
　　Unpublished monograph. Problem-Based Learning Institute, Lanphier High
　　School and Southern Illinois University Medical School.

Dobber, M., Zwart, R., Tanis, M., & van Oers, B. (2017). Literature review: The
　　role of the teacher in inquiry-based education. *Educational Research Review,*

22, 194-214.

Duch, B. J., Groh, S. E., Allen, D. E. (Ed.)(2001). *The power of Problem-based learning: A practical "How to" for teaching undergraduate courses in any discipline.* Stylus publishing.

Duffy & Cunningham (1995). Constructivism: Implications for the design and delivery of instruction. A draft for the chapter in Jonassen (Ed.), *Handbook of Research on Educational Communication and Technology.* Scholastic.

Dunlap (2005). Problem-based learning and self-efficacy: How a capstone course prepares students for a profession. *ETR & D, 53*(1), 65-85.

Gijbels, D., Dochy, F., Van den Bossche, P., & Segers, M. (2005). Effects of problem-based learning: A meta-analysis from the angle of assessment. *Review of Educational Research, 75*, 27-61.

Hmelo-Silver, C. E. (2004). Problem-based learning: What and how do students learn?. *Educational Psychology Review, 16*(3), 235-267.

제13장

프로젝트기반학습

    프로젝트학습은 이미 오래전부터 교육에서 활용되어 온 교수·학습 방법으로서, 그 기원은 16세기 유럽의 건축학교로 거슬러 올라간다. 그러나 현대적 의미에서는 듀이(Dewey)의 실험학교와 스팀슨(Stimson)의 홈 프로젝트(home project)에서 비롯되어, 킬패트릭(Kilpatric)의 프로젝트방법(project method), 카츠(Katz)와 차드(Chard)의 프로젝트 접근법(project approach)으로 발전해 왔다.

    프로젝트학습은 강의만으로는 채워지지 않는 교육의 목적을 달성하기 위하여 학습자들이 직접 결과물을 만들어 보게 하는 활동으로 시도되었다. 예를 들면, 건축 학교에서는 이론 강의를 적용해 직접 건축물을 설계해 보는 프로젝트를 적용하였고, 듀이의 실험학교는 직접 탐구와 실험을 통한 학습 활동을 강조하였다. 이에 프로젝트학습은 사회, 과학이나 기술, 음악, 미술과 같은 실험·실습 및 탐구학습이 주가 되는 교과에서 많이 활용되어 왔다. 국내에서도 프로젝트학습은 1970년대부터 유아 및 초등 교육에서 널리 사용되어 왔으나(유승희, 성용구, 2011), 최근에는 학습 참여, 창의성, 문제해결력 등을 강조하는 학습자중심 수업의 일환으로 주목받으면서 프로젝트기반학습(Problem-Based Learning)으로 발전되었다.

1. 프로젝트기반학습의 개요

1) 프로젝트기반학습의 정의

프로젝트(project)란 말의 어원은 '앞으로 던진다'라는 뜻으로 '생각하다, 계획하다, 설계하다, 예측하다'의 의미로 사용된다(김대현, 왕경순, 이경화, 이은화, 1999). 이는 무엇인가 마음 속에 생각하고 있는 것을 구체적으로 실현하고, 형상화하기 위하여 자기 스스로가 계획을 세워 수행하는 행동을 뜻한다. 즉, 어원에 근거하면 프로젝트란 마음속에 있는 생각을 스스로 계획을 세워 구체적으로 구현하고 실천하는 것을 의미한다. 프로젝트학습은 교실에서의 형식적이고 추상적인 수업을 벗어나 학습자들에게 스스로 계획하고 실천적 행동을 요구함으로써 학습자들의 흥미와 관심을 불러일으키는 수업 방법을 말한다.

프로젝트는 도전적인 질문이나 문제에 기초한 복잡한 과제로 학습자들을 설계, 문제해결, 의사결정 또는 조사 활동에 참여하게 하도록 유도한다(Thomas, 2000). 프로젝트는 학습자들이 일정 기간 동안 비교적 자율적으로 학습할 수 있는 기회를 제공하고, 그러한 활동이 누적된 결과로 실제적인 결과물을 만들거나 발표하게 한다.

전통적인 프로젝트학습은 최종 결과물의 산출에 초점을 두지만, 최근에 관심을 받고 있는 프로젝트기반학습은 이런 전통적인 프로젝트 접근을 넘어 온전한 학습자중심의 수업 방법으로 프로젝트를 사용하는 것을 의미한다.

〈표 13-1〉은 프로젝트기반학습과 일반 수업에서의 학습 활동의 차이점을 보여 준다.

표 13-1 일반 수업 활동과 프로젝트기반학습의 차이점

주제	일반 수업 활동	프로젝트기반학습	차이점
남북전쟁	게티스버그 현장답사 후 그 경험을 보고서로 작성한다.	'보다 인도적인 전쟁이 가능한 방법'에 대해 조사한다. 높은 사상자 수가 발생한 게티스버그 전쟁의 사례와 다른 전쟁을 비교해 본다. 에세이와 문헌연구일지를 포함하는 포트폴리오를 완성하고 토론으로 끝맺는다.	학습자들은 모두 도전적인 문제를 탐구하게 된다. 학습활동의 차이점은 실제 현장에서 탐구하는지의 여부이다. 단일 학습활동은 문제를 해결하기에 충분하지 못하다.
소음공해	여러 종류의 소리를 들어보고, 이를 그래프로 나타낸다. 듣기에 좋지 않은 소리들의 특징을 구체화한다.	지역사회에서의 다섯 가지 소음공해 문제를 구체화한다. 문제를 조사하기 위한 프로젝트 팀을 구성하고, 각각에 대한 기술적인 해결방법을 고안한다.	활동 기반 과제는 수업에 유용할지라도 흥미를 유발하지는 못한다. 반면, 프로젝트기반 접근은 지역사회의 의미있는 프로젝트를 통해 과제들을 통합한다.
고대건축물	고대 이집트의 건축물을 나타내는 포스터를 만든다.	"피라미드는 어떻게 건축되었는가?"에 대하여 다섯 가지 논제, 즉 설계와 관련된 자료, 건축자재와 관련된 자료, 완성에 소요된 시간, 건축자재를 운반하는 방법, 내부의 내용물을 중심으로 하는 사례연구를 완성한다.	프로젝트는 근본적인 원리와 문제들을 나타낸다. 프로젝트는 학습자들이 그들의 창의력뿐만 아니라 비판적 사고력을 포함하는 흥미로운 문제들을 탐구하도록 한다. 프로젝트는 역사적인 미스테리와 연구들을 포함한다.
기하	다양한 학교 건물들을 관찰하고, 측정하고, 자료를 기록한다.	'미래의 학교'에 대하여 장소와 편이 사항을 반영하여 전체적인 규모에 대한 도안과 모델을 설계한다. 이러한 계획을 학교 행정가와 지역사회 전문가에게 제출한다.	이와 같은 복합적인 프로젝트는 단지 학습자들이 교실을 벗어나서 학습하도록 하는 것을 넘어서서 개념에 대한 적용 능력과 제작한 것에 대하여 설명하는 능력을 갖게 한다.

출처: Markham et al. (2007), p. 41.

한편, 프로젝트기반학습은 전통적인 프로젝트학습과도 차이가 있다. 전통적으로는 프로젝트가 수업의 보조수단으로 사용되었다. 수업의 보조 수단으로서의 프로젝트는 수업에서 다루어진 지식이나 기능을 적용해 보기 위해 주어진 과제의 하나로, 내용이나 형태는 주로 교수자가 지시하며, 보통 개별 활동으로 수행되는 경우가 많다. 그룹 활동으로 수행된다고 하더라도 수업이 끝난 후 별도의 과제로 독립적으로 수행되는 경우가 대부분이다.

그러나 최근에 주목받고 있는 프로젝트기반학습은 프로젝트 자체가 수업의 중심이 되는 학습자중심 교수 · 학습 방법이다. 프로젝트 활동을 통해 정규수업이 진행이 되고, 프로젝트 진행 과정을 통해 학습자들이 수업에서 목표로 하는 지식과 기능을 습득하도록 하는 것이 핵심이다. 따라서 프로젝트기반학습에서 다루는 프로젝트는 해당 교과의 주요 내용을 다루기 위해 포괄적이고 체계적으로 설계되어야 한다. 이를 위해서는 수업목표와 연계한 교육과정이 설계되어야 하고, 수업에서 다루어지는 지식과 기능을 포함할 수 있는 프로젝트가 설계되어야 한다. 따라서 프로젝트의 설계와 운영에 보다 체계적인 노력이 요구된다.

프로젝트기반학습에서의 프로젝트와 일반 프로젝트의 차이점은 〈표 13-2〉와 같다.

표 13-2   일반 프로젝트와 프로젝트기반학습의 차이점

일반 프로젝트	프로젝트기반학습
단원의 보조 활동이다.	프로젝트 자체가 단원이며, 프로젝트가 단원 내의 내용을 가르치는 핵심 수단이다.
과제가 교수자의 지시에 따르는 것을 기본으로 하며, 매년 반복된다.	과제는 개방형이고 학습자들의 목소리와 선택권을 포함하며, 매년 다를 수 있다.
일반적으로 개별적으로 수행된다.	그룹의 협력으로 수행된다.
집에서 독립적으로 수행된다.	교수자의 지도에 의해서 수행되며, 대부분 정규 수업 시간 중에 진행된다.

일반 프로젝트	프로젝트기반학습
결과물에 중점을 둔다.	결과물뿐만 아니라 지속적인 탐구 과정 도 포함한다.
학습자들의 삶이나 실생활과 연관성이 없다.	학습자들의 삶이나 실생활과 연관성이 있다.

출처: Larmer, Mergendoller, & Boss (2015), p. 70.

2) 프로젝트의 유형

프로젝트기반학습의 개념과 원리를 소개하고 있는 라머 등(Larmer et al., 2015)은 통상적으로 프로젝트라고 불리지만 진정한 프로젝트기반학습을 위한 프로젝트라고 보기 어려운 과제와 활동을 다음과 같이 구분하고 있다.

(1) 디저트 프로젝트

디저트 프로젝트(dessert projects)는 한 단원이 끝난 후 제공되는 프로젝트로 주로 만들기 활동으로 제시되는 프로젝트이다. 예를 들면, 피라미드 모형 만들기, 소설 읽고 영상 만들기, 포스터 만들기 등의 활동을 말한다. 이 프로젝트들의 목적은 단순히 학습자들의 흥미를 유발하기 위한 활동일 뿐 어떤 내용을 가르치거나 학습한 정도를 평가하기 위한 것은 아니다. 우리는 학교에서 학습자들의 흥미를 유발하기 위해 시도하는 이러한 유형의 다양한 프로젝트를 많이 경험한다.

(2) 사이드 디시 프로젝트

사이드 디시 프로젝트(side dish projects)는 단원과 관계없이 별도로 이루어지는 프로젝트를 말한다. 예를 들면, 달 관찰 기록하기, 식물 기르기, 족보 만들기 등과 같이 학습자들에게 집에서 과제로 수행하도록 요구되는 프로젝트들을 말한다. 이 프로젝트의 목적은 디저트 프로젝트와 유사하지만 학습자들이 주제를 좀 더 깊이 있게 연구할 수 있도록 한다는 데 차이가 있다. 특히 과학이나 가정, 기술과 같은 교과에서 수업시간에 다루지 못하는 실험이나 실습들을 과제로 부여하는 프로젝트들이 이 유형에 해당한다.

(3) 뷔페 프로젝트

뷔페 프로젝트(buffet project)는 학습자들이 다양한 활동을 경험하며 재미를 느낄 수 있도록, 마치 저녁 뷔페 식사에서 음식의 종류를 선택하는 것처럼, 하나의 주제에 대해 다양한 프로젝트로 구성된 것을 말한다. 예를 들면, 중국의 역사에 대해 배우는 경우 중국 역사와 관련된 연대표 만들기, 지도 만들기, 상황극 만들기, 전통놀이나 요리 배우기 등 다양한 관련 활동들을 연계하는 것이다. 또는 유치원에서 곤충이나 동물 중 하나의 주제를 가지고 그림 그리기, 포스터 만들기, 관찰하기 등 다양한 활동을 구성하는 경우도 이 유형에 해당한다. 이 경우도 학습자들의 참여를 높이고 단원에서 배울 기본적인 내용을 풍부하게 만드는 것이 목적이 된다.

(4) 단원의 끝에 제시되는 수행평가와 응용학습 과제

단원 활동을 끝내면 그동안 배운 것을 종합 정리하는 과제로 프로젝트를 활용하기도 한다. 일반적으로 대학 수업에서 학습자들에게 과제로 제시하는 프로젝트가 이 유형에 해당한다. 이 과제의 형태는 개인 과제가 될 수도 있고, 집단 과제가 될 수도 있다. 이 프로젝트의 목적은 프로젝트 결과물을 통해 학습자가 배운 것을 평가하기 위한 것이다.

이들은 전통적인 수업에서 많이 활용되는 프로젝트들이고 가장 흔하게 볼 수 있는 프로젝트의 유형들이다. 하지만 이들은 프로젝트기반학습에서 추구하는 바람직한 프로젝트 활동은 아니다. 왜냐하면 프로젝트가 단원이나 수업의 핵심이 아니라 보조적인 활동이기 때문이다. 이들은 전통적인 강의를 대체하지도, 수업의 주요 단원으로 다루어지지도 않으며, 심지어 정규 수업에서 다루는 내용과 완전히 분리되어 있기도 하다.

3) 문제중심학습과 프로젝트기반학습

최근 문제중심학습(Problem-Based Learning)과 프로젝트기반학습(Project-Based Learning) 모두 PBL이라는 용어를 사용하면서 혼란을 주고 있다. 원래 프로젝트학습은 프로젝트가 수업의 보조 수단으로 사용되었지만 프로젝트기반학습이라는 용어로 사용되면서 문제중심학습의 방법과 통합되는 경향이 있다. 그럼에도 불구하고 두 접근은 과제의 특성 및 수업 절차에 있어 차이점이 있다.

[그림 13-1]은 문제중심학습과 프로젝트기반학습의 특징을 문제의 구조화 정도와 학습자의 자기주도성의 정도의 측면에서 구별하고 있다. 문제중심학습은 비구조화된 문제를 사용하여 학습을 유도하는 방법으로 문제해결을 위한 모든 과정이 학습자의 자기주도적 학습에 의해 진행된다. 이에 비해 프로젝트학습은 좀 더 구조화된 문제(프로젝트)를 사용하고 학습 과정에서도 교수자가 주도적인 역할을 담당하는 경향이 있다. 학습자들은 부분적으로 자기주도적인 학습을 진행하게 된다. 문제의 비구조성이 높을수록 더 높은 수준의 학습자의 자기주도성이 필요하지만, 그 결과 더 높은 수준의 자기주도적 학

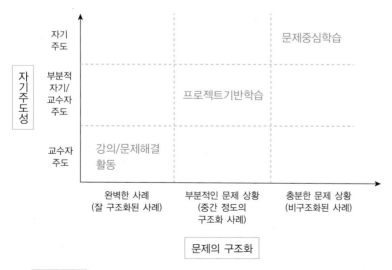

그림 13-1 문제해결 관련 교수 · 학습 모형의 관계(Hung, 2011)

습능력과 문제해결력이 길러질 수 있다. 이러한 특징으로 인해 문제중심학습은 자기주도적 능력이 상대적으로 높은 대학교육에서, 프로젝트학습은 초·중등학교에서 더 보편적으로 적용되어 왔다. 그러나 최근 프로젝트기반학습은 초·중등교육에 국한되는 것이 아니라 대학교육에서도 중요한 교수·학습 방법으로 사용되고 있다.

문제중심학습과 프로젝트기반학습의 가장 중요한 차이는 문제중심학습에서는 주로 학습의 과정에 초점을 맞추는 반면, 프로젝트학습에서는 그러한 과정을 축적하여 최종 산출물을 만드는 데 초점을 둔다는 것이다(Blumenfeld et al., 1991; Helle, Tynjälä, & Olkinuora, 2006). 프로젝트는 비디오, 사진, 스케치, 보고서, 모형, 여러 가지 다양한 결과물들을 사용하여 학습자들이 새로운 이해, 문제와 관련된 지식과 태도를 표현하게 한다(Kokotsaki et al., 2016). 그러나 문제중심학습에서도 결과물을 요구할 수 있으므로 문제(프로젝트)를 가지고 학습자중심으로 학습을 시작한다는 점에서 두 접근은 공통점을 가지고 있다. 〈표 13-3〉은 문제중심학습과 프로젝트기반학습의 차이를 보여 주고 있다.

표 13-3   문제중심학습과 프로젝트기반학습의 차이

	문제중심학습	프로젝트기반학습
기원	대학교육에서 출발	초·중등 학교교육에서 출발
문제	실제적인 비구조화된 문제, 시나리오	과제, 탐구 질문
문제의 역할	학습 정보와 추론 전략 강조	결과물 제작으로 이어지는 과학적 탐구 과정 강조
문제의 범위	주로 한 교과 중심	주로 여러 단원, 여러 학년 융합
과정	사실 확인, 아이디어와 학습 과제 생성, 자기주도학습, 재방문, 성찰	예측, 관찰, 설명의 사이클
교수자의 역할	학습과정 촉진, 사고 과정 시연	탐구 전, 탐구 중에 관련 내용 소개
협동	동료들 간 아이디어 협의	동료 및 지역사회 구성원들과 아이디어 협의
도구	구조화된 화이트보드, 학습자가 확인한 학습 자료	계획, 자료수집, 분석, 모델링, 정보수집을 도와주는 컴퓨터기반 도구

2. 프로젝트기반학습 방법

1) 프로젝트기반학습의 절차

　프로젝트기반학습의 절차는 실제 상황과 맥락에 따라 다양하게 이루어지며, 학자에 따라서도 다양한 형태로 구분된다(김혜경, 2011; 장선영, 이명규, 2012). 〈표 13-4〉는 여러 학자들이 제시한 프로젝트기반학습의 절차를 보여 준다.

표 13-4　프로젝트기반학습의 절차

절차	Fried-Booth (2002)	Liu & Hsiao (2001)	Moursund (2003)	김대현 (1998)	임정훈 외 (2004)	김혜경 (2011)
준비		수업 준비	준비		프로젝트 수행 준비	준비
계획	계획	가이드라인 소개	초기 팀 활동 계획	활동 계획		주제 선정
		주제 설계	프로젝트 계획		프로젝트 계획	
		프로젝트 계획				
실행	실행	집단 프로젝트 실행	프로젝트 실행	탐구	관련 자원 탐색 및 공유	정보 탐색
				협의	협동학습과 과제 해결	과제 해결
				표현	결과물 개발	
평가	평가	발표 및 평가	결과물 완성 및 발표	결과 제시	결과물 작성 및 프리젠테이션	발표
		교정, 공유, 평가	평가	평가	성찰 평가	평가

프로젝트기반학습의 단계는 공통적으로 프로젝트 준비, 계획, 실행, 평가의 단계로 구분할 수 있다. 먼저, 프로젝트 준비 단계에서는 교수자의 입장에서 수업을 준비하고, 학습 분위기를 조성하며, 수업 절차에 대해 안내함으로써 프로젝트를 준비시킨다. 프로젝트 계획 단계에서는 학습자들이 팀을 나누어 프로젝트의 내용과 범위를 설정하고 프로젝트 실행 계획을 수립한다. 프로젝트 실행 단계에서는 프로젝트 수행을 위해 필요한 정보를 탐색하고, 수집된 자료를 분석하고 공유하여 프로젝트 결과물을 만들어 낸다. 프로젝트 평가 단계에서는 프로젝트 활동 및 결과물을 발표하거나 전시하고 결과물을 평가한다. 이때 교수자나 동료에 의한 평가뿐만 아니라 프로젝트 활동 및 결과에 대한 성찰을 통해서 자기 평가의 기회를 갖는다.

프로젝트기반학습의 단계를 요약하면 〈표 13-5〉와 같다.

표 13-5   프로젝트기반학습의 절차 및 활동 내용

절차	활동 내용
프로젝트 준비	• 수업 설계 • 프로젝트 주제 선정 • 프로젝트 활동 방법 안내 • 프로젝트 팀 구성
프로젝트 계획	• 프로젝트 문제(추진 질문) 공유하기 • 프로젝트 주제 선정하기 • 프로젝트 계획 수립하기
프로젝트 실행	• 과제 해결을 위한 자료 탐색하기 • 수집된 자료 분석 및 공유하기 • 결과물 완성하기 • 발표 준비하기
프로젝트 평가	• 프로젝트 활동 및 결과물 발표(전시)하기 • 결과물 평가하기 • 프로젝트 활동 및 결과 성찰하기

2) 프로젝트기반학습 설계

학습을 위한 프로젝트는 다음과 같은 절차를 따라 설계할 수 있다(Larmer et al., 2015).

(1) 프로젝트의 범위 결정하기

프로젝트는 1~2주 정도가 소요되는 소규모 프로젝트로부터 한 학기 이상의 시간이 요구되는 대규모 프로젝트까지 다양한 폭을 갖는다. 프로젝트의 범위는 프로젝트가 시작되기 전에 이루어져야 하며, 학습자들의 경험과 수행능력, 교수자의 전문성, 학사 일정, 학교 행사, 수업 계획, 수업 진도 등을 고려하여 결정해야 한다.

표 13-6 프로젝트의 범위

	소규모 프로젝트 ◄─────► 대규모 프로젝트	
진행 기간	5~10일	한 학기
폭	단일 주제	다양한 교과
기준	단일 기준	다양한 기준
테크놀로지	제한됨	제한 없음
영역	교실기반	지역사회기반
파트너십	교수자 1인	다수 교수자와 지역사회 일원들
청중	학급 또는 학교	전문가 패널

출처: Markham et al. (2007), p. 35.

프로젝트의 범위를 결정할 때는 학습이 발생할 여러 상황을 고려해야 한다.

- 프로젝트 참여 대상: 프로젝트에 누가 참여할 것인지 고려해야 한다. 프로젝트의 범위에 따라 한 반의 학급 학습자들뿐만 아니라 다른 반, 다른 학년이 참여할 수도 있고, 다른 학교의 학습자들이 참여할 수도 있다. 특히

지역사회와 연계된 프로젝트를 진행할 경우 외부 전문가나 시민들이 참여할 수도 있다.

- 프로젝트 시기: 프로젝트 시기는 단원의 내용에 따라 달라질 수 있다. 학기 초에 프로젝트를 진행할 수도 있고, 중간고사가 끝난 이후, 학기 말에 프로젝트가 진행될 수도 있다. 또한 여러 교수자들이 연합하거나 외부 전문가나 기관과 협력한다면 더욱 신중히 시기를 결정해야 한다.

- 프로젝트의 복합성: 단일 프로젝트로 할 것인지 복합 프로젝트로 할 것인지 프로젝트의 범위를 고려해야 한다. 일반적으로 처음 프로젝트를 시작하는 교수자의 입장에서는 단일 프로젝트로 시작하는 것이 좋고, 어느 정도 경험이 누적되면 좀 더 복잡한 프로젝트를 시도하는 것이 좋다. 그러나 프로젝트의 복합성은 수업의 목적과 내용에 따라 달라질 수 있다.

- 프로젝트 진행 기간: 프로젝트의 진행 기간의 경우는 프로젝트의 규모에 따라 달라진다. 몇 차시 이내에 결과물을 만들어 낼 수 있는 프로젝트부터 한 학기 동안 완성해야 하는 프로젝트도 있다. 어느 경우든 프로젝트 진행에 필요한 최소한의 요소들을 수행할 수 있는 충분한 시간이 주어져야 한다. 학습자들이 주제를 탐구하고, 결과물을 만들고, 결과물을 전시하고 평가할 수 있는 충분한 시간이 주어져야 한다. 교과목의 특성에 따라 프로젝트의 길이와 복잡성이 결정될 수도 있다. 비교적 단순한 내용을 가르치고자 한다면 단순하고 짧은 프로젝트만으로도 충분하다.

(2) 프로젝트 아이디어 구상하기

프로젝트 아이디어를 구상하는 방법은 크게 기존의 프로젝트를 활용하는 방법과 새로운 프로젝트를 개발하는 방법으로 나눌 수 있다. 기존 프로젝트를 활용하면 시간과 노력을 줄이게 되고 처음 프로젝트 수업을 준비하는 초보 교수자들에게는 좋은 방법이 된다. 이를 위해서는 프로젝트기반학습과 관련된 도서나 논문, 웹사이트 등을 검색해서 교수자가 의도한 기준과 내용을 포함하는 사례를 벤치마킹할 수 있다.

만약 본인이 사용하기에 적절한 사례가 없다면 새로운 프로젝트를 개발해야 한다. 이를 위한 방법으로는 일상생활에서 발생하는 문제나 뉴스나 기사를 통한 사건 들과 학습 내용을 연결짓거나 지역사회의 현안이나 문제점, 학습자들의 삶과 관심사(가족, 친구, 인간관계, 정체성, 자신의 미래 등)와 관련된 주제를 프로젝트의 소재로 활용할 수 있다.

(3) 프로젝트 구체화하기

프로젝트의 범위와 아이디어가 정해졌다면 프로젝트의 형태를 구체화할 필요가 있다. 프로젝트를 구체화하기 위해 고려해야 할 사항은 다음과 같다.

- 학습목표 수립: 프로젝트기반학습은 프로젝트 자체를 수행하는 것이 목표가 아니라 프로젝트를 통해 유의미한 학습을 유발하는 것이므로 학습목표가 명확하게 수립되어야 한다. 이상적으로는 교과목과 학년 성취기준을 분석한 후 프로젝트를 설계하는 것이 순서이지만, 프로젝트 아이디어를 먼저 떠올린 후에 그에 맞는 성취기준을 분석할 수도 있다. 어느 경우든 프로젝트를 통해 학습자들이 배워야 할 것이 무엇인지를 분명하고 구체적으로 설정하는 것이 중요하다. 프로젝트에는 교과에서 배워야 할 핵심 내용과 핵심 성취기준, 핵심 역량이 포함되어야 한다. 프로젝트에 포함되어야 할 핵심 성취기준은 프로젝트의 범위와 규모에 따라 달라지지만 일반적으로 2~3개의 성취기준이 학습목표에 포함되는 것이 바람직하다. 또한 프로젝트는 학습 내용뿐만 아니라 비판적 사고력, 문제해결력, 협업 능력, 자기관리 능력 등 다양한 고차적 능력을 배양할 수 있으므로 적절한 수준의 핵심 역량들을 고려할 필요가 있다.
- 학습 결과물 선정: 프로젝트기반학습은 결과물을 만들어 내는 것이 중요한 과제이므로 결과물의 형태를 결정하는 것은 중요하다. 결과물의 유형은 단순한 발표에서부터 직접 제작한 공예품이나 작품, 공연이나 전시회까지 다양할 수 있다. 결과물의 형태는 결과물 자체가 학습목표나 성취

기준을 달성했다는 증거가 될 수 있어야 한다. 좋은 결과물은 결과물이 실제적이어서 실생활의 문제해결에 도움이 되거나 실천 가능한 것이 바람직하다. 지역사회의 문제해결을 위한 편지를 시청에 제출하거나 일상생활에 필요한 도구를 만드는 것들이 단순히 보고서를 쓰는 것보다 실제적인 활동이 될 수 있다. 다만 학습자들이 결과물을 제작하느라 학습목표에서 요구하는 내용보다 너무 많은 시간과 노력을 들이지 않도록 구조화하는 것이 중요하다. 예를 들면, 도형의 원리를 배우기 위하여 그릇 만들기를 할 경우 그릇을 만드는 시간과 비용이 너무 많이 든다면 결과물의 형태를 바꾸거나 단순화하는 것을 고려할 필요가 있다.

• 결과물 발표 및 전시 방법 결정: 결과물의 실재성, 실현 가능성 고려하여 결과물을 발표하고 평가하기 위한 방법을 결정한다. 결과물 발표 방법은 청중을 대상으로 하는 발표에서부터 영상 페스티벌, 시 낭송회, 지역 축제, 작품 전시회와 같은 다양한 행사, 시집이나 디지털 도서, 블로그를 활용한 출판, 포스팅, 메일 보내기 등 다양한 형태를 사용할 수 있다.

(4) 탐구 질문 작성하기

프로젝트는 학습자들에게 도전할 과제나 문제에 대한 질문을 던짐으로써 시작된다. 탐구 질문(driving question)은 학습자들에게 그들이 왜 프로젝트를 수행해야 하는지를 상기시켜 줌으로써 학습자들의 흥미를 불러일으키고 프로젝트에 참여하기 위한 동기를 부여해 준다. 좋은 탐구 질문은 학습자들이 이해하기 쉬우며, 학습자의 참여를 돕고, 다양한 답을 유도하고, 학습목표 및 성취기준과 일치해야 한다. "우리 지역에 기후 변화의 영향으로 나타나는 문제점은 어떤 것들이 있을까?" "어떻게 하면 학교 도서관 이용율을 높일 수 있을까?" 등이 탐구 질문의 사례가 될 수 있다.

(5) 프로젝트 점검하기

프로젝트의 기본적인 틀이 설계된 후에는 프로젝트를 다시 점검하고 수정하는 작업을 수행한다. 프로젝트의 기본 특성이 잘 반영되었는지, 학습자들이 충분히 이해할 수 있는지, 학습자들이 부담스러워하지 않고 충분히 도전적이라고 생각하는지 등에 대한 점검이 필요하다. 이를 위해서는 동료 및 몇몇의 학습자들을 대상으로 간단한 형성평가를 해 보는 것이 바람직하다.

3. 프로젝트기반학습 사례

1) 중학교 자유학기제 수업 사례

다음은 중학교 자유학기제의 통계 수업에 프로젝트기반학습을 적용한 사례이다(백수현, 2015).

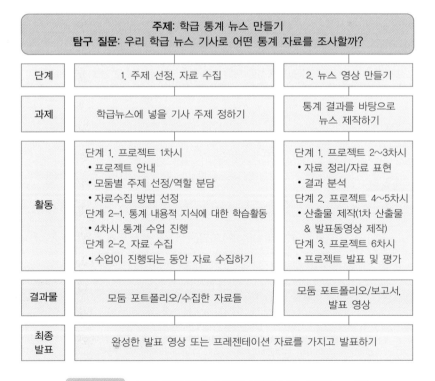

그림 13-2 통계 프로젝트 수업의 틀(백수현, 2015, p. 40)

  이 수업의 주제는 학습 통계뉴스 만들기로 모둠별로 관심있는 주제를 선정하고 최종 결과물로 뉴스 동영상을 제작하는 것이다. 수업은 총 6차시에 걸쳐 진행되었다. [그림 13-2]는 전체적인 수업의 틀을 보여 주며, 〈표 13-7〉과 〈표 13-8〉은 통계 프로젝트 수업의 차시별 학습 목표와 수업진행 과정을 보여 준다.

표 13-7 통계 프로젝트 수업의 차시별 학습목표

차시	학습내용	학습목표
1	주제 선정	• 모둠별로 삶과 관련된 관심 있는 주제를 선정하고 이를 선정한 이유에 대해 말할 수 있다.
	자료 수집	• 주제에 적합한 자료를 수집할 수 있다.
2~3	자료 정리	• 표와 그래프(줄기와 잎 그림, 도수분포표, 히스토그램, 도수분포다각형 등)을 사용하여 자료를 정리할 수 있고, 정리한 표와 그래프를 통해 자료의 분포 특징을 말할 수 있다.
	자료 분석	• 자료의 평균과 상대도수를 구할 수 있으며, 상대도수를 나타내는 그래프를 그리고 해석할 수 있다.
	결과 해석	• 자료 분포의 특징을 바탕으로 예측되는 결과나 현상을 찾을 수 있다.
4~5	산출물 제작	• 1차 산출물: 표와 그래프, 자료 분포의 특징, 예측되는 결과나 현상 등의 내용을 바탕으로 모둠별로 보고서(전지에 각성)를 작성할 수 있다. • 최종 산출물: 작성한 보고서를 바탕으로 모둠별로 뉴스 동영상을 제작할 수 있다.
6차시	발표 및 평가	• 모둠별로 제작한 영상을 발표하고, 통계를 기사에 적절히 활용했는지, 모둠의 협동심, 참여도 창의성, 산출물의 완성도 등을 진지하게 (동료) 평가할 수 있다.
정의적 영역		• 역할 분담이 잘 이루어지고 많은 역할을 책임 있게 수행할 수 있다. • 모둠이 수행해야 할 과제를 기한 내에 완성할 수 있다. • 다른 사람의 의견에 잘 경청하고, 자신의 의견을 다른 사람에게 명확하게 전달할 수 있다. • 공동의 목표를 위해 협력하고 다른 사람을 배려할 수 있다. • 다른 모둠의 산출물을 평가할 때, 주어진 기준에 맞게 모둠이 협의하여 합리적인 평가를 할 수 있다.

출처: 백수현(2015), p. 38.

표 13-8 차시별 프로젝트 수업 일정

차시	과정	활동 내용	활동지
프로젝트 1차시	프로젝트 안내 및 모둠별 주제 선정/, 역할 분담/, 자료 수집 방법 신정	• 프로젝트 안내하기, 대주제, 추천 질문 제시 • 주제 선정, 주제를 선정한 이유를 반드시 작성할 것(모둠별로 영역을 정하고, 정해진 영역에서 주제를 잡을 수 있도록 하면 효율적임) – 자료 수집 방법 정하기, 역할 분담 계획 등 • 1차 자료 점검일 안내하기	– 프로젝트 안내문 (평가 항목 제시) – 포트폴리오 1, 2
(수업 4차시 진행)	통계 내용적 지식에 대한 학습활동/, 자료 수집	• 자료 수집하기(인터뷰, 설문조사, 인터넷조사 직집 조사 등) – 주제에 맞는 자료 수집 방법을 선정하고 역할을 분담하여 자료를 수집할 것 – 1차 점검일에 점검받기(자료가 준비되지 않은 모둠을 확인하여 2차시 수업 진행에 차질이 없도록 체크할 것)	
프로젝트 2~3차시	자료 정리, 자료 표현, 결과 분석	• 도수분포표로 자료를 정리하고, 히스토그램과 도수분포다각형으로 자료를 표현해 보기 • (계산기를 사용하여) 평균과 상대도수를 구하고 상대도수를 나타내는 그래프로 표현하기(역할분 담을 하도록 할 것) • 표와 그래프, 평균 등을 통해 이 자료의 분포 특징을 찾고 자료를 분석하기 • 분석한 자료를 바탕으로 예측되는 결과나 현상을 찾아 정리하기	– 포트폴리오 3~5
프로젝트 4~5차시	산출물 제작 (1차 산출물 & 발표동영상 제작)	• 조사한 자료를 바탕으로 보고서를 작성하기(모둠원이 모두 참여할 것) • 보고서를 바탕으로 발표 동영상 촬영하기(모둠원이 모두 참여할 것) • 준비물: 전지, 매직, 사인펜, 풀, 가위, 모둠별 포 트롤리오, 핸드폰 외 동영상 제작에 필요한 소품	– 포트폴리오 6, 7 – 산출물 제작안내문
프로젝트 6차시	프로젝트 발표 및 평가	• 모둠 발표 동영상을 순서대로 발표하기(영상 감상) – 영상을 보는 동안 모둠 동료 평가 실시 – 모든 활동이 끝난 후 자기 평가 실시	– 자기평가지 – 동료평가지 – 배움일지

출처: 백수현(2015), p. 45.

2) 대학 인성교육 사례

다음은 대학의 인성교육 교양강좌에 프로젝트기반학습을 적용한 사례이다 (서윤경, 고명희, 2013). 이 수업에서 프로젝트기반학습을 적용한 목적은 실천 지향적인 인성교육 프로그램 개발을 위해 의도적으로 협력이 필요하게 구성 하고, 학습자들이 그 과정에서 스스로 사회적 책임감 등 공동체 정신을 깨우 칠 수 있도록 하기 위한 것이다.

인성교육 수업은 진행 단계에 따라 프로젝트 준비, 프로젝트 계획, 프로젝 트 실행, 프로젝트 결과 발표 및 평가의 과정으로 구분하여 설계되었다. 첫째, 프로젝트를 위한 준비 단계에서는 프로젝트를 추진하기 위해 선행되어야 할 구성원 간의 팀워크와 친밀감을 형성하는 데 중점을 두고, 또 한편으로는 학 습자들이 프로젝트 주제에 대한 전반적인 지식을 탐구할 수 있는 기회를 제공 하는 데 중점을 둔다. 둘째, 프로젝트 계획 단계에서는 구체적으로 프로젝트 를 추진하기 위한 팀별 세부 주제 선정과 프로젝트 추진 계획서를 작성한다. 셋째, 프로젝트 실행 단계에서는 팀별로 협력하여 프로젝트를 계획에 따라 추 진하며, 중간 점검을 통해 프로젝트의 질적 수준을 높일 수 있는 피드백과 수 정 과정을 거친다. 마지막으로, 학습자들이 프로젝트의 결과를 발표하고 평가 하는 단계에서는 팀별로 프로젝트 결과물을 발표하고 팀별 평가를 진행하며, 개인적 혹은 팀 단위로 학습 과정과 결과에 대한 성찰을 수행하면서 프로젝트 중심의 인성교육 프로그램을 마무리한다.

〈표 13-9〉는 프로젝트기반 학습의 단계별 수업 목표와 수업 내용을 제시 하고 있다. 수업의 세부적인 절차를 살펴보면, 프로젝트 준비 단계에서는 프 로젝트 수행을 위한 기본 지식을 습득하기 위한 강의가 제공된다. 프로젝트의 주제는 환경 문제이므로 강의를 통해 환경과 관련된 기초 지식과 환경 문제의 근본 원인, 환경문제를 해결하기 위한 다양한 노력 등이 논의되었다.

이후 프로젝트 계획 단계에서는 팀을 구성하고 팀별로 프로젝트 주제를 선 정하고, 기획서를 제작하도록 요구되었다. 이 과정에서 기획서 발표 시간을

표 13-9 프로젝트중심학습을 적용한 인성교육 프로그램의 기본 틀

주	단계		수업목표	수업내용
1	프로젝트 준비	실천적 기술 습득	• 프로젝트를 수행하는 데 필요한 팀워크, 책임감, 의사소통 방법, 문제해결 방법 등을 적용할 수 있다.	친밀감 형성
2				사회적 책임의 민감성
3				공감적 의사소통
4				집단문제 해결 연습
5		이론적 지식 습득	• 사회문제의 특징과 원인을 설명할 수 있다. • 사회문제 해결을 위한 활동 방법을 구상할 수 있다.	사회 현상과 현황, 문제점 발견
6				사회현상에 대한 원인 분석
7				사회문제에 대한 해결방안 탐색
8	프로젝트 계획		• 사회적 실천 프로젝트를 위한 주제를 선정할 수 있다. • 프로젝트 추진을 위한 계획서를 작성할 수 있다.	프로젝트 주제 선정 및 계획서 작성
9				
10	프로젝트 실행		• 타인의 의견을 수용할 수 있다. • 프로젝트 활동 중 나타날 수 있는 갈등을 해결할 수 있다. • 구체적인 결과물을 완성할 수 있다.	프로젝트 실행
11				
12				
13				중간 발표 및 성찰
14				프로젝트 활동
15				
16	프로젝트 결과 발표 및 평가		• 타인의 발표를 경청할 수 있다. • 설득력 있게 발표할 수 있다. • 자신과 팀의 학습 활동에 대해 성찰할 수 있다.	최종 발표 및 성찰

출처: 서윤경, 고명희(2013), p. 62.

가짐으로써 교수자나 동료 학습자들로부터 피드백을 받고, 각 팀의 프로젝트 방향을 구체화하는 기회를 가졌다. 아울러 이때 팀 프로젝트 자체 평가표를 작성하는 시간을 갖고, 팀의 협동심, 대처 능력, 목표 달성 및 결과물과 활동 과정을 평가해 봄으로써 프로젝트에 대한 책임감을 갖게 하였다.

이후 활동은 계획에 따라 프로젝트를 실행하는 시간을 가졌다. 3주차에 걸쳐 프로젝트 활동을 진행하고 중간 발표 시간을 가진 후 다시 2주에 걸쳐 프로젝트 개선점을 해결하고 정보를 수집하는 등의 프로젝트 활동을 지속하였다. 마지막 시간은 자신들이 했던 활동을 발표하며, 그 성과에 대해 서로 축하하고, 스스로 만든 평가표를 가지고 자기 평가 및 팀원 간 동료평가를 실시함으로써 수업을 마무리하였다. 〈표 13-10〉은 학습자들이 제출한 프로젝트 계획서 사례를 보여 준다.

표 13-10 프로젝트 계획서

팀 이름	***조
구성원	류○○, 박○○, 서○○. 김○○, 임○○
최종 결과물 (이 프로젝트에서 최종적으로 얻게 되는 것)	학교 주변의 다회용기 사용과 텀블러 할인제도 도입
이 프로젝트를 통해 배우고 싶은 것	우리가 기획한 프로젝트를 통해 작은 변화가 가능한가
목표 집단	교내 커피숍들 학교 주변 커피숍들
이해관계자들	1. A 대학인성교육원 2. 학습자들 3. 학교 주변 주민들
주차	**프로젝트 활동**
10주	책이나 기사 등을 통해 문제점 분석, 고객설문조사
11주	전반적인 계획 재수립 및 재조사
12주	각 커피숍에 보낸 제안서 작성
13주	중간 평가
14주	제안서 가지고 방문하기, 할인커피숍 학습자들에게 홍보하기
15주	다회용기 사용 결과 및 텀플러 사용에 따른 커피숍의 변화 분석하기
16주	

출처: 서윤경, 고명희(2013), p. 68.

📖 참고문헌

김대현(1998). 초등학교에서 실시하는 프로젝트학습의 계획과 운영에 관한 평가 연구. 교육과정연구, 16(2), 297-327.

김대현, 왕경순, 이경화, 이은화(1999). 프로젝트학습의 운영. 학지사.

김혜경(2011). 프로젝트중심학습에서 수행역량기반 학습지원체제 설계모형 개발. 서울대학교 박사학위논문.

백수현(2015). 자유학기제를 위한 통계 프로젝트 수업자료 개발 및 적용. 한국교원대학교 석사학위논문.

서윤경, 고명희(2013). 프로젝트중심학습을 적용한 실천 중심의 인성교육 프로그램 개발 및 운영 사례. 학습과학연구, 7(1), 49-77.

유승희, 성용구(2011). 프로젝트 접근법: 레지오 에밀리아의 한국 적용. 양서원.

임정훈, 임병노, 최성희, 김세리(2004). 초·중등학교에서 교실수업과 웹기반 학습을 연계한 커뮤니티 기반 프로젝트학습모형 개발 연구. 교육공학연구, 20(3), 103-135.

임해미(2007). 프로젝트기반 수학수업에 대한 사례연구. 이화여자대학교 박사학위논문.

장경원, 고수일(2014). 액션러닝을 활용한 인간관계론 수업 운영 사례 연구. 경영교육연구, 29(6), 256-281.

장선영, 이명규(2012). 웹기반 프로젝트중심학습 환경에서 과제해결능력을 촉진시키는 스캐폴딩 설계모형 개발 연구. 교육공학연구, 28(2), 371-408.

Blumenfeld, P. C., Soloway, E., Marx, R. W., Krajcik, J. S., Guzdial, M., & Palincsar, A. (1991). Motivating project-based learning: Sustaining the doing, supporting the learning. *Educational Psychologist, 26*, 369–398.

Fried-Booth, D. L. (2002). *Project work*. Oxford University Press.

Helle, L., Tynjälä, P., & Olkinuora, E. (2006). Project-based learning in post-secondary education-theory, practice and rubber sling shots. *Higher Education, 51*, 287–314.

Hung, W. (2011). Theory to reality: a few issues in implementing problem-based learning. *Education Technology Research & Development, 59*, 529–552.

Kilpatric, W. (1918). The project method. *The Teachers College Record, 19*(4),

319-335.

Kokotsaki, D., Menzies, V., & Wiggins, A. (2016). *Improving Schools, 19*(3), 267-277. DOI: 10.1177/1365480216659733

Krajcik, J. S., Blumenfeld, P. C., Marx, R. W., & Soloway, E. (1994). A collaborative model for helping middle grade science teachers learn project-based instruction. *Elementary School Journal, 94*, 483-497.

Larmer, J., Mergendoller, J., Boss, S. (2015). *Setting the standard for project based learning: a proven approach to rigorous classroom instruction*. ASCD. 최선경, 장밝은, 김병식 역. 프로젝트 수업 어떻게 할 것인가?. 지식프레임.

Liu, M., & Hsiano, Y. P. (2002). Middle school students as multimedia designers: a project-based learning approach. *Journal of Interactive Learning Research, 13*(4), 311-337.

Markham, T., Larmer, J., & Ravitz, J. (2007). *A guide to standards-focused project based learning for middle and high school teachers*. 노선숙, 김민경, 임해미 역. 프로젝트기반학습 입문서. 교육과학사. (원전은 2003년에 출판)

Marx, R. W., Blumenfeld, P. C., Krajcik, J. S., Blunk, M., Crawford, B., Kelly, B., & Meyer, K. M. (1994). Enacting project-based science: Experiences of four middle grade teachers. *The Elementary School Journal, 94*(5), 517-538.

Moursund, D.G. (2003). *Project-based learning using information technology*. International Society for Technology in Education(ISTE).

Thomas, J. W. (2000). *A review of research on project-based learning*. The Autodesk Foundation.

제**14**장

디자인 싱킹 수업

1. 디자인 싱킹의 개요

1) 디자인 싱킹의 정의

디자인 싱킹(design thinking)이란 디자이너의 감수성과 사고방식으로 문제를 해결하는 접근방식을 말한다(Lockwood, 2009). 여기서 말하는 '디자인'이란 사물이나 제품의 외관을 설계하는 것을 넘어 더 나은 결과를 도출하기 위해 집단의 구성원들이 함께 성찰하며 주어진 문제를 해결하는 의미까지 포함한다(Martin, 2010).

최근 우리 사회는 환경문제, 빈곤 문제 등 다양한 문제가 과거보다 심해졌는데, 기존의 문제해결 방식으로 이러한 문제들을 해결하는 데 한계가 드러나는 문제들이 발생하기 시작하였다(류영호, 2008). 이러한 문제들 중 대부분은 창의적이고 인간중심적 사고를 통한 해결을 필요로 하는데, 디자인 싱킹의 문제해결 접근방식이 최근 사회가 직면한 문제들을 해결하는 데 적합한 방식으로 최근 그 가치를 인정받고 있다. 디자인 싱킹은 인간중심으로 문제를 해결하면서 분석적·이성적 사고 및 직관적·감성적 사고를 강조하기 때문이다.

이 밖에도 4차 산업혁명 시대에 문제해결 역량, 대인관계 역량, 그리고 기계로 대체될 수 없는 감성적 지능을 지닌 인재가 요구되고 있는데(전서영, 2020), 문제해결과 관련된 사람들의 공감을 중시하며 문제를 해결하기 때문에 교수법으로도 주목받고 있다.

디자인 싱킹은 1887년 피터 로우(Peter G. Rowe)가 건축 디자인에 관한 책을 'Design Thinking'이라는 제목으로 출간하면서 처음 소개되었다(Konno, 2015). '디자인'이라는 용어는 과거 프로젝트 수업의 기원과도 연관된다. 1577년 이탈리아 로마에서 한 예술학교가 설립되었는데, 이 학교 상급 학습자들에게는 '디자인 챌린지(design challenge)'라는 프로젝트 과제가 부여되었다. '디자인 챌린지 과제'는 학습자가 교회, 기념비 등을 디자인하기 위해 정의된 문제를 의미한다(Larmer, Mergendoller, & Boss, 2017). 예술학교에서 실행된 프로젝트 수업에서 학습자들은 과제를 해결하기 위해 디자이너로서의 건축가들의 사고방식을 추구하였으며, 결과물에 대해 디자인의 가치를 설명하는 활동 등을 하였다. 이후 디자인 싱킹은 미국의 IDEO라는 디자인 회사의 CEO인 팀 브라운(Tim Brown)에 의해 알려지게 되었으며, 2009년 스탠퍼드 대학에 디자인 싱킹으로 수업하는 디스쿨(d.school)이 설립되면서 확산되었다(박민정, 2018).

디자인 싱킹은 관찰과 공감을 통해 문제를 찾아내어, 아이디어를 도출하고 시각적인 프로토타입 개발 및 수정을 통해 문제에 대한 혁신적인 해결안을 도출하는 사고체계이다(Council, 2013). 이 밖에도 디자인 싱킹의 다양한 정의가 존재하는데, 대부분의 연구들은 디자인 싱킹을 문제해결 측면에서 정의하고 있다. 선행연구에서 제시된 디자인 싱킹에 대한 주요 개념은 〈표 14-1〉과 같다.

〈표 14-1〉과 같이 디자인 싱킹에 대한 개념은 다양하지만, 다음과 같은 공

통점이 있다. 첫째, 해결하고자 하는 문제와 관련된 사람들의 요구나 정서에 대한 디자이너의 감성, 관점, 공감이 강조되고 있다. 둘째, 디자인 싱킹은 단순히 디자인 영역을 넘어 인간 사회의 모든 영역에 적용될 수 있다. 셋째, 인간의 논리적 이성과 감정적 감성의 융합을 강조하며, 문제를 해결하는 데 있어 참여자들의 협업을 강조하고 있다.

표 14-1 디자인 싱킹의 주요 개념

출처	주요 개념
Simon (1969)	사회, 문화, 경제, 정치, 환경 등 인간 생활의 모든 제반 문제를 학제적인 협동을 통하여 디자인의 통합적이고 종합적으로 문제를 해결하는 과정
Brown (2008)	사람들의 요구에 대응하기 위한 방법이자 고객 가치와 시장 기회로 바꿀 수 있는 비즈니스 전략을 실행하고자 하는, 디자이너의 감성과 방법을 이용한 일종의 방법론(discipline)
Martin (2009)	논리적 이성과 감정적 감성의 융합적 사고이며, 분석적 사고에 기반한 완벽한 숙련과 직관적 사고에 근거한 창조성이 역동적으로 상호작용하는 통합적 사고
Mootee (2010)	탐구와 표현의 과정을 거쳐 기존의 기술, 행동, 기법을 보완하고 개선함
Kolko (2010)	디자인 싱킹은 가추법(abduction)적 의미짓기를 통한 종합 능력
IDEO (2011)	사람의 행동 뒤에 욕구와 동기를 이해하는 것을 바탕으로 서로를 이해하고 공감하면서 문제를 해결하려는 사고
Luchs (2015)	문제를 확인하고 창의적으로 해결하기 위한 체계적이고 협력적인 접근 방식
Cohen (2011)	모호하거나 숨겨진 사용자의 니즈(needs)를 찾고, 이를 해결할 수 있는 기회를 탐색하기 위해 공감적 태도(mindset)를 활용하는 일종의 문제해결을 위한 논리추론적 접근법(adductive approach)으로 정의하고, 다양한 형태의 문제해결에 적용할 수 있는 사용자중심의 혁신 프로세스

출처: 장경원 외(2019), p. 6.

2) 디자인 싱킹의 특성

디자인 싱킹은 크게 네 개의 특성으로 정리될 수 있다.

첫째, 디자인 싱킹은 가추법과 종합의 능력이 강조된다. 가추법이란 미국의 철학자인 펄스(Peirce)에 의해 처음 소개된 사고법으로(김정섭, 박수홍, 2002), 연역 및 귀납적 사고법과는 달리 문제나 현상에 대한 가설을 도출하고 그 가설을 추론하는 방법을 의미한다. 이 방법은 문제와 관련된 가장 그럴듯한 가설을 발견하기 위해서 문제해결자의 통찰력과 창의력이 요구되는 사고논리이다(강미정, 이수진, 2014). [그림 14-1]에도 표현되어 있듯이, 디자인 싱킹이 다른 문제해결 접근방식과는 다르게 '분석'과 '직관'을 강조하며, 더 나아가 이 둘 간의 조화를 중시 여긴다는 특성이 있다(Martin, 2010). '분석적 사고(analytical thinking)'란 무수히 반복되는 분석을 통해 결론을 내리는 엄밀하고 계량적인 분석을 위한 사고방식을 의미한다. 한편, '직관적 사고(intuitive thinking)'는 분석적 사고와는 대조적인 사고방식으로 문제해결자의 직관과 영감을 통해 문제를 해결하려는 사고방식을 의미한다. 디자인 싱킹은 분석과 직관 어느 한쪽에 치우치지 않고 이 두 가지 사고방식의 조화시키는 것이다(Martin, 2010). 디자인 싱킹에서 말하는 분석과 직관의 조화로운 사고방식은 가추법을 근거로 하고 있다(Kolko, 2010).

둘째, 디자인 싱킹은 분석하는 능력보다 종합하는 능력이 더 강조된다(김자인, 2015). 디자인 싱킹 수업에서는 특정한 사물이나 공간을 디자인하는 것부터 장애인을 위한 육아서비스 개발 등 우리 삶에서 직면할 수 있는 문제를 모두 다룬다. 이러한 문제들은 잘 정의되어 있지 않고(ill-defined) 모호하기 때문에, 학습자들은 이러한 문제를 해결하기 위해 서로 협력하여 분석한 후 그 결과들을 기반으로 종합적으로 사고해야 한다(이정열, 이주명, 2010). 디자인 싱킹에서 다루는 문제들의 경우 분석하는 것만으로는 해결이 어려우며 학습자들이 다각적으로 해석하고 종합해야만 해결이 가능하다.

셋째, 사람의 요구를 파악하고 해결안을 도출하기 위한 방법으로서 '공감'

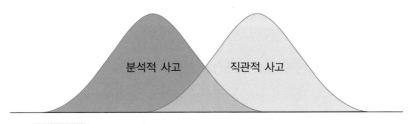

그림 14-1 분석적 사고와 직관적 사고의 결합으로서의 디자인 싱킹

이 중시된다. 디자이너들은 무엇인가를 디자인할 때 그것을 사용할 사람의 마음을 생각하며 디자인을 한다(박재호 외, 2016). 디자인 싱킹에서는 디자이너의 감수성을 '공감'으로 보고 학습자들이 문제를 해결할 때 사용자들의 생각이나 느낌을 파악하기 위해 관찰이나 인터뷰, 더 나아가 그들의 삶의 일부를 체험을 할 것을 강조한다. 즉, 디자인 싱킹은 사용자중심, 인간중심적 사고를 통해 과제 해결 당사자들의 공감으로부터 과제를 정의한다(Calkin & Karlsen, 2014).

넷째, 프로토타이핑(prototyping)과 반복적인 테스트가 강조된다. 학습자들은 최종 해결안을 확정짓기 전에 프로토타입(prototype)을 만들어 사용자를 포함한 문제해결 관계자들과 소통하면서 개선점을 찾아 더 나은 프로토타입을 제작하는 과정이 반복된다. 이 과정을 통해 학습자는 해결안을 시각적으로 볼 수 있는 산출물로 만들어 냄으로써 아이디어를 가시화하고, 문제해결 관계자들의 요구를 최대한 반영하며, 최적의 해결안을 도출한다(Plattner, 2010). 디자인 싱킹은 새로운 시도를 통한 실수와 실패, 타인의 피드백을 반영을 강조하는 프로토타입 개발 및 테스트가 중요하다고 할 수 있다(Fierst et al., 2014).

디자인 싱킹 수업과 문제해결 수업과의 공통점과 차이점을 살펴보면 다음과 같다. 기존의 문제해결 수업과 디자인 싱킹 수업의 공통점은 모두 학습자가 문제에 대한 해결안을 모색한다는 점이다. 그러나 문제를 정의하는 단계에서 문제해결식 수업과 디자인 싱킹의 차이점이 존재한다. 문제해결 수업에서는 일반적으로 교수자가 문제를 제공하지만(Bransford & Stein, 1993), 디자인 싱킹 수업에서는 학습자가 직접 문제를 정의한다. 디자인 싱킹 수업에서 학습자들은 문제를 정의하기 전까지 공감, 이해, 관찰 등을 통해 문제와 관련된 사람들을 이해하고, 문제와 관련된 맥락을 파악한 후 문제를 정의한다. 즉, 디자인 싱킹에서는 학습자들이 문제를 정의하기까지 많은 시간과 노력을 투자하여 문제를 능동적으로 발견한다는 점이 기존의 문제해결 수업과의 차이점이라고 할 수 있다(Martin, 2009).

2. 디자인 싱킹 수업 방법

1) 디자인 싱킹 절차

다양하게 제안된 디자인 싱킹 절차 중에 IDEO 회사와 스탠퍼드 디스쿨에서 제시한 절차가 다른 절차들에 비해 비교적 널리 알려져 있다(박민정, 2018).
먼저, IDEO 회사가 처음 제안한 절차는 3I 모형으로 영감(Inspiration), 발상(Ideation), 실행(Implementation)의 단계로 되어 있으며, 각 단계는 통합 및 변경될 수 있다(Kelley & Littman, 2001). 영감 단계는 문제와 관련된 실제적 제한점 등을 정의하고 사용자들의 관찰 및 이해를 통한 문제를 발견하는 단계이다. 발상 단계는 팀원들과 브레인스토밍을 통해 새로운 아이디어를 도출하고 선택하며 시각화하는 단계이다. 실행 단계는 이전 단계에서 선택된 아이디어를 실행하기 위한 계획을 수립하는 단계이다. 디스쿨에서는 디자인 싱킹을 공감(empathize), 문제 정의(define), 발상(ideate), 프로토타입(prototype), 테스트(test) 단계 절차로 구성된 모형을 제안하였다(Aflatoony & Wakkary, 2015). 디자인 싱킹 절차는 한 단계가 끝나면 다음 단계로 이어지는 선형적인 절차처럼 보일수도 있다. 그러나 디자인 싱킹의 절차는 여러 단계로 구분되지만 각각의 단계들이 선형적이지 않으며, 각 단계는 순환적이거나 동시에 수행되기도 한다(Dam & Siang, 2023). 예를 들어, 프로토타입을 테스트한 후 그 결과를

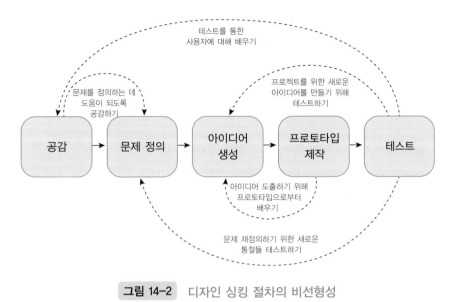

그림 14-2　디자인 싱킹 절차의 비선형성

출처: Dam & Siang (2021).

바탕으로 문제를 다시 정의하거나, 다시 아이디어를 도출하기도 한다. [그림 14-2]는 디자인 싱킹의 유연함과 비선형적인 절차를 보여 준다(Dam & Siang, 2023).

　　디자인 싱킹 절차는 여러 학자나 실천가들에 의해 다양하게 제안되고 있으나, 대부분의 절차들이 크게 공감을 통한 문제를 정의하고, 아이디어를 생성한 후, 프로토타입을 개발하여 테스트를 하는 과정을 거쳐 해결안을 도출하는 과정을 포함하고 있다.

2) 디자인 싱킹 절차별 교수 · 학습 활동

　　디자인 싱킹 수업을 성공적으로 수행하기 위해 교수자는 디자인 싱킹 수업을 시작하기 전에 다음과 같은 질문을 학습자들에게 제공하는 것이 좋다(Liedtka & Ogilvie, 2011).

- "일상 속에서 해결해야 할 문제는 무엇인가?"
- "떠오르는 대안은 무엇인가?"
- "어떤 선택이 매력적인가?"
- "어떤 해결안이 효과적일까?"

학습자은 각각의 질문에 대한 답을 모색하기 위해 확산석 사고와 수렴적 사고를 반복하는 과정을 통해 의사결정 범위를 좁혀 결국 최종적으로 최적의 문제해결안을 결정한다.

(1) 공감 단계에서의 교수 · 학습 활동

공감 단계는 학습자들이 문제와 관련된 사용자들로부터 수집된 데이터를 종합하는 단계를 의미하며(HPI, 2023), 이 단계는 디자인 싱킹의 핵심 과정이다(임장한, 김미정, 2021). 디자이너들이 '무엇'인가를 디자인하기 전에 '무엇'을 사용하는 사람들을 이해함으로써 영감을 얻는 것처럼, 이 단계에서 학습자들은 해결하고자 하는 과제와 관련된 사용자의 입장에서 바라보는 공감을 통해 그들의 요구를 파악한다(Brown, 2008).

공감 단계에서 교수자는 학습자들이 과제와 관련된 사용자의 범위를 좁히도록 유도해야 한다(김자인, 2015). 예를 들어, 학습자들이 우리 동네 공원을 활성화하기 위한 프로젝트를 진행한다면, 교수자는 학습자들이 공감하고자 하는 대상을 공원을 이용하는 이용자들로 선정하기보다는 20대 성인 커플들, 직장을 퇴사한 60대 노인들 등 대상을 구체화하도록 유도해야 한다. 이 과정을 통해 학습자들은 프로젝트를 해결할 수 있는 구체적인 아이디어를 얻을 수 있다. 학습자들은 좁혀진 범위의 사용자들을 이해하고 공감하기 위해 자신들의 선입견을 내려놓고, 사용자의 삶을 직간접적으로 경험한다.

공감 단계에서 학습자들은 사용자를 공감하기 위해 다양한 방법을 사용하는데, 이를 자세히 살펴보면 다음과 같다. 첫째, 관찰이다. 이는 공감을 위한 가장 기본이 되는 방법으로서 해결하고자 하는 과제와 관련된 장소나 사용자를 관찰한다. 관찰은 단순히 눈으로 보는 것이 아니라 특정한 목적과 관심을 가지고 적극적으로 '숨겨진 의미'를 찾아보는 행동을 의미한다. 학습자들은 효과적인 관찰을 위해 최대한 사용자가 속한 상황에 노출되거나 개입하지 않고 관찰을 하면서 보거나 들은 내용을 녹화하거나 노트에 기록하는 것이 중요하다. 관찰을 할 때 참고하면 좋을 방법이 바로 A.E.I.O.U.이다. 사람들이 무엇을 하고 있는지(Activites, 활동), 사람들을 둘러싼 공간이나 환경(Environments, 환경)은 어떠한지, 사용자가 사람 또는 사물과 어떻게 상호작용을 하고 있는지(Interactions, 상호작용), 어떠한 사물을 사용하고 있는지(Objects, 사물), 특정 물건이나 서비스 등을 사용하는 사람들은 누구인지(Users, 사용자) 측면에서 관찰한다.

둘째, 인터뷰이다. 공감을 위해 사용자와 인터뷰할 때 고려해야 할 점은 사용자와 편안하게 대화하면서 해결하고 싶은 이슈나 과제에 대한 정보를 수집해야 한다는 점이다. 이를 위해 교수자는 학습자들이 사전에 인터뷰 질문을 준비하고 인터뷰 연습 기회를 제공하는 것이 좋다. 또한 인터뷰를 하는 동안 어떤 태도를 유지해야 하는지에 대해 대화해 보고 고민할 시간을 제공하는 것이 바람직하다. 공감을 위한 인터뷰를 위해 교수자는 학습자에게 다음과 같이 안내할 수 있다. 첫째, 교수자는 학습자들이 공감을 위한 효과적인 인터뷰를 할 때 '보통'이라는 말 대신 '최근에'라는 말을 사용할 것을 권장할 수 있다(김자인, 2015). 예를 들어, 교수자는 "보통 언제 마트를 가십니까?"라는 질문 대신 "최근에 마트를 방문한 적은 언제입니까?"로 물어보면서 자연스럽게 '왜' 마트를 방문했는지 목적을 묻는 질문으로 인터뷰를 이어갈 수 있음을 학습자에게 설명할 수 있다. 학습자는 사전에 수업에서 배운 대로 인터뷰를 할 때 인터뷰 대상자의 정서를 살피고 친밀한 방법으로 대화를 시도하며, 경청하는 제스처를 보여 주는 태도를 갖추어야 한다. 이 밖에도 학습자는 특정 질문의 경우 사용자에게 직접 행동으로 보여 달라고 요구하고 그 행동을 관찰하고 기록하는 것도 중요하다. 둘째, 교수자는 학습자에게 인터뷰할 때 '왜'라는 질문으로 시작하도록 안내한다(HPI, 2023). 교수자는 학습자에게 이 질문의 목적은 단순한 호기심을 위한 질문이며, 무엇인가를 판단하기 위한 질문이 아니라는 점을 설명한다. 교수자는 학습자가 인터뷰할 때 인터뷰 대상자가 자신의 이야기를 말하도록 격려할 수 있게 유도해야 한다. 예를 들어, "저는 당신이 ~ 라고 하는 것을 들었습니다. 이 부분에 대해 조금 더 구체적으로 말씀해 주시겠습니까?"라는 질문을 학습자에게 연습시킬 수 있다. 하소 플래트너 디자인 연구소(HPI, 2023)에서 제안한 인디뷰 가이드라인을 조금 더 구체적으로 수정·보완한 가이드라인은 〈표 14-2〉와 같다.

표 14-2 공감을 위한 인터뷰 가이드라인

구분	주요 내용
준비	• 한 사람과의 인터뷰를 실시할 경우 인터뷰 대상자가 압도감을 느끼지 않도록 3명 이하의 구성원이 인터뷰에 참석 • 인터뷰 시작 전에 각 팀원은 명확한 역할(예: 면접관, 메모 작성자, 사진가) 분담 • 묻고 싶은 질문 준비
시작	• 문제와 직접적으로 관련된 보다 구체적인 질문을 하기 전에 그 사람의 삶, 가치관 및 습관에 대해 광범위한 질문을 하는 것부터 시작
인터뷰	• 본격적인 질문 시작 • 인터뷰 대상자가 말한 내용을 정확히 듣고 정확하게 기록(인터뷰 대상자의 생각을 반영한 기록 지양)
기타	• 인터뷰하는 과정에서 인터뷰 대상자의 신체언어와 말하는 맥락을 면밀히 관찰하고 기록(인터뷰 대상자의 응답은 정보를 얻기 위한 하나의 수단임을 인지)

인터뷰를 진행할 때 참고하면 좋을 기법 중 하나로 '5 Why'기법이 있다 (Williams, 2001). '5 Why'는 특정 주제에 대한 깊이 있는 정보를 얻거나, 특정 문제에 대한 원인을 찾기 위해 주로 사용하는 인터뷰 기법이다. '5 Why'를 적용하기 위해 인터뷰 담당자는 인터뷰 대상자에게 인터뷰 주제에 대해 광범위하게 질문한 후에 인터뷰 대상자의 응답에 대해 '왜'를 다섯 번 연속으로 질문한다. 이때 고려할 점은 특정 주제에 대해 인터뷰 대상자로부터 수평적인 정

보를 얻는 것이 아니라 깊이 있는 정보를 얻는 것이 목적이라는 점을 인지하고 인터뷰를 진행해야 한다는 점이다. 또한 학습자는 네 번째 또는 다섯 번째 '왜'라는 질문을 했음에도 불구하고 인터뷰 대상자로부터 핵심적인 정보를 얻지 못할 수도 있다는 점도 명심해야 한다.

인터뷰를 마치면 학습자는 인터뷰를 통해 수집된 정보를 범주화하는 공감 지도(empathy map)를 작성한다(Kolko, 2011). 공감 지도는 인터뷰 결과를 분석하기 위해 사용되는 방법으로, 인터뷰 대상자의 말과 행동을 회상하면서 사용자의 요구와 감정을 파악하는 데 유용한 방법이다. 이 밖에도 사용자를 공감하기 위해 그 사람의 입장이 되어 경험해 보는 방법도 있다. 이러한 과정을 거쳐 구체적인 사용자가 선정되면 사용자의 성향이나 가치를 반영하는 페르소나[1]를 개발한다.

(2) 문제 정의 단계에서의 교수 · 학습 활동

문제를 정의하는 단계에서 학습자들은 공감을 위해 수집된 자료를 분석한 결과를 기반으로 해결하고자 하는 문제를 정의한다.

문제를 잘 정의하는 다양한 방법이 있으나 디자인 싱킹 수업에서는 다음과 같은 방법이 활용될 수 있다. 첫째, 문제를 바라보는 관점(Point Of View: POV)을 바탕으로 문제를 정의하는 방법이다(Plattner, 2010). 교수자는 학습자에게 문제를 잘 정의하기 위해서는 '초점(focus)'이 중요함을 설명하고, 학습자가 사용자에 대한 깊은 이해를 바탕으로 자신들의 관점이 담긴 해결 가능한 문제로 정의하도록 유도해야 한다. 이 단계에서 교수자는 학습자가 자신들의 통찰과 사용자의 요구에 초점을 두고 안내 문구(guide statement)로 진술하도록 유도할 수 있다(Plattner, 2010). 예를 들어, '응급의학과 레지던트의 학회 참석률을 높이는 방법'을 문제로 정의하기보다는 '레지던트가 자전거를 타면서 오프 서

---

1) 페르소나(Persona)란 사용자들의 공통적인 특성을 표현한 가상의 인물을 의미한다(Dahiya & Kumar, 2018).

비스 순환을 하는 동안 학회 세션에 접근할 수 있도록 하는 방법'으로 문제를
정의하는 것이 좋다(Gottlieb et al., 2017).

둘째, 바람직한 문제를 정의하기 위해서 교수자는 학습자들에게 "어떻게 하
면 우리가 ~할 수 있을까?"라는 질문을 제공함으로써 학습자들이 이 질문에
대한 답을 찾아 문제로 정의하도록 할 수 있다. 이 질문은 문제를 정의하는 데
유용할 뿐만 아니라, 추후 아이디어를 생성하는 단계에서도 발판이 될 수 있다.
디자인 싱킹 수업에서 학습자들이 문제를 정의하기 위해 "어떻게 하면 우리가
~할 수 있을까?" 질문이 〈표 14-3〉과 같이 적용될 수 있다(Morales, 2017).

표 14-3 "어떻게 하면 우리가 ~할 수 있을까?" 질문을 활용하여 문제를 정의하
기 위한 가이드라인

순서	주요 내용
1	문제를 정의하기 전에 학습자가 작성한 내용들 중 통찰과 관련된 진술문을 고른 후 '어떻게 하면 우리가 ~할 수 있을까?'를 추가하여 질문으로 바꾸어 재진술(또는 학습자들은 지금까지의 활동 기록을 반영하여 팀원들에게 몇 가지 '어떻게 하면 우리가 ~할 수 있을까?' 질문을 제안할 수도 있음)
2	팀에서 도출된 '어떻게 하면 우리가 ~할 수 있을까?' 질문들 중 다양한 해결안이 존재하는 질문들만 선정(다양한 해결안이 존재하는 질문이 없다면 질문을 수정ㆍ보완할 수 있음)
3	'어떻게 하면 우리가 ~할 수 있을까?'에 대한 답들이 너무 광범위하지 않은지 확인 디자인 싱킹의 다음 단계인 브레인스토밍을 시작할 수 있을 만큼의 범위를 선정

이 밖에도 학습자가 문제를 제대로 정의하기 위해서 교수자는 다음과 같은
점도 함께 안내하는 것이 바람직하다. 먼저, 문제의 원인을 문제로 정의하지
않도록 안내해야 한다. 예를 들어, 학습자의 컴퓨터 활용 능력이 떨어지는 문
제를 정의할 때, "학습자의 컴퓨터 활용 능력이 떨어지는 이유는 학교에서 컴
퓨터 활용 교육을 위한 환경개선을 하지 않은 데 있다."라고 정의하지 않도록
안내한다. 이는 문제해결을 위한 목표가 불분명하며, 문제를 진단하거나 해결
책을 미리 정한 경우에 해당되기 때문이다. 다음으로, 교수자는 학습자에게

장기간에 걸쳐 해결가능한 규모가 큰 문제를 정의하지 않도록 안내해야 한다. 학습자가 광범위한 문제를 정의할 경우 문제를 해결하기 어려울 뿐만 아니라, 문제해결을 위한 비용이 많이 들고 문제해결 속도가 느려진다는 단점이 있다. 교수자는 학습자들이 문제를 잘 정의하기 위해 분석 결과들을 다양한 프레임에 대입해 보거나, 수집된 결과를 작은 단위로 분석해 보는 등 여러 가지 시도를 하도록 유도하는 것이 바람직하다.

(3) 아이디어 생성 단계에서의 교수 · 학습 활동

아이디어를 생성하는 단계는 더 나은 해결안을 위해 통찰이 담긴 새로운 생각들을 도출하는 단계이다(HPI, 2023). 이 단계의 핵심은 아이디어의 다양성과 양(quantity)에 있다(김자인, 2015). 이 단계에서 학습자는 팀원들과 협의해서 폭넓은 아이디어를 최대한 많이 찾아내는 활동을 하게 되는데, 이때 교수자는 학습자에게 평소의 사고방식에서 벗어나 전혀 다른 사고를 할 수 있도록 유도해야 한다.

또한 교수자는 학습자에게 특정한 아이디어를 고집하거나, 자신이 낸 아이디어가 제대로 된 아이디어인지 걱정하지 않도록 안내하는 것이 중요하다. 교수자는 이 단계의 목적은 문제를 해결할 수 있는 다양한 아이디어를 넓은 범위에서 도출하는 것임을 학습자들에게 인지시킬 필요가 있다. 이 단계에서 아이디어를 생성하기 위해 주로 브레인스토밍이 사용되며, 이 밖에도 아이디어를 생각할 때에도 앞서 언급된 "어떻게 하면 우리가 할 수 있을까?"의 질문이 사용될 수 있다(박재호 외, 2020).

(4) 프로토타입 제작 및 테스트 단계에서의 교수 · 학습 활동

프로토타이핑은 아이디어 생성 단계에서 도출된 아이디어들을 반영하여 낮은 수준(low-fidelity)으로 손쉽게 결과물을 만들어 내는 방법이다(김자인, 2015). 프로토타입을 통해 학습자는 아이디어를 빠르게 테스트할 수 있으며, 프로토타입을 테스트를 통해 피드백, 해결안을 개선, 제품, 서비스, 경험 등을 사용할 사용자들에 대한 추가적인 정보를 수집하게 된다(Calkin & Karlsen, 2014).

　프로토타입 제작 단계에서 교수자는 학습자가 프로토타입에 대해 쉽게 이해할 수 있도록 프로토타입의 다양한 결과물(예: 그림, 종이모형, 스토리보드, 시나리오 등)을 보여 주며, 프로토타입은 다양한 형태로 완성될 수 있음을 설명한다.

　프로토타입을 테스트하는 단계에서 학습자는 사용자들과 소통하고 그들의 피드백을 얻게 되는데, 이때 사용자들로부터 받은 피드백은 2차 프로토타입을 만드는 데 반영된다. 즉, 학습자는 프로토타입 제작과 테스트를 반복적으로 시행함으로써 최대한 신속·정확하게 해결책을 도출할 수 있다.

　프로토타입을 제작하고 테스트하는 방법은 여러 가지가 있으나 이 중에서 수업에서 적용될 수 있는 방법의 한 예로 스토리보드(story board)[2]를 제작하고 테스트하는 방법이 있다. 스토리보드는 디자인 싱킹을 하는 학습자가 아이디어를 구체화하는 데 유용하다. 스토리보드를 만드는 절차를 살펴보면 다음과 같다. 첫째, 팀원들과 함께 프로토타입으로 만들고 싶은 것이 무엇인지 결정한다. 이때 전체 제품을 스토리보드로 만들 필요는 없으며 팀에서 선택된 아이디어가 어떻게 작동하는지 아이디어의 한 구성 요소 테스트하는 데 사용하면 된다. 둘째, 스토리보드를 그리는 데 45분 이상을 사용하지 않는다. 그림에 일련의 만화책 스타일 프레임을 사용하면 중요한 순간을 강조하고 짧은 내러티브를 구축하는 데 도움이 된다. 이때 학습자는 그림 실력에 연연해할 필요가 없으며 그림을 잘 그리는 것보다 개념을 충분히 생각하는 데 초점을 맞추는 것이 중요하다. 마지막으로, 스토리보드가 완성되면 팀원들 또는 사용자에게 피드백을 받는다. 사용자로부터 받은 피드백을 통합하여 결과물에 반영하고 사용자들이 어떻게 생각하는지 알아내는 방법을 반복하는 것은 디자인 싱킹의 필수 과정이다(IDEO, 2023).

---

2) 스토리보드란 텍스트로 되어 있는 스크립트(script)의 주요 내용을 그림 또는 사진들로 시각화하여 만들어진 결과물을 의미한다(박민주, 2011).

이상의 내용을 기반으로 디자인 싱킹의 주요 단계, 목적, 방법, 결과물 등을 요약하면 〈표 14-4〉와 같다(Thoring & Müller, 2011).

표 14-4 디자인 싱킹 단계, 목적, 방법, 투입 및 결과물

단계		목적	방법	투입	산출
공감	1. 이해	중요한 자료 수집 및 전문가가 되어 보기	2차 연구 (책상 조사)[3]	브리핑 자료 미디어	인쇄된 자료와 문서들
	2. 관찰	사용자의 요구로부터 통찰하기	질적 연구 (인터뷰, 관찰)	문제 정의, 도전 과제, 질문, 프로젝트 주제(자세한 결과물 또는 서비스)	사진, 영상, 인터뷰 자료, 문서, 녹음, 노트기록 등
문제 정의	3-1. 스토리텔링	팀원들 모두 모여서 동등한 입장에서 서로의 연구 결과를 공유하기	스토리텔링(연구한 결과를 말로 설명하고, 다른 팀원들의 설명하고 기록하기)	사용자의 요구에 대한 통찰	기록된 통찰, 포스트잇 노트에 대한 초안
	3-2. 통찰 범주화	통찰을 구조화하기	비슷한 통찰들을 그루핑하기(범주화), 각각의 범주명 도출하기	포스트잇 노트에 대한 통찰과 초안	재정리한 통찰, 범주별로 정리된 포스트잇 노트
	3-3. 종합	사용자의 요구, 개선의 여지가 있는 사용자의 어려움(pain)에 대한 통찰들을 시각적으로 종합·정리하기	클러스터링, 프레임워크에서 또는 사용자 고정관념으로 통찰들을 시각적으로 정렬하기	기록된 포스트잇 노트에 대한 통찰과 초안	프레임 또는 페르소나
	3-4. 관점	사용자의 요구를 최대한 반영한 페르소나 만들기	유추와 은유 찾기	프레임 또는 페르소나	은유적 사용자 관점에서 본 시각

---

3) 기존 데이터(예: 정부통계, 조직기관 및 인터넷 자료 등)를 분석함.

단계		목적	방법	투입	산출
아이디어 생성	4-1. 브레인스토밍 질문 생성	이전에 정의된 문제/사용자 요구를 해결하는 다양한 질문 생성하기	모두가 '정해진' 다양한 질문을 생성하기(특정한 절차 없음)	관점	'어떻게 하면 우리가 ~할 수 있을까?' 질문으로 브레인스토밍한 결과물
	4-2. 아이디어 생성	정의된 문제나 요구를 반영하여 가능한 해결안 생성을 위한 아이디어 생성하기	브레인스토밍, 브레인라이팅 등	브레인스토밍한 질문들 포스트잇 노트	기록된 주요 아이디어들, 또는 포스트잇 노트
	4-3. 아이디어 범주화	모든 아이디어 구조화하기	특별한 기준에 따라 아이디어 범주화하기(예: 가장 유용한, 가장 유연한, 등)	기록된 주요 아이디어들, 또는 포스트잇 노트들	재정리된 아이디어들, 집단화된 포스트잇 노트
	4-4. 투표하기	다음 단계를 위해 하나의 아이디어 결정하기	모든 팀원들이 투표하기, 가장 좋은 의견에 스티커 붙이기	모든 아이디어	하나의 아이디어
프로토타입 제작 및 테스트	5. 프로토타입 제작	이미 도출된 아이디어를 반영하여 컨셉트를 표현하기	프로토타이핑, 모델 만들기, 롤플레이 등	선택된 아이디어, 툴, 자료들	프로토타입
	6. 프로토타입 테스트	개념 및 프로토타입에 대한 사용자 및 이해 관계자의 피드백 수집하기	잠재적인 사용자 및 이해 관계자에게 프로토타입을 보여 주기, 그들이 그것을 사용하게 하거나 시도하게 하기	프로토타입, 설문지	테스트와 관련된 긍정적·부정적 피드백, 인용, 문서들

출처: Thoring, & Müller (2011), pp. 495-496.

3. 디자인 싱킹 수업 사례

1) 초 · 중등학교의 디자인 싱킹 수업 사례

다음 사례는 고등학교 3학년을 대상으로 한 디자인 싱킹 수업 사례이다(김영민 외, 2019). 이 수업의 목표는 5G의 특징을 활용해 IoT, AR 등의 기술이 적용된 지하철 재난대비 또는 구조 시스템을 설계하는 것이며, 수업은 3차시에 걸쳐 운영되었다. 구체적인 내용은 〈표 14-5〉와 같다.

표 14-5 디자인 싱킹 단계별 수업 운영 사례

단계	학습 활동

공감
(1차시)
	• 2003년 '대구 지하철 참사' 영상을 통해, 구조 현장에 있는 소방관과 현장에서 구출된 사람들의 상황과 감정을 생각한다.
	• 당시 사고 당사자의 상황을 안대를 쓰고 목적지를 찾아가는 체험활동을 통해 공감한다(실제 대구 지하철 참사 화재 상황과 유사한 상황을 체험해 보고, 이를 통해 사고 당사자들이 겪었을 어려움을 공감해 본다).
	
	▶ 준비물: 안대, 손수건과 같은 천
	▶ 미션: 안대를 착용하고 도착지점까지 빠르고 안전하게 이동하기!
	▶ 체험 순서
	  1. 체험 당사자는 교실 뒤편 또는 별도로 마련된 장소까지 안대를 끼고 이동한다.
	  2 카운트다운이 끝남과 동시에 시작되며, 이때 화재시 발생하는 매운 연기가 같이 발생한다(선택사항).
	  3 책상과 의자로 형성된 미로를 지나 도착지점까지 이동한다.

문제 정의
(1차시)
	• 공감을 통해 소방관 또는 사고 당사자(모둠별 상이)에게 나타나는 문제를 분석하고, 정의한다.
	1) 특성요인도 작성을 통해 문제와 문제의 원인에 대해 분석한다.
	2) POV문 작성을 통해 문제를 정의한다.
	  – POV: Point Of View Statement의 약자
	  – POV문 형태: ( )는 ( )필요하다. 왜냐하면, ( ) 때문이다.

단계	학습 활동
아이디어 제시 (2차시)	• 5G로 극복하는 재난현장 시청하고 재난현장에 적용할 수 있는 과학기술을 스케치한다. • IoT, AR, V2X, 5G의 개념에 대해 이해하고, 이를 '대구 지하철 참사' 상황에 적용해 재난에 대비한 시스템을 구상한다. 1) IoT, AR, V2X의 개념과 특징에 대해 학습한다. 2) 이동통신의 발달 과정과 5G의 특징에 대해 이해하고, 5G를 활용해 4G와 다른 다양한 시스템의 운영이 가능함을 이해한다. 3) 브레인스토밍, 브레인라이팅, 스캠퍼(SCAMPER) 기법과 같은 아이디어 확산 기법을 5G 기술을 접목해 문제를 해결하기 위한 다양한 아이디어를 제안한다. 4) 성과: 노력 행렬법으로 시스템에 적용시킬 아이디어를 결정한다.
프로토 타입 제작 (3차시)	• 소방관들이 사용하는 첨단 소방 장비들은 무엇인지 고민하면서 영상을 보고 '2018 충북 소방산업엑스포'에서 개발된 첨단 소방 장비의 종류와 특징을 작성해 본다. • 지하철역 이용 안내도와 사람 모양을 제공하여 도출해 낸 아이디어를 시각화해 표현한다(5G를 활용한 지하철 화재 재난 대비 시스템 표현, 재난 상황에 소방관이 5G를 활용한 장비 및 시스템을 스케치하고 표현).
프로토 타입 테스트 (3차시)	• 모둠별로 각자 제작한 프로토타입을 발표한다. 1) 제작 과정에서 팀원들과 피드백을 공유한다(모둠별로 화재 대비에 대한 효율성을 기준으로 평가 실시).

단계	학습 활동			
	모둠명	좋다고 생각하는 아이디어	별점	나의 생각(의견)?
			☆☆☆	
			☆☆☆	
			☆☆☆	
	2) 팀들은 동료들의 피드백을 반영하여 효과성이 높은 시스템을 더욱 구체적으로 발전시킨다.			
	3) 발표를 위해 미적인 측면을 고려해 제작 후 각 부분의 특징을 작성한다.			
마무리 (3차시)	1) 5G 보급을 위해 적용되는 기술에 대한 학습을 통해 보안의 중요성 생각한다.			
	2) 5G의 적용으로 변화할 미래의 삶을 그려 본다.			

출처: 김영민 외(2019), pp. 56-61의 내용을 일부 수정·보완함.

2) 대학에서의 디자인 싱킹 사례

다음 사례는 M 대학교에서 디자인 싱킹을 적용하여 운영된 '4차 산업혁명 시대와 디자인 사고'라는 교과목이다. 해당 교과목은 교양 교과목이며, 수강 대상자는 M 대학의 전 학년이 대상이다. 이 교과목은 강의, 토의, 디자인 싱킹 등 다양한 교수법이 적용되었는데, 그중에서 디자인 싱킹을 적용한 수업은 총 8주였다. 8주에 걸쳐 운영된 디자인 싱킹 수업 구성은 〈표 14-6〉과 같다.

표 14-6 디자인 싱킹 수업 구성

주차	디자인 싱킹 단계	디자인 싱킹 활동
1	디자인 싱킹 오리엔테이션	• 디자인 싱킹의 필요성, 목적, 진행 방법 소개
	팀 구성	• 팀빌딩, 그라운드룰(Ground rule) 작성(팀 규칙 작성)
	디자인 싱킹 주제 탐색	• 해결하고 싶은 주제 선택(개별 활동)
2	공감하기(1)	• 주제 선정, 관찰 및 인터뷰 준비
3	공감하기(2)	• 현장 방문

주차	디자인 싱킹 단계	디자인 싱킹 활동
4	공감하기(3)	• 인터뷰/관찰 내용 공유, 공감 지도 및 페르소나 만들기
5	과제 정의	• 과제 정의 및 아이디어 도출하기
6	프로토타입 개발	• 프로토타입 개발하기
7	프로토타입 평가	• 팀에서 개발한 프로토타입에 대한 피드백 받기(현장 방문) • 최종 프로토타입 개발
8	종합 정리	• 결과 발표 및 성찰

(1) 오리엔테이션 및 팀구성

디자인 싱킹은 수업에 참여한 학습자들에게 다소 생소한 교수 · 학습 방법이다. 따라서 디자인 싱킹의 필요성, 디자인 싱킹의 절차, 수업에서의 디자인 싱킹 운영 방식 안내 등에 대한 오리엔테이션을 실시하였다. 교수자는 학습자들에게 사전에 온라인 설문을 통해 실시한 학습자 분석 결과(팀장 경험 여부, 팀활동 경험 수준, 학과, 학년 및 성별 등)를 고려하여 5~6인으로 팀을 구성하였음을 설명하였다. 팀원들은 자기소개를 시작으로 앞으로의 과제해결 활동을 위해 필요한 규칙을 정하였다. 디자인 싱킹을 시작하기에 앞서 학습자들에게 각자 해결하고 싶은 주제를 선정하는 과제를 제시하였다. 학습자들은 평소 관심이 있었던 분야에서 본인이 해결하고 싶은 과제를 선정하여 디자인 개요서를 작성 · 제출하였다. 교수자는 학습자들이 개별적으로 작성한 디자인 개요서를 보고 공통적으로 나오는 유사한 주제들, 실천 가능성이 높은 주제들을 중심으로 여덟 가지의 주제를 선정하였다.

(2) 공감하기

디자인 싱킹에서 공감하기가 중요한 비중을 차지하는 만큼 이 단계에서는 다양한 활동이 이루어졌다.

첫째, 디자인 싱킹 첫 단계인 공감하기 단계에서는 사전에 선정된 여덟 가지의 디자인 개요서를 중심으로 팀원들이 희망하는 주제를 선정하였다. 팀원들은 사전에 작성된 디자인 개요서를 기반으로 본인들이 해결하고 싶은 주제를 구체화하였다. 여러 팀 중 한 팀에서는 노약자·장애인을 위해 목포 내 횡단보도의 위험성을 해결하는 과제를 선정하였다. 목포의 경우 횡단보도들이 길고 신호등이 없는 경우가 많고, 차도 매우 빠르게 달리는 편이다. 학습자들은 시각장애인이나 노약자들이 횡단보도를 건너는 데 어려움을 겪고 위험한 상황들이 생기기 때문에 이를 개선하면 좋겠다는 생각에서 이 과제를 선정하였다.

둘째, 주제가 선정된 이후 학습자들은 주제와 관련이 높은 대상과 장소를 선정하였다. 그리고 대상자의 문제를 공감하기 위한 인터뷰 계획을 세웠다. 인터뷰 계획을 수립하기 전에 교수자로부터 인터뷰 계획 수립을 위해 고려해야 할 사항을 안내받았다. 학습자들은 인터뷰 계획대로 할머니와 할아버지들이 많이 모여 있는 장소인 정형외과, 노인정을 인터뷰 장소로 선정하였다. 학습자들은 2인 1조가 되어 정형외과에서 나오시는 할머니, 전동의자를 타고 다니시는 할아버지, 경로당에서 나오시는 할머니 등을 대상으로 인터뷰를 실시하였다. 인터뷰를 마친 후에 학습자들은 교실로 돌아와 인터뷰 결과를 서로 공유하였다. 학습자들은 인터뷰와 동시에 노인들이 자주 다니는 곳 근처 횡단보도 및 신호등을 관찰하였다. 관찰의 목적은 상대를 공감하기 위해 과제와 관련된 모든 것을 관찰하는 데 있었다.

셋째, 학습자들은 인터뷰 내용과 관찰한 내용을 공유한 후 수집된 내용을 반영하여 공감지도를 만들었다. 교수자는 학습자들이 공감지도를 만들기 전에 공감지도를 하는 이유와 공감지도 영역별로 무엇을 적어야 하는지 설명하였고, 최대한 사용자의 입장에서 마음을 잘 이해할 수 있는 지도를 작성할 것을 권장하였다. 학습자들은 횡단보도를 건너는 데 어려움을 노인들을 대상으로 인터뷰한 내용을 보면서 공감지도를 완성하였다.

넷째, 공감지도를 작성한 후 학습자들은 자신들이 수집한 다소 많은 정보들을 중심으로 '집중해야 할 사용자'를 선정하기 위한 페르소나를 개발하였다.

이 단계에서 교수자는 학습자들에게 페르소나를 작성해야 하는 이유와 페르소나 예시 자료를 보여주었다. 학습자들은 교수자가 제시한 설명과 예시 자료를 기반으로 페르소나의 프로파일, 주요 행동, 특이사항 등을 정리하였다.

(3) 과제 정의하기

각 팀별로 만든 페르소나를 보고 학습자들은 자신들의 팀에서 해결해야 할 문제를 명확하게 정의하는 활동을 하였다. 교수자는 과제를 본격적으로 정의하기 전에 "~(사용자)는 ~할 때(상황) ~가 필요합니다(필요 상황). 왜냐하면 ~하기 때문입니다."라는 형태로 문장을 정리해 보라고 요구하였다. 그후 과제를 정의하기 위해 가짜 문제를 제거하는 것이 중요하다고 강조하였고, 문제를 정의하기 전에 "사람들이 진짜로 원하는 문제인가?", "해결할 만한 가치가 있는가?", "여러분이 해결 수 있는 문제인가?"를 검토해 보라고 요구하였다. 마지막으로, 교수자는 학습자들에게 이러한 내용들을 반영하여 과제를 하나의 문장으로 정리할 것을 요구하였고, 과제를 정의하는 문장의 형태의 예시도 "~가 ~할 때 ~하기 위한 ~."와 같이 안내하였다. 학습자들은 교수자의 설명을 듣고 이 단계에서 학습자들은 공감하기 단계에서 작성했던 디자인 개요서를 다시 검토하며 최종적으로 완성하였고, 그 과정에서 과제가 명확히 정의되었다.

(4) 아이디어 도출하기

학습자들은 과제가 명확하게 정의되었으므로 이를 해결하기 위한 아이디어를 도출하였다. 교수자는 학습자들의 생각이 지나치게 한쪽으로 치우치지 않도록 주의하라고 안내를 하였다. 또한 교수자는 포스트잇과 전지를 모든 학습자가 아이디어를 낼 수 있도록 브레인라이팅, 명목집단법(nominal group technique) 방법[4]을 활용하여 아이디어를 도출할 수 있도록 유도하였다. 학습

---

4) 명목집단기법은 회의에 참여하는 모든 참가자가 고르게 참여할 수 있고, 합의에 의해 아이디어

자들은 교수자의 안내에 따르며 최종적으로 정의된 문제를 해결하기 위한 아이디어를 도출하였다.

(5) 프로토타입 개발하기

학습자들은 최종적으로 도출된 아이디어를 반영하여 프로토타입을 완성하였다. 이 단계에서 교수자는 프로토타입이란 팀에서 나온 아이디어들 중 가장 좋은 아이디어들을 반영하여 결과물을 짧은 시간에 아이디어를 구체적이고 시각적으로 표현한 것이라고 안내하였다. 또한 교수자는 스토리보드, 연극 및 동영상 시나리오, 종이 모형 등 프로토타입의 예시를 보여 주었고, 학습자들은 교수자의 안내에 따라 프로토타입을 개발하였다. 학습자들은 횡단보도를 건너는 데 노인들이 겪는 어려움을 해결하기 위한 횡단보도와 설명을 문서 형태로 개발하였다.

(6) 프로토타입 테스트하기

학습자들은 프로토타입을 테스트하기 전에 교수자로부터 팀에서 어떻게 하면 프로토타입을 잘 테스트할 수 있는지, 테스트를 잘 받기 위해 어떤 질문을 해야 하는지 등에 대해 고려해 보라고 안내받았다. 또한 교수자로부터 테스트 후 관계자로부터의 피드백을 통합하는 방법(예: 프로토타입 개발의 원래 의도 확인, 핵심적인 피드백과 그렇지 않은 피드백 구분, 더 발전시켜야 할 피드백 선정 등)에 대한 안내를 받았다.

학습자들은 자신들이 개발한 프로토타입을 테스트하기 위해 좋은 의견을 줄 수 있는 담당자를 선정하였다. 그 이후 학습자들은 담당자에게 이메일을 보내거나 전화를 해서 자신들이 학교에서 하고 있는 과제 및 방문 취지를 설

를 도출하는 기법이다(Delbecq, Van de Ven, & Gustafson, 1975). 명목집단기법의 절차는 다음과 같다. ① 별도의 대화 없이 개인별로 지급된 메모지(예: 포스트잇)에 각자의 의견을 적는다. ② 팀원들에게 아이디어를 공유한다. ③ 공유된 아이디어들을 범주화한다. ④ 가장 중요하다고 생각되는 아이디어들에 각자 투표하여 최종 아이디어를 도출한다.

명하고 담당자와 사전약속을 잡았다. 그 이후 학습자들은 팀에서 개발한 프로
토타입(노인들이 불편함 없이 건널 수 있는 횡단보도)을 들고 해당 지역 시청 교
통행정과 담당자를 찾아갔다. 담당자는 프로토타입에 대한 학습자들의 설명
을 듣고 학습자들에게 다양한 의견을 주었다. 담당자는 교통시설물 설치 담당
은 먼저 경찰서 심의위원회에서 심의를 통과해야 하고, 신호등의 신호 길이와
색은 법적으로 정해져 있으며, 운전자는 횡단보도에서 일시정지 및 서행 의무
가 있고, 보행자는 횡단보도를 급하게 건너지 말아야 할 의무를 준수하는 것
이 무엇보다 중요하다는 의견 등을 주었다.

학습자들은 담당자의 피드백을 반영하여, 운전자의 주의를 환기하기 위해
도로의 신호체계를 바꾸는 것은 심의위원회 등을 통과하고 고려해야 할 사항
이 너무 많다고 판단하였다. 그래서 역발상으로 보행자에게 주의를 줘서 교통
사고를 미리 예방하는 것으로 프로토타입을 수정하였다.

학습자들이 최종적으로 개발한 횡단보도는 다음과 같은 기능을 가지고 있
다. 첫째, 횡단보도를 건너는 데 어려움을 겪는 노인들을 위해 횡단보도 중간
에 보행자를 감지할 수 있는 센서를 설치한다. 둘째, 센서는 신호등과 연동되
어 빨간불에 작동하고 파란불에는 작동을 중지한다. 셋째, 보행자가 횡단보
도를 건너다가 빨간불이 되어 중간에 있는 센서 사이를 통과하면 센서가 보행
자를 감지하여 스피커에서 '위험! 위험!' 소리가 큰 소리로 5초간 울리게 된다.
학습자들은 자신들이 개발한 최종 결과물이 도로에 반영이 된다면 중간에 건
너다가 빨간 불이 될 경우 위험 소리가 크게 울리게 되므로 보행자는 자신이
횡단보도를 파란 불일 때에 건널 자신이 없으면 횡단보도를 건널 시도를 하지
않게 될 것이라고 예상하였다. 이로 인해 보행자가 급하게 횡단보도를 건너다
일어날 수 있는 교통사고들을 예방하게 되는 효과를 기대하였다.

🔍 생각해 볼 문제

1. 연역법은 의심할 여지가 없는 원리나 법칙으로부터 구체적이고 특수한 결론을 도출하는 사고법이고, 귀납법은 다양한 사례들로부터 일반적인 법칙을 추론해 내는 사고법을 의미한다. 디자인 씽킹에서는 이 둘과는 다른 제3의 추론법인 가추법을 중요시한다. 디자인 씽킹에서 말하는 가추법을 사례와 함께 설명해 보시오.

2. 문제해결 교수법으로 대표되는 문제중심학습, 프로젝트중심학습 교수법과 디자인 씽킹 교수법의 차이점을 두 가지 이상 비교해 보시오.

참고문헌

강미정, 이수진(2014). 가추법과 디자인 씽킹-창의적 발상의 이론과 실제. 기호학 연구, 38, 7-35.

김성원, 정영란, 우애자, 이현주(2012). 융합인재교육 (STEAM) 을 위한 이론적 모형의 제안. 한국과학교육학회지, 32(2), 388-401.

김영민 외(2019). 디자인씽킹으로 만드는 5G 세상(보고-BD20010004). 한국과학기술원.

김자인(2015). 디스쿨(d. School)의 디자인사고 교육. 디지털디자인학연구, 15(4), 97-108.

김정섭, 박수홍(2002). 지식 창출을 위한 논리로서 가추법(假推法)과 교수설계 적용을 위한 탐색. 교육공학연구, 18(4), 139-165.

류영호(2008). 공학설계교육 개선을 위한 캡스톤 디자인 교수활동 지원 모형 개발연구. 부산대학교 박사학위논문.

박민정(2018). 디자인 사고(Desing Thinking)를 활용한 문제해결 수업의 설계원리 규명. 이화여자대학교 석사학위논문.

박민주(2011). 애니메이션 스토리보드 디자인을 위한 기초조형교육과 실습 방법론. 애니메이션연구, 7(4), 85-105.

박재호, 송동주, 강상희(2020). 디자인 씽킹: 제품과 서비스개발을 위한 혁신적 문제해결방법. 가디언북.

이정열, 이주명(2010). 디자인사고의 의미 비교. 한국디자인학회 국제학술대회 논문집, 62-63.

임장한, 김미정(2021). 대학수업을 위한 디자인 씽킹 프로세스에 관한 연구. 커뮤니케이션 디자인학연구, 75, 170-180.

장경원, 장선영, 김연경, 김주영(2019). 디자인싱킹을 적용한 교육과정 설계 및 운영 가이드라인 개발. (11-1342086-000006-01). 중앙교육연수원 .

전서영(2020). 디자인씽킹을 적용한 IC-PBL 디자인대학 수업 개발 및 효과성 검증. 한양대학교 박사학위논문.

Aflatoony, L., & Wakkary, R. (2015). Thoughtful Thinkers: Secondary Schoolers' Learning about Design Thinking. *Proceedings of 3rd International Conference for Design Education Researchers: LearnxDesign*, *2*, 563-574.

Bransford, J. D., & Stein, B. S. (1993). *The IDEAL problem solver: A guide for improving thinking, learning, and creativity*. Freeman.

Brown, T. (2008). Design thinking. *Harvard business review*, *86*(6), 84-92.

Calkin, J., & Karlsen, M. (2014). Destination Imagination: Creativity in a world of complacency. *Journal of Applied Research on Children: Informing Policy for Children at Risk*, *5*(1), 22.

Council, U. D. (2013). Design for public good. *Annual Review of Policy Design*, *1*(1), 1-50.

Dahiya, A., & Kumar, J. (2018). How empathizing with persona helps in design thinking: An experimental study with novice designers. In Conference: IADIS International Conference Interfaces and Human Computer Interaction.

Dam, R. F., & Siang, T. Y. (2023, June 20). *What is design thinking and why is it so popular?* Interaction Design Foundation. https://www.interaction-design. org/literature/article/what-is-design-thinking-and-why-is-it-so-popular.

Delbecq, A. Van de Ven, A., & Gustafson, D. (1975). *Group techniques for program planning*. Scott Foresman.

Fierst, K., Diefenthaler, A., & Diefenthaler, G. (2014). *Design thinking for educators*. IDEO. 정의철, 김은정 역. 교육자를 위한 디자인사고 툴킷. 에딧더월드. (원전은 2011년에 출판)

Gottlieb, M., Wagner, E., Wagner, A., & Chan, T. (2017). Applying design thinking principles to curricular development in medical education. *AEM education and training*, *1*(1), 21–26.

HPI(2023, March 1). *Design Tool Box*. https://hpi-nyc.com/design-toolbox#emphatize

IEDO(2023, August 26). *storyboard*. https://www.designkit.org/methods/storyboard.html

Kelley, T., & Littman, J. (2005). *The ten faces of innovation: IDEO's strategies for beating the devil's advocate & driving creativity throughout your organization*. Currency/Doubleday.

Kolko, J. (2010). Abductive thinking and sensemaking: The drivers of design synthesis. *Design Issues*, *26*(1), 15–28.

Konno, N. (2015). *Business No Tameno Design Shikou*. Toyo Keizai Inc. 노경아 역(2015). 디자인 씽킹. 아르고나인 미디어 집단. (원전은 2010년에 출판)

Larmer, J., Mergendoller, J., & Boss, S. (2017). *Setting the standard for project based learning*. ASCD. 최선경, 장밝은, 김병식 역. 프로젝트 수업 어떻게 할 것인가. 지식프레임.

Liedtka, J., & Ogilvie, T. (2011). *Designing for growth: A design thinking tool kit for managers*. Columbia University Press.

Lockwood, T. (2009). *Design thinking: Integrating innovation, customer experience, and brand value* (Ed.). Design Management Institute/Allwarth Press.

Martin, R. (2010). Design thinking: achieving insights via the "knowledge funnel". *Strategy & Leadership*, *38*(2), 37–41.

Martin, R. L. (2009). *The design of business: Why design thinking is the next competitive advantage*. Harvard Business Press.

Morales, S. (2017). *How to Actually use "How Might We…?" Questions*. https://medium.com/archipelagos/how-might-we-f618c041c107. (2023. 3. 11. 검색)

Plattner, H. (2010). *Bootcamp bootleg*. Stanford Institute of Design.

Rowe, P. (1987). *Design Thinking*. MIT Press.

Thoring, K., & Müller, R. M. (2011). *Understanding design thinking: A process model based on method engineering*. Proceedings of E&PDE 2011, the 13th International Conference on Engineering and Product Design Education, London, UK, 08.–09.09. 2011 (pp. 493–498).

Williams, P. M. (2001, April). *Techniques for root cause analysis*. In Baylor University Medical Center Proceedings (Vol. 14, No. 2, pp. 154–157). Taylor & Francis.

토의·토론 수업

1. 토의·토론 수업의 개요

1) 토의·토론의 기원

토의와 토론은 민주주의가 발생한 그리스에서 활발하게 이루어졌다(정문성, 2013). 그리스 아테네에서 태어난 소크라테스는 대화를 통해 상대의 무지(無知)를 지각하도록 하였으며, 대화와 토론을 통해 상대방의 깨달음을 이끌어 내었다. 이러한 소크라테스의 대화법을 '산파술'이라도고 한다. 산파술이란 산모가 아이를 출산할 때 산파가 산모를 돕듯이, 대화의 상대가 지속적으로 자신의 의견을 말하도록 유도함으로써 스스로 답을 찾도록 도움을 주는 방법을 의미한다(오세희, 2003). 상대방에게 진리를 주입하는 것이 아니라 대화를 통해 상대가 스스로 진리를 깨닫게 하는 소크라테스의 사상은 토의와 토론의 중요성을 뒷받침하고 있다.

토의와 토론의 또 다른 기원은 사회적 구성주의에서 찾을 수 있다. 구성주의는 지식은 인간의 외부 세계에 존재하는 것이 아니라 개인의 경험에 의한 해석이라고 보는 철학적 접근이다(박성익 외, 2021). 구성주의에서 학습자는 지식을 능동적으로 구성하는 주체로 보고, 학습은 개인이 경험에 근거해서 의미를 구성하는 과정으로 본다. 구성주의는 지식 구성 과정을 어떻게 보느냐에 따라 인지적 구성주의와 사회적 구성주의로 구분되는데, 사회적 구성주의가 토의·토론과 밀접한 관련이 있다. 사회적 구성주의에서는 학습자가 지식을 구성하고 학습하는 데 있어 타인과의 대화를 통한 상호작용이 중요함을 강조하고 있기 때문이다(Schunk, 2012). 교수·학습 맥락에서 토론과 토의는 학습자의 능동적 참여, 지식 구성을 촉진하는 중요한 방법으로 강조되어 왔다. 요약하면, 소크라테스의 문답법, 그리고 사회적 구성주의에 의해 토의와 토론의 중요성은 견고하게 뒷받침되고 있다.

빠른 속도로 변화하는 요즘 시대에 사회는 문제해결 능력, 의사소통 능력, 협업 능력, 자기주도적 학습능력 등을 갖춘 인재를 필요로 하고 있다(World Economic Forum, 2016). 이러한 인재를 양성하기 위해 최근 학습자가 학습의 주도권을 갖고 수업에 참여하는 학습자중심 교수법이 과거에 비해 더욱 더 교육현장에서 주목받고 있다. 학습자중심 교수법에서 학습자들은 주어진 과제를 해결하기 위해 동료들과 의견을 교환하고, 때로는 논쟁을 펼친다는 점에서 토의와 토론은 필수요소라 할 수 있다.

2) 토의와 토론의 정의

일반적으로, 토론과 토의의 개념은 명확하게 구분되지 않고 혼용되어 사용되지만, 넓은 의미에서는 토의가 토론보다 광범위한 개념으로 사용된다. 토의·토론과 관련된 용어로는 논쟁, 협의, 의논 등이 있다. 이들과 토의와 토론 간의 관계를 구분하면 [그림 15-1]과 같다(신재한, 김현진, 윤영식, 2013).

토의(discussion)란 구성원들이 공통적으로 갖고 있는 관심사를 해결하기 위

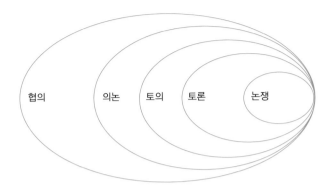

그림 15-1 토의, 토론, 협의, 의논, 논쟁의 관계(신재한, 김현진, 윤영식, 2013, p. 13)

해 함께 의견을 교환하는 활동을 통해 주제에 대한 지식, 이해, 판단, 결정 등을 촉진하는 상호작용을 의미한다(Dillion, 1994). 표준국어대사전(2023)에 따르면, 토의는 '어떤 문제에 대하여 검토하고 협의함'이라고 정의되어 있다. 즉, 토의는 특정 주제에 대해 다양한 의견을 가진 사람들이 모여 서로의 생각을 교환함으로써 참여, 대화, 쌍방향 의사소통을 강조하는 다양한 대화 형태 중 하나이다(Ewen, 2000). 토의는 참여자들이 공통된 주제를 가지고, 참여자의 아이디어나 정보에 대한 소개, 교환, 평가가 이루어진다는 특성이 있다(Orlich et al., 1994).

토론(debate)은 특정 주제에 대해 서로 다른 의견을 가진 사람들이 상대방을 설득하기 위해 주제에 대한 논거를 대며 자신의 주장을 정당화하는 활동을 의미한다(송재일 외, 2017). 표준국어사전(2023)에 따르면, 토론은 '어떤 문제에 대하여 여러 사람이 각각 의견을 말하며 논의함'이라고 정의되어 있다. 토론은 서로의 의견에 대한 불일치를 해결하여 사회에서 구성원들이 함께 지내기 위한 도구의 기능을 한다(Atchison, 2017). 토론은 참여자들로 하여금 민주주의 시민의 자질, 리더십, 비판적 사고력, 탐구 능력, 성숙한 판단 능력, 감수성, 문제해결 능력 등을 향상시킬 수 있다는 점에서 그 가치를 인정받고 있다(Freeley & Steinberg, 2013).

3) 토의·토론의 목적

토의·토론의 목적은 다양하나 크게 학습내용 이해, 아이디어 생성, 문제 해결, 논쟁과 설득으로 구분될 수 있다(송재일 외, 2017; 신재한, 김현진, 윤영식, 2013; 양현모 외, 2019). 토의·토론의 목적에 대해 구체적으로 살펴보면 다음 과 같다.

첫째, 토의·토론을 통해 학습자는 주제와 관련된 내용을 이해할 수 있다. 학습자들은 토의에 참여하는 과정에서 토의 주제에 대한 이해를 바탕으로 의 견을 제시하고 다른 참여자들의 의견을 듣게 된다. 토론에 참여하는 학습자 들은 주제에 대한 자신의 입장을 명확히 세우고 자신의 입장을 상대에게 설 득하기 위해서 자신의 주관적인 의견이 아닌 객관적인 근거를 제시해야 한 다. 또한 토론에서 상대의 의견을 면밀하게 분석한 후 자신의 입장을 정당화 하기 위한 논리를 세워야 한다. 이 과정에서 학습자들은 주제와 관련된 내용 의 이해를 확장시킬 수 있다. 특히 대학에서 이루어지는 토의·토론의 경우 진리를 탐구하고 주제와 관련된 지식을 융합하는 등 학습자의 폭넓은 이해를 촉진한다.

둘째, 학습자는 토의·토론을 경험함으로써 아이디어를 생성하는 능력을 향상시킬 수 있다. 토의·토론 수업에서 학습자는 토의 주제에 대해 자신들 이 스스로 검증한 의견이나 생각을 표현할 기회를 부여받게 된다. 예를 들 어, 토의 주제가 '서로를 존중하는 학교 풍토 조성하기'라면 학습자들은 친구 와 교수자를 존중하는 방법, 존중의 필요성 등을 인식하기 위한 아이디어를 생성하고 공유하게 된다. 이러한 경험은 학습자의 아이디어 생성능력 향상에 긍정적인 영향을 미친다.

셋째, 토의·토론을 통해 학습자는 주어진 문제를 해결하는 능력을 향상시 킬 수 있다. 문제를 해결하기 위한 방법, 장애 요소, 예상되는 결과, 가설 검증 등에 대해 서로 의견을 교환하고 문제해결을 위한 다양한 사항들에 대해 의 사를 결정하는 경험을 통해 학습자는 문제해결 능력을 향상시킬 수 있다. 예를 들어, '우리 학교 음식물 쓰레기 줄이기'라는 문제를 해결하기 위해 토의 · 토론이 진행된다면, 학습자들은 우리 학교에 음식물 쓰레기가 많이 나오는 원인, 그리고 오랜 기간 해결되지 않은 이유, 해결안을 모색하고 그 해결안이 적용되었을 때 예상되는 결과, 가설을 세우고 검증하는 절차 등에 대해 의사소통할 것이다. 이 과정에서 학습자는 자신이 주로 사용하는 해결 방안이나 문제해결 과정 이외에도 다양한 전략을 습득하게 되고, 이는 곧 학습자의 문제해결 능력 향상으로 연결된다.

넷째, 토의 · 토론을 통해 학습자는 상대방을 설득하는 능력을 향상시킬 수 있다. 토의 · 토론의 경우 주제에 따라 서로 상충되는 의견이 있을 경우 절충하는 의견이 나올 수도 있지만 그렇지 않은 경우도 있다. 서로 대립되는 의견 중 하나만 선택해야 할 경우 학습자는 왜 자신이 이런 입장을 가지게 되었는지에 대해 주장과 근거를 차분히 설명해야 하는데, 이 과정에서 학습자는 상대를 설득하는 능력이 향상된다.

4) 토의와 토론의 차이점

토의와 토론의 차이점을 살펴보면 다음과 같다. 효과적인 토의가 되기 위해서는 다음과 같은 조건이 충족되어야 한다(Lang & Evans, 2006). 첫째, 학습자가 창의적으로 탐구하고 더 많은 지식을 습득하기 위해서 적극적으로 참여해야 한다. 둘째, 학습자에게 친숙한 토의 주제여야 한다. 즉, 학습자들이 직접 답을 발견할 수 있는 주제이면서 학급 전체가 흥미를 가질 수 있는 주제가 좋다. 셋째, 교수자는 학습자들이 각자의 의견을 제시할 때 근거와 함께 말해야 함을 강조하고, 학습자가 이해해야 할 용어나 개념을 설명해야 한다. 넷째, 학습자는 필요할 경우 주제에 대해 합의할 수도 있고 결론에 도달하지 않아도 괜찮다는 것을 인지해야 한다.

효과적인 토론이 되기 위해서는 다음과 같은 요소가 포함되는 것이 바람직하다(정문성, 2013). 첫째, 모든 사람이 공통적으로 합의한 주제가 있어야 한다. 둘째, 참여자들의 주장이 달라야 한다. 셋째, 참여자들이 토론 시작 전에 각자 생각한 주장을 정당화하기 위한 논증과 실증의 과정을 거쳐야 한다. 넷째, 참여자들이 공평하게 발언 기회를 가질 수 있는 규칙이 있어야 한다. 토의와 토론의 차이점을 요약·정리하면 〈표 15-1〉과 같다.

표 15-1 토의와 토론의 차이

구분	토의	토론
개념	공동 관심사의 해결을 위해 구성원이 함께 참여하고 서로의 의견을 교환하면서 문제에 대한 지식, 이해, 판단, 결정, 행동 등을 증진시키는 집단적 상호작용	특정 주제에 대해 서로 다른 의견을 가진 사람들이 상대방을 설득시키기 위해 주제에 대한 논거를 대며 자신의 주장을 정당화시키는 활동
목적	정보, 의견 교환	주장과 설득
참여 인원	소수 또는 다수	소수
참여자의 주장	주장이 같아도 무방함	주장이 달라야 함
규칙	규칙이 없거나 느슨함	규칙이 엄격함
상호 관계	상호 협조적	상호 경쟁적

출처: 정문성(2013), p. 16.

토의와 토론의 공통점으로는 서로의 의견을 말하고 듣는 과정이 포함되어 있고, 단순한 대화가 아닌 목적을 가지고 대화하는 수단이며, 참여자들 간에 주제에 대한 합의가 이루어지는 점을 들 수 있다.

2. 토의 · 토론의 방법

1) 토의 · 토론의 유형

토의 · 토론의 유형은 매우 다양하며, 다양한 기준에 의해 구분될 수 있다. 여기에서는 토의 · 토론의 목적에 따라 토의 · 토론의 유형을 〈표 15-2〉와 같이 구분하고자 한다.

표 15-2　목적에 따른 토의 · 토론 종류

목적	토의/토론 유형
학습(토의)내용 이해	원탁 토의, 세미나(심포지엄, 포럼), 하부르타, 생각 나누기, 패널 토의 등
아이디어 생성	브레인스토밍, 브레인라이팅, 피시본, 6색 모자 등
문제해결	월드카페, 의사결정 그리드, 만장일치 등
설득	의회식 토론, CEDA, 칼 포퍼식 토론 등

(1) 학습내용의 이해를 위한 토의

① 원탁 토의

학습내용을 이해하기 위한 목적으로 진행되는 토의 · 토론으로는 원탁 토의를 꼽을 수 있다. 원탁 토의란 참가자들이 원탁에 둘러 앉아 자신의 의견을 자유롭게 말하는 방식을 의미한다(송재일 외, 2017). 원탁 토의 시 일반적으로 10명 내외의 참여자들이 동등한 자격을 가지고 있으며, 특별한 절차나 규칙에 얽매이지 않고 토의 주제에 대해 자유롭게 의견을 제시한다. 원탁 토의는 특별한 규칙이나 절차가 없기 때문에 자칫하면 토의가 산만해지고 유익하지 않은 토의가 될 수 있다. 따라서 교수 · 학습 맥락에서 원탁 토의를 할 경우 토의자와 사회자 선정 및 소요되는 시간 설정 등 사전에 철저한 준비가 되어야 한다.

② 세미나

특정 내용을 이해하는 데 유용한 토의·토론으로 세미나(seminar)를 들 수 있다. 세미나는 특정 주제에 대한 발표자의 발표에 대해 토의에 참여한 사람들이 자신의 의견을 말하거나 참여자에게 질의하는 방식으로 토의하는 형식을 의미한다(송재일 외, 2017). 세미나에서는 청중도 토의에 참여할 기회가 주이지며, 세미나는 주로 학술논문 등 전문적인 내용을 발표하고 의견을 교환하는 데 주로 활용된다.

③ 하부르타

하부르타는 유대인들이 특정 주제에 대한 자신의 의견을 밝히고 자신이 왜 그렇게 생각하는지를 상대방에게 설명하는 토의의 한 유형이다(박성익 외, 2021). 하부르타 참가자들은 서로가 서로를 가르치고 자신의 생각을 근거와 함께 제시하며 대화하기 때문에 사전에 주제와 관련된 내용을 철저히 숙지해야 한다. 이 과정에서 참가자들은 많은 내용을 학습하게 된다. 둘이서 대화할 때 가장 많이 발언을 할 수 있으므로, 하부르타는 주로 둘이 한 팀이 되어 토의를 한다. 하부르타의 특징 중 하나는 본인의 학습뿐만 아니라 짝의 학습에도 일부분 책임의식을 갖는다는 점이다(Kent, 2010). 즉, 하부르타 토의에서 짝이 된 두 학습자는 서로의 학습에 기여할 수 있도록 긴밀하게 상호작용하면서 학습한다.

④ 짝과 생각 나누기

'짝과 생각 나누기(think-pair-share)'는 둘이 짝을 이루어 생각을 공유하는 토의 방식으로 토의 주제를 소개한 이후에 짝끼리 의견을 공유하고 경청하는 방식이다(Arend, 2004). '짝과 생각 나누기'는 크게 세 단계로 구분된다(Lyman, 1992). 첫째, 교수자는 학습자들에게 토의·토론 질문을 제기한 후 학습자들이 개별적으로 생각할 수 있는 시간을 준다. 이 단계에서 학습자들은 '생각하는 시간(think-time)' 동안 글쓰기를 진행할 수도 있다(write-pair-share). 둘째,

학습자는 자신의 옆자리에 앉은 동료 학습자와 마주보고 각자의 생각을 공유하고 토의 · 토론한다. 셋째, 학습자는 더 큰 집단이나 학급 전체와 서로의 의견을 공유하고 토의 · 토론한다. 이 방식은 참여자 모두가 토의할 수 있다는 이점이 있으며, 토의 중간 즈음에 사용되기도 한다. 이 모형은 생각(think), 짝 구성(pair), 의견 공유(share) 측면에서 다양하게 응용될 수 있다. 즉, 학습자들이 생각하게 하기 위해 글쓰기, 그림 그리기, 도식화하기 등의 방법으로 응용하여 수업에 적용할 수 있다. 학습자와 짝을 짓는 방법으로 옆에 앉은 동료, 유사한 성적을 가진 동료, 관심사가 비슷한 동료 등과 짝을 짓는 방법이 있다. 마지막으로, 개인의 생각을 공유하기 위해 짝과 공유하는 방법뿐만 아니라, 몇몇 학습자가 학급 전체에 공유하는 방법, 포스터 등을 활용하여 모든 학습자의 반응을 공유하는 등의 방법을 적용할 수 있다.

⑤ 세 단계 인터뷰

'짝과 생각 나누기'와 유사한 모형으로 '세 단계 인터뷰(three-step interview)'가 있다(Kagan & Kagan, 2009). 먼저, 학습자들은 서로 짝을 지은 후 학습자 한 명은 주어진 시간 동안 다른 학습자를 인터뷰한다. 다음으로, 서로의 역할을 바꾸어 인터뷰를 하지 않았던 학습자가 주어진 시간 동안 인터뷰를 진행한다. 마지막으로, 두 짝들이 모여 하나의 팀을 구성한 후 초기의 짝과 인터뷰를 하는 과정에서 얻은 정보나 아이디어 등을 서로 공유한다.

⑥ 패널 토의

패널(panel) 토의는 토의 문제에 대한 전문 지식을 가진 3∼6명의 사람이 모여 청중 앞에서 의견을 주고받는 형태로 진행된다(송재일 외, 2017). 패널 토의는 주제에 대해 패널들의 다양한 의견이 있거나 입장이 양분될 때 주로 활용된다(문성채, 2015). 사회자의 진행에 따라 패널들이 자신들의 전문적 의견을 나누고, 토의가 끝난 후에는 청중들로부터 질문을 받고 패널들이 대답을 하는 시간을 갖는다. 패널 토의는 토의 주제와 관련된 다양한 분야의 전문가들이 자신이 속한 영역의 지식을 서로 공유하기 때문에 학습자들이 새로운 내용을 습득하는 데 효과적이다. '패널'이 재판에 참여하는 배심원을 의미하기 때문에 패널 토의를 배심 토의라고도 한다.

(2) 아이디어 생성을 위한 토의

① 브레인스토밍

아이디어를 생성하는 데 효과적인 토의·토론 방식으로 브레인스토밍 (Brainstorming)이 있다. 브레인스토밍은 광고회사 부사장이던 오스본(Osborn)이 회사에서 아이디어를 발산하도록 하기 위해 개발한 기법으로서(Osborn, 1953), 다양한 분야에서 널리 활용되고 있다. 브레인스토밍은 여러 사람이 모여 다양한 아이디어를 내는 것이 목적이므로 아이디어의 생성과 아이디어에 대한 평가를 엄격히 분리한다는 특성이 있다(박영택, 김성대, 1999). 즉, 아이디어를 생성하기 위한 토의 수업에서는 아이디어를 평가하기보다는 생성하는 데 초점을 둔다.

브레인스토밍을 활용한 토의·토론을 할 경우 네 가지 규칙을 준수해야 하는데, 이를 자세히 살펴보면 다음과 같다. 첫째, 자유 분방의 규칙이다. 토의·토론 참가자들은 자신이 생각하기에 엉뚱하고 비현실적인 아이디어라 할지라도 모든 아이디어를 환영한다. 둘째, 비판 금지의 규칙이다. 참여자들이 제안한 모든 아이디어에 대해 평가하지 않아야 한다. 셋째, 수량 추구의 규칙이다. 브레인스토밍이라는 표현에서도 알 수 있듯이, 아이디어는 많으면 많을수록 좋다. 넷째, 결합 개선의 규칙이다. 토의·토론 참가자는 다른 참가자의 아이디어를 결합하여 더 좋은 아이디어로 발전시킬 수 있다.

브레인스토밍의 절차는 토의·토론 유형이나 상황에 따라 다양하게 수정될 수 있으나, 기본적인 절차는 다음과 같다(Higgins, 1994).

• 첫째, 6~12명으로 구성되는 집단을 구성하고, 리더와 기록원을 선정

한다.

- 둘째, 리더는 토의·토론 참가자들에게 주제를 공지한다.
- 셋째, 리더는 토의·토론 참가자들에게 주제를 공지한다.
- 넷째, 참가자들은 다양한 의견을 자유롭게 제안하고, 기록자는 참가자들이 아이디어를 모두 볼 수 있도록 화이트보드나 플립차트에 아이디어를 기록한다.

브레인스토밍은 창의적이고 다양한 아이디어를 생성하는 데 매우 유용한 토의·토론 기법이지만, 일부 적극적이거나 영향력이 있는 참가자에 의해 토의·토론이 운영될 수 있다. 따라서 교수자는 이 점을 유의하여 브레인스토밍을 교육현장에 적용하는 것이 바람직하다.

② 브레인라이팅

브레인라이팅(brainwriting)은 브레인스토밍을 변형하였다고 해서 '침묵의 브레인스토밍'이라고도 불리기도 한다. 브레인라이팅은 의사소통 기법으로서 토론 참가자를 6명으로 제한하고, 한 라운드에 3개의 아이디어를 써 내며, 한 라운드의 시간을 5분으로 제한하는 것이 바람직하다는 의미에서 6·3·5 법칙이라고도 한다(Schroeer, Kain, & Lindemann, 2010).

브레인라이팅 진행 방법은 다음과 같다. 먼저, 브레인라이팅을 위한 전용 시트를 준비한다. 브레인라이팅 전용 시트는 [그림 15-2]와 같이 18개의 칸으로 구성되어 있다. 둘째, 토의·토론 참여자들은 브레인라이팅 시트를 한 장씩 받아 조용히 5분 동안 세 개의 아이디어를 적는다. 셋째, 브레인라이팅 시트를 오른쪽에 앉아 있는 옆 참가자에게 넘기고, 왼쪽에 앉아 있는 참가자로부터 받은 새로운 브레인라이팅 시트에 자신의 의견을 3개 더 추가한다. 이때 참가자들은 다른 참가자가 이전 라운드에서 적은 아이디어를 참고하여 새로운 아이디어를 발산할 수 있다. 넷째, 브레인라이팅은 개인의 시트가 모두 채워지면 팀에서 토의·토론을 하면서 좋은 아이디어를 고른다. 그러나 꼭

6·3·5의 법칙을 지키지 않아도 괜찮으며, 상황에 따라 융통적으로 운영해도 된다. 예를 들어 참여자가 7명일 경우, 각자 3개씩의 아이디어를 7번에 걸쳐 적은 후 공유할 수 있다. 브레인라이팅은 참가자 전원이 토의·토론에서 적극적으로 참여할 수 있다는 장점이 있다. 그러나 참가자들이 서로 대화하면서 더 창의적인 아이디어를 내는 등 서로가 대화를 하면서 낼 수 있는 시너지 효과는 기대하기 어렵다는 단점이 있다.

주제:			
	아이디어 A	아이디어 B	아이디어 C
1			
2			
3			
4			
5			
6			

시간이 되면 시트를 왼쪽 사람에게 건넨다.

그림 15-2 브레인라이팅

(3) 문제해결을 위한 토의

① 월드카페

문제를 해결하기 위한 목적으로 진행되는 토의·토론 방식으로 월드카페(World café)가 있다. 월드카페는 1995년 브라운과 아이작(Brown & Isaacs, 2005)에 의해 제안된 대화방식이자 조직변화 분야의 하나의 운동이다. 월드카페는 어떤 질문이나 과제에 대해 최소 12명에서 1,200명의 사람들이 함께 아이디어를 도출·공유하는 대화 방법으로 4~5명 단위로 팀을 구성하여 대화를 시작하여 구성원들이 서로 교차하여 대화를 이어 나감으로써 많은 사람이 함께 토의하는 방식이다.

월드카페를 준비하고 운영하기 위한 일곱 가지 원리는 다음과 같다 (Schieffer, Isaacs, & Gyllenpalm, 2004). 첫째, 토의의 목적을 분명히 하고 대화가 이루어질 수 있는 환경을 설정한다. 월드카페에 적합한 환경을 만들기 위해서는 월드카페를 통해 얻고자 하는 결과, 참여자, 대화에 영향을 줄 수 있는 요인(예: 참여 대상, 주제의 적절성 등)을 고려해야 한다. 둘째, 월드카페 참여자들이 안락함을 느끼고, 서로 존중하며 편안하게 대화할 수 있는 공간을 만든다. 또한 팀별로 대화하면서 나온 결과를 발표하고 전시할 수 있는 공간을 만든다. 셋째, 모두에게 흥미있는 질문을 탐색한다. 월드카페에서 말하는 좋은 질문이란 참여자들이 흥미를 가지고 창의적인 대안을 찾을 수 있는 질문을 말한다. 넷째, 참여자 모두가 토의에 적극적으로 참여하고 팀원들 간에 좋은 관계를 형성하는 데 기여할 수 있도록 격려한다. 다섯째, 참여자들은 각자의 관점을 교류하고 연결한다. 토의 주제에 집중하면서 참여자들의 다양한 관점을 공유하고 토의에서 나온 다양한 의견들을 연결한다. 여섯째, 대화에서의 유의미한 패턴, 통찰력, 유의미한 질문을 찾아내기 위해 경청한다. 일곱째, 토의를 통해 나온 지식과 통찰을 공유한다. 즉, 월드카페가 운영되는 동안 참여자들이 그린 그림과 메모들을 통합하여 토의에서 나온 통찰 등을 참여자들과 공유한다.

월드카페는 소집단이 4명으로 구성될 때 가장 효과적이며, 새로운 주제에 대한 대화는 각 라운드당 20~25분이 적당하다. 월드카페가 하나의 질문으로만 운영된다면 25분 토론으로 시작한 다음 20분, 그다음 15분으로 운영하면서 각 라운드에서 시간을 줄일 수 있다. 월드카페는 참여자들이 여러 라운드를 통해 질문에 대해 깊이 생각하고 토의할 수 있으므로 최소 3라운드로 구성할 것을 권장한다(The World Café Community Foundation, 2023). 월드카페의 구체적인 절차는 〈표 15-3〉과 같다.

표 15-3 월드카페 진행 절차

구분	절차
진행 전	1. 토론 질문 개발 • 동일한 질문을 사용할 경우: 여러 라운드에 동일한 질문 제공 • 여러 질문을 사용할 경우: 원하는 대화 횟수 정하고, 새로운 질문을 포함할 라운드 수 결정 2. 선택한 주제에 대한 관점이 바람직한 참가자를 선정 또는 초대 3. '호스트' 역할을 할 참여자 선정 • 호스트의 역할: 참가자를 테이블로 환영하고, 토론 질문의 개요 설명, 테이블에서 이전 참가자가 공유한 주요 아이디어를 요약 4. 테이블을 설정 • 토론을 위한 안전하고 친근한 환경을 만드는 데 중점 • 모든 참가자가 자유롭게 이동할 수 있을 만큼 충분히 큰 방, 소집단당 하나의 테이블과 각각 4개의 의자 배치 • 강의실 앞에 큰 플립차트 또는 화이트보드와 여러 색상의 마커 준비 • 플립 차트에 토론 질문을 한 페이지에 하나씩 기록 • 카페 환경을 모방하도록 각 테이블을 설정(테이블보와 꽃병 사용 고려) 5. 각 테이블에 질문 배정 • 각 테이블에 큰 종이와 다양한 색상의 마커 또는 크레용 제공
진행 중	1. 소개(10분) • 월드카페 방법에 대한 간략한 소개와 현재 대화의 목적을 공유 • 월드카페가 일반적인 소집단 세션과 다른 점을 강조 2. 소집단 토론(라운드당 20분, 재조정을 위한 2~3분 추가) • 각 테이블에 첫 번째 대화를 시작하도록 안내 • 참가자들에게 다음 사항을 상기 　– 토의 시간 　– 사용 가능한 소품(예: 마커, 큰 종이) 　– 호스트의 역할 　– 토론을 위한 질문 • 테이블 호스트는 대화를 메모 • 소집단 대화가 끝날 때마다 호스트를 제외한 모든 참가자에게 새 테이블로 이동하도록 요청

구분	절차
	- 한 테이블에 있는 참석자들은 모두 함께 다음 테이블로 이동해서는 안 됨. 아이디어가 방 전체에 퍼지도록 여러 테이블에 고르게 흩어지도록 유도 • 호스트는 자신의 테이블에 남아 첫 번째 대화에서 얻은 통찰력을 다음 집단과 공유 • 최종 라운드가 끝나면 전체 집단 보고를 위해 모두의 주의집중 유도 3. 보고 • 보고할 때마다 참가자들에게 2~3분 동안 소집단 대화를 하도록 요청 • 이 시간 후에 각 테이블 호스트를 초대하여 몇 가지(종종 2~3개) 아이디어, 통찰 또는 안내 질문에 대한 기타 응답을 대규모 집단과 공유하도록 유도 • 화이트보드 또는 플립차트를 사용하여 월드카페 질문에 대한 전체 참가자들의 의견 정리 및 공유
진행 후	• 월드카페가 세션이 끝날 때 참가자들에게 다음 단계에 대한 명확한 개요 제공 예) 월드카페에서 얻은 통찰력이 조직 내에서 어떻게 사용될 것인지, 기록된 의견이 참가자와 공유될 것인지 여부를 공유 • 세션의 의견을 통찰력, 관찰 및 고려할 질문에 대한 간략한 메모로 변환할 수 있음을 안내

(4) 설득을 위한 토론

설득을 목적으로 하는 토론으로 의회식 토론, 교차 조사토론(Cross Examination Debate Association: CEDA), 칼 포퍼식 토론이 있다. 먼저, 의회식 토론이란 1820년대에 옥스퍼드 대학교와 케임브리지 대학교 학습자회에서 주로 하던 대화방식으로, 영국 의회의 특성이 많이 반영되어 있다(송재일 외, 2017). 의회식 토론은 두세 명으로 구성된 두 개의 팀이 주제에 대해 찬성과 반대의 입장에서 돌아가며 한 번씩 발언을 하는 형태로 진행된다. CEDA 토론, 칼 포퍼식 토론은 의회식 토론과 유사한 방식으로 진행된다.

설득을 목적으로 하는 토론은 입론, 확인 질문, 반론, 최종 발언의 과정을 거치게 된다(이정옥, 2008). 즉, 앞서 제시한 다양한 토론은 방식이 다양해 보이지만, 이 네 가지 과정의 조합 순서에 따라 약간의 차이가 있을 뿐이다. 의회식 토론, CEDA 토론, 칼 포퍼식 토론 진행 순서는 〈표 15-4〉와 같다(박성익 외, 2021, p. 200).

표 15-4 의회식 토론, CEDA 토론, 칼 포퍼식 토론 진행 순서

의회식 토론		CEDA 토론		칼 포퍼식 토론	
순서	시간	순서	시간(42분)	순서	시간(54분)
1. 찬성 입론	7	1. 찬성 A 입론	4(5, 6)	1. 찬성 A 입론	6
2. 반대 입론	8	2. 반대 B 교차조사	2(3)	2. 반대 C 질문	3
3. 찬성 입론	8	3. 반대 A 입론	4(5, 6)	3. 반대 A 입론	6
4. 반대 입론	8	4. 찬성 A 교차조사	2(3)	4. 찬성 C 질문	3
5. 반대 입론	4	5. 찬성 B 입론	4(5, 6)	5. 찬성 B 반론	5
6. 찬성 반박	5	6. 반대 A 교차조사	2(3)	6. 반대 A 질문	3
		7. 반대 B 입론	4(5, 6)	7. 반대 B 반론	5
		8. 찬성 B 교차조사	2(3)	8. 찬성 A 질문	3
		9. 반대 A 반론	3(4)		
		10. 찬성 A 반론	3(4)		
		11. 반대 B 반론	3(4)		
		12. 찬성 B 반론	3(4)		

출처: 박성익 외(2021), pp. 200-201.

여기서 입론이란 토의 주제에 대해 팀의 입장에서 주장을 펼치는 과정이다 (이정옥, 2008). 교차조사란 입론을 마친 상대방의 내용을 확인하기 위해 질문을 하는 과정을 의미한다. 이때 참가자는 상대방의 주장에서 논리상의 문제를 부각시키거나 허점을 드러내기 위해 질문을 하고 답변을 요구하게 되는데, 상대방이 말한 내용을 조사한다는 의미가 포함되어 있기 때문에 교차조사라고도 한다(이정옥, 2008).

2) 토의·토론 수업을 위한 교수 전략

(1) 토의·토론 준비

좋은 토의·토론 수업을 하는 것이 쉽지 않기 때문에 효과적인 토의·토론 수업을 위해서는 사전에 철저한 준비가 필요하다(박진우, 2016; 송재일 외,

2017). 교수자가 토의·토론 수업을 준비하기 위한 전략은 다음과 같다. 첫째, 토의·토론의 목적을 명확히 한다. 예를 들어, 토의·토론 수업을 통해 학습자들이 인지해야 할 중요한 학습의 개념이 있다면 사전에 이를 결정하고 학습자들에게 구체적으로 안내한다. 둘째, 토의·토론을 위한 주제를 선정한다. 셋째, 토의·토론을 위한 집단을 구성해야 한다. 토의·토론을 위한 적정 인원은 5명 내외이다. 넷째, 토의·토론을 위한 주제, 토의 방법 및 규칙, 참여자들의 역할 등을 사전에 학습자들에게 안내한다. 다섯째, 학습자들에게 토의 주제에 대한 다양한 자료를 제공하고 질문을 준비하도록 안내한다. 마지막으로, 토의·토론에 임하는 학습자의 마음가짐이나 주의점 등에 대해 충분히 안내하여 학습자들이 올바른 토의·토론 자세를 갖출 수 있도록 유도한다.

(2) 토의·토론 운영

토의·토론 수업 중 교수자가 고려해야 할 전략들을 살펴보면 다음과 같다 (박진우, 2016). 첫째, 토의·토론 수업에서 교수자는 토의·토론을 촉진하는 분위기를 조성한다. 참가자들이 격려, 인내, 신뢰감을 형성할 수 있는 교실 환경을 구축하고, 학습자들이 자발적으로 참여하도록 격려해야 한다. 둘째, 시간을 적절하게 분배하고 통제하여 긴장감을 조성한다. 셋째, 사전에 경고 없이 학습자에게 질문하여 토의를 촉진한다. 넷째, 토의·토론 참여자의 기여도를 확인하고, 적시적인 피드백, 조언, 칭찬 및 격려를 제공한다. 다섯째, 토의 내용을 요약하고, 이를 중심으로 강의한다.

홀랜더(Hollander)는 효과적인 토의에 집중하도록 하기 위해 학습자들에게 나쁜 토의와 좋은 토의를 만드는 특성을 활동지에 각각 작성해 보도록 유도할 것을 권장하고 있다(Hollander, 2002). 홀랜더가 제시한 나쁜 토의의 특성과 좋은 토의의 특성을 수정·보완하면 다음 〈표 15-5〉와 같다.

표 15-5 좋은 토의와 나쁜 토의의 특성

나쁜 토의를 만드는 특성	좋은 토의를 만드는 특성
• 타인의 의견을 단순히 듣고 이야기함 • 소수 몇몇이 토의를 주도함	• 많은 사람이 토의에 참여함 (토의를 통제하는 사람이 없음)
• 개인적인 이야기를 너무 많이 공유함 • 아이디어를 반복함 • 토의기 산민하고 초점을 벗어남	• 관련된 사실 또는 분석 결과로 뒷받침된 의견을 제시함
• 참가자가 토의를 할 준비가 부족함	• 참가자가 토의를 할 준비가 되어 있음
• 소수의 관점을 무시함	• 다양한 관점 및 시각을 존중함 (의견 불일치가 있지만 수용됨)
• 타인의 의견을 판단하는 코멘트를 함	• 타인의 아이디어를 존중함 (모욕이나 판단 없음)
• 인신 공격을 함 • 다른 참가자들에게 겁을 줌	• 참가자들이 서로를 지원함
• 불일치에 대해 두려워함	• 친근하고 편안한 분위기가 조성됨
• (타인의 의견을) 듣지 않음 • 주의를 기울이지 않음 • 서로가 말할 때 끼어듦	• 참가자들이 경청함
기타 • (교수자가) 무작위로 학습자들을 호명함 • 토론을 위한 절차나 구조가 없음	기타 • 참가자들이 생각하지 못했던 질문을 하게 하는 매력적인 주제가 있음 • 실제 사례나 문제가 사용됨 • (토의 내용 중) 기밀 사항이 유지됨

　　토의·토론 수업 후에는 수업에서 배운 점, 소감 등을 작성하는 활동을 통해 토의·토론 후 학습 내용을 정리할 수 있는 기회를 제공해야 한다(송재일외, 2017). 또한 토의·토론 수업에서 나온 다양한 아이디어나, 어려움 등을 기록하도록 유도한다. 마지막으로, 토의·토론을 통해 개인에 대한 평가, 팀별 평가를 실시한다.

　　우수한 토의·토론 참여자가 되기 위해서 학습자는 타인과 자신의 생각을 경청하는 연습이 필요하다. 이를 위해 교수자는 자신의 경험을 예로 들어 자신이 토의하면서 힘들었던 점, 그리고 그걸 극복하면서 향상된 스킬 등을 설명하는 것도 좋은 전략이다. 이 밖에도 토의 · 토론을 마친 후에 토의 · 토론의 강점과 약점 등을 평가해 보도록 유도하는 전략은 토의 · 토론에 우수한 참여자를 만드는 데 유용한 전략이다(Hollander, 2002). 학습자가 자신이 참여했던 토의 · 토론을 평가하도록 유도하기 위해 교수자는 수업시간에 다음과 같은 질문들을 사용할 수 있다.

- 토의 · 토론의 목적은 무엇이었나요?
- 처음 토의 · 토론을 시작하였을 때와 비교해 볼 때 본인의 스킬이 향상되었나요?
- 스스로 정한 목표에 도달했나요? 만약 아니었다면, 목표를 달성하기 위해 노력했나요?
- 목표에 도달하기 위해 무엇을 했나요?
- 무엇이 당신의 성장(progress)에 기여했나요?
- 마지막으로, 미래의 당신의 목적은 무엇인가요? 그리고 그 목적을 달성하기 위해 무엇을 준비하고 있나요?

3. 토의 · 토론 수업의 사례

1) 아이디어 생성과 문제해결을 위한 토의 수업 사례

다음 〈표 15-6〉은 신재한 등(2013)의 연구에서 제시된 초등학교 6학년 사회교과 중 '우리나라의 민주정치' 중 '국민의 권리와 의무 단원과 관련된 토의 수업'을 일부 수정 · 보완한 사례이다. 해당 수업은 토의에 참여한 학습자들이 '인권문제를 해결하기 위한 방안이라는 주제'로 아이디어를 생성하기 위해 다양한 의견을 제시하고, 그 결과로 문제를 해결하기 위한 방안을 도출하였다.

표 15-6   아이디어 생성과 문제해결을 위한 토의 수업 사례

본시 주제		인권문제 해결방법 찾기			
본시 학습목표		– 토의/토론을 통해 인권문제 해결방법을 세 개 이상 제안할 수 있다.			
학습 단계	학습 과정	교수 · 학습 내용		시간	자료 및 유의점
		교수자	학습자		
도입	신수 학습 상기	• 지난 시간에 배웠던 인권의 뜻에 대해 설명해 봅시다.	– 인권이란 차이를 존중하고 인간으로서 행복하게 살 권리를 말합니다.	1′	
	동기 유발	• 인권문제와 관련된 동영상을 시청하도록 하겠습니다. 어떤 내용입니까?	– 당장 있을 곳이 없어 지하철역에서 생활하고 있는 노숙자들 때문에 시민들이 피해를 보고 있다는 내용입니다.	2′	• 인권문제 동영상
모둠 토의	학습 목표 파악	• 학습목표 확인 – 가치 비교를 통한 인권문제해결방안을 찾을 수 있다.		1′	
	토의 과정 안내	• 토의 과정을 안내한다. 1. 모둠 구성 2. 개별 해결책 제시 3. 모둠 해결책 선정 4. 자유 토의 5. 최선 해결책 선정 6. 최선 해결책 안내		1′	• 토의 과정 안내판
	모둠 구성	• 모둠은 4명씩 7모둠으로 구성합니다.	– 7개 모둠을 구성한다.	1′	
	개별 해결책 제시	• 모둠 의견교환 전에 먼저 각자의 생각과 개인 의사결정 학습지에 노숙자와 시민들 간의 인권문제 해결방안을 제시해 보세요(브레인스토밍).	– 선수학습을 토대로 다양한 해결책을 제시한다.	3′	• 포스트잇
	의사 결정 그리드 활용	• 각자의 해결 방안을 모둠 구성원들에게 설명해 주세요.	– 모둠 구성원들의 해결방안을 들으면서 의사결정 그리드에 표시한다. – 협의를 통해 모둠 구성원들의 해결 방안을 의사결정 그리드에 표시한다.	5′	• 포스트잇

학습 단계	학습 과정	교수 · 학습 내용		시간	자료 및 유의점
		교수자	학습자		
			〈의사결정 그리드〉 높음　보통　낮음　낮음　보통　높음　선택해야 할 아이디어		
전체 토의	모둠 해결책 선정	• 의사결정 그리드를 보며 모둠 토의를 통해 모둠 해결책 하나를 선정하세요.	– 의사결정 그리드 중 선택해야 할 아이디어 부분에 제시된 해결책 중 하나를 선정한다.	2′	
	자유 토의	• 모둠별로 돌아가면서 자기 모둠 해결책의 장점을 입론합니다. • 모둠별로 돌아가면서 다른 모둠 해결책의 단점을 심문합니다. • 모둠별로 돌아가면서 심문한 내용에 대해 반박합니다.	– 개인 의사결정 학습지에 다른 모둠들의 해결책 장점을 요약하여 기록한다. – 개인 의사결정 학습지에 심문한 내용을 요약하여 기록한다. – 개인 의사결정 학습지에 반박한 내용을 요약하여 기록한다.	16′	
	최선 해결책 선정	• 최선의 해결책 하나를 선정하세요.	– 최선 해결책 하나를 선정한다.	3′	
	최선 해결책 안내	• 오늘 결정된 최선 해결책은 ○○○입니다.	– 결정된 최선 해결책과 다른 해결책과의 차이점에 대해 생각해 본다.	2′	
	형성 평가	• 자신의 의견을 주장하는 데 적극적으로 참여했나요? • 토의 예절을 잘 지키며 토의활동에 임했나요?	– 자기평가를 실시한다.	1′	
	토의 소감 발표	• 토의활동을 통해 느낀 점은 무엇입니까?	– 의견에 대한 현실성 · 비현실성도 의견 선택의 중요 요소라는 사실을 알게 되었습니다.	1′	
	차시 예고	– 다음 시간에는 인권을 지키기 위해 노력한 사람들의 사례에 대해 공부해 보겠습니다.	– 차시 내용 확인	1′	

출처: 신재한, 김현진, 윤영식(2013), pp. 357–359.

2) 논쟁과 설득을 위한 찬반 토론 사례

다음은 초등학교 5학년 학습자들을 대상으로 혐오시설 설치로 인해 발생하는 갈등을 해결하기 위한 목적으로 설계된 사회 교과 토론 수업 사례이다. 이 수업의 목표는 학습자들이 '쓰레기 소각장 설치'에 대한 찬반 토론을 통해 문제를 해결할 수 있는 방안을 노출하는 것이며, 구체적인 내용은 〈표 15-7〉과 같다(신재한, 김현진, 윤영식, 2013).

표 15-7 논쟁과 설득을 위한 찬반 토론 사례

단원	3. 환경보전과 국토개발			
본시 주제	쓰레기 소각장 설치에 대한 찬반 토론			
학습목표	쓰레기 소각장 설치 문제에 대한 찬반 토론을 통하여 문제해결 방안을 제안할 수 있다.			
학습 단계	학습 과정	교수 · 학습 내용	시간	자료 및 유의점
		교수자	학습자		
토론 주제 파악	동기 유발	■ 쓰레기 소각장 결사반대를 외치는 사람들 사진 제시 • 이 사람들은 왜 이렇게 머리띠를 두르고 결사반대를 외치고 있습니까?	- 사진의 이유를 생각나는 대로 자유롭게 발표한다.	6′	• 문제 사태의 파악을 위해 강한 인상을 줄 수 있도록 한다.
	토론 주제 확인	■ 토론 주제 확인하기	- 토론 주제가 무엇인지 학습자들이 동기유발과 관련하여 유추하여 발표한다.	3′	
		쓰레기 소각장은 꼭 설치해야 하는가?			
모둠과 미니 집단 구성	토론 과정 안내 하기	■ 토론 과정 안내하기 1. 찬반 토론 모둠 구성 3. 모둠 내 토론 5. 최종 입장 정리하기	2. 미니 집단 토론 준비 4. 입장 바꿔 토론하기 6. 모둠 입장 발표		• 토론학습의 전반적인 과정을 이해할 수 있도록 차분하게 안내한다.
	1. 토론 집단 구성	■ 토론 카드 뽑기 • 파란색 카드는 찬성, 빨간색 카드는 반대임을 안내	- 같은 색 카드를 뽑은 사람끼리 옆 자리에 앉아 토론을 준비한다.		• 빨간색, 파란색 색종이 코팅카드, 네임펜

학습 단계	학습 과정	교수·학습 내용		시간	자료 및 유의점
		교수자	학습자		
미니 집단 토론 준비	2. 미니 집단 토론 준비	• 각자의 카드에 찬성과 반대가 분명히 드러나면서 이유와 근거를 명확히 제시할 수 있도록 안내	- 미니 집단별 자신들의 주장을 뒷받침할 만한 여러 가지 근거와 자료를 종합하여 각자의 카드에 정리한다.	4′	• 미니 모둠이 서로 마주볼 수 있도록 자리 배치한다.
모둠 내 토론	3. 모둠내 토론 하기	• 찬성 측과 반대 측이 서로 마주보며 쓰레기 소각장 설치에 대한 이유나 근거를 말해 가며 미니모둠끼리 토론하도록 안내	⊙ 모둠 내 미니 모둠 토론 활동 - 이유와 근거를 제시하여 상대방을 설득시킨다.	9′	• 토론의 규칙을 사전 숙지하여 원활하고 활발한 토론이 되도록 유도한다.
입장 바꿔 토론 하기	4. 미니 모둠 입장 바꿔 토론 하기	• 모둠 내에서 찬성 측과 반대 측이 입장을 바꾸어 '우리라면 어떤 근거를 제시하겠다.'라는 방식으로 서로 반대편의 주장에 대해 의견 제시하도록 안내	⊙ 상대방의 토론 카드를 살펴보고 좋은 의견을 선별하고, 상대방이 제시하지 못한 의견과 주장을 명확히 제시한다.	4′	
모둠 의견을 하나로 정하기	5. 최종 입장 정하기	■ 모둠 의견을 하나로 정하기 • 지금까지 토론한 내용을 바탕으로 4명의 모둠원이 한 가지로 입장을 결정하기	⊙ 토론을 통해 최종적인 모둠 결론을 확정하기 - 모둠 의견 발표를 위한 준비하기		
모둠 입장 발표	6. 모둠 입장 발표 하기	■ 모둠 토론 결과 발표하기 • 모둠별 발표를 시키되, 이유와 근거 제시를 명확히 할 수 있도록 안내하기	- 모둠원의 의견을 종합하여 모둠 토론 결과 학습지에 기록하고 충실하게 발표하기		• 모둠 입장 발표 시 모둠 내 역할분담을 명확히 하여 무임승차자가 없도록 안내한다.
평가 및 정리		■ 정리 및 알게 된 점 발표하기 • 이번 시간을 통해서 우리가 새롭게 알게 된 점이나 느낀 점은 어떤 것들이 있나요?	⊙ 알게 된 점 발표하기 - 학습자들은 활동내용과 관련하여 느낀 점이나 알게 된 점 발표하기		• 수업내용과 방법적인 측면과 아울러 친구들끼리의 활동도 중요하다는 점을 주지시킨다.
차시 예고		■ 차시 예고 • 지역의 환경문제를 합리적으로 해결할 수 있는 방법 찾기 • 이번 시간의 토론 활동이 다음 차시에 중요한 내용과 역할이 됨을 안내하기	- 이번 시간의 토론수업 활동이 다음 시간에 아주 중요한 내용임을 이해하기	4′	• 쓰레기 소각장 위치 선정에 대한 사전 학습지를 제시한다.

출처: 신재한, 김현진, 윤영식(2013), pp. 136-138.

3) 수업내용 이해 및 의견 교환을 위한 패널 토의 사례

다음은 대학생들을 대상으로 한 패널 토의 사례이다(권남현, 2006). 이 수업의 주제는 동성애 문제였으며, 1차시 수업에서는 학습자들에게 동성애자들의 생활과 인터뷰 내용이 담긴 영상을 시청하고 동성애와 관련된 기본 개념들에 대해 교수지기 간단히 설명하는 활동으로 구성되었다. 2차시 수업에서는 동성애자들에게도 사회적으로 기본 권리를 보장해야 하는지에 대한 각자의 생각을 교환하는 형태로 운영되었다. 패널이 아닌 학습자들도 패널들의 토의 중간에 참여할 수 있는 기회가 제공되었다. 수업내용 이해 및 의견 교환을 위한 패널 토의의 구체적인 사례는 〈표 15-8〉과 같다.

표 15-8   수업내용 이해 및 의견 교환을 위한 패널 토의 사례

차시	구분	교수·학습 활동		비고
		교수자	학습자	
1차시	도입	• 현대 사회의 다원화 경향, 갈등의 증가, 이에 따른 합리적인 공존 기술의 필요성을 이야기한다. • 최근 동성애가 사회적 이슈로 떠오른 예들을 언급하며 동성애 및 동성애 집단을 어떻게 대해야 할 것인지 생각해 보도록 한다.	• 동성애 관련 이슈들이 무엇이 있었는지 생각해 본다.	
	전개	• 실제 동성애 커플의 생활을 담은 짧은 비디오를 상영한다. • 동성애와 관련된 기본 개념들에 대해 간략히 설명한다. • 동성애에 대한 개인의사지를 작성하도록 지도한다. • 개인의사지를 바탕으로 모둠별로 토론하도록 하고, 다음 차시의 패널 토론자를 1명씩 정하도록 한다.	• 비디오를 시청하고, 시청 소감을 발표한다. • 동성애에 대한 개인의사지를 작성한다. • 모둠 친구들과 토론하고, 다음 차시 패널토론자를 정한다.	개인 의사지 나누어 준다.

차시	구분	교수 · 학습 활동		비고
		교수자	학습자	
	정리 평가	• 본시학습을 정리한다. • 다음 차시 토론 수업을 예고하고 자료를 조사해 올 것을 과제로 제시한다.	• 다음 차시 과제를 준비한다.	
2차시	도입	• 전시 학습을 상기시킨다. • 토론 주제 및 학습목표를 제시한다.	• 전시 학습을 상기한다.	
	전개	• 토론의 유의점에 대해 간단히 말한다. • 모둠별 대표 패널들이 토론을 주도하여 진행하도록 지도한다. • 중간중간에 패널이 아닌 학습자들이 참여할 수 있는 기회를 준다. • 토론을 마무리한다. • 동성애자에 대한 개인적인 감정이나 생각과 상관없이 누구나 기본적인 인권을 존중받을 권리가 있음을 이야기하고, 차별하지 않는 관용적 태도가 동성애에 대한 하나의 대안이 될 수 있음을 이야기한다.	• 패널들은 토론을 시작하고, 나머지 학습자들은 경청한다. • 패널이 아닌 학습자들도 토론에 적극 참여한다.	토론 좌석 에서 대기 한다.
	정리 평가	• 전체적인 토론에 대해 평가한다. • 차시 예고를 한다.	• 경청 및 평가한다.	

출처: 권남현(2006), p. 60.

생각해 볼 문제

1. 다음 사례를 보고 친구가 의견을 제시했을 때 어떻게 대처해야 하는지 생각해 보시오. 그리고 토의·토론에 필요한 학습자의 역할과 자세에 대해 토의해 보시오.

> 건물 밖의 온도가 섭씨 35도에 육박하는 무더운 일요일 오후였다. 선영이는 서울시에 있는 스터디 카페에서 친구들과 함께 과제를 하고 있었다. 그런데 갑자기 같이 과제를 하던 현철이가 "내가 지금 아버지 차를 빌려서 여기에 왔는데, 내 차로 경기도 수원에 있는 ○○식당에서 갈비나 먹고 올까?"라고 제안을 하였다. 스터디 카페에서 그 식당까지는 차로 1시간 정도 걸리며, 현철이가 가져온 차가 오래된 차여서 에어컨이 잘 작동하지 않는 상태였기 때문에 선영이는 대답을 망설이고 있었다. 그때 또 다른 친구인 은화가 "그래, 다녀오자."라고 말하는 것이 아닌가. 선영이는 마지못해 동의했고, 나머지 친구도 덩달아 동의를 했다. 무더운 날씨로 인해 차 안에서는 땀이 줄줄 흘렀고, 식당에서는 대기자가 많아 한참을 기다린 후에나 식사를 할 수 있었다. 그렇게 왕복으로 두 시간을 달려 스터디 카페로 돌아온 선영이는 외출과 식사에 대한 불만을 쏟아 놓았다. 그러자 은화는 "그래, 엉망이었어. 나는 모두가 가고 싶어 하길래 어쩔 수 없이 따라갔다고."라고 말하였다. 나머지 친구도 "나를 탓하지 않길 바라. 나는 그냥 분위기 깨기 싫어서 같이 간 것뿐이야."라고 말했고, 처음 외출을 제안한 현철이도 "나도 시간당 사용료를 받는 여기 카페에서 계속 과제를 하고 싶었어. 다만 모두 너무 열심히 과제를 했으니 쉬어야 할지도 모른다고 생각했었을 뿐이야."라고 말했다. 그렇게 한참을 서로를 탓한 후에야 선영이와 친구들은 다시 과제에 집중할 수 있었다.

2. 교수·학습 상황에서 학습자의 토의·토론을 촉진할 수 있는 교수전략을 두 개 이상 사례와 함께 설명해 보시오.

📖 참고문헌

권남현(2006). 토론수업이 학생들의 관용적 태도에 미치는 영향: 동성애에 대한 관용적 태도를 중심으로. 서울대학교 석사학위 논문.

문성채(2015). 패널토론을 적용한 대학생의 생명윤리 의사결정에 나타난 의사결정 변화 양상과 내용 분석. 윤리교육연구, 38, 79-108.

박성익, 임철일, 이재경, 최정임, 조영환(2021). 교육공학과 수업. 교육과학사.

박영택, 김성대(1999). 브레인스토밍과 그 파생기법들에 관한 비교연구. 대한산업공학회 추계학술대회 논문집, 403-409.

박진우(2016). 플립러닝 기반 상황위주 토의식 수업을 위한 교수 전략 개발 연구: 육군 학교교육을 중심으로. 서울대학교 석사학위논문.

송재일 외(2017). 대학생을 위한 발표와 토론. (주)박이정.

신재한, 김현진, 윤영식(2013). 창의인성 교육을 위한 토의·토론 교육의 이해와 실제. 한국학술정보(주).

양현모, 이종혁, 김동건, 김운계, 임정훈, 홍현정(2019). 토론, 설득의 기술. (주)리얼커뮤니케이션즈.

오세희(2003). 소크라테스 문답법에 담긴 지식교육의 방법적 원리에 관한 연구. 인천교육대학교 석사학위논문.

이정옥(2008). 토론의 전략. 문학과 지성사.

정문성(2013). 토의·토론 수업방법. 교육과학사.

표준국어대사전(2023). https://stdict.korean.go.kr/search/searchResult.do. (2023. 8. 26. 검색)

Arends, R. (2004). *Learning to teach* (6th ed.). McGraw-Hill.

Atchison, J. (2017). *The Art of Debate*. The Teaching Company.

Brown, J., & Isaacs, D. (2007). *The World cafe: Shaping Our Futures Through Conversations That Matter*. Ingram Pub Services. 최소영 역. 7가지 미래형 카페식 대화법. 북플래너. (원전은 2005년에 출판)

Dillon, J. T. (1994). *Using discussion in classrooms*. Open University Press.

Ewens, W. (2000). Teaching using discussion. In R. Neff & M. Weimer (Eds.), *Classroom communication: Collected readings for effective discussion and questioning* (pp. 21-26). Atwood Publishing.

Frederick, P. (1994). Classroom discussion. In K. W. Prichard & R. M. Sawyer (Eds.), *Handbook of college teaching*. GreenWood.

Freeley, A. J., & Steinberg, D. L. (2013). *Argumentation and debate*. Cengage Learning.

Higgins, J. M. (1994). *101 Creative problem solving techniques: The handbook of new ideas for business*. New Management Publishing Company.

Hollander, J. A. (2002). Learning to discuss: Strategies for improving the quality of class discussion. *Teaching Sociology*, 317–327.

Kagan, S., & Kagan, M. (2009). *Kagan Cooperative Learning*. Kagan Publishing.

Kent, O. (2010). A theory of havruta learning. *Journal of Jewish Education*, 76(3), 215–245.

Lang, H. R., & Evans, D. N. (2006). *Models, strategies, and methods for effective teaching*. Pearson Education.

Orlich, D. C., Harder, R. J., Callahan, R. C., Trevisan, M. S., & Brown, A. H. (1994). *Teaching strategies: A guide to effective instruction* (4th ed.). Boston: Houghton Mifflin.

Osborn, A. F. (1957). *Applied imagination* (2nd ed.). Scribner's.

Schieffer, A., Isaacs, D., & Gyllenpalm, B. (2004). The world café: part one. *Transformation*, *18*, 1–9.

Schroeer, B., Kain, A., & Lindemann, U. (2010). Supporting creativity in conceptual design: Method 635–extended. In DS 60: Proceedings of DESIGN 2010, the 11th International Design Conference, Dubrovnik, Croatia.

Schunk, D. H. (2012). *Learning theories an educational perspective* (6th ed.). Pearson.

Tan, S., & Brown, J. (2005). The world café in Singapore: Creating a learning culture through dialogue. *The Journal of Applied Behavioral Science*, *41*(1), 83–90.

The World café Community Foundation. (2023). *World café Method*. https://theworldcafe.com/key-concepts-resources/world-cafe-method (2023. 8. 19. 검색)

World Economic Forum (2016). The future of jobs: Employment, skills and workforce strategy for the fourth industrial revolution. *Global Challenge Insight Report*, 1–167.

인명

내용

최정임(Choi, Jeong-Im)

서울대학교 사범대학 지리교육학과(학사)

서울대학교 대학원 교육하과 교육공학 전공(석사)

미국 Florida State University 대학원 교육공학 전공(박사)

한국교육개발원 컴퓨터 교육연구센터 연구원/서울대학교 교육연구소 특별연구원/한국교육공학회 부회장/가톨릭관동대학교 교육혁신본부장

현) 가톨릭관동대학교 교직과 교수

[저서] 교육공학과 수업(공저, 교육과학사, 2021)/체계적 수업 분석을 통한 수업컨설팅(2판, 공저, 학지사, 2019)/PBL로 수업하기(공저, 학지사, 2015)/교육 프로그램 개발 방법론(공저, 학지사, 2005) 등

이지은(Lee, Jieun)

연세대학교 문과대학 사회학과(학사)

서울대학교 대학원 교육학과 교육공학 전공(석사)

미국 Indiana University Bloomington 교육공학 전공(박사)

한국IBM/광운대학교, 서울시립대학교 연구교수/한국교육공학회 이사/『교육공학연구』편집위원/ 조선대학교 교수학습센터장

현) 조선대학교 사범대학 교육학과 교수

[저역서] 교육학개론(공저, 양서원, 2019)/MOOC와 개방교육(공역, 아카데미프레스, 2016)/교육심리학(공저, 교육과학사, 2015)/교육공학의 원리와 적용(공저, 교육과학사, 2012)

장선영(Jang, Seonyoung)

춘천교육대학교 영어교육과(학사)
서울대학교 대학원 교육학과 교육공학 전공(석사)
서울대학교 대학원 교육학과 교육공학 전공(박사)
서울대학교 교육연구소 연구원/서울시립대학교 교수학습개발센터 연구교수/청강문
화산업대학교 유아교육과 교수/한국교육공학회 이사/목포해양대학교 교육혁신본부장
현) 목포해양대학교 교양과정부 교수

[저서] 체계적 수업 분석을 통한 수업컨설팅(2판, 공저, 학지사, 2019)
[논문] 팀기반학습에서 학습자의 경험 분석: M 대학교 사례를 중심으로
　　　 온라인 학습 환경에서 문제해결 단계별 스캐폴딩 유형의 효과 분석

최신 교수 · 학습 이론 및 방법
Teaching and Learning Theories for Instruction

2024년 2월 20일 1판 1쇄 인쇄
2024년 2월 29일 1판 1쇄 발행

지은이 • 최정임 · 이지은 · 장선영
펴낸이 • 김진환
펴낸곳 • (주) **학지사**

04031 서울특별시 마포구 양화로 15길 20 마인드월드빌딩
대표전화 • 02)330-5114   팩스 • 02)324-2345
등록번호 • 제313-2006-000265호

홈페이지 • http://www.hakjisa.co.kr
인스타그램 • https://www.instagram.com/hakjisabook

ISBN 978-89-997-3043-6 93370

정가 22,000원

출판미디어기업 **학지사**

간호보건의학출판 **학지사메디컬** www.hakjisamd.co.kr
심리검사연구소 **인싸이트** www.inpsyt.co.kr
학술논문서비스 **뉴논문** www.newnonmun.com
교육연수원 **카운피아** www.counpia.com
대학교재전자책플랫폼 **캠퍼스북** www.campusbook.co.kr